AFONSO DE LIGÓRIO

O triunfo da benignidade frente ao rigorismo

MARCIANO VIDAL

AFONSO DE LIGÓRIO

O triunfo da benignidade frente ao rigorismo

Volume 4

A espiritualidade Afonsiana
Colofão. Medalhão histórico de Afonso

"INTRODUÇÃO À THEOLOGIA MORALIS" DE SANTO AFONSO
Coleção

scala EDITORA
EDITORA SANTUÁRIO

Covarrubias, 19 - 28010 MADRI
Tfno.: 914 455 126
Fax: 914 455 127
www.pseditorial.com
E-mail: perso@pseditorial.com

Tradução: Pe. Claudiberto Fagundes, CSsR.
Revisão: Pe. Vítor Edézio Tittoni Borges, CSsR.
Irma Carina Malcomes.
Diagramação: Bruno Olivoto

Dados Internacionais de Catalogação na Publicação (CIP) de acordo com ISBD

V648a Vidal, Marciano

Afonso de Ligório: O triunfo da benignidade frente ao rigorismo - A espiritualidade Afonsiana - Volume 4 / Marciano Vidal. - Goiânia: Scala Editora; Aparecida: Editora Santuário, 2023.
528 p.; 16cm x 23cm. - (Coleção Introdução à *Theologia Moralis* de Santo Afonso)

ISBN 978-65-5527-181-2

1. Religião. 2. Cristianismo. 3. Santo Afonso de Ligório. I. Título.

2022-797 CDD 240
CDU 24

Elaborado por Odilio Hilário Moreira Junior - CRB-8/9949

Índice para catálogo sistemático:
1. Religião : Cristianismo 240
2. Religião : Cristianismo 24

1ª impressão

Rua Pe. Claro Monteiro, 342 - 12570-045 - Aparecida-SP
Tel.: 12 3104-2000 - Televendas: 0800 0 16 00 04
www.editorasantuario.com.br
vendas@editorasantuario.com.br

Dedico este volume
aos meus formadores e professores redentoristas:
em El Espino (Miranda de Ebro, Burgos),
em Nava del Rey (Valladolid),
em Laguna de Duero (Valladolid),
na Academia Alfonsiana (Roma).

SUMÁRIO

APRESENTAÇÃO DA COLEÇÃO 13
"Introdução à Theologia Moralis de Santo Afonso"
APRESENTAÇÃO GERAL 19
SIGLAS E ABREVIATURAS 25

INTRODUÇÃO GERAL 33
Síntese biográfica de Afonso de Liguori e referências bibliográficas gerais 35

I. Síntese biográfica de Afonso de Liguori 35
II. Estudos biográficos sobre Afonso de Liguori 40
III. Bibliografia afonsiana 44
IV. Escritos de Marciano Vidal sobre a tradição afonsiana (e redentorista) 46

E) A ESPIRITUALIDADE AFONSIANA. RUMO À ARTICULAÇÃO DA ESPIRITUALIDADE COM A MORAL 51

Vigésima terceira seção 55

ENQUADRAMENTO E FORMULAÇÃO DA ESPIRITUALIDADE AFONSIANA......57

23.1 ENQUADRAMENTO DO PENSAMENTO ESPIRITUAL AFONSIANO......57

23.1.1 *O contexto histórico*......57
23.1.2 *Integração da espiritualidade na unidade do projeto de Afonso*......60
23.1.3 *As fontes do pensamento espiritual afonsiano*......61
23.1.4 *Dimensão literária e função cultural da espiritualidade afonsiana*......72
23.1.5 *Bibliografia essencial sobre a espiritualidade afonsiana*......74

23.2 EXISTÊNCIA E CARACTERÍSTICAS DA ESPIRITUALIDADE AFONSIANA......78

23.2.1 *Ponto de partida: sucesso editorial e influência de amplo e profundo significado histórico*......78
23.2.2 *Existe uma espiritualidade "afonsiana"?*......79
23.2.3 *Características essenciais*......82
23.2.4 *Características complementares da espiritualidade afonsiana*......89
23.2.5 *O simples caminho afonsiano da espiritualidade cristã*......93

23.3 UMA ESPIRITUALIDADE CENTRADA NA PRÁTICA DO AMOR......98

23.3.1 *O núcleo ou "tema" da espiritualidade afonsiana*......98
23.3.2 *Desenvolvimento espiritual através, sobretudo, da "prática do amor"*......105
23.3.3 *Afonso na "linha cálida" do catolicismo*......109

Vigésima quarta seção 113

A DIMENSÃO MÍSTICA NA ESPIRITUALIDADE AFONSIANA 115

24.1 A MÍSTICA NOS ESCRITOS AFONSIANOS 115

24.1.1 Introdução *115*
24.1.2 Dados a serem levados em consideração *117*
24.1.3 O texto afonsiano sobre teologia mística *122*
24.1.4 Conclusão: A dimensão mística nos escritos afonsianos *139*
24.1.5 Complemento bibliográfico *141*

24.2 A EXPERIÊNCIA MÍSTICA NA PRÓPRIA VIDA DE AFONSO 142

24.2.1 Afirmação *142*
24.2.2 A expressão poética da experiência mística de Afonso *146*
24.2.3 Nota complementar *152*

Vigésima quinta seção 155

A ESPIRITUALIDADE E A MORAL NA PROPOSTA AFONSIANA 157

25.1 ESPIRITUALIDADE E MORAL NA PROPOSTA AFONSIANA 157

25.1.1 A "Prática de Amar a Jesus Cristo" *158*
25.1.2 A estrutura agápica da vida cristã *161*
25.1.3 O "ordenamento ético" da caridade *168*
25.1.4 Moral e Espiritualidade na síntese Afonsiana *174*
25.1.5 Complemento bibliográfico *176*

F) COLOFÃO
O MEDALHÃO HISTÓRICO DE
AFONSO DE LIGUORI 179

Vigésima sexta seção. 183

COMO ERA E O QUE QUERIA
AFONSO DE LIGUORI? 185

26.1 COMO ERA AFONSO DE LIGUORI?
(I) A IDIOSSINCRASIA AFONSIANA 188

26.1.1 O retrato físico de Afonso 189
26.1.2 A natureza, o temperamento, as aptidões (o "dado") 191
26.1.3 Traços de caráter: interação do "dado" com o "adquirido" 193
26.1.4 O flanco da doença 201
26.1.5 O retrato do "santo" 206
26.1.6 Personalidade 207
26.1.7 Anotação complementar: a identidade sexual de Afonso 214
26.1.8 Complemento biográfico 216

26.2 COMO ERA AFONSO DE LIGUORI?
(II) PESSOA DE MUITAS RELAÇÕES 218

26.2.1 Relações exigidas pela rica trajetória biográfica de Afonso 219
26.2.2 Relações especiais dentro do normal trajetória biográfica 220
26.2.3 Relações com Papas e Bispos 221
26.2.4 Amizades dentro do clero secular 228
26.2.5 Relações com membros de instituições religiosas 235
26.2.6 Relações provenientes da condição de escritor 240

26.2.7 Conselheiros Espirituais 241
26.2.8 Relações singulares 243

26.3 COMO ERA AFONSO DE LIGUORI? (III) ENRAIZADO EM SEU TEMPO E EM SEU ESPAÇO 244

26.3.1 Afonso em seu tempo e em seu espaço 244
26.3.2 Incidência de Afonso (e dos redentoristas) na realidade do sul da Itália 247
26.3.3 O santo "da" e "para" a sociedade civil 250
26.3.4 Complemento bibliográfico 254

26.4 O QUE MOVIA AFONSO DE LIGUORI? A MOTIVAÇÃO BÁSICA AFONSIANA 255

26.4.1 Introdução 255
26.4.2 A salvação como ponto de partida e como meta 257
26.4.3 A opção pelo povo 261
26.4.4 A modo de síntese 267

26.5 FINAL O QUE RESTA DO PROJETO HISTÓRICO REALIZADO POR AFONSO DE LIGUORI? 267

26.5.1 Da "missão histórica" 269
26.5.2 ... à "vigência atual" 271
26.5.3 O que resta de Afonso 273
26.5.4 Do significado histórico à abertura hermenêutica do símbolo 277

Índices das obras de Santo Afonso 279

Apêndice à edição brasileira 299

Apresentação da Coleção

"Introdução à Theologia Moralis de Santo Afonso"

"Não". Essa foi, em 5 julho de 1831, a resposta da Penitenciaria Apostólica (depois aprovada por Gregório XVI) à consulta do cardeal arcebispo de Besançon, formulada na seguinte questão: "Deve se preocupar o confessor que, na prática do confessionário, segue todas as opiniões do bem-aventurado Afonso de Liguori pelo motivo de a Santa Sé ter declarado que, em suas obras, nada foi encontrado digno de censura?" Resposta negativa que era, portanto, uma afirmação, fruto de longo e conturbado percurso, da autoridade incontestável de Afonso de Liguori no campo da Teologia Moral. Mas não apenas isso, uma autoridade ainda matizada nos limites do inaudito quando, na mesma consulta, surge caracterizado o hipotético confessor: "O confessor em questão, leu as obras do santo Doutor apenas para conhecer sua doutrina, sem avaliar as razões e motivos com que apoia as mesmas conclusões". Em outras palavras, a Penitenciaria Apostólica responde não dever se preocupar o confessor que segue tão somente as conclusões de Afonso, sendo desnecessário verificar a argumentação com que o santo justifica tais conclusões. Ou seja: confiança cega, granítica, monolítica. Impossível, e não verificada na história da Igreja, maior consagração para um autor. Um quase semideus da Teologia Moral. Santo Afonso do século XIX.

Poderíamos então perguntar: mas, o que o próprio Santo Afonso acharia deste "sem avaliar as razões e motivos com que apoia as mesmas conclusões"? Nada melhor, sem dúvida, que ouvir o interessado. No prefácio à *Theologia Moralis*, com o sugestivo subtítulo "que o autor pede ao leitor que leia para a compreensão de toda a obra", depois de explicitar o motivo da composição (ensinar aos jovens da Congregação a arte de orientar as consciências através da pregação e da confissão durante as Missões), encontramos um autor insatisfeito com sua obra: "eu mesmo acabei não ficando satisfeito, pois muitas coisas não saíram bem explicadas ou ficaram expostas em uma ordem confusa"; tentando remediar os problemas encontrados: "apliquei-me à segunda edição cuidando em levar tudo a uma ordem melhor" e explicando o motivo e oportunidade desse procedimento: "Como sou humano, também reformei algumas opiniões que, com o passar do tempo, havia chamado a um julgamento mais atento"; nessa atitude, orgulhoso, então, de nobre companhia: "Não me envergonho disso, pois o próprio Santo Agostinho não se envergonhou de se retratar em muitas questões; Santo Tomás também o fez, como atestam Caetano, Catharino e Capreolo, e o próprio doutor Angélico confessa, quando diz: *Embora tenha escrito diferentemente em outro lugar (3p., quaest. 9, art. 4)*. O mesmo também afirmou Túlio [Cícero]: É coisa própria do sábio mudar de opinião [Sapientis est mutare consilium]. E, em outra passagem: *Nunca se elogiou a insistência em uma sentença única.*" Explicitando a mola propulsora de seu método de estudo: "Empreguei muito trabalho para conseguir escolher as sentenças de acordo com a verdade da questão. Investiguei, por muitos anos e em muitos volumes de autores clássicos, tanto as sentenças rígidas, quanto as benignas que, recentemente (pelo que sei), vieram a público"; baseado na reflexão e não apenas na autoridade: "Mas, na escolha das sentenças, o meu maior cuidado foi sempre colocar a razão na frente da autoridade..." e, por isso, "não duvidei em modificar o julgamento sobre muitas sentenças" e "quando não encontrei razão convincente em favor de uma parte, não ousei condenar a oposta, como fazem alguns que têm muita facilidade em reprovar opiniões..." para que "não julgues esteja eu aprovando as opiniões que não reprovo, pois geralmente as exponho fielmente, com suas razões e defensores, para que outros, por sua prudência, julguem qual o seu peso". Santo Afonso do século XVIII.

Não precisamos ir além desse importante prefácio à *Theologia Moralis*, embora pudéssemos nos estender muito, já que, para nossa sorte, Santo Afonso deixou consignadas, em passagens memoráveis das oito revisões de sua obra magna, bem como em numerosíssimas cartas e outros muitos escritos, seu modo de entender e fazer Teologia Moral. O que aqui apresentamos quer apenas aguçar a curiosidade do leitor para esse fenômeno editorial (nove edições durante a vida do autor, mais cinquenta desde então), *semper reformanda*, que foi para seu autor a *Theologia Moralis*. E, ao mesmo tempo, a história profícua e polêmica de sua recepção social, cultural e eclesial. Talvez, por isso, o melhor elogio que poderíamos fazer ao autor, e o que ele mais aprovasse, fosse a constatação de, em sua materialidade, a obra prima teológica de sua vida estar hoje grandemente desatualizada. Desatualizada porque, de tal modo próxima às necessidades concretas de sua época que, uma vez modificadas radicalmente, não pode deixar de perder a atualidade. Mas, ao mesmo tempo, com um espírito pastoral tão fecundo e criativo, com abertura de pensamento tão larga, que não pode deixar de ser, mais que nunca, atual para a compreensão e o fazer moral que desafia a teologia nos dias de hoje. Santo Afonso do século XXI.

Prova disso são as numeráveis publicações que começam a reflorescer sobre o estudo do texto da *Theologia Moralis* afonsiana. Apenas nos últimos meses pudemos contar três importantes contribuições nesse sentido: "*Conscience - writings from Moral Theology, by Saint Alphonsus*" ("Consciência - escritos de Teologia Moral, por Santo Afonso") de Raphael Gallagher, publicado pela Liguori Publications, em abril. "*Alfonso de Liguori (1696-1787): la victoria de la benignidad frente al rigorismo*", em dois volumes publicados pela Editorial Perpétuo Socorro, Espanha, de Marciano Vidal, dentro da coleção de História da Teologia Moral. Bem como o projeto editorial de tradução da *Theologia Moralis* para o português, que já vai para o terceiro volume, pelo Centro Dom Bosco – projeto análogo está em andamento nos Estados Unidos, também já com vários volumes publicados: *Moral Theology by Liguori CSSR*, Ryan Grant. Ante toda essa movimentação editorial, não podemos deixar de augurar que, de fato, Santo Afonso seja um dos grandes autores redescobertos dessa primeira metade de século.

Contudo, tal redescoberta do texto afonsiano, vai acompanhada por um desafio muito mais árduo: o desafio da interpretação. Se é verdade que, de Afonso já foram feitas tantas interpretações quantos retratos, a exigência é enorme, visto a enorme galeria pictórica que, do santo, a tradição nos legou. Nem é necessário, portanto, retornarmos ao primeiro parágrafo para uma pequena ideia de quanto a mesma tradição, com a melhor das intenções conservativas, acabou por acrescentar tantas camadas de verniz que terminaram, algumas vezes, mais por obscurecer, que por revelar, o genuíno pensamento do doutor zelantíssimo. É nesse sentido, então, que a União dos Redentoristas do Brasil - URB - apresenta esta publicação como abertura de toda uma coleção, ou seja, uma grande introdução ao pensamento moral e à figura de Santo Afonso. Mais que oportuna, com certeza, pois, embora muito querido e admirado, o Doutor da Igreja e Padroeiro dos Confessores e Moralistas, nem sempre é correspondentemente conhecido, talvez por sua inabarcável bibliografia, constantemente atualizada, nem sempre estar disponível em português.

Decidimos abrir a coleção com aquele que é, sem dúvida, o maior conhecedor da obra moral de Santo Afonso na atualidade, o missionário redentorista Pe. Marciano Vidal. No primeiro livro poderemos acompanhar como a tradição afonsiana repercutiu vivencialmente na trajetória acadêmica e pastoral desse seu filho e, ao mesmo tempo, a partir de seus olhos e atuação, na inteira segunda metade do século XX. Preferimos fazer assim, começar com um testemunho, também para professar nossa opção por uma moral viva e encarnada, pastoral, atenta às demandas do tempo presente, ao mesmo tempo em que, por isso mesmo, comprometida com a fidelidade ao Evangelho, como o fez Santo Afonso em sua época.

Na sequência, teremos então os quatro volumes do que se pode chamar uma "verdadeira enciclopédia" jamais escrita sobre Santo Afonso e a Teologia Moral. Do mesmo autor, Pe. Marciano

Vidal, publicados em 2019, condensam em grande panorama interpretativo e bibliográfico, tudo o que se escreveu de mais importante sobre o assunto. O leitor terá, por exemplo, um comentário sobre as mais de 128 obras de Santo Afonso, inseridas e analisadas nos contextos vitais do autor e referidas em suas várias edições.

Depois dessa desafiante incursão biobibliográfica, estaremos prontos para o "curso avançado". Destinado apenas aos "fortes", acompanharemos toda a gênese do pensamento moral afonsiano pelas mãos de um de seus insuperáveis pesquisadores, o falecido Pe. Domenico Capone, diretor da Academia Alfonsiana e profundo estudioso do tema. Nessa obra, passando em detalhada revista todos os escritos morais de Santo Afonso, o leitor poderá encontrar uma visão realista e ontológica do "mais napolitano dos santos e mais santo dos napolitanos", tanto das implicações atuais de sua proposta, quanto de seu labor e amadurecimento teológico-moral.

Por fim, algo que pensamos esteja ainda faltando aos estudiosos iniciantes, traremos uma introdução didática ao texto da *Theologia Moralis*, sobretudo, aos tratados do Livro I, ou seja, *Sobre a Consciência* e *Sobre a Lei*, bases do método afonsiano e sua grande contribuição à ciência moral.

Agradecemos do Pe. Claudiberto Fagundes, mestre em teologia e doutor e pós-doutor em letras, pela proposição e organização dos textos, bem como aos outros confrades que se estão unindo a essa empreitada editorial. Agradecemos às editoras que assumiram a tarefa ingente de disponibilizar esse importante material aos leitores de língua portuguesa. Agradecemos a URB, União dos Redentoristas do Brasil, aos provinciais e confrades, pela aprovação e apoio necessário ao projeto. Por último, mas não em último lugar, a todos os leitores que, com suas observações, sugestões e críticas, auxiliarão na concretização do mesmo projeto.

Pe. Vitor Edezio Tittoni Borges
Pela União dos Redentoristas do Brasil.

Coleção "Introdução à Theologia Moralis" de Santo Afonso

1. "Conversa com Marciano Vidal",
   José Manuel Caamaño. (publicado)

***

"Afonso de Liguori (1696-1787): a vitória da benignidade frente ao rigorismo". Marciano Vidal. Apresentado em quatro volumes:

2. A Paisagem e o Personagem (publicado).
3. A Mensagem (publicado).
4. A Moral Afonsiana (publicado).
5. Espiritualidade Afonsiana e Moral.
   Significado histórico de Afonso de Liguori (publicado).

***

6. A proposta moral de Santo Afonso: desenvolvimento e atualidade. Domenico Capone (em preparação).

7. Theologia Moralis: A Consciência e a lei.
   Tradução e introdução didática.

Apresentação Geral

O livro que o leitor tem em mãos ou, em razão do tamanho do volume, apoiado em um suporte, foi concebido com dois objetivos. Em primeiro lugar, formar parte de uma História da Teologia Moral Católica e, nesse sentido, constitui o terceiro tomo de sua parte V. *De Trento ao Vaticano II*. O segundo objetivo - para quem escreve, o principal - oferecer um balanço, o mais completo possível, do significado histórico de Afonso de Liguori.

Embora sejam diferentes, não são objetivos excludentes, e o texto pode perfeitamente ser - e de fato é - o mesmo. Também é o mesmo o título para os dois objetivos apresentados: *Afonso de Liguori (1696-1787). O triunfo da benignidade frente ao rigorismo*. A mesma, ainda, a imagem abaixo do título: uma reprodução do magnífico quadro com o qual o pintor ferrolano, radicado em Madri, **Fernando Álvarez de Sotomayor** (1875-1960), diretor do Museu do Prado (1922-1931, 1939-1960), quis render homenagem ao santo napolitano e retribuir a relação de amizade com os redentoristas espanhóis.

Toda apresentação de uma obra constitui um corpo-a-corpo do autor com o leitor. O autor promete ao leitor que, chegando ao final do livro, poderá comprovar que lhe foi entregue o prometido. Sendo assim, asseguro ao benévolo leitor que, chegando ao final da leitura:

1. Conhecerá *o conteúdo de todas as obras de Afonso* - conforme as últimas contagens, chegam a 128 títulos.
2. Terá oportunidade de entrar em contato com (quase) toda *a produção bibliográfica* de temática afonsiana. Ainda que, nesse ponto, não possa oferecer novas descobertas arquivísticas, garanto o contato com a maior parte da bibliografia afonsiana, embora em algumas passagens precise continuar empregando a convencional confissão: "a bibliografia afonsiana é inabarcável".
3. Contará com uma biografia completa da obra principal de Afonso, sua *Theologia Moralis*, analisada com o método original que o autor denomina *método sociobiográfico*.
4. Em poucas bibliografias afonsianas o leitor encontrará análise tão minuciosa sobre *o pensamento moral de Afonso* e história tão detalhada de sua *recepção*, seja pelos teólogos moralistas, seja pelo magistério eclesiástico. Nesse âmbito, o autor se sente feliz por ter lançado um neologismo - *liguorização* da moral católica - para referir o fenômeno da recepção teológico-moral e eclesial da moral afonsiana; e, mais feliz ainda, por ter sido um dos primeiros, se não o primeiro, a empregar a expressão *benignidade pastoral* para caracterizar a peculiaridade da orientação moral de Afonso.
5. Na presente obra, alguns leitores se sentirão mais satisfeitos com determinados conjuntos temáticos: a ampla exposição sobre *a espiritualidade afonsiana*, a análise da *experiência familiar* de Afonso, a apresentação de *sua formação, tanto civil, quanto eclesiástica*, a descrição da *trajetória biográfica* do santo napolitano, onde o leitor avisado apreciará a apresentação de Afonso *enquanto escritor*.
6. Em poucas obras gerais, como é o caso, o leitor poderá dispor de tantos conhecimentos necessários para avaliar a contribuição de Afonso aos vários campos do *saber teológico*: teologia bíblica, teologia da história, teologia dogmática e, sobretudo, apologética.
7. Pode acontecer que algum leitor desavisado - não é o caso - pergunte sobre a amplitude do espaço dedicado à descrição

geográfica, histórica, social, cultural e religiosa do Reino e da Cidade de Nápoles. Como autor, confesso que não poderia ter feito diferente, na medida em que pretendo explicitar o significado histórico do *santo mais napolitano de todos os santos* (alguns acrescentam: *do napolitano mais santo de todos os napolitanos*).

Comumente, a apresentação da obra também oferece uma espécie de guia para o leitor se sentir mais confortável em sua tarefa - oxalá, grata - de explorador literário. Se o inteligente leitor já conhecer outros escritos meus, saberá que me agradam a clareza e a simplicidade - quem sabe, sejam a mesma coisa - no plano da obra.

O esquema da presente obra não poderá ser mais claro e simples para quem seguir o itinerário das partes assinaladas com letras maiúsculas:

A) *A Paisagem*, descreve o *Settecento* napolitano em suas três vertentes: social, religiosa e cultural.
B) *A Figura*, ou seja, a apresentação de Afonso de Liguori em sua experiência familiar, formação e trajetória biográfica.
C) *A Mensagem*, exposta inicialmente em confronto com os movimentos culturais, sociais e teológicos da época (Iluminismo, Racionalismo, Jurisdicionalismo, Jansenismo, Probabiliorismo) e, na continuação, abordando diretamente o pensamento teológico de Afonso.
D) *A Moral Afonsiana*, analisada com método sociobiográfico e estudo direto dos textos afonsianos.
E) *A Espiritualidade Afonsiana*, vista em articulação com a Moral.
F) *Esquema sintético* onde, como em um mapa conceitual, recapitula o significado de Afonso de Liguori.

Conhecido o panorama geral da obra, cada leitor poderá buscar as partes que mais lhe interessam e traçar seu próprio itinerário. Para os diretamente interessados na História da Teologia Moral, será decisiva a parte D) *A Moral Afonsiana*. Mas não poderão deixar de conhecer o autor que a compôs: B) *A Figura*; bem como, a sociedade a que se dirigiu: A) *A Paisagem*; a cultura civil e eclesiástica com a qual dialogou: C) *A Mensagem*; e a espiritualidade com que forma unidade temática: E) *A Espiritualidade*.

Como autor, não seria fiel à obra, se não expressasse o desejo de o texto ser lido em sua totalidade e, se possível, acompanhando o itinerário das partes, seções e capítulos apresentados no volume. Também penso que nenhum leitor poderia deixar de ler, em primeiro lugar, a *Introdução Geral* com a síntese biográfica de Afonso e apresentação das referências bibliográficas gerais.

O último parágrafo da Apresentação e, segundo o ritual, o último escrito pelo autor, precisa ser reservado aos agradecimentos.

Na *Dedicatória,* faço referência a vários grupos de formadores e professores redentoristas aos quais me sinto especialmente agradecido.

Em obras como esta, o autor ainda deve reconhecer sua gratidão aos pesquisadores anteriores, dos quais é, necessariamente, devedor. Citarei os mais representativos (apenas os falecidos): a) Entre os *biógrafos* de Afonso: Antônio Maria Tannoia, Alois Pichler, Raimundo Tellería, Théodule Rey-Mermet, Frederick M. Jones. b) Dos *bibliógrafos afonsianos*: sobressai o belga Maurice De Meulemeester. c) Entre os muitos *estudiosos* da vida e da obra de Afonso: Celestino Berruti, Charles Keusch, Clément Dillenschneider, Oreste Gregorio, Ambroggio Fredda, Vincenzo Toglia, Germain Liévin, Giuseppe Cacciatore, Andreas Sampers, José Fidel Hidalgo, Hernán Arboleda, Sante Raponi, Dionisio Ruiz, Manuel Gómez Ríos, Giuseppe Orlandi, Hamish F. G. Swanston, Otto Weiss. d) Autores de *monografias,* ainda valiosas e sugestivas, como as de: Candido Romano, Giovanni Getto, Rodrigo Bayón, Giuseppe de Luca. e) *Especialistas no pensamento moral* de Afonso: Leonardo Gaudé, Gabriel M. Blanc, Domenico Capone, Bernhard Häring, Louis Vereecke, Rodrigue Théberge.

Expresso um agradecimento especial ao diretor da Editorial PS, Francisco J. Caballero, que dedicou grande interesse à presente obra por se tratar de Afonso de Liguori, o fundador da Congregação do Santíssimo Redentor e joia literária mais apreciada do *Edi-*

torial Perpetuo Socorro. Também agradeço a amigável e desinteressada colaboração de Vicente García, atual secretário da Província espanhola redentorista, nos aspectos informáticos da edição.

Por último, agradeço aos que me animaram com suas benévolas recensões - e com suas aquisições - dos volumes precedentes e aos que me proporcionaram o afeto necessário para viver e trabalhar.

Sem desmerecer o que disse antes, pelo contrário, dando-lhe plenitude de significação, é a Deus, o doador de todos os dons, a quem rendo totalmente minha ação de graças.

Siglas e abreviaturas.

I. Gerais

Sagrada Escritura:

Ab (Abdias)	Gn (Gênesis)	Mt (Mateus)
Ag (Ageu)	Hab (Habacuc)	Nm (Naum)
Am (Amós)	At (Atos)	Ne (Neemias)
Ap (Apocalipse)	Hb (Hebreus)	Nm (Números)
Br (Baruc)	Is (Isaías)	Os (Oséias)
Ct (Cânticos)	Jó (Jó)	Pe (Pedro)
Cl (Colossenses)	Jd (Judas)	Pv (Provérbios)
Cor (Coríntios)	Jt (Judite)	Rs (Reis)
Cr (Crônicas)	Jr (Jeremias)	Rm (Romanos)
Dn (Daniel)	Jl (Joel)	Rt (Rute)
Dt (Deuteronômio)	Jo (João)	Sb (Sabedoria)
Ecle (Eclesiastes)	Jn (Jonas)	Sl (Salmos)
Eclo (Eclesiástico)	Js (Josué)	Sm (Samuel)
Ef (Efésios)	Jz (Juízes)	Tg (Tiago)
Es (Esdras)	Lm (Lamentações)	Sf (Sofonias)
Est (Ester)	Lc (Lucas)	Ts (Tessalonicenses)
Êx (Êxodo)	Lv (Levítico)	Tm (Timóteo)
Ez (Ezequiel)	Mac (Macabeus)	Tt (Tito)
Fm (Filêmon)	Mal (Malaquias)	Tb (Tobias)
Fl (Filipenses)	Mc (Marcos)	Zc (Zacarias)
Gl (Gálatas)	Mq (Miqueias)	

Documentos do Concílio Vaticano II (1962-1965):

AA Apostolicam actuositatem.
AG Ad gentes.
CD Christus Dominus.
DH Dignitatis humanae.

DV Dei Verbum.
GE Gravissimum educationis.
GS Gaudium et spes.
IM Inter mirifica.
LG Lumen gentium.
NA Nostra aetate.
OE Orientalium ecclesiarum.
OT Optatam totius.
PC Perfectae caritatis.
PO Presbyterorum ordinis.
SC Sacrosanctum concilium.
UR Unitatis redintegratio.

Documentos pontifícios (encíclicas, cartas, exortações apostólicas, etc):

AL Amoris laetitia.
CA Centesimus annus.
CC Casti connubii.
ChF Christifideles laici.
CiV Caritas in veritate.
CT Catechesi tradendae.
DCE Deus caritas est.
DM Dives in misericordia.
DetV Dominum et vivificantem.
EdE Ecclesia de Eucharistia.
EG Evangelii gaudium.
EN Evangelii nuntiandi.
ES Ecclesiam suam.
EV Evangelium vitae.
FC Familiaris consortio.
FR Fides et Ratio.
GSa Gratissimum sane.
HV Humanae vitae.

LE Laborem exercens.
LS Laudato sì.
LF Lumen fidei.
MD Mulieris dignitatem.
MM Mater et magistra.
OA Octogesima adveniens.
PP Populorum progressio.
PT Pacem in terris.
NMA Novo millennio adveniente.
NMI Novo millennio ineunte.
QA Quadragesimo anno.
RH Redemptor hominis.
RM Redemptoris missio.
RP Reconciliatio et paenitentia.
RN Rerum novarum.
SRS Sollicitudo rei socialis.
VS Veritatis splendor.

Documentos de Dicastérios romanos:

AN Aetatis Novae.
CP Communio et progressio.
DoVe Donum veritatis.
DP Dignitas personae.
DV Donum vitae.
LC Libertatis conscientia.
LN Libertatis nuntius.
PH Persona humana.

Outras:

AAS Acta Apostolicae Sedis.
BAE Biblioteca de Autores Españoles.

Bund	BUND, J. *Catalogus qui scripserunt de Theologia morali et practica* (Ruon, 1900).
CC	Corpus Christianorum.
CCCM	Corpus Christianorum. Continuatio Mediaevalis.
CCL	Corpus Christianorum. Series Latina.
CDF	Congregação para a Doutrina da Fé.
CEC	Catecismo da Igreja Católica.
Catholicisme	Catholicisme hier, aujourd'hui, demain.
CIC	Código de Direito Canônico.
CSEL	Corpus Scriptorum Ecclesiasticorum Latinorum.
CTI	Comissão Teológica Internacional.
DACL	Dictionnaire d'archéologie chrétienne et de liturgie.
DH	DENZINGER, H. ; HÜNERMANN, P. *El Magisterio de la Iglesia* (Barcelona, 2000[2]). [= DENZINGER, H. ; HÜNERMANN, P. *Compêndio dos símbolos, definições e declarações de fé e moral*. São Paulo: Paulinas/Loyola, 2006. 1468 p].
DPAC	DI BERARDINO, A. (ed.). *Diccionario Patrístico y de la Antigüedad Cristiana*, I y II. Ediciones Sígueme (Salamanca, 1991, 1992). [= *Dicionário Patrístico e de Antigüidades Cristãs*. São Paulo: Vozes/Paulus, 2002. Tradução: Cristina Andrade. 1484 p].
DS	Dictionnaire de spiritualité ascétique et mystique.
DTC	Dictionnaire de Théologie Catholique.
Dizionario	PACOMIO, L.; OCCHIPINTI, G. (ed.). *Lexicon. Dizionario dei Teologi*. Piemme (Casale Monferrato, 1998).
EC	Enciclopedia Cattolica.
Fitzgerald	FITZGERALD, A. D. (ed.). *Diccionario de San Agustín*. Editorial Monte Carmelo (Burgos, 2001). = *Agostinho através dos tempos*: uma enciclopédia. São Paulo: Paulus, 2018. 1000 p.
Hurter	HURTER, H. *Nomenclator literarius theologiae catolicae*, 6 vol. (Innsbruck, 1903-1913).
LTK	Lexikon für Theologie und Kirche.

Mansi	MANSI, J. D. *Sacrorum Conciliorum nova et amplissima collectio* (Florença, 1759-1798; reimpressão, Graz, 1960-1962).
MGH	Monumenta Germaniae Historica.
PG J.-P.	Migne, *Patrologiae Cursus completus. Series Graeca.*
PL J.-P.	Migne, *Patrologiae Cursus completus. Series Latina.*
Sommervogel	SOMMERVOGEL, C. *Bibliotèque de la Compagnie de Jésus* (Bruxelas-Paris, 1890 ss.).
SC	Sources chrétiennes.

II. Especiais.

Siglas e abreviaturas para o presente volume:

A56:	Alfonso de Liguori [*Apologia*], *Risposta ad un'anonimo che ha censurato ciò che ha scritto l'autore nel capo V al paragrafo 1º della prima parte; ed insieme l'opera morale del medesimo.* Apêndice ao livro *Le Glorie di Maria* (Nápoles, 1756). Citada pela edição de L. Corbetta, t. 30 (Monza, 1831) 73-93.
A64a:	Alfonso de Liguori [*Apologia*]. *Risposta apologetica ad una lettera d'un religioso circa l'uso dell'opinione egualmente probabile.* Foi publicada no livro *Confessore diretto per le confessioni della gente di campagna* (Veneza, 1764) 505-530. Citada pela edição de L. Corbetta, t. 30 (Monza, 1831) 95-131.
A64b:	Alfonso de Liguori [*Apologia*], *Apologia in cui si difende la Dissertazione dell'a. sull'uso moderato dell'opinione probabile dalle opposizioni fattegli da un molto Rev. P. Lettore, che si nomina "Adelfo Dositeo"* (Veneza, 1764). Citada pela edição de L. Corbetta, t. 30 (Monza 1831) 133-339.
A69:	Alfonso de Liguori [*Apologia*], *Apologia della Teologia morale dell'Ill.mo e Rev.mo Mons. D. Alfonso*

	de' Liguori, vescovo di s. Agata de' Gotti, tracciata da taluni per lassa come seguace del sistema probabilistico e specialmente dell'opinione meno probabile. Unida à obra *Delle cerimonie della Messa* (Bassano, 1769) 193-264. Citada pela edição de L. Corbetta, t. 30 (Monza, 1831) 5-71.
Boland:	BOLAND, A. J. *A Dictionary of the Redemptorists* (Roma, 1987).
Cacciatore:	CACCIATORE, G. *S. Alfonso de' Liguori e il giansenismo. Le ultime fortune del moto giansenistico e la restituzione del pensiero cattolico nel secolo XVIII* (Florença, 1942).
CC:	Alfonso de Liguori, *Cose di Coscienza.* Caderno manuscrito de Afonso. Arquivo Geral dos Redentoristas, Roma, SAM, VI, 10.
Contributi:	GREGORIO, O.; CAPONE, D.; FREDDA, A.; TOGLIA, V., *Sant'Alfonso de Liguori. Contributi bio-bibliografici* (Bréscia, 1940).
D49:	Alfonso de Liguori [*Dissertação*], *Dissertatio scholastico-moralis pro usu moderato opinionis probabilis in concursu probabilioris* (Nápoles, 1749). Citada pela edição de L. Corbetta, t. 28 (Monza, 1832) 5-79.
D55:	Alfonso de Liguori [*Dissertação*], *Dissertatio scholastico-moralis pro usu moderato opinionis probabilis in concursu probabilioris* (Nápoles,1755). Citada pela edição de L. Corbetta, t. 29 (Monza, 1831) 81-258.
D62:	Alfonso de Liguori [*Dissertação*], *Breve dissertazione dell'uso moderato dell'opinione probabile* (Nápoles, 1762). Citada pela edição de L. Corbetta, t. 29 (Monza,1831) 365-472.
D65:	Alfonso de Liguori [*Dissertação*], *Dell'uso moderato dell'opinione probabile* (Veneza, 1765). Citada pela edição de L. Corbetta, t. 29 (Monza, 1831) 3-364.

D74: Alfonso de Liguori [*Declaração*], *Dichiarazione del sistema che tiene l'autore intorno alla regola delle azioni morali, e si risponde ad alcune nuove opposizioni che gli vengono fatte*. Publicada como apêndice ao livro *Traduzioni de' Salmi* (Nápoles, 1774). Citada pela edição de L. Corbetta, t. 31 (Monza, 1872) 5-95.

De Meulemeester: DE MEULEMEESTER, Maurice. *Bibliographie générale des écrivains rédemptoristes*, 3 vol. (Haya--Lovaina, 1933-1939).

Ferrero-Boland: FERRERO, F. ; BOLAND, S. J. *Las obras impresas por S. Alfonso María de Liguori*: Studia et Subsidia de vita et operibus S. Alfonsi Mariae de Ligorio (1696-1787) (Roma, 1990) 485-543.

Gaudé: S. Alphonsi Mariae de Ligorio, Doctoris Ecclesiae, *Opera Moralia. I. Theologia Moralis*. Editio nova cum antiquis diligenter collata, in singulis auctorum allegationibus recognita, notisque criticis et commentariis illustrata cura et studio P. Leonardi Gaudé, C.SS.R., Romae 1905-1912, 4 vol. Citada por tomo (números romanos) e por página (números arábicos).

Introduzione generale: GREGORIO, O.; CACCIATORE, G.; CAPONE, D. *Introduzione generale* [Opere Ascetiche] (Roma, 1960).

Jones: JONES, F. M. *Alphonsus de Liguori. The Saint of Bourbon Naples. 1696-1787* (Dublim, 1992).

Lettere: *Lettere di S. Alfonso Maria de' Liguori*. Ed. F. Kuntz e F. Pitocchi, I, II, III (Roma, 1887-1890).

Rey-Mermet: REY-MERMET, T. *El Santo del Siglo de las Luces. Alfonso de Liguori (1696-1787)* (Madri, 1985). **Na presente tradução será empregada, tanto nas citações diretas, quanto nas referências, a edição brasileira: *Afonso de Ligório: uma opção pelos abandonados*. Aparecida: Santuário, 1984. 719**

p. Trad. : Pe. José Braz Gomes; Carlos Felício da Silveira. [Original: REY-MERMET, T. *Le saint du siècle des lumières: Alfonso de Liguori (1696-1787)*. Paris, 1982].

SA: *Sant'Alfonso*. Periodico mensile (Pagani, desde 1930).

SH: *Spicilegium Historicum Congregationis SS. Redemptoris* (Roma, desde 1953).

SM: *Studia Moralia* (Academia Alfonsiana, Roma).

Tannoia: TANNOIA, A. M. *Della vita, ed istituto del venerabile servo di Dio Alfonso Mª Liguori*, 3 tomos (Nápoles, 1798-1800-1802). Citado por tomo (números romanos) e página (números arábicos).

Tellería: TELLERÍA, R. *San Alfonso María de Ligorio, Fundador, Obispo y Doctor*, 2 tomos (Madri, 1950-1951). Citado por tomo (números romanos) e página (números arábicos).

TM: Alfonso de Liguori, *Theologia Moralis* (9 edições durante a vida do autor).

INTRODUÇÃO GERAL

Síntese biográfica de Afonso de Liguori e referências bibliográficas gerais

Neste capítulo introdutório, concebido a modo de abertura de uma ampla sinfonia, apresento a síntese da biografia de Afonso de Liguori, bem como, as referências bibliográficas gerais dos estudos sobre seu significado histórico.

I. Síntese biográfica de Afonso de Liguori (1696-1787)

Afonso de Liguori nasceu em uma família patrícia napolitana, no dia 27 de setembro de 1696, às sete horas da manhã, na casa rural que seus pais possuíam em Marianella, bairro periférico (*casale*) situado ao norte da cidade de Nápoles[1]. Faleceu no dia 1° de agosto de 1787, na casa religiosa redentorista de Pagani (província de Salerno, região da Campania), com 91 anos. Se acrescentarmos à sua longevidade o fato de, contradizendo ao estereótipo napoli-

[1] Aos 15 anos, o pai de Afonso, Dom Giuseppe, tinha herdado de seu pai, Dom Domingos, uma casa em Marianella, "uno de' Casali di Napoli" (Tannoia, I, 3). Nessa casa, começaram a viver os, recém-casados, pais de Afonso. Sobre o destino da casa em geral e, mais concretamente, da habitação onde Afonso nasceu: PIETRAFESA, P. *Marianella: la casa natale di S. Alfonso M. d' Liguori.* (Pompeia, 1978), mimeografado. Ver, também, as notas históricas de GREGORIO, O. em: Contributi, 30-36.

tano do *dolce farniente*, ter feito voto de não perder um minuto de tempo, facilmente poderemos concluir que a vida de Afonso foi extensa em tempo físico e densa em tempo biográfico.

Foi batizado na paróquia de seus pais, Santa Maria *dei Vergini*. Ao nome de Afonso, foram acrescentados os nomes de Maria, Antônio, João, Francisco, Cosme, Damião, Michelângelo, Gaspar. A referência mariana do segundo nome (Afonso *Maria*) - algo também comum entre seus companheiros e primeiros redentoristas - provavelmente se deve à devoção mariana da mãe[2]. Começou a usar o segundo nome tardiamente: "uma vez bispo, esse menino assinará, não mais Afonso de Liguori, mas Afonso Maria, sem mais"[3]. "Os demais santos protetores se explicam pelo calendário e pelos padroeiros de outros membros da família"[4].

> O nome de Afonso é de origem visigótica, com o significado original, segundo indicam os elementos linguísticos que o compõem: (*adal*: nobre; *funs*: pronto ou preparado; *hatus*: luta), *nobre guerrreiro pronto ou preparado para a luta*. O inicial uso visigótico do nome continuou nas Astúrias cristãs, de onde passou ao restante da Espanha e então à Itália e outros ambientes europeus[5]. Por causa dessa raiz gótica, não é procedente escrever o nome à maneira latina (ou francesa) com ph: *Alphonsus, Alphonse*[6]. Tampouco se aceita hoje a latinização (e consequente castelhanização) do sobrenome: *Ligorius, de Ligorio*.

Quase certamente, a escolha do nome não teve nada a ver com tal origem visigótica, nem com a lembrança de Santo Ildefonso de Toledo[7]. Afonso herdou o nome do primeiro membro da família

---

2 Tellería, I, 9; Jones, 9.

3 Rey-Mermet, 28.

4 Tellería, I, 9.

5 LÖW, J. *De nomine Alfonso*: SH 1 (1953) 114-118.

6 *Ibid.*, 118: atualmente, os livros litúrgicos trazem *Alfonsus*, enquanto, até 1900, preferiam escrever *Alphonsus*.

7 Assim pensa: PICHLER, A. *Der heilige Alfons von Liguori. Ein Charakterbild* (Regensburgo, 1922) 2.

que se dedicara à magistratura na cidade partenopeia, sede de Portanova: Alfonso Liguori (1593?-1652)[8].

Quanto ao sobrenome - de amplo e variado uso, como documentou O. Gregorio[9] - , para seguir a maior exatidão histórica, deveria ser escrito *de' Liguori* (*dei Liguori*); contudo, com exceção das citações, onde será mantida a forma empregada pelo autor, as páginas que seguem apresentarão *de Liguori*.

O menino Afonso foi batizado na cidade de Nápoles, dois dias depois do nascimento, ou seja, 29 de setembro, na igreja de *Santa Maria dei Vergini* (assim: *dei Vergini*; e não: *delle Vergini*). Apesar do tempo transcorrido e de outros percalços bélicos (segunda guerra mundial), ainda se conserva a bela pia batismal, bem como o registro do pároco que batizou Afonso, Pe. Giuseppe del Mastro. Era a igreja paroquial dos pais de Afonso e de seus avós paternos, cujo "palácio em Nápoles (se encontrava) fora dos muros da porta de São Genaro e a alguns passos da paróquia de *Santa Maria dei Vergini*"[10].

Os pais de Afonso, Dom Giuseppe de Liguori (provavelmente com longínquos ancestrais vindos da Ligúria) e Dona Anna Cavalieri (com comprovados ascendentes próximos à nobreza catalã em uma das linhas[11]), se casaram na paróquia da catedral em 1695, ambos com a mesma idade, 25 anos. Dom Giuseppe exercia o cargo de capitão (*capitano di fanteria*) na Armada Real de Nápoles, mais tarde chegaria ao grau de comandante (*tenente colonello*). Dona Anna que, sem dúvida, constituía um prestigioso partido em

---

8 SWANSTON, H. F. G. *Saint Alphonsus and His Brothers. A Study of the Lives and Works of Seven Redemptorists* (Liguori, Missouri, 2000) 9-10.

9 *Contributi*, 19-22. Também: GREGORIO, O. *Ricerche storiche intorno al cognome di S. Alfonso*: SH 1 (1953) 106-113.

10 Tellería, I, 7-8.

11 Ver as notas históricas de GREGORIO, O. em: Contributi, 23-30.

razão de seu sobrenome e educação, trouxe como dote ao matrimônio a quantia de 5.000 ducados.

No lar Liguori-Cavalieri nasceram oito filhos, embora uma menina gêmea tenha morrido praticamente no parto. A média dos lares da época era de quatro a cinco filhos e, na família de Afonso, a proporção foi de quatro meninas e quatro meninos. Afonso era o primogênito, fato que marcou sua vida de maneira decisiva. A família tinha a estrutura própria da classe aristocrática da época: junto com os pais e filhos vivia também o pessoal de serviço. Dada a condição geopolítica marítima de Nápoles, e em razão do ofício de Dom Giuseppe na Armada, não é de estranhar a presença de um jovem escravo negro entre os serviçais.

A família Liguori pertencia à nobreza napolitana do Antigo Regime, a chamada *nobreza de praça*, com o título de *cavaleiros*.

> Costumava-se dizer que os napolitanos desprezavam os outros italianos, que a *nobreza* de Nápoles desprezava o restante dos napolitanos, e que os *cavaleiros* desprezavam os demais nobres. Havia uma centena e meia de famílias com o título de cavaleiros. Os cavaleiros napolitanos estavam envolvidos na vida da cidade através das *sedes* (subprefeituras): cinco para a nobreza e uma para o povo. Os representantes das seis sedes formavam a Junta Suprema da Cidade[12].

Aos Liguori correspondia a *sede* de Portanova, com suas obrigações e, sobretudo, seus privilégios. Afonso foi iniciado nessa atividade e participou dela[13]. Já redentorista, exerceu ainda por três vezes seu direito ao voto.

Afonso nasceu súdito espanhol, dentro de um vice-reinado de Nápoles integrado à monarquia espanhola. De 1707 a 1734, viveu sob os Astúrias de Viena e, a partir dessa última data (1734),

---

[12] SODANO, G. *Governing the City*: ASTARITA, T. (ed.). A Companion to Early Modern Naples (Leiden-Boston, 2013) 109-130. Também: DE LUTIO DI CASTELGUIDONE, L. *I Sedili di Napoli (Origini, Azione Politica e Decentramento Amministrativo)* (Nápoles, 1973).

[13] Ver a descrição dessa forma de governo em: Tellería, I, 41-50: "En el sejo de Portanova (1713-1723)".

foi cidadão do Reino Livre de Nápoles, embora dependente da família dos Bourbon e, consequentemente, vinculado aos monarcas espanhóis.

Realizou os primeiros estudos em casa e fez carreira de Direito na Universidade de Nápoles, na época, um dos centros mais prestigiosos da Europa nessa área de conhecimento.

Exerceu a profissão de advogado durante uns dez anos (1714-1723), quando uma experiência negativa impulsionou a mudança de sua orientação vocacional. Contrariando as expectativas do pai, abandonou a profissão forense e ingressou no estado eclesiástico, realizando estudos filosófico-teológicos no seminário de Nápoles como aluno externo.

Nessa mesma cidade, exerceu o ministério pastoral nos primeiros anos de seu sacerdócio, período em que vivia no ambiente familiar. Em 1729, aos 33 anos, começou a se dividir entre o domicílio familiar e uma residência sacerdotal, chamada *Colégio dos Chineses* em razão de sua orientação missionária, voltada para o Extremo Oriente. Nessa primeira etapa, a atividade pastoral de Afonso foi o ministério da confissão e direção espiritual, bem como o da pregação. Realizou esse ministério da Palavra em Nápoles e em outros lugares do Reino, sobretudo, através das Missões Populares e participação, como membro ativo, na instituição diocesana das *Missões Apostólicas*.

Em 1732, com 36 anos de idade, iniciou em Scala (vilarejo próximo de Amalfi, na península sorrentina), a fundação de uma congregação de missionários, chamada mais tarde de Congregação do Santíssimo Redentor (redentoristas). Seu ministério pastoral continuou sendo o da Palavra, agora especialmente através das Missões Populares e Exercícios Espirituais, preferentemente nas zonas rurais do Reino de Nápoles. Envolvido com o ministério da Palavra e tarefas de fundador, Afonso também teve outro trabalho constante: o ministério da pena. Contabilizam-se 111 escritos seus (há outras formas de contar que elevam a cifra a 128 obras). Contra sua vontade, foi nomeado bispo (1762) de uma pequena diocese do Reino, Santa Águeda dos Godos, cuja nomeação dependia direta e exclusivamente da Santa Sé. Exerceu o ministério episcopal durante 13 anos e, renunciando em 1775, retirou-se a Pagani, uma das casas da Congregação por ele fundada.

Passou os últimos dez anos de sua vida na comunidade redentorista de Pagani, padecendo de uma enfermidade dolorosa e sofrendo, sobretudo nos últimos cinco anos, crises psicológicas de conteúdo religioso[14]. Faleceu em 1 de agosto de 1787.

II. Estudos biográficos sobre Afonso de Liguori

Diz uma acertada formulação de F. Chiovaro: "Ao menos com seus biógrafos, Afonso teve sorte"[15]. Estes foram muitos e, em termos gerais, bons profissionais.

As três últimas biografias, cada qual com características peculiares, são suficientemente críticas:

- TELLERÍA, R. *San Alfonso María de Ligorio, Fundador, Obispo y Doctor*, 2 vol. (Madri, 1950-1951).

"A obra de Tellería é uma história monumental da vida de Santo Afonso e, como a de Tannoia, de sua Congregação: dois volumes, respectivamente, de 885 e 1023 páginas, fruto de pesquisas realizadas em todos os lugares onde se esperasse ou pudesse encontrar algum documento ou livro que, direta ou indiretamente, se referisse à história de Santo Afonso e dos redentoristas ou pudesse esclarecê-la. A documentação é simplesmente extraordinária. (...) Talvez tenha se preocupado um pouco demais em imitar os clássicos da língua espanhola, o que não favorece sua leitura. O certo é que o livro não teve o sucesso que merecia. (...) O *San Alfonso* de Tellería (...) permanece, contudo, o vade-mecum indispensável para quem quer se ocupar, não só da vida de Santo Afonso, mas também da história redentorista, principalmente do período

---

[14] ILLIANO, G. *Sant'Alfonso, vescovo emerito in Pagani*: VICIDOMINI, G. (ed.). Alfonso M. de Liguori. Un santo per il terzo millennio (Materdomini, s. a. = 2010) 251-260.

[15] CHIOVARO, F. *S. Alfonso Maria de Liguori. Ritratto di un moralista*: SH 45 (1997) 121.

das origens, já que a documentação bibliográfica e arquivística é de tal modo rica que parece impossível ter sido reunida por um só homem."[16]

- T. Rey-Mermet, *Le saint du siècle des lumières: Alfonso de Liguori (1696-1787).* (Paris, 1982). [= *Afonso de Ligório: uma opção pelos abandonados*. Aparecida: Santuário, 1984].

"Théodule Rey-Mermet declara-se em sua última grande biografia afonsiana, *Le saint du siècle des Lumières Alfonso de Liguori*, em favor da total paternidade afonsiana da Congregação Redentorista, embora não negue as contribuições de Crostarosa, de Falcoia e da experiência vivida nas Missões Apostólicas de Nápoles. Embora sua posição não tenha alcançado unanimidade dentro da Congregação – nem se poderia esperá-lo –, conseguiu difusão só comparável à do *Saint Alphonse* de Berthe".[17]

T. Rey-Mermet também compôs uma síntese sobre a biografia afonsiana relacionada ao processo fundacional da Congregação: T. Rey-Mermet, O fundador (1696-1732), p. 113-158; Da fundação à aprovação pontifícia (1732-1749), p. 159-232; Da aprovação pontifícia até a questão do "Regulamento" (1749-1779), p. 233-264: CHIOVARO, F. (ed.). *História da Congregação do Santíssimo Redentor*. Volume 1: As Origens (1732-1793). Aparecida: Santuário/Scala, 2019.

Sobre a biografia afonsiana de T. Rey-Mermet, ver: ORLANDI, G. *Una biografia di S. Alfonso M. de Liguori. A proposito dell'opera di Théodule Rey-Mermet CSSR*: SM 21 (1983) 383-403; A. de Spirito, *Una nuova biografia di S. Alfonso*: Ricerche di storia sociale e religiosa. Nuova Serie 13 (1984) n. 25-26, 339-347. Também: L. Vereecke em: SH 35 (1987) 223-230; O. Weiss em: Theologie der Gegenwart 30 (1987) 215-216. Além disso: VEREECKE, L. *In memoriam. R. P. Théodule Rey-Mermet, CSSR (1910-2002)*: SH 50 (2012) 629-630.

- F. M. Jones, *Alphonsus de Liguori. The Saint of Bourbon Naples, 1696-1787.* (Dublin, 1992).

Concebida e preparada durante muitos anos, essa biografia de Afonso foi publicada depois da obra de T. Rey-Mermet, não como oposta,

[16] CHIOVARO, F. *Introdução*: Id. (ed.). *História da Congregação do Santíssimo Redentor*. Volume 1: As Origens (1732-1793). Aparecida: Santuário/Scala, 2019, p. 31-32.

[17] *Ibid.*, 33-34.

mas com opções metodológicas e orientações um pouco diferentes. Companheiro de R. Tellería durante muitos anos em Roma, o autor se serviu da documentação, sobretudo da arquivística civil, reunida pelo biógrafo espanhol. Embora traduzida para outros idiomas, a de F. M. Jones segue sendo a biografia afonsiana mais utilizada em ambientes anglo-saxões. Assim como T. Rey-Mermet faz um aceno ao público de fala francesa em seu título (*Le Saint du siècle des Lumières*), da mesma forma F. M. Jones conecta o leitor de fala inglesa, fazendo de Afonso de Liguori *The Saint of Bourbon Naples*. Não sabemos se R. Tellería pensou em intitular seu Santo Afonso como *El Santo nacido en la Nápoles del Virreinato español*.

Antes das três biografias citadas (e comentadas), precisamos assinalar como expoente do início dos estudos críticos sobre a biografia afonsiana (e em geral, sobre a obra afonsiana), a obra coletiva de:

- O. Gregorio; D. Capone; A. Fredda; V. Toglia. *Sant'Alfonso de Liguori. Contributi bio-bibliografici* (Bréscia, 1940).

Essa obra, "embora se limitando à figura do Fundador, dava mais fôlego à pesquisa histórica, saindo, do âmbito restrito da documentação interna para procurar documentos nos arquivos fora do Instituto Redentorista, a saber, no Arquivo de Estado de Nápoles"[18].

Foram muitas as biografias de Afonso anteriores ao mencionado estudo, e suficientes em qualidade - algumas vezes, com qualidade preferentemente literária, outras, com qualidade histórica, e outras ainda, com qualidade espiritual: J. Jeancard (1828), J.-B. A. Verdier (1833), P. L. Rispoli (1834), A. Bossers (1856), C. Villecourt (1863), V. Loyodice (1874), C. Dilgskron (1887), A. Capecelatro (1893), F. Kuntz (1879-1905), A. Berthe (1900), J. L. Jansen (1910), A. Pichler (1922).

Já na época dos acontecimentos biográficos de Afonso, houve os que se dedicaram a anotar fatos e palavras. Sobressaem as testemunhas: José Landi (1725-1797) e Antônio Maria Tannoia (1725-1808); os dois reuniram dados e redigiram sínteses históricas, sem que houvesse relação profissional entre eles. No fundo de todas as

[18] *Ibid.*, 28.

apresentações históricas sobre Afonso, encontra-se, por fim, a obra do memorialista Antônio Maria Tannoia:

- A. Mª. Tannoia, *Della vita, ed instituto del venerabile servo di Dio Alfonso Mª. Liguori*, 3 vol. (Nápoles, 1798-1800-1802), edição anastática com *Apresentação* de T. Rey-Mermet (Materdomini, 1982).

"(O livro), embora nos limites que os autores desse volume [*História da Congregação do Santíssimo Redentor*. Volume 1: As Origens (1732-1793)] não deixam de realçar, permanece até hoje a narração mais vivaz, porque vivida a partir de dentro da Congregação Redentorista até a morte do Fundador"[19].

Tannoia funde, na unidade histórica, a biografia de Afonso ["le azioni di Monsignore"] com a história dos inícios da Congregação.

Para a cronologia afonsiana:

- A. M. Santonicola, *Vita cronologica di S. Alfonso M. de' Liguori Dottore della Chiesa* (Pagani, 1972).

- A. Amarante - P. Marrazzo, *Cronologia*: MASONE, E.; AMARANTE, A. (ed.). S. Alfonso de Liguori e la sua opera. Testimonianze bibliografiche (Nápoles, 1987) 17-26.

Nota bibliográfica sobre as biografias de Alfonso.

- WEISS, O. *Alfons von Liguori und seine Biographen*: SH 36-37 (1988-1989) 151-284 (o estudo não alcança a biografia de F. M. Jones).

- ORLANDI, G. *Una biografia di S. Alfonso M. de Liguori. A proposito dell'opera di Théodule Rey-Mermet CSSR*: SM 21 (1983) 383-403 (sobre a biografia escrita por T. Rey-Mermet).

- A. de Spirito, *Una nuova biografia di S. Alfonso*: Ricerche di storia sociale e religiosa 25-26 (1984) 339-349.

---

19 *Ibid.*, 13-14.

III. Bibliografia Afonsiana

A imensa (e dificilmente abarcável) bibliografia afonsiana pode ser consultada nos seguintes elencos bibliográficos, publicados de forma escalonada desde o ano de 1938 até o ano de 1999.

- SAMPERS, A. *Bibliographia Alfonsiana (1938-1953)*: SH 1 (1953) 248-271; *(1953-1971)*: SH 19 (1971) 410-448; *(1972-1974)*: SH 22 (1974) 437-443; *(1974-1978)*: SH 26 (1978) 478-489.

- WEISS, O.; FERRERO, F. *Bibliografia alfonsiana (1978-1988)*: SH 36-37 (1988-1989) 565-612.

- FERRERO, F. *Orientación bibliográfica sobre temas alfonsianos*: SH 36-37 (1988-1989) 547-563.

- OWCZARSKI, A. *Bibliografia alfonsiana (1989-1995)*: SH 44 (1996) 495-565; *(1996-1999)*: SH 48 (2000) 329-392.

Ao longo das páginas que compõem a presente obra, percorreremos a bibliografia mais significativa sobre os diferentes temas tratados. Mas, já desde agora, anotamos algumas referências que apresentam a figura e obra de Afonso em seu conjunto.

Sobre o significado histórico de Afonso.

- MEFFERT, F. *Der heilige Alfons von Liguori, der Kirchenlehrer und Apologet des XVIII. Jahrhunderts* (Mogúncia, 1901).

- LIEVIN, G. *Alphonse de Liguori (Saint):* DS, I (Paris, 1932) 357-389.

- DE LUCA, G. *S. Alfonso, il mio maestro di vita spirituale,* edição de O. Gregorio (Alba, 1963).

- MONDRONE, D. *Sant'Alfonso come era*: La Civiltà Cattolica 114 (1963) I, 37-50.

- GÓMEZ RÍOS, M. *San Alfonso de Liguori, ayer y hoy*: Vida Religiosa 62 (1987) 245-255.

- CIPRIANI, S. *Attualità della figura di S. Alfonso*: Asprenas 35 (1988) 3-6.

- NAPOLETANO, A. *Sulle orme di S. Alfonso* (Nápoles, 1989).

- DE ROSA, G. *La figura e l'opera di sant'Alfonso nell'evoluzione storica*: SH 45 (1997) 207-224.

- MAJORANO, S. *Essere Chiesa con gli abbandonati. Prospettive alfonsiane di vita cristiana* (Materdomini, 1997).

- MONGILLO, A. D. *Un maestro per l'umanità del duemilla*: DE SPIRITO, A. (ed). La figura e l'opera di Alfonso de Liguori nel Sannio (Milão, 1999) 279-293.

- CAPONE, D. *Ligorio (Liguori), Alfonso María de*: O'NEILL, C. E.; DOMÍNGUEZ, J. M. (ed). Diccionario histórico de la Compañía de Jesús. Biográfico-temático (Roma-Madri, 2001), III, 2356-2357.

Trabalhos coletivos sobre a pessoa de Afonso e sobre seu projeto existencial.

- MASONE, E.; AMARANTE, A. (ed.). *S. Alfonso de Liguori e la sua opera. Testimonianze bibliografiche* (Nápoles, 1987).

- VÁRIOS. *S. Alfonso M. de Liguori: una teologia dalla prassi pastorale. Nel secondo centenario della morte, 1787-1987*: Asprenas 35 (1988) fascicolo 1.

- RICCI, V. (ed.). *Alfonso M. de Liguori maestro di vita spirituale* (Milão, 1998).

- VICIDOMINI, G. (ed.). *Alfonso M. de Liguori. Un santo per il terzo millennio.* Atti del Convegno nel 170º. Anniversario della canonizzazione di S. Alfonso (1939-2009). Scala - Ciorani - Pagani, 22-26 maggio 2009 (Materdomini, s. a. = 2010).

- PIAZZA, F.; ABBATIELLO, A. (ed.). *Alfonso Maria de Liguori e il Concilio Vaticano II. Attualità e intuizioni* (Roma, 2013).

Apresentações breves (mas valiosas) da pessoa e da obra de Afonso.

- GETTO, G. *Sant'Alfonso de Liguori* (Milão, 1945).

- HEINZMANN, J. *Unruhe der Liebe. Alfons Maria von Liguori (1696-1787)* (Friburgo da Suíça, 1983).

- RUIZ, D. *San Alfonso María de Ligorio* (Madri, 1987).

- CHIOVARO, D. *S. Alfonso* (Materdomini, 1996).

- AMARANTE, A. V. *Dio sul percorso di un uomo. Alfonso de Liguori, una vita per l'abbondante redenzione di Cristo* (Materdomini, 2009).

- ROJAS, L. A. *Alfonso María de Liguori, un santo para el siglo XXI* (Bogotá, 2012).

IV. Escritos de Marciano Vidal sobre a tradição afonsiana (e redentorista)

Livros.

- *Frente al rigorismo moral, benignidad pastoral. Alfonso de Liguori (1696-1787)*, Perpetuo Socorro (Madri, 1986). Tradução italiana: *La morale di sant'Alfonso. Dal rigorismo alla benignità*, Academia Alfonsiana (Roma, 1992).

- *La familia en la vida y en el pensamiento de Alfonso María de Liguori (1696-1787)*, Perpetuo Socorro (Madri, 1995).

- *Moral y espiritualidad. De la separación a la convergencia*, Perpetuo Socorro (Madri, 1997). Tradução italiana: *Morale e spiritualità. Dalla separazione alla convergenza*, Cittadella Editrice (Assis, 1998).

- *Dios misericordioso y conciencia moral. La propuesta antijansenista de S. Alfonso Mª de Liguori, 1696-1787*, Perpetuo Socorro (Madri, 2000).

- *La espiritualidad de San Alfonso. Proyecto de vida cristiana*, Ediciones Scala (Bogotá, 2004).

Capítulos de livro.

- *S. Alfonso de Liguori moralista. Significato storico e messaggio attuale*: R. Tremblay; D. Billy (ed.). Historia: memoria futuri (Roma, 1991) 275-301.

- *Alfonso de Liguori*: VIDAL, M. *Diccionario de ética teológica* (Estella, 1991, 2002^2) 649. [= *Dicionário de Moral*. Dicionário de Ética Teológica. Aparecida: Santuário, s. d. p. 19-20].

- *Carisma redentorista y propuesta moral*: LONDOÑO, N. (ed.). Ser redentorista hoy. Testimonios sobre el carisma, Comisión de Espiritualidad CSSR (Roma, 1996) 409-420. [= Carisma Redentorista e proposta moral. In: *Espiritualidade Redentorista 7*. Ser redentorista hoje: testemunhos sobre o carisma. Goiânia: Gráfica e Editora Redentorista, 1996. 403-414].

- *Espiritualidad y moral en la existencia cristiana*: VÁRIOS. Contemplación y evangelización misionera, Perpetuo Socorro (Madri, 1997) 189-215.

- *El rostro benigno del Dios cercano*: VÁRIOS. ¿Quién es tu Dios? Rostros cercanos en la vida consagrada, Publicaciones Claretianas (Madri, 1999) 95-108.

- *La coabitazione prima delle nozze*: DE SPIRITO, A. (ed). La figura e l'opera di Alfonso de Liguori nel Sannio, Ancona (Milão, 1999) 227-239.

- *Moral Responsibility of Saint Alphonsus*: DOUZIECH, R. (ed.). Proceedings of the Fourth International Congress of Redemptorist Moral Theologians (Krakaw, 4-9 july 1999) (Edmonton, 2000) 337-364.

- *Rasgos innovadores en la moral matrimonial de San Alfonso María de Liguori*: CASTÁN, J. M.; GUZMÁN, C.; PÉREZ-AGUA, T. M.; SÁNCHEZ GARCÍA, J. M. (ed.). Hominum causa omne ius constitutum est. Escritos sobre el matrimonio en homenaje al Prof. José María Díaz Moreno, S. J., Publicaciones de la Universidad P. Comillas (Madri, 2000) 191-218.

- *Aproximaciones hermenéuticas a "Pratica di amar Gesù Cristo" (1768) de Alfonso de Liguori*: DOUZIECH, R. (ed.). Proceedings of the Fifth International Congress of Redemptorist Moral Theologians (Materdomini, Itália, 7-12 July 2002) (Roma, 2003) 151-185.

- *Bernhard Häring - Ein Theologe in der alfonsianischen Tradition*: SCHMIED, A.; RÖMELT, J. (ed.). 50 Jahre "Das Gesetz Christi". Der Beitrag Bernhard Härings zur Erneuerung der Moraltheologie (Münster, 2005) 143-173.

- *Redención y moral. Perspectivas desde la tradición redentorista*: CORRIVEAU, R.; DE MINGO, A. (ed.). La Redención en Cristo. Espiritualidad Redentorista 13 (Roma, 2007) 145-166 [= *Redemption and the Moral Life*: CORRIVEAU, R.; DE MINGO, A. (ed.). Readings on Redemption (Roma, 2006) 199-229. = Redenção e moral. Perspectivas a partir da Tradição Redentorista. In: *Espiritualidade Redentorista 10*. Aparecida: Santuário, 2007. p. 227-253].

- *Benignity*: WALES, S.; BILLY, D. (ed.). Lexicon of Redemptorist Spirituality. General Secretariat for Redemptorist Spirituality (Roma, 2011) 30-32 = *Benignidad*: WALES, S.; BILLY, D. (ed.). Cien palabras para el camino. Diccionario de Espiritualidad Redentorista (Bogotá, 2012) 56-59. [= Benignidade. In: WALES, S.; BILLY, D. (ed.). *Dicionário de Espiritualidade Redentorista*. Goiânia: Scala, 2012. 41-43].

Artigos.

- *Una espiritualidad centrada en la práctica del amor. La propuesta espiritual de San Alfonso*: Vida Religiosa 62 (1987) 256-273 = Segno 19 (1993) n. 142-143, 90-108.

- *Un Santo para reorientar el espíritu de la Ilustración. San Alfonso*: Ecclesia n. 2330 (1987) 6-8.

- *La moral de San Alfonso de Liguori y la Compañía de Jesús*: Miscelánea Comillas 45 (1987) 391-416.

- *La "praxis": rasgo característico de la moral alfonsiana y reto a la teología moral actual*: SM 25 (1987) 249-326.

- *Del rigorismo a la benignidad. Significado histórico de la moral alfonsiana*: Moralia 10 (1988) 157-191.

- *La pastoralidad de la teología moral. La moral de San Alfonso de Liguori (1696-1787)*: Confer 27 (1988) 437-460.

- *La science morale au service des priorités pastorales selon le dynamisme de Saint Alphonse de Liguori*: Le Supplément n. 166 (1988) 119-136 = VÁRIOS. *Actualité Pastorale d'Alphonse de Liguori* (Ste-Anne de Beaupré, Canadá, 1987) 41-56.

- *S. Alfonso de Liguori moralista. Significato storico e messaggio attuale*: SM 28 (1990) 363-389.

- *Die Familie in Leben und Lehre des Alfons von Liguori (1696-1787)*: SH 42 (1994) 5-32 = (tradução italiana:) SM 32 (1994) 341-366.

- *Las relaciones prematrimoniales. El pensamiento de Alfonso de Liguori*

(1696-1787): Moralia 17 (1994) 357-378 = DE SPIRITO, A. (ed). La figura e l'opera di Alfonso de Liguori nel Sannio (Milão, 1999) 227-239.

- *A moral de Santo Afonso de Ligorio. Significado histórico e mensagem atual*: Fragmentos de Cultura 5 (1995) 51-68.

- *La conciencia en el proyecto moral de Alfonso de Liguori*: Moralia 19 (1996) 389-410 = (tradução italiana:) Segno n. 184 (1997) 15-30.

- *La imagen de Dios en la tradición redentorista*: SH 46 (1998) 263-286 = (tradução italiana:) Segno 25 (1999) n. 202, 57-63.

- *Estudios recientes sobre la Moral de san Alfonso*: Moralia 22 (1999) 129-140.

- *La moral de San Alfonso según el Magisterio eclesiástico reciente*: Moralia 22 (1999) 255-280.

- *Significato storico e messaggio attuale della morale alfonsiana*: Segno 26 (2000) n. 213, 60-72.

- *La moral alfonsiana: una respuesta a los retos de ayer y de hoy*: Moralia 23 (2000) 241-242.

- *Rasgos innovadores en la moral de san Alfonso*: SM 38 (2000) 347-380.

- *S. Alfonso: un obispo renovador de la Teología Moral. Aspectos innovadores y actualidad de la moral alfonsiana*: Istituto storico redentorista, 250° dell'ordinazione vescovile di S. Alfonso M. de Liguori (1762-2012) (Roma, 2012) 33-66 - SH CSsR 60 (2012) 33-66.

E

A ESPIRITUALIDADE AFONSIANA

Rumo à articulação da Espiritualidade com a Moral.

O objetivo desta seção é apresentar a espiritualidade afonsiana. Para isso, oferecemos as seguintes perspectivas:

- Descrevemos o *enquadramento* no qual o pensamento espiritual de Afonso deve ser situado.

Analisamos a *identidade* da espiritualidade afonsiana, aludindo à questão básica de sua existência e observando as características fundamentais que a configuram.

- Concretizamos a proposta espiritual de Afonso na *prática do amor*.

Estes são os temas e os títulos correspondentes dos três capítulos da seção:

23.1 Enquadramento do pensamento espiritual afonsiano.

23.2 Existência e características da espiritualidade afonsiana.

23.3 Uma espiritualidade centrada na prática do amor.

VIGÉSIMA TERCEIRA SEÇÃO

Enquadramento e formulação da espiritualidade afonsiana

23.1 ENQUADRAMENTO DO PENSAMENTO ESPIRITUAL AFONSIANO

A fim de introduzir o tema da espiritualidade afonsiana e, posteriormente, sua conexão com o pensamento moral, neste primeiro capítulo da seção pretendemos situar o pensamento espiritual de Afonso em suas coordenadas essenciais. Concretamente:

- Fazemos alusão ao *contexto histórico* da espiritualidade afonsiana.

- Destacamos a *integração* da espiritualidade em todo o projeto de Afonso.

- Assinalamos as principais *fontes literárias* do pensamento espiritual afonsiano.

- Recordamos a *dimensão literária* dessa faceta de Afonso.

- Fornecemos uma *bibliografia essencial* sobre o tema em questão.

Eis, portanto, os cinco aspectos que tratamos neste capítulo de caráter introdutório ao conjunto temático desta quinta parte do volume.

23.1.1 O contexto histórico

No volume anterior, apresentamos as peculiaridades teológicas do século XVIII: V/2, 81-89. No contexto da ausência geral de criatividade teológica de tal momento histórico, há um tratado que ganhou certa importância. Foi, precisamente, o tratado sobre a teologia espiritual, como consta pelos muitos dados fornecidos na síntese histórica de T. Goffi e P. Zavatto[1].

Nessa síntese, encontramos o elenco de quase quarenta *manuais de espiritualidade* publicados entre 1650 e 1800, assim como muitos outros *escritos espirituais,* cujo objetivo não é apresentar sua própria experiência espiritual, mas tentar animar e educar os católicos na área da espiritualidade. Tanto os manuais, quanto os escritos, formulavam, sobretudo, um *caminho ascético,* mas sem apagar completamente o *caminho místico.*[2]

No século XVIII, a Itália ganhou a importância que tiveram a Espanha (século XVI) e a França (século XVII) no tema teológico-espiritual e na vivência prática da espiritualidade cristã.[3]

Na Itália do *Settecento* floresceram grandes místicas: a carmelita de Turim, **Maria dos Anjos** (1666-1717); a dominicana, **Claudia da Cruz dos Anjos** (1675-1715), a capuchinha de Città di Castello, **Verônica Giuliani** (1660-1727); a capuchinha de Bréscia, **Maria Madalena Martinengo** († 1737); a redentorista napolitana, **Maria Celeste Crostarosa** (1696-1755); a carmelita de Florença, **Teresa Margarida Redi do Sagrado Coração de Jesus** († 1770). Também há homens místicos **(Leonardo de Porto Maurício,** 1676-1751; **Geraldo Majella,** 1726-1755; **Januário Maria Sarnelli,** † 1745; **César Sportelli,** † 1750; etc). Entre eles, destaca-se o santo fundador dos passionistas, **Paulo da Cruz** (1694-1775), com sua *mística da Cruz,* "formado na escola dos grandes místicos espanhóis e em Taulero".[4]

---

1 GOFFI, T.; ZAVATTO, P. *La spiritualità del Settecento* (Bolonha, 1990). Também: VILANOVA, E. *Historia de la teología cristiana,* III (Barcelona, 1992) 319-324.

2 GOFFI, T.; ZAVATTO, P. *La spiritualità...,* 69-171.

3 POURRAT, P. ; VILLER, M. *Biographies spirituelles. Époque moderne. Italie*: DS, I (Paris, 1932) c. 1708.

4 VILANOVA, E. *Historia de la teología cristiana,* III (Barcelona, 1992) 323. Ver: VILLER, M. *La mystique de la Passion chez St. Paul de la Croix*: Revue de Science Religieuse 40 (1952) 426-445; BRETON, St. *La mística de la Pasión. Doctrina espiritual de san Pablo de la Cruz* (Barcelona, 1969).

Na exposição feita em volume anterior, acima mencionado, apontamos três características gerais da espiritualidade cristã no século XVIII:

- Por um lado, a espiritualidade desse século é marcada pela *condenação do quietismo* (Breve de Inocêncio XII *Cum alias*, de 12 de março de 1699). Mesmo levando em conta a presença de almas místicas, como notamos, a espiritualidade do *Settecento* fugirá das expressões místicas, tanto na prática, quanto na teoria. Será, sobretudo, uma espiritualidade de orientação *ascética* e com formulação principalmente *devocional*.

- Por outro lado, a espiritualidade do século XVIII nutre-se das obras espirituais produzidas nos dois séculos anteriores. Foram traduzidas e republicadas obras do século XVI e utilizadas edições tardias do século XVII. Obviamente, as obras espirituais anteriores são "lidas" com o filtro próprio do século XVIII (filtro "devocional" e com orientação, principalmente, "ascética"). O séc. XVIII italiano está carregado de densidade espiritual; mas falta à essa espiritualidade o frescor e a criatividade dos escritos espirituais do século XVI.

- Em terceiro lugar, a espiritualidade cristã no século XVIII foi uma realidade à margem do contexto do Iluminismo e, em certo sentido, contrária a ele: "o florescer de vida e de pensamento espiritual dentro de um contexto cultural iluminista parece surpreendente. É legítimo pensar em um dom do Espírito, oferecido com o propósito de animar, evangelicamente, o novo contexto cultural".[5]

O estudo da espiritualidade afonsiana precisa levar em conta a peculiaridade do contexto histórico no qual nasceu e se desenvolveu.[6] Afonso de Liguori é, claramente, devedor da espiritualidade francesa do séc. XVII; também lê as obras dos espirituais espanhóis do séc. XVI, mas tal leitura é passada através do filtro devocional e ascético. Quanto ao resto, a teologia espiritual

---

5 GOFFI, T.; ZAVATTO, P. *La spiritualità...*, 272-273.

6 COLAVITA, M. *Invito alla spiritualità alfonsiana*: GIANNANTONIO, P. (ed.). Alfonso M. de Liguori e la civiltà letteraria del Settecento (Città di Castello, 1999) 406-409.

de Afonso, como, em geral, toda a teologia espiritual do séc. XVIII, está relacionada com as práticas devocionais: delas provém e a elas se dirige, basicamente, o discurso teológico-espiritual afonsiano.

A contribuição de Afonso para a história da espiritualidade cristã deve, portanto, ser interpretada e avaliada dentro do contexto do século XVIII, tanto da Igreja em geral, quanto da Igreja italiana em particular e, mais especificamente, da Igreja napolitana. É assim que um especialista em história da teologia cristã descreve essa contribuição:

> "O grande mestre de vida espiritual do séc. XVIII foi Santo Afonso M. de Liguori. Embora não seja fácil superar a imagem do moralista e casuísta, a sensibilidade interior e apaixonada de sua alma napolitana fez dele um dos grandes espíritos da época. Suas profundas devoções, apesar do estilo peculiar do barroco, suas relações caritativas e sua doutrina, sempre em função da vontade de Deus, levaram-no ao ápice da perfeição. O patrimônio doutrinal da tradição católica reconheceu em suas obras - *Le Glorie di Maria,* em particular, e *Gran mezzo della preghiera, Pratica di amar Gesù Cristo, Conformità alla volontà di Dio* - uma experiência espiritual e mística, da qual se sente devedora (...). Santo Afonso Maria tornou-se, para o povo simples do sul da Itália, um santo eminentemente popular; intérprete do Evangelho e guia espiritual, ele é o símbolo do mestre compreensível e doutor da verdade cristã".[7]

23.1.2 Integração da espiritualidade na unidade do projeto de Afonso

Como temos observado em vários momentos do presente volume, entre os estudiosos atuais do pensamento de Afonso de Liguori há uma tendência de não dividir os escritos afonsianos em compartimentos separados: moral, espiritualidade, dogmática, pastoral. Prefere-se falar de um *corpus alphonsianum* no qual todas as obras convergem para oferecer uma proposta unitária de vida cristã.

---

7 VILANOVA, E. *Historia ...*, III, 323-324.

Dessa forma, a espiritualidade afonsiana completa a visão moral oferecida nos escritos catalogados como estritamente morais, de acordo com a classificação do século XVIII. Assim como, na *Theologia Moralis,* há uma notável carga de conteúdos jurídico-canônicos que hoje não são considerados como estritamente morais, da mesma forma, nas obras de espiritualidade há muitos elementos de caráter moral, de acordo com a orientação atual.

Colocando-nos nessa perspectiva hermenêutica, cremos que a espiritualidade afonsiana é a "outra" moral de Afonso, ou seja, a moral entendida como pedagogia de vida cristã. Essa moral é de cunho preferencialmente positivo, tem uma formulação pedagógico-educativa, expressa-se através do fundamento das virtudes e se insere dinamicamente no conjunto do mistério cristão. Sintetizo todos os traços em um só: a moral entendida como a prática da caridade. Também é a característica que define a espiritualidade afonsiana: *uma espiritualidade centrada na prática do amor.* O desenvolvimento dessa intuição afonsiana básica será o tema do terceiro capítulo da presente seção.

23.1.3 As fontes do pensamento espiritual afonsiano

- Perspectivas gerais.

O tema das fontes dos escritos espirituais de Afonso já foi suficientemente analisado, sobretudo, por Giuseppe Cacciatore, na *Introdução Geral* **à edição crítica das obras espirituais de Afonso.**[8] Além desse estudo, também precisamos recordar a investigação de Oreste Gregorio sobre a *biblioteca teológica* de Afonso.[9]

Não penso que seja necessário, então, voltar a analisar detalhadamente tal aspecto da historiografia afonsiana. No entanto, considero conveniente destacar um conjunto de afirmações gerais,

---

8 CACCIATORE, G. *Le fonti e i modi di documentazione*: VÁRIOS. Introduzione generale (alle Opere ascetiche) (Roma, 1960) 117-290.

9 GREGORIO, O. *La biblioteca teologica di S. Alfonso* (Pagani, 1941).

bem como, uma série de referências às fontes literárias concretas de Afonso.

No que toca às perspectivas gerais, sublinho o seguinte:

- Em seus escritos, Afonso usa abundantemente as *autoridades* (citações) que vão, desde a *Sagrada Escritura* (na versão latina da *Vulgata*), até autores contemporâneos seus, passando pelos escritos da *Patrística* e *escritores medievais,* chegando à exuberante produção espiritual do século XVI (sobretudo, espanhola) e do século XVII (sobretudo, francesa).

- Afonso teve contato com muitas dessas fontes através de *elencos* de natureza bastante diversa: as chamadas *bibliotecas,* os conhecidos *prontuários,* as intituladas *catenas,* os *epítomes,* as *medulas,* as *selvas,* etc.[10]

- Afonso, com certeza, precisou consultar diretamente as citações da *Vulgata.* Quanto ao encontro com a literatura Patrística, é possível pensar que não frequentou diretamente, ao menos de forma contínua, os escritos dos Santos Padres.[11] Por outro lado, temos segurança de que fez uso dos autores modernos através da *leitura direta* das obras espirituais modernas, tanto em sua língua original, quanto nas versões italianas disponíveis. As fontes diretas e principais de Afonso, em sua tarefa de escritor espiritual são, portanto, os escritos dos autores espirituais modernos de sua época.[12]

O último grupo de fontes é o que mais nos interessa conhecer, pois são autores que ajudam a compreender melhor a orientação do pensamento espiritual de Afonso.

Quando comentamos cada uma das obras espirituais de Afonso, já indicamos suas principais fontes correspondentes. Aqui, apenas destacaremos dois aspectos de caráter geral:

- Apresentar os três grandes grupos de fontes afonsianas, correspondentes às três áreas culturais e idiomáticas prevalentes na literatura religiosa católica da época moderna.

---

10 Para a detalhada descrição dessas fontes baseadas em *elencos,* ver a análise minuciosa de: CACCIATORE, G. *Le fonti*... 157-180.

11 MANDERS, H. *O amor na espiritualidade de santo Afonso* [1947] (Aparecida, 1990) 13.

12 *Ibid.,* 14-15.

- Enfatizar a importância de duas fontes concretas: Francisco de Sales e Teresa de Ávila (e, em parte, João da Cruz) enquanto fontes da espiritualidade afonsiana.

- Três grupos de fontes literárias da espiritualidade afonsiana.

Cada um dos três grupos se identifica pelo âmbito cultural a que pertence, pelo idioma que utiliza e pelo momento histórico em que adquire maior destaque. Como é bem conhecido dos estudiosos das obras espirituais de Afonso, os três grupos são:

- O *grupo espanhol*, com idioma espanhol e momento histórico prevalente no século XVI. Os nomes são, além de Teresa de Ávila (1515-1582) e João da Cruz (1542-1591): Pedro de Alcântara (1499-1562), João de Ávila (1500-1569), Luís de Granada (1504-1588), Baltasar Álvares (1533-1580), Alonso Rodríguez (1532-1617), Diego Álvarez de Paz (c. 1560-1620), Luís de la Puente (1554-1624), João Eusébio Nieremberg (1595-1658).

"Estamos seguros de que Santo Afonso leu os poderosos volumes do padre Álvarez de Paz, mas apenas em parte, nos temas que lhe interessavam; deve tê-lo considerado importante, mas prolixo e um pouco exagerado. Leu e recomendou o padre La Puente e o padre Granada, mas em seus escritos há pouco ou nada dos métodos desses autores: reflexão contínua, análise, prática não imediata. As simpatias de Afonso vão para outro lado: Alonso Rodríguez, João Batista Saint-Jure (...)."[13]

Para o significado histórico da espiritualidade espanhola do século XVI, um dos cumes da espiritualidade católica, remetemos ao que foi exposto em volume anterior desta História da Teologia Moral: IV/1, 873-907.

- O *grupo francês*, com idioma francês e momento histórico prevalente no século XVII. Os nomes dos autores mais utilizados por Afonso são: Francisco de Sales (1567-1622), João Batista Saint-Jure (1588-1637), Estevão Binet (1569-1639), João Crasset (1618-1692), Francisco Nepveu (1639-1708).

[13] CACCIATORE, G. *Le fonti*..., 152-153.

Para o significado histórico da escola francesa de espiritualidade (século XVII), também remetemos ao exposto em volume precedente: V/1, 955-1022.

- O *grupo italiano*, com idioma italiano e momento histórico prevalente no séc. XVII e séc. XVIII. Os nomes mais destacados dos autores utilizados por Afonso são: Paulo Segneri, *senior* (1624-1694), Pedro Mateo Petrucci (1636-1701), Carlos Ambrósio Cattaneo (1645-1705), João Batista Scaramelli (1687-1752).

Se tivéssemos que fazer um ramalhete do núcleo das fontes literárias da obra espiritual de Afonso usando os nomeados nos três grupos, teríamos que apresentar os seguintes: Teresa de Ávila, Alonso Rodríguez, João Batista Saint-Jure, Pedro Matteo Petrucci, Francisco de Sales. Se tivéssemos que reduzir ainda mais a lista de fontes, restringindo-a aos dois principais, a eleição também seria fácil: Francisco de Sales e Teresa de Ávila.

Na continuação, trataremos dessas duas fontes, acrescentando, ainda, João da Cruz. Lembramos que voltaremos a tratar sobre as influências das obras de Petrucci em Afonso no cap. 1 da próxima seção.

- Francisco de Sales.

"Os escritos de Francisco de Sales, traduzidos por Giuseppe Gozzi, S. J., e Daniello de Nobili, eram editados e reeditados em Veneza desde 1667 (...). Teria podido, nosso aprendiz de missionário, lê-lo em francês, como lera Teresa em espanhol? Uma coisa é certa: trata-se de outra amizade para toda a vida e de outra fonte inesgotável".[14]

O fervor salesiano "não impedirá sua abertura para as outras correntes. Ele se confraternizará largamente com João da Cruz e com tantos eminentes discípulos de Santo Inácio; mas, depois de

[14] Rey-Mermet, *Afonso de Ligório: uma opção pelos abandonados*. Aparecida: Santuário, 1984. Tradução: Pe. José Braz Gomes, CSsR; Carlos Felício da Silveira. 158.

sua 'Mãe Teresa', Francisco será o mestre espiritual de quem ele mais beberá".[15]

De tal modo é a relação de Afonso com os escritos de Francisco de Sales que, com frequência (desde Celestino Berruti até escritores mais recentes), foi estabelecido um paralelismo entre as duas personalidades, de Sales e de Liguori (Alfonso: "un altro s. Francesco di Sales").[16]

- João da Cruz.

Juntamente com Francisco de Sales, "grandes mestres espirituais de Afonso foram Santa Teresa e São João da Cruz".[17] Como acabamos de anotar, Afonso encontrou grandes mestres na espiritualidade espanhola do século XVI. Entre eles, destacam-se João da Cruz e Teresa de Ávila.

> "Tradicional é a referência ao influxo dos grandes místicos espanhóis: Santa Teresa de Ávila e São João da Cruz. A influência de Santa Teresa sobre Afonso é bem certificada pelo fato de ter uma grande veneração por ela (chamava-a de sua *segunda mãe*). Cita-a muitas vezes, e quase sempre, diretamente, em seu primeiro escrito maior, a *Novena em honra de Santa Teresa*, com uma *Breve prática para a perfeição recolhida das doutrinas de Santa Teresa*".[18]

Nesse momento, temos que admitir a matização introduzida por G. Cacciatore: "Acima de todos, Santa Teresa, São Francisco de Sales e, em menor medida, São João da Cruz".[19]

Essa diferença de "medida" entre João da Cruz e Teresa de Ávila é compreensível se levarmos em conta que o místico de Fontiveros é "místico" em todas as suas grandes obras, enquanto a

---

15 Rey-Mermet, 158.

16 BERRUTI, C. *Lo spirito di S. Alfonso Mª. De Liguori* (Prato, 1896³) 11-14. Também: DAQUINTA, F. *Un paralelo. De Sales a Ligorio*: El Perpetuo Socorro 18 (1916) 353-357.

17 Tellería, I, 575.

18 MANDERS, H. *O amor...*, 11.

19 CACCIATORE, G. *Le fonti...*, 182.

santa de Ávila "é mais rica de vida cristã, aberta a todas as manifestações desta, mesmo as mais comuns, e por isso, mais próxima do moralista italiano."[20]

> Estes dois místicos espanhóis - Teresa de Jesus e João da Cruz - "não apenas oferecem [a Afonso] pensamentos isolados ou sugestões, dão o tom e o movimento: são verdadeiros mestres e autores de Santo Afonso".[21] Contudo, não convém esquecer que "Santa Teresa e São João da Cruz têm sua própria espiritualidade, como sabemos, essencialmente mística (...). Santo Afonso é outra coisa; tem uma concepção ascética que não se identifica com a da 'mestra'; situando-se mais abaixo, não por falta de capacidades místicas, mas pelo próprio objetivo, em razão de uma concepção da perfeição que, nele, se apoia sobre a dupla base da experiência e de sua conformação psicológica."[22]

Quanto a João da Cruz, devemos recordar que o "Santo de Fontiveros gozava de muita popularidade em Nápoles, sobretudo, desde sua elevação aos altares, nos primeiros dias de sacerdócio de Afonso. Não é de estranhar, portanto, que, desde há muito tempo, ele se deleitasse com a leitura de suas obras e as aconselhasse aos demais".[23]

Afonso conheceu as obras de João da Cruz. Citou-as e recomendou sua leitura. Escreveu à sua dirigida, irmã Maria Joana da Cruz (1734): "Faça, todos os dias, meia hora de leitura espiritual sobre as virtudes; leia muito as páginas de São João da Cruz, onde fala sobre os sete vícios capitais, soberba, etc, isto é, no começo da *Noite Escura*".[24] "Mas, entre os dois doutores do Carmelo, não resta dúvida de que a preferência recai sobre Santa Teresa".[25] Na continuação, falaremos de Santa Teresa.

---

20 *Ibid.*, 183.
21 *Ibid.*, 182.
22 *Ibid.*, 182-183.
23 Tellería, I, 338.
24 Lettere, I, 43. Também: *Ibid.*, I, 52-53.
25 LAGE, E. S. *Alfonso e la direzione spirituale*: SH 48 (2000) 41.

- Teresa de Ávila.

O primeiro escrito de Afonso que, ao ser publicado, tomou a forma de livro (104 páginas) foi dedicado a Teresa de Ávila: *Considerazioni sopra le virtù e pregi di S. Teresa di Gesù* (Nápoles, 1743).[26] **Já o comentamos detidamente no cap. 3 da presente seção. Aqui, recolhemos anotações de dois estudiosos da obra de Afonso:**

> "A colocação [da obra, em 4º lugar] na lista cronológica dos escritos de Afonso confirma a opinião dos que denominam *primordiais* as influências da grande mística de Ávila sobre a ascética de Santo Afonso. Este, com efeito, entrou muito cedo em contato com a doutrina espiritual de Teresa, pelas mãos de seu parente, o cônego Mateo Gizzio [Pedro Marcos, já que Mateo é um erro de Tannoia], de sua prima Teresinha de Liguori, carmelita em Nápoles († 1724), cuja vida escreveu, e de muitas redentoristas de Scala que tinham pertencido à congregação carmelita de Serafina de Capri. Em seus escritos, cita frequentemente essa fundadora, cuja biografia foi publicada pelo primeiro diretor de Afonso, o Padre Pagano (*Vita della Suor Maria Serafina di Dio, fondatrice del monastero di Capri* [Nápoles, 1723])".[27]

> "O opúsculo, de uma centena de páginas, é o primeiro ex-voto do filho àquela que ele denomina 'minha Santa Teresa'. Essa obra corre o risco de passar despercebida, esmagada pelas grandes obras publicadas a partir de 1750. Seria uma pena. Depois das nove 'considerações' surge uma *Breve prática da perfeição extraída da doutrina de S. Teresa* em que já se manifesta totalmente seu pensamento e conduta quanto à ascese."[28]

A relação de Liguori com a santa de Ávila e com seus escritos está suficientemente estudada e sublinhada, desde Tannoia[29] até os

---

[26] De Meulemeester, I, 53-54; Ferrero-Boland, 503-504. Ver: Tellería, I, 336-338; Rey-Mermet, 382-384, 411. [Tradução brasileira: LIGÓRIO, Afonso de. *Meditações sobre Santa Teresa de Ávila. Com novena, prática e ato de consagração.* Aparecida: Santuário, 2022. Trad.: Pe. Claudiberto Fagundes, CSsR.]

[27] De Meulemeester, I, 54.

[28] Rey-Mermet, 382.

[29] Tannoia, I, 57: "Como se sabe, era extremamente devoto da Santa Madre Teresa".

estudiosos atuais.[30] Basta citar alguns parágrafos de dois biógrafos de Afonso: um, espanhol; outro, francês.

> "A doutora de Ávila reinava por direito próprio no lar dos Liguori, talvez como reminiscência de seu avô espanhol. É só prestar atenção na frequência de seu nome entre os recebidos na pia batismal. Teresa chamou-se a tia materna de Afonso, Teresa chamavam sua planejada noiva, por Teresa respondia sua irmã menor, Teresa foi sua prima, assim como, com o nome de Teresa, batizaram sua sobrinha".[31] Afonso "'respirou' Santa Teresa desde seu primeiro choro: dona Anna é de origem espanhola pelos marqueses d'Avenia; ao menos quatro Teresas brilham em sua constelação familiar: uma tia, uma irmã, uma sobrinha e sua prima e 'noiva' que, no carmelo do Santíssimo Sacramento, alegremente se apressa para chegar ao céu (30 de outubro de 1724). Mas isso não era, então, mais do que um contato superficial. É o superior do seminário, seu tio Gizzio [primo da mãe de Afonso] que, desde sua entrada no estado eclesiástico, faz de Afonso um entusiasta de Teresa de Ávila. Liga-se a ela, a ela reza como a uma irmã mais velha, como a uma mãe; esforça-se por imitá-la ao ponto de se obrigar por voto, como ela, a nada fazer senão para Deus e para sua maior glória. Na ascética e na mística ela será sua *maestra*, sua 'mestra de oração'; na vida, sua *seconda mamma*, depois de Nossa Senhora. Doravante, quase todas as suas cartas trarão uma inscrição como bandeira ao vento: 'Viva Jesus, Maria, José e Teresa'".[32]

O fervor teresiano de Liguori, que nomeia Teresa de Ávila como *mia maestra, santa mia*,[33] aparece com expressões poderosas no caderninho intitulado *Cose di Coscienza*, onde Afonso foi anotando notícias e dados de caráter estritamente pessoal, correspondentes ao período de 1726-1740 (com poucos acréscimos dos anos 1741-1743). Entre esses dados pessoais, há uma *Consagração* à santa de Ávila, com uma série de *promessas: Consagrazione a S. Teresa.*[34] O

---

30 FERRERO DE PAZ, J. J. La *presencia de Santa Teresa de Jesús en el núcleo de la teología espiritual de San Alfonso Mª de Ligorio*. Tesina de licenciatura apresentada e defendida na U. P. Comillas (Madri, 2004).

31 Tellería, I, 142. Ver: *Ibid.*, I, 141-143, 336-338, 394-395, 1022.

32 Rey-Mermet, 156.

33 Lettere, I, 1, 7.

34 Ferrero-Boland, 533. Ver o estudo de: FERRERO DE PAZ, J. J. La *presencia...*, 43-45.

texto correspondente, adiantado, em parte, em outras publicações (Leopoldo Dujardin, Paris-Tournai, 1858; um opúsculo intitulado *Santa Teresa de Gesù*, Milão, 1922; *Introdução às obras ascéticas*, Roma, 1960, p. 14), foi publicado completo (*consagração* e *promessas*) e comentado por A. Sampers.[35]

As referências às obras de Teresa de Ávila são numerosas e contínuas nos escritos espirituais de Afonso. As citações teresianas no *corpus alphonsianum* giram em torno da cifra de 1.300. Encontram-se, sobretudo, na *Novena* à santa de Ávila, na *Breve prática* e na *Verdadeira Esposa de Jesus Cristo*.[36]

> "Está fora de discussão que [Afonso] leu repetidamente, com uma adesão entusiasmada, as obras de Santa Teresa [...]. Podem ser identificadas a tradução e a edição (de uma e outra, quando houve várias) através do confronto dos textos. Estamos seguros de que S. Afonso leu Santa Teresa na edição veneziana de 1721-1723, reeditada imediatamente sem variações".[37]

No entanto, na relação de Afonso com os escritos de Teresa, mais que a quantidade das citações textuais, interessa sublinhar a conexão no pensamento. Como diz O. Gregorio, Afonso "não é apenas um laborioso divulgador, mas original intérprete da Santa".[38]

O espanhol que sabia, permitia a Afonso ler, em sua língua original, João da Cruz, Teresa de Ávila, Baltasar Álvarez, Alonso Rodríguez, assim como, o domínio que tinha do francês, dava a possibilidade de ler os textos originais de Francisco de Sales, João Crasset, João Batista Saint-Jure e Francisco Nepveu. Mas, aceitando essa possibilidade, a questão é se, de fato, leu estes autores nos textos originais.

---

[35] SAMPERS, A. *L'atto di consacrazione di s. Alfonso a s. Teresa di Gesù, c. 1732*: SH 23 (1975) 241-245. Conferir a Consagração, bem como esse artigo, na sequência da presente edição.

[36] Ver a análise detalhada de: FERRERO DE PAZ, J. J. La *presencia...*, 45-81 (*Novena*), 81-98 (*Breve Práctica*), 99-176 (*Verdadeira Esposa de Cristo*).

[37] CACCIATORE, G. *Le fonti...*, 127.

[38] GREGORIO, O. *Canzoniere alfonsiano. Studio critico estetico col testo* (Angri, 1933) 195.

A postura de Giuseppe Cacciatore é taxativa: "Leu-os em traduções italianas, em uma ou várias, entre as tantas que havia. É um fato certo, e seria bom deixar em paz os textos originais, em espanhol ou em francês, porque não entram na questão (*non c'entrano*)."[39]

"De 1603 a 1723 aparecem, ao menos, quatorze edições italianas das obras de Santa Teresa de Ahumada."[40] Também houve traduções das obras de João da Cruz, bem como, de Francisco de Sales.[41]

Sem plena certeza, é possível pensar que Afonso teve conhecimento de duas obras, muito difundidas em sua época, em que dois carmelitas descalços italianos organizaram e resumiram o pensamento da Madre Teresa de Jesus:

- Cherubino da Santa Teresa, *Santa Teresa maestra di spirito, ovvero, La dottrina della Santa con le medesime sue parole* (Veneza, 1689, 1695, 1699, 1710, 1730, 1736, etc.).

- Marco di San Giuseppe, *Opere di Santa Teresa coordinate con nuovo ed utilissimo metodo* (Veneza, 1694, 1695, 1710, 1730, etc.).

Sobre a presença dos escritos teresianos na Itália:

- MACCA, V. Presenza e influsso del magistero teresiano in Italia: VÁRIOS. Teresa de Jesús. Estudios histórico-literarios (Roma, 1982) 121-150.

Nota bibliográfica sobre a fonte teresiana da espiritualidade afonsiana:

- PÉREZ DE GAMARRA, V. *El más ilustre discípulo de la escuela ascética española: San Alfonso Mª. de Ligorio* (Madri, 1924).

- KEUSCH, K. *Die Aszetik des hl. Alfons M. von Liguori* (Paderborn, 1926²).

- GREGORIO, O. Alfonso M. de Liguori, Spiritualità alfonsiana: PELLICCIA, G.; ROCCA, G. (ed.). *Dizionario degli Istituti di Perfezione*, I (Cinisello Balsamo, 1974) 483-488.

---

39 CACCIATORE, G. *Le fonti...*, 183.

40 Rey-Mermet, 156.

41 Ver os dados sobre as traduções italianas das obras de Teresa, João da Cruz e Francisco de Sales, em: CACCIATORE, G. *Le fonti...*, 183-185.

- LIÑÁN, M. Santa Teresa de Jesús en la vida y los libros de San Alfonso María de Ligorio: *La Vida Sobrenatural* n. 529 (1987) 241-254.

- FERRERO DE PAZ, J. J. La presencia de Santa Teresa de Jesús en el núcleo de la teología espiritual de San Alfonso Mª. de Ligorio (Madri, 2004). Tesina apresentada e defendida na U. P. Comillas (Madri, 2004).

- Balanço e nota complementar.

Permito-me voltar a recolher a importante afirmação do máximo estudioso das fontes literárias do *corpus* espiritual afonsiano:

> "Está fora de discussão que [Afonso] leu repetidamente, com uma adesão entusiasmada, as obras de Santa Teresa e de São Francisco de Sales. Igualmente certa, ainda que, provavelmente, **não repetida, a leitura de São João da Cruz. Podem ser identificadas a tradução e a edição (de uma e outra, quando houve várias) através do confronto dos textos.**"[42]

A relação do pensamento afonsiano com essas fontes não é de dependência servil. Na redação definitiva do texto afonsiano é possível perceber um trabalho redacional importante do autor. "Há muitas referências de Santa Teresa e de São Francisco de Sales que denotam a intervenção, o trabalho pessoal ou uma tradução diferente de Afonso: tais textos se encontram todos, *literalmente,* nos autores que, com certeza, Santo Afonso teve à mão ao compor suas obras".[43]

E esta é a nota complementar: mesmo levando em conta tudo o que conhecemos sobre a relação de Afonso com os escritos de Teresa de Ávila, segue sendo válida a advertência de A. Sampers (1975): "Parece-nos que, no entanto, ainda está por ser feito um estudo completo para estabelecer, com exatidão, em que medida a doutrina e os escritos de Santa Teresa foram uma fonte para Santo Afonso".[44]

---

42 CACCIATORE, G. *Le fonti...*, 127.

43 *Ibidem.*

44 SAMPERS, A. *L'atto di consacrazione...*, 243, nota 14.

23.1.4 Dimensão literária e função cultural da espiritualidade afonsiana

- Dimensão literária.

Ao avaliar o trabalho espiritual de Afonso, além de levar em conta o *conteúdo*, também é necessário considerar a *expressão literária*. Recordamo-lo aqui, novamente, observando que a questão das expressões, tanto linguísticas quanto artísticas em Afonso, já foi abordada no cap. 3 da 6ª seção.

Se Afonso entrou para a história da literatura italiana, é por seus escritos de conteúdo espiritual: tanto em expressão poética (*canzoncine*) como em forma de prosa religiosa.

Este não é o lugar adequado para precisar o valor da expressão literária nas obras espirituais de Afonso. Entretanto, não podemos deixar de observar alguns aspectos que têm significado para uma avaliação objetiva da contribuição de Afonso em geral.

- A fim de avaliar com exatidão a expressão literária nos escritos espirituais de Afonso, é necessário partir da importância da literatura devocional no *Settecento* italiano, particularmente, no napolitano (ver os estudos citados abaixo, nesta mesma seção).
- Deixando de lado aspectos de técnica literária, a alguns dos quais já aludimos no cap. 3 da 6ª seção, há traços peculiares de sensibilidade afonsiana em sua literatura espiritual. Dentre estes, destacam-se os seguintes:
- A busca de formulações claras, breves e precisas.
- A conexão imediata da teoria com a prática.
- A tendência à personalização nas fórmulas linguísticas (uso abundante de pronomes pessoais) e nos conteúdos semânticos.
- A tonalidade geral expressiva em chave de afeto, de sentimento, de decisão.

Nota bibliográfica.

- GIANNANTONIO, P. (ed.). *Religiosità, letteratura e Alfonso nel '700.* GIANNANTONIO, P. (ed.). Alfonso M. de Liguori e la civiltà letteraria del Settecento (Città di Castello, 1999) p. VII-XIX.

- CAVALLINI, G. *Preghiere e manuali di pietà nel Settecento e in Alfonso*: Ibid., 19-39.

- Função social.

A literatura espiritual afonsiana não é pensada ou formulada para o ensino, para uma leitura meramente informativa, para acrescentar obras de referência nas bibliotecas. Não são esses os objetivos de Afonso. A literatura espiritual de Afonso é escrita para ser lida e *relida,* para ser *usada* como um canal de expressão religiosa, para ser refletida e, até mesmo, *memorizada.* E tudo isso, se possível, por parte do povo cristão comum.

Se essa é a configuração da literatura afonsiana, ela não pode deixar de ter uma função social. Elenco os aspectos em que a função social da literatura espiritual afonsiana ganha força:

- Faz chegar ao povo os grandes textos da tradição espiritual cristã, colocando, assim, o povo comum em pé de igualdade com aqueles que tiveram maiores possibilidades de formação.
- Permite que muitas pessoas aumentem seu repertório linguístico, semântico, expressivo e discursivo.
- Eleva a autoestima das pessoas comuns, ao se saberem possuidoras do que circula, embora em chaves, de certa forma, cifradas, nas esferas mais altas da sociedade e da Igreja.

É por isso que G. de Luca pode dizer que "Afonso pôs nos lábios de todos, também dos analfabetos, as palavras de Teresa de Ávila e João da Cruz. Ele sugeriu ao povo os conceitos mais elevados com as fórmulas mais simples, os afetos mais místicos através das palavras mais cotidianas. Ele criou, nos simples, um coração de santos, e de grandes santos".[45]

Visto desde essa perspectiva, não se pode duvidar que a literatura espiritual afonsiana teve uma notável função social positiva.[46]

23.1.5 Bibliografia essencial sobre a espiritualidade afonsiana

Boletim bibliográfico.

- BAZIELICH, A. *La spiritualità di Sant'Alfonso Maria de Liguori. Studio storico-teologico:* SH 31 (1983) 331-372. [= A espiritualidade de Santo Afonso. In: *Espiritualidade Redentorista 1.* Aparecida: Santuário, 1991, p. 89-116].

Exposições gerais.

- BERRUTI, C. Lo spirito *di S. Alfonso M. de Liguori* (Prato, 1896[3]).
- KEUSCH, K. *Die Aszetik des hl. Alfons Maria von Liguori im Lichte der Lehre vom geistlichen Leben in Alter und Neuer Zeit* (Friburgo, 1924; Paderborn, 1926[3]) = *La dottrina spirituale di Sant'Alfonso Maria de Liguori* (Milão, 1931).
- PÉREZ DE GAMARRA, V. *El discípulo más ilustre de la Escuela Ascética Española: San Alfonso María de Ligorio, Doctor ascético* (Madri, 1924).
- GARRIGOU-LAGRANGE, R. *La perfection chrétienne selon S. Alphonse:* Vie Spirituelle, Supplément 16 (1927) 211-250.
- ID., *La Spiritualità di S. Alfonso*: VÁRIOS. Nel secondo centenario della Congregazione del SS. Redentore 1732-1932 (Cortona, 1933) 31-33.
- MANDERS, H. O *amor na espiritualidade de santo Afonso* (Aparecida, 1990) = De *liefde in de spiritualiteit van s. Alfonsus* (Bruxelas-Amsterdam, 1947).

---

45 DE LUCA, G. Sant'Alfonso. *Il mio maestro di vita cristiana* (Roma, 1983) 131.

46 LUCA TROMBETTA, P. *Umanizzazione della Santità: per una rilettura di S. Alfonso de Liguori:* Aut-Aut n. 182-183 (mar-jun, 1981) 137-161.

- VÁRIOS. *Opere ascetiche. Introduzione Generale* (Roma, 1960): CACCIATORE, G. "Le fonti e i modi di documentazione", 117-290; CAPONE, D. "Le citazioni nelle opere ascetiche di S. Alfonso", 291 -388.

- DE LUCA, G. *Sant Alfonso, il mio maestro di vita cristiana,* edição de GREGORIO, O. (Alba, 1963). Ver: DE SPIRITO, A. *Giuseppe de Luca, S. Alfonso e la storia della pietà:* Ricerche di Storia sociale e religiosa 14 (1985) n. 28,147-166.

- COLIN, L. *Alphonse de Liguori. Doctrine spirituelle* (Paris, 1971).

- OPPITZ, J. *Alfonsian History and Spirituality* (Suffield, Conn., 1978).

- O'SHEA, M. (ed.). *Reflections on the Spirit of Saint Alphonsus* (Monroe, Michigan, 1987) 93-107.

- VÁRIOS, *La intuición y la espiritualidad de San Alfonso* (Roma, 1993).

- VELOCCI, G. *Sant'Alfonso de Liguori. Un maestro di vita cristiana* (Cinisello Balsamo, 1994).

- RICCI, V. (ed.). *Alfonso M. de Liguori, maestro di vita spirituale* (Milão, 1998).

- BILLY, D. *Plentiful Redemption. An Introduction to Alphonsian Spirituality* (Liguori, Missouri, 2001) [= *Copiosa Redenção.* Introdução à Espiritualidade de Santo Afonso. Goiânia: Scala, 2013].

- LÓPEZ ARRÓNIZ, P. *Alfonso Mª. de Liguori (En el acontecer de la experiencia de Dios)* (Madri, 2008).

Síntese do pensamento espiritual afonsiano.

- RAMOS, T. *[San Alfonso] El asceta*: El Perpetuo Socorro 12 (1910) 354-358.

- KEUSCH, K. *La spiritualité du Saint Alphonse de Liguori,* extrato de *Cahiers Thomistes* (abril, 1919).

- ID., *Quelques notes sur la spiritualité de saint Alphonse de Liguori:* La Vie Spirituelle 16 (1926-1927) 189-210.

- JANSEN, F. *Saint Alphonse de Liguori, ascète:* Nouvelle Revue Théologique 52 (1925) 193-213.

- LIÉVIN, G. *Alphonse de Liguori:* Dictionnaire de Spiritualité, I (Paris, 1934) 357- 389.

- ID., *La route vers Dieu. Jalons d'une spiritualité alphonsienne* (Friburgo da Suíça - Paris, 1963).

- GREGORIO, O. *Alfonso M. de Liguori, Spiritualità alfonsiana:* G. PELLICCIA; G. ROCCA (ed.). Dizionario degli Istituti di Perfezione, I (Cinisello Balsamo, 1974) 483-488.

- CACCIATORE, G. *La spiritualità di S. Alfonso de Liguori:* VÁRIOS, Le scuole cattoliche di spiritualità (Milão, 1959) 287-289.

- RAPONI, S. S. *Alfonso M. de Liguori maestro di vita cristiana:* E. ANCILLI (ed.). Le grandi scuole della spiritualità cristiana (Roma, 1984) 635-644.

- ID., La *spiritualità redentorista delle origini:* SH 44 (1996) 419-497.

- REY-MERMET, T. *La doctrine spirituelle de Saint Alphonse de Liguori:* VARIOS, Alphonse de Liguori, Pasteur et Docteur (Paris, 1987) 275-299.

- NAPOLETANO, A. *La vita cristiana come "pratica de amare". La spi¬ritualità alfonsiana nel contesto del XVIII secolo:* Asprenas 36 (1989) 484- 493.

- VÁRIOS. *La intuición y la espiritualidad de San Alfonso* (Roma, 1993). Recopilación de estudios.

- RICCI, V. S. *Alfonso, maestro di vita spirituale:* V. RICCI (ed.). Alfonso M. de Liguori, maestro di vita spirituale (Milão, 1998) 69-78.

- COLAVITA, M. *Invito alla spiritualità alfonsiana:* GIANNANTONIO, P. (ed.). Alfonso M. de Liguori e la civiltà letteraria del Settecento (Città di Castello, 1999) 403- 427.

- SAJ, M. *Compendio della dottrina di S. Alfonso sulla santità:* SH 58 (2010) 319-337.

Estudos sobre aspectos particulares.

- MUCCINO, A. *La dottrina mistica di S. Alfonso M. de Liguori:* Rassegna di Ascetica e Mistica 22 (1971) 214-237.

- CARDAROPOLI, G. S. *Alfonso de Liguori e la pietà popolare nel Mezzogiorno:* Asprenas 35 (1988) 98-117.

- LONDOÑO, N. *¿Es actual la espiritualidad de San Alfonso?:* VÁRIOS. Teología y Misión. Alfonso de Liguori. Un santo de ayer para el mundo de hoy (Bogotá, 1996) 22-35.

- RAPONI, S. *La chiamata universale alla santità in S. Alfonso:* SH 45 (1997) 169- 204.

- VELOCCI, G. *Cristo: centro della spiritualità alfonsiana:* SH 45 (1997) 41 -69.

- SILVA, J. U. da. *La Espiritualidad misionera de San Alfonso* (Bogotá, 2002).

- KOTYNSKI, M. *La volontà di Dio nell'esperienza di S. Alfonso:* SH 54 (2006) 299-371.

- LONDOÑO, N. *La Redención en la espiritualidad de San Alfonso:* Secretariado General para la Espiritualidad, La Redención en Cristo (Bogotá, 2007) 167- 174. [= *A redenção na espiritualidade de Santo Afonso.* In: VÁRIOS. *Espiritualidade Redentorista 10.* Ensaios sobre a redenção. Aparecida: Santuário, 2007, p. 217-225.].

- MAJORANO, S. *Alfonso de Liguori: la santità per e con gli abbandonati:* G. VICIDOMINI (ed.). Alfonso M. de Liguori. Un santo per il terzo millennio (Materdomini, s. a. [= 2010) 27-51.

- SCHERMANN, H. *Person und Werk Jesu Christi in der Sicht des hl. Alfons von Liguori:* SH 58 (2010) 281-318.

- TORTORA, A. *Dall'oriuolo alla spiritualità alfonsiana. Qualche considerazione in margine alla "Vera Sposa di Gesù Cristo cioè La Monaca Santa" di Alfonso Maria de' Liguori:* SH 66 (2018) 399-405.

Sobre a espiritualidade redentorista.

- OLIVEIRA, L. C. de. *Continuar o Redentor. Dimensões da espiritualidade redentorista* (Aparecida, 1996).

- União dos Redentoristas de Brasil (ed.). *Espiritualidade Redentorista.* Textos (Aparecida). Vários cadernos.

23.2 EXISTÊNCIA E CARACTERÍSTICAS DA ESPIRITUALIDADE AFONSIANA

Este capítulo oferece uma abordagem global do pensamento espiritual de Afonso. Especificamente, após tomar nota do sucesso editorial e do amplo e profundo significado histórico dos escritos de Afonso sobre a espiritualidade (parte I), abordamos a questão da existência de uma espiritualidade afonsiana (parte II), seguida de uma nota sobre os traços que a caracterizam, tanto os mais essenciais (parte III), quanto os complementares (IV). Terminamos com uma nota sobre as concretizações práticas do projeto espiritual de Afonso (parte V).

23.2.1 Ponto de partida: sucesso editorial e influência de amplo e profundo significado histórico

Como observado na apresentação da produção literária de Afonso, no cap. 8 da 7ª seção, da vasta produção literária de Afonso (128 títulos estão listados na bibliografia afonsiana, contando, entre eles, desde um apêndice de cinco páginas até obras de 1.500 páginas), quase metade pode ser catalogada dentro do campo da espiritualidade. De acordo com o cálculo já sugerido, dividindo o trabalho afonsiano em nove partes, a distribuição temática seria a seguinte: uma parte para a dogmática, quatro partes para a moral e quatro partes restantes para a pastoral-espiritualidade. Além de um manual de Teologia Moral, Afonso nos deixou um imenso patrimônio de escritos espirituais.

Os temas dos escritos espirituais afonsianos são amplos: vão desde a exposição sistematizada da vida espiritual *(Verdadeira Esposa, Prática do amor a Jesus Cristo)* à prática devocional (litúrgica, mariana, hagiográfica: *Novenas, Glórias de Maria)*, passando pela contemplação dos mistérios cristológicos (Paixão, Eucaristia), o exercício da oração (mental e vocal), e a realização das virtudes cristãs.

Como acontece em outras dimensões da personalidade de Alfonso, sua doutrina espiritual cresceu em importância após a morte do autor. Há o fenômeno editorial da contínua republicação de suas obras, traduzidas em muitos e variados idiomas. Seus livros sobre espiritualidade ocupam um lugar privilegiado na literatura religiosa dos últimos três séculos. São livros do povo, uma vez que foram escritos para o povo: *As Visitas ao Santíssimo*, com 2.017 edições; *As Glórias de Maria*, com mais de 1.000 edições; *A prática do amor a Jesus Cristo*, com 535 edições; *A Preparação para a Morte*, com 319 edições.

O êxito editorial dos escritos espirituais afonsianos é, ao mesmo tempo, causa e efeito da longa, ampla e profunda influência da espiritualidade afonsiana no povo cristão. Pode-se admitir como objetiva, mesmo que, a princípio, possa parecer hiperbólica, a afirmação de que, com suas obras espirituais, Afonso "tem sido, durante dois séculos, o mestre dos corações cristãos mais humildes e mais cândidos".[47]

Tanto o fato editorial, quanto a influência efetiva da espiritualidade afonsiana, exigem uma explicação: o que há de tão especial nas obras espirituais afonsianas para suscitar o interesse do povo cristão? Que peculiaridade Afonso traz à espiritualidade? Estas são as questões discutidas nos estudos existentes sobre a espiritualidade afonsiana, dos quais consignamos uma amostra bastante ampla no capítulo anterior, de natureza introdutória, à presente seção.

23.2.2 Existe uma espiritualidade "afonsiana"?

É evidente que Afonso não tinha como objetivo construir um *novo sistema* espiritual. Sua preocupação era propor um *modo* de realizar a espiritualidade cristã em seus elementos essenciais.

---

[47] COLAVITA, M. *Intorno alla spiritualità alfonsiana*: GIANNANTONIO, P. (ed.). Alfonso M. de Liguori e la civiltà letteraria del Settecento (Città di Castello, 1999) 405.

Mas, de fato, através do conjunto de seus escritos, ele configurou uma *forma* de espiritualidade.[48]

Poucos negarão que se possa, e se deva, falar de uma espiritualidade afonsiana. No máximo, serão aqueles que exigem o surgimento de uma novidade "genial" no desenvolvimento histórico da espiritualidade.

Na proposta espiritual de Afonso, não existem tais genialidades:

- Nem um *método* original, como os *Exercícios Espirituais* de Inácio de Loyola, embora o gênio afonsiano esteja evidente na organização das *Capelle Serotine* para os marginalizados de Nápoles e na oferta da *vida devota* para o povo como continuação da missão popular.[49]

- Nem uma nova forma de *oração* como ocorre nos ensinamentos de Teresa de Ávila ou João da Cruz, embora Afonso também soubesse estabelecer um "método de oração" com suas próprias características: orientação prática, tonalidade afetiva.[50]

- Nem uma proposta de *caráter místico,* embora, no conjunto da espiritualidade afonsiana, haja elementos de autêntico tom místico, como assinalaremos na próxima seção.

- Nem uma *teologia espiritual orgânica* como há em certas escolas de espiritualidade reconhecidas (beneditina, dominicana, franciscana, carmelita, oratoriana, etc) nas quais existe uma forma original de interpretar o mistério cristão, embora os expositores da doutrina afonsiana observem uma síntese orgânica de caráter teológico-espiritual.[51]

---

[48] MANDERS, H. *O amor na espiritualidade de santo Afonso* [1947] (Aparecida, 1990) 16-28: "Um sistema ascético próprio?".

[49] CARDAROPOLI, G. S. *Alfonso M. De Liguori e la pietà popolare nel Mezzogiorno*: Asprenas 35 (1988) 98-117, especialmente p. 102-107: "Le missioni e la 'vita devota'". Também: Tellería, I, 123-124, 709-726; Rey-Mermet, 182-196.

[50] KEUSCH, K. *Die Aszetik des hl. Alfons Maria von Liguori im Lichte der Lehre vom geistlichen Leben in Alter und Neuer Zeit* (Paderborn, 1926[3]) 264-273. Ver o quadro comparativo da p. 269, onde aparece a peculiaridade do método de oração afonsiano em comparação com outras opções espirituais.

[51] Na trama da espiritualidade afonsiana corre uma compreensão teológica peculiar de Deus, de Cristo, da Igreja, da condição humana: KEUSCH, K. *o. c.*, 378-380. É preciso destacar a importância que tem, em todo o sistema teológico-moral-espiritual de Afonso, a teologia da graça: HIDALGO, J. F. *Doctrina alfonsiana acerca de la acción de la gracia actual eficaz y suficiente* (Turim, 1955).

- Nem uma *inculturação inédita* da experiência cristã dentro de uma compreensão teórica da realidade ou dentro de uma práxis social, como a encontrada na teologia da libertação, embora não se possa deixar de reconhecer o gênio popular de Afonso e sua encarnação nas fibras mais vivas do povo, através do canto, da pintura, da linguagem e, sobretudo, através do compromisso sociorreligioso.[52]

Tendo superado a tentação de uma avaliação extrema - puritana e elitista - da espiritualidade cristã, há amplas evidências para reconhecer na doutrina de Afonso uma espiritualidade própria. A *quantidade* e a *qualidade* de seus escritos apoiam essa afirmação.

> A espiritualidade afonsiana tem como principal destinatário o povo cristão, mas não deixa de prestar atenção especial a alguns setores particulares: religiosos e sacerdotes. O próprio Afonso estava ciente de que uma síntese da espiritualidade cristã poderia ser encontrada em seus escritos. Um sinal dessa consciência foi o projeto, nunca realizado durante sua vida, de produzir uma edição das *Obras Completas* com seus escritos espirituais.[53]

A qualidade positiva da espiritualidade afonsiana é evidente, não apenas na aceitação que teve por parte dos órgãos oficiais da Igreja[54] e do povo cristão nos últimos três séculos, mas também, e sobretudo, no valor objetivo do projeto cristão oferecido por Afonso. Esse valor aparece através da análise de suas características e de seu conteúdo, sobre o qual me deterei abaixo. Mas, antes, gostaria de observar que a peculiaridade afonsiana não reside na originalidade imediata dos elementos que compõem a proposta espiritual. O Afonso não é original na fase de elaboração dos elementos teológico-espirituais, que, sem se sentir desvalorizado por isso, assume de outros autores. A originalidade afonsiana está no

---

[52] MAJORANO, S. *Apostolato tra i dimenticati del Mezzogiorno tradusse il Vangelo in realtà quotidiana*: L'Osservatore Romano (9 nov 1996) p. 4.

[53] Lettere, III, 311. Sobre os diversos projetos e esquemas das *Obras completas*, ver: GREGORIO, O. *Ricerche bibliografiche Alfonsiane. I. Le "Opere Spirituali"*: SH 4 (1956) 475-481; TELLERÍA, R. *Primum tentamen ad omnia S. Alfonsi opera anno 1760 Neapoli excudenda:* SH 9 (1961) 205-228.

[54] JANSEN, J. L. *Testimonia de Sancti Alfonsi Mariae de Ligorio in Ecclesiae Catholicae doctrinam atque vitam influxu* (Galopiae = Gulpen, Holanda, 1928).

uso desses elementos e na forma como ele os utiliza para *criar* a estrutura pedagógico-espiritual da vida cristã.

Afonso utiliza livremente as fontes. Ao invés de aderir a uma determinada escola, ele se permite ser influenciado por autores específicos. Em cada período de sua vida ou em cada uma de suas obras, pode-se sentir a influência das leituras que estava fazendo na época. Em seus trabalhos posteriores, como *A Prática de amar a Jesus Cristo,* é evidente a influência de antigas leituras profundamente assimiladas. Como observamos no capítulo anterior, dois nomes e duas influências se destacam nas fontes imediatas da espiritualidade afonsiana: Teresa de Ávila e Francisco de Sales.[55]

23.2.3 Características essenciais

Quando falamos de *características* da espiritualidade afonsiana, aludimos à peculiaridade de sua orientação. Às vezes, a reflexão sobre esse aspecto se limita aos fatores de método e de práticas.[56] Na presente exposição, pretendemos entender esses *traços* em um sentido mais profundo, na medida em que expressam o genuíno dinamismo do amor salvífico, como Afonso o entende e expõe. No próximo ponto, apresentaremos os traços *essenciais,* deixando para o seguinte a alusão a outros traços de caráter *complementar.*

- Espiritualidade "popularizada": comum a todos.

No tempo de Afonso, o que hoje chamamos espiritualidade - então chamada de "perfeição" ou "santidade" - era um privilégio, ligado a outros privilégios: de classe social, de profissão, de dinheiro, de estudo. Afonso "socializou" a espiritualidade, univer-

---

55 PÉREZ DE GAMARRA, V. *El discípulo más ilustre de la Escuela Ascética Española: San Alfonso María de Ligorio, Doctor ascético* (Madri, 1924) *passim;* KEUSCH, K. *o. c.,* 57-60; CACCIATORE, G. *Le fonti e i modi di documentazione*: VÁRIOS. Opere ascetiche. Introduzione Generale (Roma, 1960) 117-190.

56 BAZIELICH, A. *La spiritualità di Sant'Alfonso Maria de Liguori. Studio storico--teologico*: SH 31 (1983) 266-370, sintetiza a espiritualidade afonsiana em quinze pontos. [= A espiritualidade de Santo Afonso. In: *Espiritualidade Redentorista 1.* Aparecida: Santuário, 1991, p. 89-116].

salizando-a e igualitarizando-a. A espiritualidade cristã é *a mesma* para todos e é *patrimônio de todos.*

> "Deus quer todos santos, cada um no seu estado de vida: o religioso como religioso, o leigo como leigo, o sacerdote como sacerdote, o casado como casado, o negociante como negociante, o soldado como soldado, e assim em todos os estados de vida".[57]

A afirmação precedente encontra dificuldades nos próprios escritos afonsianos, nos quais, de forma, muitas vezes retórica, são enfatizadas as dificuldades que certos tipos de vida têm: leigos em geral, mulheres casadas, as jovens, etc. Sem pretender negar a existência dessas objeções nos escritos de Afonso, pode-se, no entanto, continuar afirmando que o santo napolitano fez prevalecer, frente a elas, o princípio de que a santidade é um direito e um dever para todos os cristãos.[58] Além disso, a espiritualidade afonsiana é concebida para as "pessoas abandonadas".[59]

Essa característica da espiritualidade afonsiana, apreciada de maneira especial por aqueles que são sensíveis à história do povo do *Mezzogiorno* italiano,[60] tem implicações de natureza sócio-histórica: dignifica o pobre, favorece a igualdade, postula a valorização de profissões que não eram muito "honradas" (comerciantes, etc), gera dinamismo do mobilidade social. A espiritualidade tem sempre significados "políticos" ou meta-espirituais.

---

[57] LIGUORI, A. de. *Práctica del amor a Jesucristo* (Madri, 1950⁴) 146. [= *A Prática do Amor a Jesus Cristo.* Aparecida: Santuário, 2011, 20ª ed., p. 91].

[58] Pode-se encontrar uma exposição, tanto das "dificuldades", quanto do "princípio geral" em: RAPONI, S. *La chiamata universale alla santità in S. Alfonso. Il caso delle donne sposate*: SH 45 (1997) 169-204.

[59] MAJORANO, S. *Alfonso de Liguori: la santità per e con gli abbandonati*: VICIDOMINI, G. (ed.). Alfonso M. de Liguori. Un santo per il terzo millennio (Materdomini, s. a. [= 2010]) 27-51.

[60] CARDAROPOLI, G. *S. Alfonso de Liguori e la pietà popolare nel Mezzogiorno*: Asprenas 35 (1988) 98-117.

- Espiritualidade "nutrida de sentimento".

Na espiritualidade afonsiana, o pensamento (a ideia, o raciocínio, o discurso) não tem qualquer fim em si mesmo. Tem a função de *mover* a pessoa. É por isso que precisa da retórica do sentimento.[61] As reflexões constituem um exercício da *memória* agradecida que leva aos *afetos*, os quais se tornam *compromissos* de ação. Esse é o amplo desdobramento da *retórica do coração*, sede perpétua da comoção humana.

> "A prosa homilética e parenética de Santo Afonso [é] um afortunado modelo destinado a ser ponto de referência no coro dos celebrantes do coração cristão".[62]

Essa característica afonsiana deve muito às raízes geoculturais e à constituição biográfica de Afonso. Mas não se pode cair na armadilha de resumi-la à moda reinante na Nápoles do século XVIII. Nesse aspecto, Afonso precisou nadar contra a maré, como em quase todos os aspectos de sua personalidade teológico-pastoral. A moda jansenista, com influência atrasada na Itália, eliminava o sentimento da espiritualidade cristã. Afonso apresenta esse sentimento de forma abundante em seus livros de espiritualidade:

- Dentro do próprio corpo doutrinal.
- No final das seções e capítulos por meio de "afetos e súplicas".
- Na própria textura das composições: "novenas", "visitas", etc.
- No uso abundante do gênero espiritual das "jaculatórias".

Essa presença do sentimento na espiritualidade afonsiana faz com que os escritos espirituais de Liguori exalem *unção.* Essa é a característica que o escritor espanhol Azorín soube descobrir nas obras de Afonso.[63]

---

61 SQUAROTTI, G. B. *Sant'Alfonso e la parenetica del cuore*: GIANNANTONIO, P. (ed.). Alfonso M. de Liguori e la civiltà letteraria del Settecento (Città di Castello, 1999) 297-309.

62 *Ibid.*, 309.

63 PÉREZ DE GAMARRA, V. *o. c.*, 31-32.

Como no tempo de Afonso, também hoje é difícil integrar corretamente o sentimento na vida espiritual. É necessária uma criteriologia para discernir o bom e o mau uso do sentimento na espiritualidade. Ao mesmo tempo, é necessária uma pedagogia da expressão sentimental (formas linguísticas, mecanismos e processos psicológicos, expressões corporais). No fundo, o que é necessário é uma *antropologia do sentimento* em função da melhor vivência espiritual do cristianismo. Afonso não caiu na tentação do "puro sentimentalismo"; ele sempre o considerou integrado na "convicção da ideia", formando, assim, uma unidade intelectivo-sentimental de apoio antropológico e canal expressivo para a experiência religiosa.

- Espiritualidade "da" e "para" a prática.

Por temperamento e por formação, principalmente, jurídica, Afonso tinha uma propensão normal para a *praticidade.* A praticidade é um dos traços mais marcantes de sua Teologia Moral, um traço que deve ser estendido a toda sua produção literária. Um detalhe externo, mas muito significativo, é o grande número de livros em cujo título aparece o termo *prática:*

Breve Pratica per la Perfezione (1743);

Riflessioni utili a' Vescovi per la Pratica di ben governare le loro Chiese (1745);

Pratica del confessore per ben esercitare il suo ministero (1755);

Praxis confessarii (1757);

Istruzione e pratica per un confessore (1757);

Pratica di amar Gesù Cristo (1768).

A *prática,* em Afonso, não significa o que entendemos hoje sob o termo *praxis,* termo que, certamente, é muito discutível para um purista da linguística castelhana.[64] Seria impreciso traduzir *Pratica*

[64] LÁZARO, F. *El dardo de la palabra. Praxis*: ABC (22 jun 1985) 33.

di amar Gesù Cristo por *Praxis do amor cristão,* mesmo que, dessa maneira, o livro crescesse em atualidade e ganhasse em significação. Por outro lado, o conceito de prática não deve ser reduzido à mera *praticidade,* sem referência aos critérios e princípios que orientam e dão peso específico à ação humana.

A *prática* afonsiana está vinculada à orientação popular de seus escritos. No sentido prático da espiritualidade afonsiana convergem dois dinamismos: um de entrada, ou seja, de escuta e atenção dos interesses do povo; outro de saída, ou seja, de aplicação às situações concretas. A construção espiritual de Afonso é prática porque surge do interesse efetivo do povo e atinge as situações mais concretas onde se realiza a vida cristã. Gabriel de Rosa entende a praticidade afonsiana como uma sensibilidade de "compromisso social" para com os grupos marginalizados, tanto do campo, quanto da cidade.[65]

Essa característica da espiritualidade afonsiana também pode continuar a falar muito para as abordagens atuais da espiritualidade cristã. É um "contraponto" às abordagens etéreas, não concretas, evanescentes e puramente teóricas. Sugiro a conveniência de aprofundar o significado da *prática* afonsiana e, a partir de sua significativa peculiaridade, abri-la ao horizonte conceitual da *práxis,* como é entendida hoje. Se a *prática* de Afonso tem o sentido de conexão com a realidade concreta, no duplo aspecto de escutar suas necessidades e transformá-la, há a possibilidade de fazê-la avançar, homogeneamente, em direção ao sentido da práxis histórica e social.

- Espiritualidade longe do "encanto burguês" e do elitismo antropológico, teológico e técnico.

A espiritualidade afonsiana apresenta-se sem a pretensão de exibir "encantos" e, consequentemente, de alimentar a vaidade do

[65] DE ROSA, G. S. *Alfonso e il secolo dei Lumi*: Rassegna di Teologia 28 (1987) 13-31, hic: p. 14.

elitismo que toda doutrina de caráter esotérico desperta. Ao conjunto da espiritualidade cabe a expressão que Afonso usou para definir a composição de uma de suas obras mais representativas (*As visitas ao Santíssimo Sacramento*): *alla buona.*[66]

> Compor uma obra de uma *boa maneira (alla buona)* ou, segundo outra expressão afonsiana, de uma *maneira simples (alla semplice)*[67] não significa "sem pensar" ou "sem se interessar por ela". Negativamente, indica que não se procura diretamente agradar por meio de aparências externas ou concentrando-se na perfeição da obra em si mesma. Como diz Tellería, compor *alla buona* "valia dizer: sem artifícios retóricos, sem os enfeites da cal artificial, mas não sem profundidades teológicas e ascéticas discretamente diluídas no fluxo ungido de seus afetos".[68] A *simplicidade* afonsiana é muito semelhante ao significado da recomendação de Cervantes de compor em *estilo simples.* O amigo fictício do *Prólogo* recomenda esta forma de composição ao autor de *Dom Quixote*: "o de que precisais é de procurar que a vossa história se apresente em público escrita em estilo significativo, com palavras honestas e bem colocadas, sonoras e festivas em grande abastança, pintando em tudo quanto for possível a vossa intenção, fazendo entender os vossos conceitos sem os tornar intrincados, nem obscuros".[69]

A opção pela espontaneidade, fluidez e inteligibilidade faz com que o conteúdo da proposta espiritual de Afonso se afaste do perfeccionismo elitista. Tanto a teologia, quanto a antropologia e a técnica espiritual que Afonso utiliza, não pretendem "encantar" por causa de sua novidade e seu conteúdo, mais ou menos cifrado ou iniciático.

A *teologia* que Afonso utiliza em seus livros espirituais não é florida, mas esquemática, não é novidade, mas convencional, não é inclinada a deslizes extremistas, mas, sim, compactamente católi-

---

[66] Lettere, I, 95.

[67] LIGUORI, A. de. *Visite al SS. Sacramento ed a Maria SS.ma*: Opere ascetiche, IV (Roma, 1939) 290.

[68] Tellería, I, 366.

[69] CERVANTES, M. de. *Don Quijote de la Mancha.* Edición de F. Rico (Barcelona, 1998) Primera parte, Prólogo, p. 18. [= *D. Quixote de la Mancha.* vol. 1. Porto Alegre: W. M. Jackson, 1948, p. 7].

ca, não tendendo a um desenvolvimento discursivo, mas aderindo a fórmulas estereotipadas de catecismo. Esse uso ordinário da teologia não o impede de aderir a certas opiniões teológicas (mais às de tipo jesuíta do que às de caráter agostiniano ou tomístico, como no tema da graça) ou de formular sua própria orientação (como nos temas da oração e da vocação).

A *concepção antropológica* subjacente à espiritualidade afonsiana corresponde a uma apreciação própria de quem vive na prática e está atento à leitura dos dados da realidade. Diante da condição humana e do que se pode esperar da ação humana, Afonso não é exageradamente pessimista, nem ingenuamente otimista. Ele possui o realismo do senso comum.[70]

Também não há nenhuma novidade especial na *técnica* espiritual utilizada por Afonso. Já afirmei que a espiritualidade afonsiana não é caracterizada por um método especial. Afonso faz uso daqueles que estão disponíveis a todos: exercícios espirituais, retiros, meditação, devoções, oração vocal, orações, jaculatórias, etc.

- Duas reflexões gerais.

Tendo chegado aqui, convido o leitor a olhar para trás e rever os quatro traços com os quais tenho caracterizado a espiritualidade afonsiana. Assumindo a objetividade da descrição, estas duas reflexões podem vir à mente:

- Primeira: verdadeiramente, as características da espiritualidade afonsiana são, na aparência imediata, "desatualizadas", embora também "dêem o que pensar" quando relacionadas com a espiritualidade atualmente em voga.[71]

- Segunda: hoje ninguém construiria um sistema de espiritualidade cristã com essas características, e ainda assim, elas foram eficazes

---

70 KEUSCH, K. *o. c.*, 379, nota 15.

71 LONDOÑO, N. *¿Es actual la espiritualidad de San Alfonso?*: VÁRIOS. Teología y Misión. Alfonso de Liguori. Un santo de ayer para el mundo de hoy (Bogotá, 1996) 22-35.

na construção de um ambiente no qual muitos cristãos se sentiram em casa nos últimos dois séculos. Essa observação também "dá o que pensar".

23.2.4 Características complementares da espiritualidade afonsiana

No ponto anterior, apresentamos os traços que *caracterizam* a espiritualidade afonsiana. Neste, desejamos completar o tópico observando outras características *complementares* da espiritualidade afonsiana. Por razões de espaço, limitamo-nos a uma breve revisão, anexando a respectiva bibliografia essencial.

- Espiritualidade como cumprimento da vontade de Deus.

O abandono à vontade divina é uma formulação típica da espiritualidade francesa do século XVII (Francisco de Sales, João Batista Saint-Jure). Essa orientação foi assumida por Afonso *com uma conotação prática,* sem perder seu tom místico. Afonso não correu o risco de cair no *quietismo* ou *semiquietismo,* apesar de seu apreço pelos escritos do Cardeal Petrucci. Assim, na pena de Afonso, o termo *abandono* não tem uma conotação quietista, mas a identificação ativa com a vontade de Deus.

O tema é o conteúdo direto e único do escrito *Uniformità alla volontà di Dio* (Nápoles, 1755; Veneza, 1758, 1761), um panfleto anexado às *Visitas* (Nápoles, 1755; Veneza, 1758) ou às *Opere Spirituali* (Veneza, 1761).[72]

> Esse "livrinho de ouro"[73] é inspirado nas páginas memoráveis de Alonso Rodriguez (1532-1617) e de João Batista Saint-Jure (1588-1657), característica que "não diminui a originalidade e o mérito de Afonso, a começar pelo título, que traduzia seu pensamento com exatidão e condensava, aos seus olhos, o ápice da perfeição com ter-

---

72 De Meulemeester, I, 80-81; Ferrero-Boland, 512. Ver: Tellería, I, 575-576; Rey-Mermet, 518-519.

73 Rey-Mermet, 518.

mos mais concretos do que a 'indiferença da vontade,' utilizado em outras escolas".[74]

O tema da uniformidade à vontade de Deus também aparece na maioria dos escritos espirituais afonsianos: *Visitas ao Santíssimo Sacramento* (1745), especialmente: visitas 4, 8, 15, 16, 29, 30, 31; *Preparação para a Morte* (1758), consideração 36; *Regra de Vida* (1759); *O Resumo das virtudes a serem praticadas* (1759); *A Verdadeira Esposa* (1760), especialmente: c. 14; *Selva* (1760), instrução 10, 15-16; *O caminho da salvação* (1766), consideração 97; *A Prática de amar* (1768), especialmente: cap. 5, 13, 14, 17; *Afetos devotos* (1768); *Reflexões piedosas* (1773), n. 19, 37. Em todas as obras espirituais afonsianas, o tema da uniformidade à vontade divina aparece nos *Afetos e Súplicas (Affetti e preghiere).*

Nota bibliográfica.

- LIÉVIN, G. *L'abandon à la volonté de Dieu dans la spiritualité de S. Alphonse de Liguori:* SH 1 (1953) 198-211.

- KOTINSKI, M. *La volontà di Dio nell'esperienza spirituale di Alfonso Maria de Liguori:* SH 54 (2006) 299-371.

- A prática da oração na espiritualidade afonsiana.

A *oração de petição* é um dos elementos-chaves da teologia afonsiana da graça, como foi exposto no cap. 8 da 11ª seção. Tanto essa oração de petição, quanto a *oração mental*, também constituem fatores decisivos na proposta espiritual de Afonso (ver a bibliografia em anexo). A oração, especialmente a oração mental, constitui o início e o fim da vida espiritual.

> "Para Santo Afonso, a oração mental é o verdadeiro meio para a santificação das almas" e, portanto, "a confissão, o eixo da vida conforme à vontade de Deus, não pode deixar de veicular sua prática".[75]

---

[74] Tellería, I, 576.

[75] BERTINI MALGARINI, P.; TURRINI, M. *Il confessore come direttore d'anime in S. Alfonso Maria de Liguori*: CATTO, M. (ed.). La direzione spirituale tra Medioevo ed Età Moderna (Bolonha, 2004) 243.

Por outro lado, o método afonsiano da oração mental oferece algumas características que o tornam especialmente recomendável para todos os tipos de pessoas: tonalidade afetiva, orientação prática, etc.

Segundo a análise feita por K. Keusch,[76] o método afonsiano de oração mental é "menos intelectualista e discursivo que o de Santo Inácio", "menos dogmatizante e rígido que o dos sulpicianos", no entanto, ainda mais fervoroso e mais prático que o de Francisco de Sales.[77]

Nota bibliográfica.

- CHAUBEL, E. E. *San Alfonso, Doctor de la Oración*: El Perpetuo Socorro 18 (1916) 452-456.

- BOUCHAGE, F. *L'oraison alphonsienne. Théorie et pratique* (Paris, 1932).

- COLÓN, J. R. *La oración de petición en la doctrina de San Alfonso María de Ligorio. Estudio histórico-teológico* (Roma, 1986).

- LEITGÖB, M. *Alfons von Liguori. Lehrer des Gebetes und der Barmherzigkeit* (Innsbruck-Viena, 2010) [= *Afonso de Ligório.* Mestre da Oração e da Misericórdia. Aparecida: Santuário, 2014].

- NAPOLETANO, A. *Sant'Alfonso, missionario della preghiera*: VICIDOMINI, G. (ed.) Alfonso M. de Liguori. Un santo per il terzo millennio (Materdomini, s. a. [= 2010]) 121 ss.

- BRUGAL Y JARNERO, A. A. "*La Oración Alfonsiana: Estudio teológico sobre los aspectos fundamentales de la oración en San Alfonso María de Ligorio* (Pamplona, 2014). Extrato de tese doutoral. Enfoque: "La centralidad del amor constituye la doctrina alfonsiana de la oración".

- O caráter popular da espiritualidade afonsiana.

No *Settecento* italiano, a proposta espiritual cristã tinha uma orientação elitista, predominava uma *espiritualidade das elites.*[78]

---

76 KEUSCH, K. *Die Aszetik...*, 264-273 (ver o quadro comparativo da p. 259).

77 *Ibid.*, 273.

78 COLAVITA, M. *Invito alla spiritualità alfonsiana*: GIANNANTONIO, P. (ed.). Alfonso M. de Liguori e la civiltà letteraria del Settecento (Città di Castello, 1999) 406-409.

Afonso optou por outra direção. Sem esquecer o mundo sacerdotal ou a vida religiosa, pensou, antes de tudo, nas pessoas comuns. Ele propôs uma "espiritualidade para o povo" (João Paulo II).

Em vários momentos deste volume, foi destacada a opção geral de Afonso pelo povo. Os escritos espirituais respiram *popularidade,* devido à preferência indicada. Por razões de espaço, não podemos desenvolver mais essa orientação da espiritualidade afonsiana. Para isso, remetemos aos estudos citados abaixo, nos quais o tema é apresentado de forma suficientemente válida.

Nota bibliográfica.

- STELLA, R. *Devozioni e religiosità popolare in Italia (sec. XVI-XIX). Interpretazioni recenti:* Rivista Liturgica 63 (1976) 155-173.

- MAJORANO, S. *Sant'Alfonso e la pietà popolare:* La Chiesa nel tempo 1 (1985) 21-31.

- CARDAROPOLI, G. S. *Alfonso M. de Liguori e la pietà popolare nel Mezzogiorno:* Asprenas 35 (1988) 98-117.

- Espiritualidade como chamado à santidade para todos.

Por ter uma orientação popular, a espiritualidade afonsiana sublinha o princípio básico do chamado de todos à santidade.[79]

Afonso se propôs a apresentar uma espiritualidade cujo objetivo principal era oferecer uma "proposta de santidade para todos". Entre as características da espiritualidade afonsiana (amor a Deus, seguimento de Cristo, contemplação dos mistérios cristológicos, devoção a Maria, o meio da oração, etc) não se pode deixar de mencionar aquela que sublinha o chamado de todos os cristãos à santidade.

[79] *Ibid.*, 409-412.

Nota bibliográfica.

- RAPONI, S. *Attualizzazione del pensiero di s. Alfonso soprattutto in merito all'attività pastorale a carattere popolare e alla chiamata di tutti alla santità:* SM 25 (1987) 327-358.

- SARNATARO, C. *Le missioni alfonsiane: proposta di un cammino di santità:* VICIDOMINI, G. (ed.) Alfonso M. de Liguori. Un santo per il terzo millennio (Materdomini, s. a. [= 2010]) 99-120.

- Orientação litúrgica da espiritualidade afonsiana

- VAN BIERVLIET, A. *La liturgie dans la piété alphonsienne* (Esschen, Bélgica, 1925).

23.2.5 O simples caminho afonsiano da espiritualidade cristã.

Levado por seu gênio prático, Afonso traçou um caminho seguro e, ao mesmo tempo, simples, para realizar a espiritualidade cristã e assim poder chegar à santidade. Essa proposta pode ser encontrada no conjunto de sua produção literária sobre a espiritualidade cristã. No entanto, encontra-se concretamente exposta em três obras que tiveram notável aceitação por parte do povo cristão. Para cada uma delas, oferecemos a apresentação e um breve comentário.

- *Massime eterne (Máximas Eternas) (*Nápoles, 1737, 1743, 1749, 1751, 1754, 1755; Veneza, 1759).[80]

[80] No volume IX da edição crítica das *Opere Ascetiche* de Afonso (Roma, 1965) LIII-LXIV e 382-395, foi publicado o "texto original", no entanto, foram omitidos "Os atos de cada manhã" que, parece, estiveram presentes nas primeiras edições. Em português, entre outras: [LIGÓRIO, Afonso. Meditações para cada dia da semana. In: *Jardim de devoção para os bons christãos por Santo Affonso Maria de Ligorio.* Einsiedeln, 1898. Tradução: Pe. A. Luiz Moreira. p. 27-62]. Também: [LIGÓRIO, Afonso. Meditações para todos os dias da semana. In: *Máximas Eternas de S. Afonso de Ligório e práticas devotas do cristão.* São Paulo: Pia Sociedade de São Paulo, 1934. p. 15-34].

Esse "precioso livreto de meditações e orações para cada um dos dias da semana"[81] apareceu, na primeira e na segunda edições, anexado ao *Il Mondo Santificato* de J. Sarnelli.[82] Os temas das meditações são os seguintes: 1. Para o domingo: "O fim do homem". 2. Para a segunda-feira: "Importância do fim". 3. Para a terça-feira: "Pecado mortal". 4. Para a quarta-feira: "A Morte". 5. Para a quinta-feira: "O Juízo Final". 6. Para a sexta-feira: "O Inferno". 7) Para o sábado: "A eternidade das penas". "Estes são os argumentos clássicos da pregação do séc. XVIII".[83] Assim, o livreto pode ser considerado como condensação da pregação missionária afonsiana e, em parte, do pensamento afonsiano.[84]

As meditações têm a forma de um colóquio e, até mesmo, de solilóquio, como demonstra o recurso contínuo aos pronomes pessoais de primeira e segunda pessoas[85].

A partir do núcleo principal da obra, Afonso trabalhou e retrabalhou os temas em edições posteriores. E, depois de Afonso, muitos outros textos foram acrescentados. De tal forma que não conhecemos o texto a *quo* - o primeiro texto escrito por Afonso, que o retrabalhou sucessivamente - nem temos uma forma única do texto *ad quem*, já que há muitas formas de adições ao texto afonsiano.[86]

O escrito afonsiano teve notável difusão. Pelo menos, sete edições foram publicadas durante a vida do autor; foi traduzido para quase todos os idiomas ocidentais comuns, contabilizando, até 1933, 1.163 edições, das quais, 412 em italiano.[87]

---

81 CAVALLINI, G. Preghiere *e manualetti di pietà nel Settecento e in Alfonso*: GIANNANTONIO, P. (ed.). Alfonso M. de Liguori e la civiltà letteraria del Settecento (Città di Castello, 1999) 25.

82 De Meulemeester, I, 47-50; Ferrero-Boland, 503. Ver: Tellería, I, 664-665.

83 CARDAROPOLI, G. S. *Alfonso M. de Liguori...*, 112.

84 *Ibid.*, 109.

85 CAVALLINI, G. Preghiere *e manualetti...*, 25, seguindo: CARDAROPOLI, G. S. *Alfonso M. de Liguori...*, 112.

86 CARDAROPOLI, G. S. *Alfonso M. de Liguori...*, 108.

87 De Meulemeester, I, 335.

Essa pequena obra afonsiana tem sido considerada como o "abecedário da vida cristã".[88] Era também o "livro do povo". De fato, "o povo - pelo menos o povo de algumas regiões do *Mezzogiorno* - foi formado com as *Máximas Eternas,* uma vez que não tinha, sequer, um catecismo até a época de Pio X".[89]

Nota bibliográfica.

- STELLA, P. *Storia e preistoria delle "Massime eterne" di S. Alfonso*: Salesianum 28 (1966) 552-560.

- CARDAROPOLI, G. S. *Alfonso M. de Liguori e la pietà popolare nel Mezzogiorno*: Asprenas 35 (1988) 107-114: "II sillabario de la 'vita devota': Le Massime eterne".

- *Via della salute (Caminho de Salvação)* (Nápoles, 1766, 1767; Veneza, 1767, 1773; Bassano, 1766).[90]

Esse texto afonsiano, inicialmente destinado ao clero de sua diocese, contém meditações, mas, acima de tudo, está repleto de afetos e orações. Teve um sucesso notável durante a vida do autor e, também, após a sua morte. "Ele se difundiu durante dois séculos entre os eclesiásticos e entre o povo de Deus".[91] A partir de 1830, contabilizam-se muitas traduções, tanto em francês (cerca de cinquenta na França)[92] quanto em outros idiomas.[93]

---

88 CARDAROPOLI, G. S. *Alfonso M. de Liguori...*, 107-114.

89 *Ibid.*, 113.

90 De Meulemeester, I, 131-133; Ferrero-Boland, 522-523. Ver: Tellería, II, 365-367.

91 CAVALLINI, G. *Preghiere e manualetti...*, 29 (ver p. 29-34).

92 De Meulemeester, I, 132.

93 Entre as edições em tradução espanhola, merece destaque a realizada conjuntamente pela editora de Barcelona, Pons e Cia, e a mexicana Ramón de S. N. Araluce (Barcelona-México, 1901), com tradução direta do italiano por um padre redentorista e com a aprovação do provincial da Espanha, Teodoro Runer (Madri, 21 de novembro de 1900). [Há uma tradução brasileira da segunda parte da obra: LIGÓRIO, Afonso de. *Uma estrada de salvação.* Aparecida: Santuário, 2002. Tradução: Pe. Afonso Paschotte, CSsR. Coleção Escritos de Santo Afonso, vol. 2. 176 p.].

Dentro dessa obra há um *Regolamento di vita di un cristiano* no qual é formulado um valioso esquema de vida cristã.[94] Afonso adiantou formulações mais curtas desse *Regolamento* nas *Regole per ben vivere,* anexadas às *Visitas* (1754) e, depois, ao *Grande meio da oração* (1759).[95]

- *Apparecchio alla morte [Preparação para a morte]* (Nápoles, 1758, 1760, 1762, 1766, 1777; Veneza, 1759; Bassano, 1767, 1782, 1787).[96]

O conteúdo dessa obra vem da pregação do próprio autor nas missões populares e nos exercícios espirituais;[97] isso explica porque Tannoia assegura que o aparecimento desse livro foi como uma missão geral para o Reino de Nápoles.[98] O escrito é destinado a tocar os sentimentos do leitor a fim de conduzi-lo a uma vida virtuosa e devota. Para isso, indica os critérios concretos para realizar o caminho espiritual.

Essa verdade essencial é comunicada por meio de sugestões práticas e de uma forma próxima e popular. Às vezes, nessa forma

---

94 CAVALLINI, G. Preghiere *e manualetti. ...* 34-37.

95 De Meulemeester, I, 80; Ferrero-Boland, 512.

96 De Meulemeester, I, 96-97; Ferrero-Boland, 515. Ver: Tellería, I, 665-667; Rey-Mermet, 541-542. Edição crítica: LIGUORI, A. M. de. *Apparecchio alla morte e opuscoli affini.* Com *Introduzione* de O. Gregorio (Roma, 1965). Edição moderna: LIGUORI, A. M. de. *Apparecchio alla morte.* Con *Introduzione* de B. Häring (Milão, 1986). Tradução espanhola: *Preparación para la muerte. Consideraciones sobre las máximas eternas útiles a todos para meditar y a los sacerdotes para predicar.* Tradução de F. J. Tejerizo (Madri, 2010). - Há várias edições brasileiras que reproduzem a tradução de 1938: [LIGÓRIO, Afonso de. *Preparação para a morte*: ou, considerações sobre as verdades eternas por Santo Afonso Maria de Ligório. Petrópolis: Vozes, 1938. Trad.: Celso de Alencar]. Também a tradução da adaptação inglesa de Norman J. Muckerman, CSsR: [LIGÓRIO, Afonso. *Tempo e Eternidade: vida, morte, futuro.* Orações e pensamentos para a jornada final. Aparecida: Santuário, 2002. Tradução da adaptação inglesa: Celso de Alencar. Revista e confrontada com a edição crítica por Pe. Flávio Cavalca de Castro, CSsR. Coleção Escritos de Santo Afonso, vol. 3. 144 p.].

97 DE MATTEIS, G. *Il tema della "morte" in Daniello Bartoli e in S. Alfonso M. de Liguori*: GIANNANTONIO, P. (ed.). Alfonso M. de Liguori e la civiltà letteraria del Settecento (Città del Castello, 1999) 429-434.

98 De Meulemeester, I, 96.

próxima e popular, o autor cede demais às condições expressivas do *Settecento*, como pode ser constatado na descrição do juízo particular e do juízo final, onde não falta o simbolismo da teatralidade barroca. Além disso, alguns parágrafos sobre a agonia e a morte são de um tal verismo que lembram traços pictóricos próximos ao gênio de Caravaggio.[99]

Esse escrito é um dos mais significativos e afortunados de Afonso. O trabalho "encontrou sucesso e aceitação, não apenas na Itália, mas também no exterior: teve ampla difusão, à maneira de breviário, nos mais diferentes setores da sociedade.[100] O Papa Pio XII, que se lamentava que o maior pecado da sociedade moderna era o de ter perdido o sentido do pecado, considerava a obra de Afonso como um livro atualíssimo.[101]

Nota bibliográfica.

- DE MATTEIS, G. *Il tema della "morte" in Daniello Bartoli e in S. Alfonso M. de Liguori*: GIANNANTONIO, P. (ed.). Alfonso M. de Liguori e la civiltà letteraria del Settecento (Città di Castello, 1999) 429-434.

Em resumo,

"simplicidade e equilíbrio frente a todos os extremismos (frente ao rigorismo jansenista e quietismo), bem como sua adesão a uma vida pacífica e serena de acordo com os princípios do Evangelho"[102] dão, à proposta espiritual afonsiana, as qualidades que a tornam particularmente crível e adaptada às condições do cristão comum.

---

99 DE MATTEIS, D. *Il tema della "morte"...*, 434.

100 *Ibidem.*

101 *Ibidem.*

102 CAVALLINI, G. *Preghiere e manualetti...*, 38.

23.3 UMA ESPIRITUALIDADE CENTRADA NA PRÁTICA DO AMOR

23.3.1 O núcleo ou "tema" da espiritualidade afonsiana

A proposta espiritual de Afonso não se encaixa em um esquema linear, como se fosse um processo discursivo onde os elementos são integrados com a única função de chegar a uma verdade final que "emerge" deles. A imagem na qual o projeto espiritual afonsiano se encaixa corretamente é de caráter circular. Todos os elementos se identificam com o todo, mesmo que esse todo se repita e se desenvolva por meio de exposições concêntricas parciais. O núcleo fundamental é como o *tema* de uma sinfonia. A sinfonia, enquanto imagem de todo o projeto espiritual, desenvolve o conteúdo avançando nuclearmente no *tema.*

É sabido que Afonso chegou tarde à vocação de escritor. Tinha 47 anos quando trouxe à luz pública, em 1743, sua primeira pequena obra com cerca de cem páginas: *Considerazioni sopra le virtù e pregi di S. Teresa di Gesù* (Nápoles, 1743, 1745, 1785; Bassano, 1783).[103]

É precisamente nessa primeira obra que aparece a formulação mais precisa de sua doutrina espiritual. Uma formulação que, sendo a primeira, já é, ao mesmo tempo, a definitiva. Isso indica que Afonso, aos quarenta e poucos anos de idade, havia alcançado uma síntese pessoal que manteria ao longo de toda a sua vida.

Em um apêndice à obra/novena, acima mencionada, em honra de Santa Teresa, Afonso expõe o esquema/programa de vida espiritual sob o título *Breve pratica per la perfezione raccolta dalle dottrine di s. Teresa.*[104] Esse resumo da espiritualidade começa com a formulação precisa da síntese afonsiana:

---

[103] De Meulemeester, I, 53-54; Ferrero-Boland, 503-504. Ver: Tellería, I, 336-338; Rey-Mermet, 118, 386, 417.

[104] Essa pequena obra pode ser encontrada na edição de G. Marietti: *Opere ascetiche di S. Alfonso Maria de Liguori*, II (Turim, 1846) 460-466. Há uma tradução para o espanhol realizada por A. Mª CARRALÓN, em: *Novena en honor de Santa Teresa de Jesús* (Madri, 1944) 105-125: "Resumen práctico de la perfección sacado de la doctrina de Santa Teresa". Outra tradução espanhola, realizada pelo Dr. D.T de P. R. a partir da versão inglesa, encontra-se em: *Novena de Santa Teresa de Jesús* (Barcelona, 1880) 153-186: "Breve camino de perfección sacada de las máximas de Santa Teresa de Jesús". Também há tradução para o catalão (De Meulemeester, III, 216). [Tradução brasileira: LIGÓRIO, Afonso de. *Meditações sobre Santa Teresa de Ávila. Com novena, prática e ato de consagração.* Aparecida: Santuário, 2022. Trad.: Pe. Claudiberto Fagundes, CSsR.]

"Toda espiritualidade se reduz a pôr em prática duas coisas: desapego das criaturas e união com Deus. Este programa se encontra naquele ensinamento de Jesus Cristo: 'Se alguém quiser vir comigo, negue-se a si mesmo, tome sua cruz e siga-me' (*Mt* 16,24)."[105]

Essa formulação, à qual os estudiosos da doutrina afonsiana dão importância, mas que não estabelecem como esquema de suas exposições sobre a espiritualidade de Afonso,[106] expressa, de modo perfeito, o conteúdo nuclear e a orientação básica da espiritualidade de Afonso. Esta é, então, a exegese que proponho:

- A Espiritualidade entendida como a prática da perfeição.

Afonso, conforme a maneira de falar da época, chama de *perfezione* o que hoje chamamos de *espiritualidade.* Tendo feito esse esclarecimento, seria bom manter o conceito de espiritualidade no campo semântico da perfeição, ou seja, da perfeita realização do viver cristão.

Por outro lado, a espiritualidade/perfeição é imediatamente colocada por Afonso no terreno da prática concreta. A expressão *mettere in pratica* sublinha com força a orientação "práxica" da espiritualidade.

O título italiano *Breve pratica per la perfezione* é excessivamente conciso e precisa ser lido com "subentendidos". Indica que se trata de uma exposição breve na qual é explicada a maneira prática de seguir o caminho da perfeição ou da espiritualidade cristã. Nos títulos das traduções em

---

105 "Tutta la perfezione consiste in mettere in pratica due cose: *Il distacco dalle creature e l'unione con Dio.* Il che tutto si contiene in quel grande insegnamento lasciatoci da Gesù Cristo: *Qui vult venire post me abneget semetipsum, tollat crucem suam et sequatur me* (*Mt* 16, 24". (*Opere ascetiche...*, II, 460).

106 KEUSCH, K. *Die Aszetik des hl. Alfons von Liguori im Lichte der Lehre von geistlichen Leben in Alter und Neuer Zeit* (Paderborn, 1926²) 83, 121-122; LIÉVIN, G. *Alphonse de Liguori*: DS, I (Paris, 1934) 369, 379-381; MANDERS, H. *O amor na espiritualidade de santo Afonso* [1947] (Aparecida, 1990) *passim;* CACCIATORE, G. *Le fondi e i modi di documentazione: Introduzione generale,* 209. Um comentário em que lhe é dada maior importância pode ser encontrado em: FERRERO DE PAZ, J. J. La *presencia de Santa Teresa de Jesús en el núcleo de la teología espiritual de San Alfonso* (Madri, 2004) 45-81 (*Novena* a Santa Teresa), 81-98 (*Breve Práctica*).

espanhol a orientação é tendenciosa em uma ou outra direção: *Resumen práctico de la perfección, Breve camino de la perfección.* Em outras traduções, prefere-se um título explicativo: *La perfection chrétienne exposée d'une maniére courte et pratique selon la doctrine de sainte Thérèse* (Paris, 1882).

- Espiritualidade expressa através de dois dinamismos básicos.

É um acerto da fórmula afonsiana captar com clareza e taxativamente o duplo dinamismo de todo projeto pedagógico-educacional: *negação* (desprendimento das criaturas) e *afirmação* (união com Deus). A dinâmica espiritual é sempre de caráter dialético ou agonístico; ela adapta-se perfeitamente à imagem, tradicionalmente usada, de "combate". Contudo, nessa tensão agonística, a saída sempre aparece pelo lado positivo. De fato, Afonso afirma que o princípio positivo, a união com Deus, é o dinamismo "principale per giungere alla perfezione".[107]

Além dessa tensão do negativo/positivo, outros dinamismos aparecem na fórmula afonsiana: a tensão dos objetos ("criatura" - "Deus"); a tensão do deslocamento (de "distanciamento" e de "aproximação"). Por outro lado, a mesma formulação atinge graus muito altos de perfeição linguística:

- Termos (lexemas) precisos na conceituação, sonoros na fonética, brilhantes na força simbólica: *distacco, unione.*

- Simetria na composição, tanto lexical, quanto gramatical: *distacco-unione, criatura-Dio.*

- Integração de ações e sujeitos na unidade de termos que possuem a função simultânea de verbos e substantivos: *distacco* = "separação" e "desprender"; *unione* = "unir" e "união".

- Alusão a dois movimentos complementares: movimento para longe (<- "distacco") e movimento para perto ("unione" ->).

O termo nominal *distacco* (e o verbo correspondente *distaccarsi)* é encontrado frequentemente nos escritos de Afonso; embora não tenha sido ele quem o utilizou pela primeira vez, pode ser considerado como

[107] *Opere ascetiche...*, II, 463.

o escritor espiritual italiano que deu ao termo a carta de cidadania.[108]

O *distacco* carrega consigo uma carga semântica muito rica que é difícil de ser captada em outros idiomas. Em nível figurativo, refere-se à ação de "separação", de "distanciamento".

Quando usado no âmbito espiritual, *distacco* significa "distanciar-se espiritualmente de coisas, de pessoas, de sentimentos que não interessam, renunciar a eles e adotar uma atitude de indiferença diante deles".[109] Tem, portanto, o duplo aspecto de desapego *ativo* e *desapego passivo.*[110]

O termo oposto ou correlativo de *distacco* é *attaco ou attacamento,* introduzido na língua italiana como neologismos ou galicismos no século XVII com o significado de *afeto desordenado.* Isso explica por que P. M. Petrucci e outros autores espirituais, no século XVII, usaram, ao invés de *distacco,* o termo *distaccamento* (e às vezes o verbo *distaccarsi).*[111] *Attaco* e *attacamento* têm um uso mais restrito que seu oposto, *distacco.*

A riqueza dos dinamismos (de significado positivo e negativo) contidos na fórmula afonsiana pode ser expressa graficamente da seguinte forma:

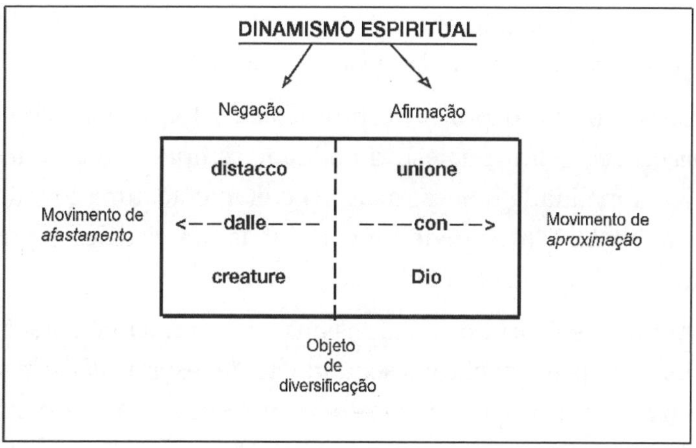

[108] MANDERS, H. *O amor...*, 109-112.

[109] Enciclopedia Treccani *on line*, s. v.

[110] MANDERS, H. *O amor...*, 112-120 (desapego ativo), 120-124 (desapego passivo).

[111] *Ibid.*, 110, notas 48 e 49.

- Espiritualidade enquadrada no seguimento de Jesus.

É conveniente dar importância a um elemento que, muitas vezes, passa despercebido pelos estudiosos da espiritualidade afonsiana e que considero de interesse decisivo para compreender com exatidão o núcleo do projeto espiritual de Afonso. Tendo formulado a dinâmica espiritual com o duplo movimento de *distacco dalle creature* e de *unione con Dio,* Afonso duplica a fórmula por meio da ilação: "e isto é o mesmo que..." *(Il che tutto si contiene* em...).[112]

> Vale notar que a formulação afonsiana não está completa se não for exposta e compreendida com as duas frases que formam o díptico ou duplo. A própria disposição do texto leva a essa interpretação: as duas frases formam um título, depois do qual começa a divisão em duas partes: "e per prima...",[113] "l'altra cosa che abbiamo accennato a principio...".[114] O interesse lógico de Afonso precisa ser levado em conta para interpretar seu pensamento.

O duplo não tem outra função que a de identificar sua visão particular da espiritualidade com a do *seguimento de Cristo.* Afonso, que cita a expressão de Mateus sobre o seguimento (*Mt* 16, 21), descobre, nesse seguimento, o duplo movimento de *distacco (*= "negue-se a si mesmo") e de *unione* ("siga-me").

Dessa forma, o projeto espiritual de Afonso aparece como *claramente evangélico.* Sua espiritualidade sempre terá uma inconfundível tonalidade bíblica, mais concretamente, uma tonalidade neotestamentária (que pode ser constatada nas citações expressas e, acima de tudo, na orientação dos temas).

Além disso, a proposta afonsiana está situada no coração da espiritualidade evangélica: o seguimento de Jesus. O *distacco* afonsiano não é um programa estoico, nem respira um desprezo encratista da realidade; é a concretude histórica de *deixar tudo* para "ir atrás" (seguir) de Jesus. Por outro lado, na mente de Afonso, a *união com Deus* se transforma em "seguir Jesus", evitando, assim,

---

112 *Opere ascetiche...*, II, 460.

113 *Ibidem.*

114 *Ibid.*, 463.

qualquer consideração deísta da espiritualidade cristã. A tonalidade cristocêntrica pervade todo o conjunto espiritual de Afonso.[115]

Lida em toda a sua riqueza de expressão e conteúdo, a formulação nuclear da espiritualidade afonsiana pode ser apresentada como uma das melhores dentro da história da espiritualidade cristã. Ela tem o mérito adicional de fazer sua aparição, sem hesitações ou tentativas progressivas, no primeiro escrito de uma extensa produção - em anos e em obras - como a de Afonso sobre temas espirituais. É tamanha a segurança de Afonso acerca de sua descoberta, que nunca a põe em dúvida. Ele se refere a ela como a "algo conhecido", embora não hesite em matizá-la.[116] Além disso, quando se propõe a escrever um tratado sistemático sobre a espiritualidade cristã, utiliza o esquema que brota diretamente da fórmula nuclear que estamos comentando.

> As obras espirituais de Afonso podem ser classificadas de acordo com vários critérios. Por sua conexão com o material anteriormente disponível, Cacciatore as organiza em:
>
> - Obras que "repetem" conteúdos, previamente elaborados, para a pregação (por exemplo, *Preparação para a Morte).*
>
> - Obras propriamente "escritas", mesmo que o autor faça uso de temas já pregados (por exemplo, *A Prática de amar a Jesus Cristo).*
>
> - Obras de confecção mista, em parte, compostas com material de pregação e, em parte, "escritas" expressamente.[117]
>
> Entre essas últimas, deve ser colocada *A Verdadeira Esposa.* Devido a sua gênese, sua extensão, seu conteúdo e seu desenvolvimento, *A Verdadeira Esposa* pode ser considerada como a obra sistemática da espiritualidade afonsiana. K. Keusch chama-a de "o diamante da coroa".[118]

---

[115] VELOCCI, G. Cristo: *centro della spiritualità alfonsiana*: SH 45 (1997) 169-204; SCHERMANN, H. *Person und Werk Jesu Christi in der Sicht des hl. Alfons von Liguori*: SH 58 (2010) 281-318.

[116] Ver: *A Verdadeira Esposa*, cap. VIII (edição crítica, II, 116-117).

[117] CACCIATORE, G. *l. c.*, 129-131.

[118] KEUSCH, K. *o. c.*, 82. Ver, também, a sugestiva interpretação de: TORTORA, A. *Dall'oriuollo alla spiritualità alfonsiana. Qualche considerazione in margine alla "Vera Sposa di Gesù Cristo cioè la Monica Santa" di Alfonso Maria de' Liguori:* SH 66 (2018) 399-405.

Pois bem, o esquema espiritual da *Verdadeira Esposa* depende daquele já delineado 17 anos antes na *Breve Pratica.*[119]

Deve-se acrescentar que Afonso faz seu esquema depender dos escritos de Santa Teresa. Ele próprio indica isso, tanto de maneira implícita, colocando a *Breve Prática* como apêndice da *Novena em honra de Santa Teresa,* como de maneira explícita:

- No próprio título: *raccolta dalle dottrine di S. Teresa.*

- No ramalhete final de pensamentos teresianos coletados por Afonso.[120]

- Nas citações que ele faz da santa de Ávila ao longo da exposição.

Contam-se 25 citações explícitas: libertar-se das paixões desordenadas e de suas ocasiões; obediência; mortificação externa; falar com Deus; pobreza; humildade; não se escusar; suportar os desprezos; ação de graças após a comunhão; comunhão espiritual; visita ao Santíssimo Sacramento; nomear a Deus; objeto da oração; presença divina em nós; devoção a Maria; amor ao próximo.

As referências de sentido aos escritos teresianos atingem o número de 14: não consentir no pecado; ter grandes desejos; unir-se à vontade divina; o valor da oração mental; a maneira de proceder na aridez espiritual.

Na *Breve Prática,* as citações de outros autores distintos de Santa Teresa são implícitas ou de sentido e, também, poucas em número: 1) Duas alusões a Francisco de Sales (não falar com o coração perturbado; não se dedicar ao próximo em detrimento da própria perfeição). 2) Duas alusões a Filipe Néri (não se mortificar sem contar com a ajuda do diretor espiritual; recomendação da leitura das vidas dos santos). 3) Uma alusão a Santa Catarina de Bolonha (sobre a obediência), a São João Clímaco (sobre a oração mental) e a São Dionísio Areopagita (devoção à Eucaristia). Além disso: recomenda a leitura

---

119 LIÉVIN, G. *l. c.*, 369; CACCIATORE, G. *l. c.*, 209. Orientação mais desenvolvida em: FERRERO DE PAZ, J. J. La *presencia...*, 99-176.

120 *Opere ascetiche...*, II, 466. O florilégio contém 12 pensamentos teresianos. Entre eles, há alguns que soam de maneira especial na versão italiana: "da divozione a stampa Dio ci liberi". A obra termina com uma recordação/invocação a Santa Teresa, compartilhada com aquela dirigida a Jesus, Maria e José: "Viva Gesù, Maria, Giuseppe e Teresa, ora e per tutti secoli. Amen. Così sia".

das obras do Padre Rodríguez e do Padre Saint-Jure ("Sangiure", escreve Afonso).

Entretanto, embora reconhecendo essas influências de Santa Teresa e outros autores (Filipe Néri, Francisco de Sales, Vicente de Paulo, etc.), penso que também é necessário reconhecer a *originalidade* de Afonso na formulação do núcleo de seu projeto espiritual. Mesmo que os elementos sejam compartilhados com outros autores, a síntese é de marca tipicamente afonsiana.

23.3.2 Desenvolvimento espiritual através, sobretudo, da "prática do amor"

No conjunto de seus escritos espirituais, Afonso desenvolve de forma meticulosa um programa de vida espiritual. Com relação a esse programa, gostaríamos de fazer duas observações. A primeira, refere-se ao conjunto da proposta espiritual de Afonso; a segunda, trata de indicar o canal privilegiado da vida espiritual de acordo com Afonso, ou seja, a prática do amor.

- As peculiaridades afonsianas no esquema da vida cristã.

No programa espiritual de Afonso ressoam quase todos os temas tradicionais da teologia espiritual: divisão do caminho espiritual em etapas ou vias; ênfase no tema da oração; exposição detalhada dos meios, tanto para corrigir os defeitos, quanto para progredir nas virtudes; concretização da vida cristã na prática sacramental e na prática devocional; alusão aos instrumentos ou técnicas para viver a espiritualidade (exercícios espirituais, retiro, etc.).

Após uma leitura direta dos escritos afonsianos e levando em conta a prolongada "releitura" realizada na vida cotidiana sob a influência da doutrina e da figura de Afonso, chega-se a descobrir um ar próprio que caracteriza o projeto afonsiano. Na minha opinião, a peculiaridade de Afonso reside na *ênfase* que ele coloca em alguns elementos da vida espiritual e na consequente *impressão* que deixa neles.

Olhando o projeto espiritual de Afonso em perspectiva histórica, é necessário reconhecer que há uma ênfase especial nos seguintes elementos:

- A contemplação prática e a vivência devocional dos *mistérios cristológicos:* Encarnação-Paixão-Presença eucarística.

- A busca da vontade de Deus, concretizada na *escolha da vocação* para a qual cada cristão é chamado.

- O viver a *presença de Deus* de forma afetuosa, ou seja, suscitando essa vivência com contínuas expressões de afeto religioso.

- Praticar a *oração mental* (juntamente com a leitura espiritual) com uma orientação prática e em atmosfera amorosa, ou seja, como meio de acender e aumentar o amor a Deus.

- O recurso à *oração de petição* como meio de perseverar no caminho empreendido.

- Dar importância à *comunhão frequente* (em oposição às tendências rigoristas, de influência jansenista) e, em geral, à Eucaristia como meio e canal expressivo da espiritualidade.

- A *prática devocional,* como canal e meio de progresso espiritual.

- Entre as devoções, sobressai, de forma proeminente, a *devoção mariana.* Afonso é reconhecido como notável expoente no desenvolvimento da mariologia; ele levou muito em conta o papel de Maria na prática pastoral. Daí, Maria desempenhar um papel importantíssimo na síntese espiritual afonsiana. Não é em vão que, além das *Glórias de Maria (Le glorie di Maria,* 1750), contabilizam-se mais outros 16 escritos afonsianos sobre o tema mariano.[121] Tudo isso foi o tema do cap. 6 da 13ª seção.

- Afonso era sensível aos "sinais" de devoção: orações ou atos especiais em meses/dia/horas com notável carga simbólica (advento, novena do Espírito Santo, sábados, hora do angelus, etc).

---

[121] NICODEMO, R. *Spiritualità mariana di Sant'Alfonso*: VICIDOMINI, G. (ed.). Alfonso M. de Liguori. Un santo per il terzo millennio (Materdomini, s. a. [2010]) 181-182. Também: MAJORANO, S. *Maria: lo sguardo misericordioso che accoglie e rendi nuovi:* SH 66 (2018) 449-461.

Entre todas as peculiaridades do projeto espiritual de Afonso, uma se destaca: tornar a vida cristã concreta na prática do amor. Os estudos sobre a espiritualidade afonsiana colocam isso em destaque.[122] É, também, o que pretendemos destacar aqui.

- A suma ético-espiritual do amor.

Chamei este capítulo de "uma espiritualidade centrada na prática do amor" porque acredito que a frase resume perfeitamente o projeto espiritual afonsiano. O duplo dinamismo do *distacco dalle creature* e da *unione con Dio* é realizado através do exercício da caridade. Para Afonso, o caminho da perfeição é o *caminho da caridade;* o desenvolvimento espiritual consiste no *crescimento da caridade.* A caridade é, ao mesmo tempo, a *meta,* o *caminho* e o *início* da existência cristã. A prática do amor cristão coincide com a prática da espiritualidade.

Permito-me expressar em um gráfico a compreensão que tenho da síntese espiritual afonsiana. O gráfico da página seguinte destaca como o núcleo central se desenvolve em diferentes variações até atingir a plenitude na prática do amor.

O tema do amor está presente em todos os escritos espirituais de Afonso. "*Amor* é, de fato, a palavra que encontramos em cada página de seus escritos".[123] A edição crítica das *Obras Ascéticas,* ainda em andamento, reúne, no primeiro volume, escritos inteiramente relacionados com a prática cristã do amor (*Opusculi sull'amore divino,* p. 347-396):

> *Novena ao Espírito Santo* (1766); *Meios de alcançar o amor divino* (1775); *Conformidade com a vontade de Deus* (1755); *Tratamento familiar com*

[122] KEUSCH, K. *o. c.*, 127-135; LIÉVIN, G. *l. c.*, 377-381. Essa interpretação é ressaltada, de modo especial, por: MANDERS, H. *O amor na espiritualidade de Santo Afonso* [1947] (Aparecida, 1990): "na doutrina da vida espiritual em Afonso podemos constatar uma composição de ideias. Destas, o amor constitui o ponto central" (p. 28). Ver, também: ADAM, A. *Der hl. Alfons von Liguori und der Primat der Liebe*: Klerusblatt (Eichtätt) 22 (1941) 361-363 (ainda, nas p. 273-276, um artigo de F. X. Remberger sobre o mesmo tema).

[123] KEUSCH, K. *o. c.*, 383.

Deus (1753); *Flechas de fogo* (1766); *Máximas* (1751); *Afeições devotas a Jesus Cristo* (1768); *Suspiros de amor a Deus* (1749); *Aspirações de amor a Jesus Cristo* (1766); *Aspirações devotas* (1773).

Devemos também levar em conta: a *Breve Pratica* e *A Verdadeira Esposa.*

Mas, entre os escritos dedicados ao tema do amor, de longe sobressai o livro *Pratica di amar Gesù Cristo.* A ele dedicamos o capítulo que constitui a 26ª seção, no qual queremos destacar, de modo especial, a relação entre moral e espiritualidade na proposta cristã de Afonso.

> Foi H. Manders quem melhor, e mais precisamente, sublinhou a *centralidade do amor* na proposta espiritual de Afonso.[124] De acordo com Liguori, a vida do espírito é uma história de amor ou um "crescimento de amor".[125] No *amor,* adquirem a unidade as múltiplas vertentes em que se expressa o pensamento espiritual de Afonso, pois ele não faz apenas o trabalho de compilação das ideias dos outros, mas sim o de uma construção original própria. "Dessa forma, aquilo que, à primeira vista, parecia ser obra puramente compilatória, demonstra ter uma coerência mais sólida do que se esperava". [126]

Chegando ao final desta seção, repetimos que o projeto de espiritualidade de Afonso está centrado na prática do amor, o qual constitui a coluna vertebral da espiritualidade afonsiana.

---

124 MANDERS, H. *O amor na espiritualidade de santo Afonso* [1947] (Aparecida, 1990).

125 *Ibid.*, 99-153.

126 *Ibid.*, 51.

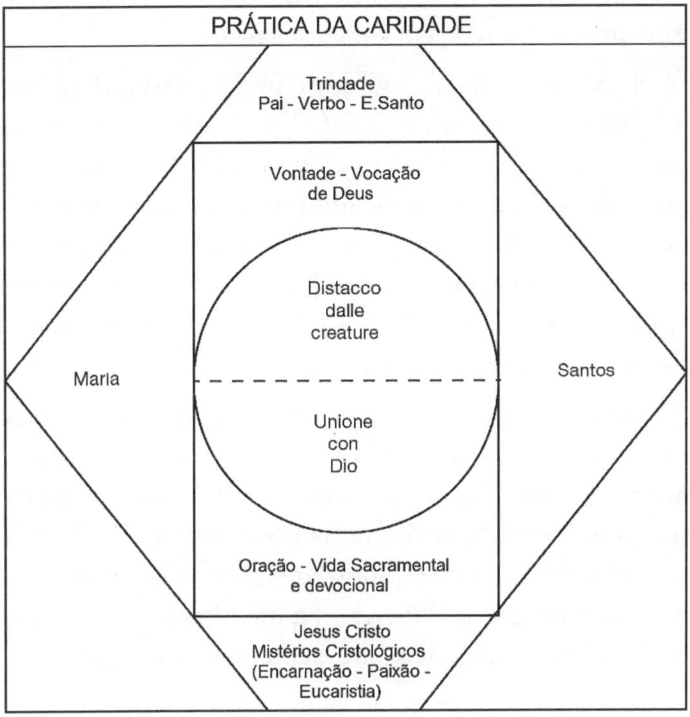

23.3.3 Afonso na "linha cálida" do catolicismo

Há várias décadas vem sendo desenvolvido um notável projeto para redescobrir a força significativa do amor dentro da síntese, teórica e vital, do cristianismo. Para recuperar o rosto alegre das pessoas salvas, nós cristãos precisamos reler o Evangelho do amor. A partir dessa Boa Nova do amor:

- Torna-se mais crível hoje o cristianismo, já que "somente o Amor é digno de ser acreditado".[127]

- Supera-se a falsa oposição entre Deus e o homem, que está na base do atual obscurecimento de Deus, já que uma e mesma é a causa de Deus e a causa do homem.[128]

---

[127] VON BALTHASAR, H. U. *Glaubhaft ist nur Liebe* (Einsiedeln, 1963). (= *Somente o amor é acreditável*. Caxias do Sul: Edições Paulinas, 1968).

[128] RAHNER, K. *Sobre la unidad del amor a Dios y el amor al prójimo*: Escritos de Teología, VI (Madri, 1967) 271-292.

- Formula-se, com maior coerência, o dinamismo ético da fé, a qual se expressa mediante a práxis do amor.[129]

A existência humana, segundo o projeto cristão, tem uma chave de interpretação: o amor. A razão fontal de tudo quanto existe é constituída pelo amor: "Deus é amor" (*1Jo* 4, 8-16). A autêntica vida humana é uma práxis de amor: na síntese do amor a Deus e ao homem se resume o programa de realização histórica promovido pela Lei e pelos Profetas (*Mt* 22,40). O amor é o que plenifica todo início de perfeição (*Rm* 13, 8-10), pois é o mais excelente dinamismo na tríade indissolúvel de crer, esperar e amar (*1Cor* 13,13).

Como consequência dessa busca do amor como centro da existência cristã, surge a tendência de "recuperar a salvação", ou seja, o rosto alegre e misericordioso do cristianismo.[130] A Redenção, enquanto mensagem e práxis de salvação integral, também se situa no centro da reflexão teológica e da vivência espiritual dos cristãos. Além disso, a salvação cristã utiliza o canal da Misericórdia, uma figura (palavra e conceito) na qual "o mistério da fé cristã parece encontrar sua síntese".[131]

A vida e o ensinamento de Afonso descobrem seu significado autêntico quando lidos a partir destas três chaves convergentes:

- *Salvação-Redenção,* que fornece o horizonte teológico e o conteúdo evangelizador para sua obra como fundador, para seu ministério como pastor e para seu trabalho como escritor.

- O *Amor* como expressão excelente ("caminho melhor": *1Cor* 12, 31) de sua proposta de espiritualidade cristã.

- A *Misericórdia* enquanto canal pessoal e pastoral que garante e torna possível a Salvação através do Amor.[132]

---

[129] VIDAL, M. *La Caridad: actitud fundamental del ethos cristiano*: Corintios XIII n. 1 (1977) 63-91.

[130] TORRES QUEIRUGA, A. *Recuperar la salvación* (Madri, 1978). (= *Recuperar a salvação*: por uma interpretação libertadora da experiência cristã. São Paulo: Paulus, 1999).

[131] PAPA FRANCISCO, *Misericordiae vultus. Bula do Jubileu da Misericórdia* (11 de abril de 2015) n. 1.

[132] KASPER, W. *La misericordia. Clave del Evangelio y de la vida cristiana* (Santander, 2015^2) (= *A misericórdia.* Condição fundamental do evangelho e chave da vida cristã. São Paulo: Loyola, 2015); Concilium n. 372 (set, 2017): "Misericordia".

Afonso se coloca nessa *linha cálida* do catolicismo, ou seja, aquele catolicismo que apresenta a vida cristã como uma Boa Notícia de salvação. Em seu livro-cume A *Prática de amar a Jesus Cristo,* Liguori soube inserir-se nos marcos mais destacados de tal linha cálida: Novo Testamento, Agostinho, Tomás de Aquino, Teresa de Ávila, Francisco de Sales.[133] Afonso acrescentou a essa corrente a grande riqueza de sua própria vida, tornando-se, assim, o evangelizador da abundante salvação cristã. O lema que Afonso legou à Congregação por ele fundada expressa, tanto o carisma dos redentoristas, quanto a peculiaridade com que seu fundador viveu e interpretou o cristianismo: "A salvação de Cristo é abundante" (*Copiosa apud Eum Redemptio).*

A Teologia Moral de Afonso adquire seu significado autêntico quando interpretada como *moral de salvação.* Também sua proposta espiritual deve ser interpretada como proposta de *salvação integral,* originada no *Amor* total de Deus e expressa através do rosto da *Misericórdia* que é Jesus Cristo.[134]

---

133 CULHANE, R. *St. Alphonsus and St. Francis de Sales (A contrast in their spirituality)*: Irish Ecclesiastical Record 69 (1947) 782-791.

134 IRRAZÁBAL, G. *"Sean misericordiosos". La fe y la vida cristinas a la luz de la misericordia*: Moralia 37 (2014) 7-37; FIDALGO, T. *El rosto de la misericordia. Principio y proceso de credibilidad*: Moralia 39 (2016) 123-160.

VIGÉSIMA QUARTA SEÇÃO

A dimensão mística na espiritualidade afonsiana

Na presente seção, destacamos a dimensão mística na espiritualidade afonsiana. Para isso, faremos duas abordagens, uma correspondente aos *escritos* e a outra à *vida espiritual* de Afonso. Portanto, serão dois temas analisados em dois capítulos da seção:

24.1 A mística nos escritos afonsianos.

24.2 A experiência mística na própria vida de Afonso.

24.1 A MÍSTICA NOS ESCRITOS AFONSIANOS

24.1.1 Introdução

A observação do biógrafo de Afonso, T. Rey-Mermet, se enquadra bem no tema enunciado no título do presente capítulo:

> "Houve quem se admirasse que Ligório não tivesse escrito um tratado de mística. Primeiro, a época cultural do iluminismo não levava a isso. Além disso, a experiência pessoal das almas tinha-no feito muito desconfiado quanto às doenças espirituais e mentais que são tomadas como união passiva com Deus. Finalmente, a Igreja, que condenara seus 'amigos' Fénelon e Petrucci, só podia incitá-lo ao silêncio. Mas, além dos capítulos didáticos de suas obras pastorais - Prática do Confessor, Homem Apostólico - onde afloram sua experiência interior, é preciso ler seus longos poemas em que a mística

se lhe escapa, penetra na 'floresta solitária e escura' das rupturas últimas para o encontro intuitivo do Amor".[1]

Quem sabe, também pelas razões indicadas na citação anterior, "de modo geral, os escritores redentoristas não se ocuparam muito com o tema da mística em Santo Afonso".[2] Entretanto, tem sido e continuará sendo discutido se o *corpus alphonsianum* espiritual contém uma mística e se o próprio Afonso teve experiências religiosas de natureza mística.[3]

Antes de analisar e responder à questão colocada, é necessário levar em conta que Afonso viveu e escreveu em uma época em que o campo da teoria mística, ao contrário do da ascética, não estava tão bem definido como estará em épocas posteriores; pense-se que as discussões sobre a relação entre mística e ascética, com a consequente delimitação e correlação entre ambas, têm lugar, basicamente, na década de 1920 (a chamada "questão mística").[4]

Também convém lembrar que os escritos espirituais afonsianos não se dirigem a grupos da elite espiritual, mas à gente comum, sejam leigos, sacerdotes ou pessoas consagradas. Acrescente a isto o caráter prático de Afonso e sua convicção de que os "estados místicos" não eram necessários para alcançar a perfeição cristã, e temos razões para afirmar, na espiritualidade afonsiana, mais o esforço ascético do que a busca da contemplação.

Entretanto, mesmo levando em conta os dados anteriores, não é exato entender os escritos espirituais afonsianos como obras *meramente ascéticas,* segundo a terminologia do período pós-afonsiano. Há elementos neles que podem muito bem ser catalogados como literatura mística. Tais elementos místicos são encontrados em obras como: *O trato familiar com Deus, A prática de amar a Jesus Cristo,* etc.

---

1 Rey-Mermet, 714.

2 LAGE, E. S. *Alfonso e la direzione spirituale*: SH 48 (2000) 47.

3 Ver a bibliografia apresentada no texto, no final do presente capítulo.

4 BELDA, M.; SESÉ, J. *La "cuestión mística". Estudio histórico-teológico de una controversia* (Pamplona, 1998).

Ao escrever a presente seção, minha intenção foi apoiar a existência de elementos místicos, tanto na proposta espiritual afonsiana, quanto na experiência religiosa do autor dessa proposta. Para esse fim, aludirei a um conjunto de perspectivas que justificam minha afirmação. Espero apresentá-las com suficiente clareza, sem submetê-las, por razões de espaço, a um desenvolvimento detalhado.

O amável leitor pode notar que, no presente capítulo, nos referimos à dimensão mística nos *escritos afonsianos,* reservando para o capítulo seguinte a alusão à experiência mística na *própria vida* de Afonso.

24.1.2 Dados a serem levados em consideração

- Leitura de autores místicos por Afonso.

Como observamos em vários lugares do presente volume, Afonso foi um grande leitor. Entre os diversos autores espirituais que frequentou, muitos deles foram e são catalogados como autores ascéticos. Mas, com certeza, também leu textos de autores místicos. Através da leitura da corrente espiritual mais "interior" (ou mística) da Companhia de Jesus - o espanhol, Baltasar Álvarez (1533-1580), o francês, João Batista Saint-Jure (1588-1657) - e dos escritos da espiritualidade francesa do séc. XVII (João Eudes, Vicente de Paulo, Francisco de Sales), Afonso pode acessar alguns textos dos místicos medievais, como João Taulero (1300-1361) e Henrique Susón (c. 1300-1366).

O que é mais certo, historicamente, e o que merece ser enfatizado, é a familiaridade de Afonso com os textos de Teresa de Ávila e, em menor grau, de João da Cruz. "É, naturalmente, toda a história da cultura espanhola em Nápoles que influencia profundamente na familiaridade de Afonso com Santa Teresa e São João da Cruz, com toda a literatura mística, especialmente, a das carmelitas espanholas, bem como, com a relação de Afonso com Santo Alonso Rodríguez".[5]

[5] PETROCCHI, G. *Sant'Alfonso scrittore mariano*: GIANNANTONIO, P. (ed.). Alfonso M. de Liguori e la società civile del suo tempo (Florença, 1990) II, 453.

Quanto à relação de Afonso com os escritos de Teresa de Ávila, já foi sublinhada no cap. 1 da seção anterior. Além disso, como diremos no presente capítulo, na *Prática do Confessor* Afonso se mostra grande conhecedor da mística do "recolhimento", formulada por Teresa de Ávila, depois de a haver tirado de Francisco de Osuna.

Afonso sabia espanhol e era capaz de ler em espanhol. Mas, como observamos no cap. 1 da seção anterior, quase certamente teve acesso aos textos de João da Cruz através de traduções italianas. Quanto à leitura direta dos textos castelhanos de Teresa, não há unanimidade de opinião entre os estudiosos de Afonso. Para G. Cacciatore está claro que foi uma leitura mediada através de traduções italianas; T. Rey-Mermet parece ser favorável à leitura direta do original castelhano de Teresa por parte de Afonso.

- Afonso e o quietismo.

A crise do *quietismo* de Miguel de Molinos (1628-1698), após a crise do *puro amor* de Francisco Fénelon (1651-1715) e Madame Guyon (1648-1717) - ambas as orientações condenadas pela Igreja - foi o que provocou o apagão da *mística* (pelo menos no aspecto dos escritos e da reflexão teológica) por mais de dois séculos.

Esses fatos e seu significado histórico já foram amplamente discutidos em um volume anterior: V/1, 991-1001 (crise do "amor puro"), 1003-1017 (crise do "quietismo"), 1019-1022 ("obscurecimento" da mística).

Também Afonso se posicionou frente ao pensamento de Fénelon e de Molinos.

- Diante do exagero de Fénelon quanto à necessidade do *amor puro* (sem concessões à motivação dos prêmios e castigos), Afonso reagiu afirmando a importância da esperança no contexto da vida cristã: uma esperança de ver a Deus (na qual pode haver um certo "egoísmo"), mas esperança que procede de Deus e, como tal, é um sinal de amor puro e não de egoísmo. Essa ideia aparece em várias passagens das obras espirituais de Afonso, especialmente, na *Verdadeira Esposa* e na *Prática de amar a Jesus Cristo.*[6]

- Na *História das Heresias,* Afonso se referiu a Miguel de Molinos em dois lugares. Ele o teve por "enganoso e pérfido" e o acusou de "doutrina ímpia e santidade fingida".[7] Entretanto, é digno de nota Liguori não dizer nada sobre Pedro Mateo Petrucci.

De fato, um epígono do quietismo foi o oratoriano italiano **Pedro Mateo Petrucci** (1636-1701), superior geral dos oratorianos (1661), bispo de Jesi (1681) e cardeal (1686). Era amigo de Miguel de Molinos e, como tal, acusado de heresia. Dada a condição cardinalícia do autor, os escritos de Petrucci não foram condenados diretamente, mas o autor foi forçado a se retratar, em privado, das 54 propostas extraídas de seus escritos (17 de dezembro de 1687). Além disso, oito de seus livros foram incluídos no *Índice* de livros proibidos (5 de fevereiro de 1688). Entre esses livros, estavam: *Lettere e trattati spirituali e mistici* (1679), *Poesie sacre et spirituali* (1680), *Lettere brevi spirituali e sacre* (1682).

Os escritos de Petrucci tiveram influência notável na Itália e, mais especificamente, em Nápoles. Na verdade, o movimento espiritual do quietismo estava presente em toda a Itália.[8] Também se tornou significativo em Nápoles.[9]

Afonso frequentou as obras de P. M. Petrucci; ele as tinha em grande estima; delas tomou muitas notas, várias das quais se tornaram citações em seus livros. G. Cacciatore considera os escritos do oratoriano como "uma fonte geral implícita" de toda a produção espiritual de Afonso.[10]

De modo especial, podemos perceber o uso da fonte de Petrucci em temas como: a mortificação, em todos os seus aspectos; o comportamento a ter em situações de aridez espiritual ou tentações; a compreen-

[6] Ver textos em: LONDOÑO, N. *Se entregó por nosotros. Teología de la Pasión de Cristo en san Alfonso de Liguori* (Roma, 1997) 51.

[7] Ver textos em: *Ibidem.*

[8] PETROCCHI, M. *Il quietismo italiano del Seicento* (Roma, 1948).

[9] DE MAIO, R. *Il problema del quietismo napoletano*: Rivista Storica Italiana 81 (1969) 721-744.

[10] *Introduzione* [alle] *Opere Ascetiche* di S. Alfonso (Roma, 1960) 185-186.

são da perfeição cristã como uniformidade com a vontade de Deus; a oração em seu significado místico de contemplação. Afonso, porém, se distancia de Petrucci na compreensão da predestinação: o místico filoquietista adota a atitude passiva de aceitar que se realizem os desígnios de Deus, enquanto o santo napolitano propõe uma atitude ativa com a qual, e através da oração, seja factível a salvação eterna.[11]

O que não se pode duvidar é que Afonso leu a obra *Lettere e trattati spirituali e mistici,* como consta pelas notas que tomou dessa obra e que registrou nos 36 fólios autógrafos preservados no arquivo geral dos Redentoristas em Roma.[12] A data em que Afonso tomou essas notas parece ser entre 1750 e 1755.[13]

A dependência de Petrucci também é evidente em muitos dos poemas de Afonso. O. Gregorio considera o Cardeal Petrucci como a "principal fonte" da obra poética afonsiana.[14]

Há um mistério difícil de resolver: Afonso sabia da condenação romana das obras de Petrucci, entre as quais, a que ele consultou: *Lettere e trattati spirituali e mistici* (Veneza, 1685, última edição)? É difícil aceitar que não conhecesse a condenação; mas, é ainda mais difícil aceitar a possibilidade de que, sabendo da condenação, tenha procurado as obras de Petrucci, resumido-as e utilizado para seus próprios escritos. K. Keusch se inclina à opção de que Afonso desconhecia a condenação;[15] por outro lado, A. Sampers acha improvável que ele não soubesse.[16]

---

11 *Ibid.*, 185.

12 A primeira referência e a primeira análise dessas notas se encontram no artigo de: CACCIATORE, G. *Due scritti inediti di S. Alfonso intorno al quietismo*: SH 1 (1953) 169-197. No entanto, onde pode ser encontrada a transcrição completa do caderninho das 34 páginas é em: SAMPERS, A. *Appunti di s. Alfonso tratti da un'opera del card. Petrucci*: SH 26 (1978) 249-290, notas de Afonso: p. 252-290.

13 SAMPERS, A. *Appunti...*, 251-252.

14 Ver a detalhada comprovação em: GREGORIO, O. *Canzoniere alfonsiano* (Angri, 1933) 64-77: "Fonte principale".

15 KEUSCH, K. *Die Aszetik des hl. Alfons M. von Liguori* (Paderborn, 1926^2) 289, nota 786.

16 SAMPERS, A. *Appunti...*, 252, nota 18: "É difficile immaginare che s. Alfonso non fosse al corrente della condanna del Petrucci".

Deixando esse "mistério" histórico por resolver, duas coisas nos parecem objetivamente certas. A primeira é que Afonso - desconhecendo ou tendo conhecimento da condenação romana - utilizou os escritos de Petrucci.

O segundo dado objetivo é que Afonso não correu o perigo de cair no quietismo, mesmo com a hipótese de que sua mãe tivesse caído.[17] Afonso foi impedido de cair no quietismo por: seu gênio natural orientado à prática; sua sensibilidade pastoral ligada às pessoas comuns e não às elites espirituais; sua teologia baseada em verdades claramente formuladas e sustentadas pelo Magistério oficial da Igreja. Por conseguinte, não é necessário enfatizar a relação do pensamento afonsiano com o contexto do quietismo para compreender o significado histórico de Liguori.[18]

De fato, a partir das notas que Afonso tomou do citado livro de Petrucci, parece deduzir-se que o leitor (Liguori), de modo geral, faz uma leitura ascética dos textos místicos do autor (Petrucci). Basta comparar a carga mística que o conceito de *nada* tem em Petrucci (ainda maior em M. de Molinos) e as aplicações ascéticas que Afonso deduz dessa categoria.[19]

Duas peculiaridades afonsianas emergem dessas notas, que serão discutidas mais adiante neste capítulo:

- Afonso faz uma advertência sobre a contemplação natural ou o ócio espiritual: ele desconfia daqueles diretores espirituais que dão muita importância a esse estágio, descuidando, assim, os atos próprios da alma em oração: *control quegli autori, che consigliano l'ozio, o sia la contemplazione acquisita mentale.*[20] Na opinião de G. Cacciatore, "esse aviso iria contra aqueles quietistas que aconselham o ócio contemplativo mesmo quando a alma ainda se encontra no estado ativo".[21]

---

[17] GREGORIO, O. *Ci fu quietismo in Anna M. Caterina Cavalieri Madre di Sant'Alfonso?*: SH 23 (1975)284-292.

[18] Parece um tanto exagerada a apresentação do contexto teológico de Afonso através desta formulação: "Entre el Jansenismo y el Quietismo": LONDOÑO, N. *Se entregó por nosotros...*, 31-39; sobre o *Quietismo*: p. 31-34.

[19] SAMPERS, A. *Appunti...*, 254-255.

[20] CACCIATORE, G. *Due scritti...*, 191.

[21] *Ibid.*, 193.

- Afonso, apoiando-se em Teresa de Ávila, sublinha o princípio de que, para orar com perfeição, não é necessária a união passiva: *per farsi santa [la anima] non è necessaria la unione passiva, ma bensi l'attiva, che è la perfetta uniformità alla volontà di Dio come dice S. Teresa. La vera unione dell'anima con Dio è l'unione della volontà cola volontà divina.*[22]

Esses dados sustentam a afirmação de que, devido à sua inclinação normal para a prática, Afonso estava fora do perigo de "quietismo", uma tentação atribuída ao Cardeal Petrucci. No entanto, é de interesse histórico que Afonso tenha frequentado as obras de Petrucci. Pode-se acreditar que a leitura desses textos tocou, até certo ponto, a fibra mística de Liguori.

Nota Bibliográfica

Sobre o quietismo em Nápoles

- PETROCCHI, M. *II quietismo italiano del Seicento* (Roma, 1948).

- DE MAIO, R. *II problema del quietismo napoletano:* Rivista Storica Italiana 81 (1969) 721-744.

Sobre Afonso e o quietismo

- CACCIATORE, G. *Due scritti inediti di S. Alfonso intorno al quietismo*: SH 1 (1953) 169-197.

- GREGORIO, O. *Ci fu quietismo in Anna Caterina Cavalieri Madre di Sant'Alfonso?:* SH 23 (1975) 284-292.

- SAMPERS, A. *Appunti di s. Alfonso tratti da un'opera del card. Petrucci*: SH 26 (1978) 249-290, notas de Alfonso: pp. 252-290.

24.1.3 O texto afonsiano sobre teologia mística

Afonso não escreveu diretamente sobre a teologia mística. Muito menos, teve a pretensão de compor um tratado completo

[22] *Ibid.*, 192.

sobre essa área teológica. Entretanto, não se pode minimizar a importância do que escreveu sobre o assunto no livro dirigido aos confessores: a *Prática do Confessor*.

No cap. 2 da precedente 19ª seção, apresentamos o significado geral dessa obra de Afonso. Referimo-nos aqui a uma parte do último capítulo (cap. 9). De fato, nesse último capítulo da obra, o autor analisa a *conduta do confessor na direção das almas espirituais*. Ele o faz em quatro pontos: 1º. Sobre a oração de meditação. 2º. Sobre a oração de contemplação e seus vários graus. 3º Sobre a mortificação. 4. Sobre a frequência dos Sacramentos: sobre a confissão; sobre a comunhão frequente.[23]

Aqui nos interessa a segunda seção – *Sobre a oração de contemplação e seus vários graus* – que examinaremos simultaneamente em três lugares afonsianos:

- Na edição crítica, realizada por G. Blanc, do texto latino afonsiano: Sanctus Alphonsus M. de Ligorio, *Praxis confessarii ad bene excipiendas confessiones.* Editio nova cum antiquis editionibus et italico textu collata in singulis auctorum allegationibus recognita notisque criticis et commentariis illustrata cura et studio p. Gabrielis Mariae Blanc (Roma, 1912) 216-247.

- Na edição crítica, realizada por G. Pistoni, do texto italiano afonsiano: S. Alfonso Maria de' Liguori, *Pratica del confessore per ben esercitare il suo ministero.* A cura del can. Giuseppe Pistoni, del Seminario Metropolitano di Modena in collaborazione con i Padri Francescani Coventuali di Casa Mariana, Frigento (AV). Con aggiunta, in appendice, di materiale a cura di P. Alfonso Maria Sutton, OFM Conv., S. T. D. (Frigento, 1987²; a 1ª edição: Frigento, 1948) 183-206.

Citamos essa edição com o sobrenome do editor: *Edição italiana* Pistoni.

- Na tradução para o espanhol, feita a partir do original italiano por Nicanor Moriones: S. Alfonso Mª. de Ligorio, *La práctica del confesor para ejercitar bien su ministerio.* Versión del original italiano y anotaciones del R. P. Nicanor Moriones, redentorista, doctor en derecho canónico (Madri, 1952) 348-387. Citamos essa tradução com o sobrenome do tradutor-editor: *Tradução Espanhola* Moriones.

---

23 Ver o desenvolvimento em: LAGE, E. *S. Alfonso e la direzione spirituale...*, 37-41.

N.T.: - Utilizaremos também a tradução para a língua portuguesa: LIGÓRIO, A. M. *Prática dos Confessores*. Rio de Janeiro: Ed. Centro Dom Bosco, 2020. Tradução de Tiago Gadotti. (Tradução da versão latina. Ver a nota 45, abaixo).

Citamos essa edição com o sobrenome do tradutor: *Edição brasileira* Gadotti.

Deve-se notar que o conteúdo do cap. 9 da *Pratica del confessore (*Nápoles, 1755) também se encontra na seção 2 (*De oratione contemplationis, et diversis suis gradibus)* do apêndice I (*Quomodo se gerere debeat confessarius in dirigendis animabus spiritualibus)* do *Homo Apostolicus (*Veneza, 1759) e no cap. 21 da obra *Confessore diretto per le confessioni della gente di campagna* (Nápoles, 1764).

- Aspectos editoriais.

O texto sobre o qual estamos concentrando nossa atenção permaneceu inalterado desde a primeira edição da *Pratica del confessore* (em italiano), inserida na 2ª edição napolitana da TM (1755) e também impressa, separadamente, nesse mesmo ano, até as últimas edições, tanto em latim (unida à TM e em edição autônoma) quanto em italiano.

Para compor o texto sobre a teologia mística, ou seja, *Sobre a oração de contemplação e seus vários graus,* Afonso fez uso de uma fonte que não cita. Essa fonte é o *Direttorio Mistico perli confessori, ovvero Istruzione in cui con modo chiaro, breve e facile si dalla pratica al Direttore di cominciare, proseguire e perfezionare un'anima nel cammino spirituale fino alli più elevati gradi di unione,* publicado em Veneza, em 1750, por **Bernardo da Castelvetere** (1708-1756).[24]

[24] Uma apresentação sumária da pessoa e da obra de Bernardo de Castelvetere no contexto do *Settecento* italiano: GOFFI, T.; ZOVATTO, P. *La Spiritualità del Settecento* (Bolonha, 1990) 225-226. Esse capuchinho "ensinou os fiéis a como praticar a oração mental (...) [a como] tender à contemplação mediante a oração mental claramente afetiva (*Ibidem*)".

Bernardo (no século: Luciano Ferrara) nasceu em 4 de abril de 1708, na cidade de Castelvetere (nome, provavelmente, de origem bizantina, que a cidade mudou há cento e cinquenta anos para o nome original de Caulonia, de origem grega, pelo qual é conhecida hoje) na região de Reggio Calabria. Entrou na Ordem (convento de Stilo) em 1725, foi ordenado sacerdote em 1731, enviado à Sicília por causa de uma calúnia no âmbito da castidade (1731), retornou à província de Reggio (1734). Bernardo se dedicou ao ministério da pregação, foi promovido leitor de teologia (convento de Castelvetere) e guardião (convento de Polistena); morreu, prematuramente, em 22 de março de 1756, no convento de Polistena.

A obra desse frade capuchinho era fruto, não só de sua ampla cultura teológica, mas também, de sua experiência (pelo menos pastoral) da mística. Esse manual místico foi o primeiro do gênero em língua italiana; o livro homônimo do jesuíta Giovanni Battista Scaramelli (1687-1752) estava pronto para publicação em dezembro de 1743, mas teve que esperar até 1754 para ver a luz pública. O *Direttorio mystico* de B. de Castelvetere, com 23 edições de 1750 a 1895 e com tradução para o espanhol,[25] foi objeto de estudo por outro frade capuchinho, Padre Felice da Mareto, em uma tese de doutorado apresentada na Universidade Gregoriana (1934) e publicada em 1950.[26]

Que a principal fonte de Afonso em sua exposição da mística seja a, já mencionada, obra de B. de Castelvetere, é hoje indiscutível. Chega-se a essa conclusão através da comparação do texto afonsiano com o do capuchinho de Castelvetere. É um fato também apontado na edição crítica de G. M. Blanc.[27] As provas ainda foram apresentadas, através da comparação dos respectivos textos de Liguori e Castelvetere, pelo, já mencionado, capuchinho Padre Felice da Mareto.[28] Há outra indicação que confirma o fato: os três

---

[25] B.[ernardino] (sic) de Castelvetere, *Directorio ascético-místico para los confesores de ciudad, villas y aldeas, ó sea, Instrucción práctica para dirigir las almas en el camino de la perfección y conducirlas al más alto grado de unión con Dios*, 2 vol. Traducido por Pedro Bach, sacerdote del Oratorio de san Felipe Neri y Director de la Casa-Asilo de pobres enfermos eclesiásticos de esta Ciudad (Vic, 1847). Cito por essa edição. O livro, em tradução espanhola, pode ser acessado na internet.

[26] DA MARETO, F. *Il "Direttorio mistico" del p. Bernardo da Castelvetere, Cap. (1708-1756). Studio storico-dottrinale* (Roma, 1950).

[27] *Edição latina* Blanc, 216.

[28] DA MARETO, F. *Il "Direttorio mistico"...*, 143-169.

fólios em cópia não original, mas certamente autêntica, contendo algumas notas de Afonso, intituladas *Appunti per l'Enchiridio mistico*, podem se referir ao *Diretório Místico* de B. de Castelvetere, mesmo que os estudiosos não ousem apontar a autoria desse *Enchiridio mistico* do qual Afonso tomou algumas notas.[29]

Dizer que Afonso *fez uso* do livro de B. de Castelvetere parece um eufemismo. Há aqueles que dizem que praticamente tudo o que Afonso diz sobre a mística está no livro do capuchinho.[30] Outros reduzem a amplitude da afirmação.[31] Na minha opinião, Afonso fez um magnífico trabalho de síntese, apresentando com brevidade e clareza o conteúdo essencial da exposição de B. de Castelvetere; fez suas as ideias que recolheu da fonte, sem emitir juízo sobre aquelas que não reuniu; além disso, como vou notar, introduziu algumas importantes variações de sentido.

A exposição de B. de Castelvetere se baseia nos escritos de Teresa de Ávila (*Caminho da Perfeição*) e de João da Cruz (*A Subida do Monte Carmelo*), lidos diretamente, provavelmente em tradução italiana. Também leva muito em conta a doutrina de Francisco de Sales. Afonso consultou todos ou alguns dos textos teresianos ou de São João da Cruz citados pelo frade capuchinho? É difícil saber, mas se é preciso dar uma opinião, me inclino à negativa, especialmente no que diz respeito aos textos de João da Cruz.

À fonte principal (B. de Castelvetere) devemos acrescentar a *Concordia* (Parma, 1720) de Paulo Segneri (sênior). O uso dessa segunda fonte pode ser percebido, sobretudo, nos pontos em que Afonso se afasta da opinião de B. de Castelvetere, como observarei abaixo.

---

29 CACCIATORE, G. *Due scritti...*, 190-196; MANDERS, H. *O amor na espiritualidade de santo Afonso* [1947] (Aparecida, 1990) 154.

30 MANDERS, H. *O amor...*, 154: "é principalmente uma *reprodução* [destaque meu] do 'Diretório Místico' de Bernardo a Castelvetere".

31 *Edição latina* Blanc, 216, nota a): "Quae in hac questione habentur, uti patet ex collatione textuum, a S. Doctore *maxima ex parte* [destaque meu] deprompta sunt (...) ex Bernardo de Castelvetere".

Através dessas duas fontes diretas, especialmente, da primeira, Afonso cita Teresa de Ávila e recolhe o pensamento de João da Cruz. O místico de Fontiveros é uma fonte principal em termos de conteúdo, mas, muito provavelmente, não foi consultada, pelo menos, não diretamente. Também é fonte principal o pensamento de Teresa de Ávila, cuja leitura poderia ter sido direta, mas, se foi, muito provavelmente, ocorreu em tradução italiana.

O que não poderia ter sido fonte do pensamento afonsiano é o *Direttorio mystico* de Giovanni Battista Scaramelli, já que essa obra foi publicada pela primeira vez em 1754 (Veneza), enquanto a obra afonsiana *Pratica del confessore* foi submetida à censura eclesiástica em 19 de outubro de 1751.[32]

- Elementos próprios de Afonso.

O exame do texto afonsiano, tendo diante de nós a fonte imediata que ele usa (o *Diretório Místico* de B. de Castelvetere) e as fontes imediatas dos escritos de João da Cruz e Teresa de Ávila, produz uma dupla observação: 1ª Afonso *criticou* uma importante afirmação de sua fonte imediata. 2ª. Afonso *fez uma de suas fontes mediatas dizer* algo que ela não continha.

Crítica a uma afirmação da fonte imediata.

A primeira das constatações indicadas se refere à descrição e avaliação da *contemplação adquirida* (n. 105 da *Pratica* ou n. 127 da *Praxis)*, que se encontra no *Diretório Místico* de B. de Castelvetere.[33] Trata-se:

---

[32] *Edição latina* Blanc, 216, nota a).

[33] Em tradução espanhola: CASTELVETERE, B. de. *Directorio ascético-místico* (Vic, 1847) tomo I, Parte 5ª, p. 332-352: que trata do ócio de contemplação e da oração de recolhimento natural que são como o fim do caminho ordinário e princípio nos graus sobrenaturais e infusos.

a) Do *ócio da contemplação* (da tradição de São João da Cruz),[34] ou seja, "da percepção geral e amorosa de Deus com quietude, repouso e paz".[35]

b) E do *recolhimento natural* ou *ativo,* como formulado por Teresa de Ávila no cap. 28 do *Caminho da Perfeição* (tomando como fonte o *Terceiro Abecedário* do franciscano F. de Osuna).[36]

Embora o *recolhimento natural* ou *ativo* seja, em teoria, diferente do *repouso passivo,* de fato, segundo B. de Castelvetere, na prática o primeiro termina sendo *repouso.*[37]

O frade capuchinho não o diz expressamente, mas dá a entender que neste estado são supérfluos os atos positivos das potências.

Ao recolher essa doutrina, Afonso, em primeiro lugar, não mantém a distinção clara entre *recolhimento natural* ou *ativo* e *repouso passivo;*[38] apenas observa: "Falo de [recolhimento] *natural,* pois, do sobrenatural ou infuso tratarei mais adiante". Em segundo lugar, e o mais importante, opõe-se a B. de Castelvetere na medida em que, nessa situação de *recolhimento* [natural ou ativo], não são considerados de interesse os atos das potências:

> "Não consigo concordar com essa sorte de encantamentos";[39] no texto italiano: *Ma a questa sorta d'incantamento io affatto non mi ci posso*

---

[34] *Ibid.,* 332-345.

[35] *Ibid.,* 335. Prossegue o texto: "sin recurrir a cosa particular de este Dios (...), quedándose el alma en una noticia general sin necesidad de sacar por vía de consecuencia el fruto" (*Ibidem*). Em: *Ibid.,* 349, é identificado com "una general amorosa noticia".

[36] *Ibid.,* 345-348.

[37] *Ibid.,* 345-348: "recogimiento natural, el cual yo no diferencio en la práctica del ocio de contemplación, aunque especulativamente hablando puede descubrirse en él alguna diferencia" (p. 345). Também: *Ibid.,* 349-350: "si puede haber diferencia entre este recogimiento y el ocio de contemplación"; responde que a "general amorosa noticia" se realiza "con quietud, que es el ocio de la tan amable contemplación" (*Ibid.,* 350).

[38] ROOSEN, A. *La "contemplation acquise" et la purification du sens dans la "Praxis confessarii" de S. Alphonse*: SH 48 (2000) 61.

[39] *Tradução brasileira Gadotti,* p. 107.

accordare;[40] no texto latino: *Veruntamen hujusmodi incantationibus ego prorsus acquiescere non valeo.*[41]

A resposta de Afonso parece ser dirigida à fonte literária que está usando, ou seja, a B. de Castelvetere.[42] Entretanto, como acabamos de constatar, o frade capuchinho não faz essa afirmação de maneira explícita.

Por outro lado, Afonso baseia sua réplica pessoal nos ensinamentos do Pe. Segneri, *sênior.* Ele diz isso expressamente, intercalando seu raciocínio com referências explícitas à doutrina do ilustre e respeitado jesuíta:

> Não há dúvida de que, quando a alma se percebe *recolhida,* não deve se aplicar à meditação, pois já encontrou sem nenhum esforço o que procurava; ademais, a própria meditação ordinária, como diz o pe. Segneri, em seu opúsculo áureo, *De concordia inter laborem et quietem* produz, depois de algum tempo, a chamada *contemplação adquirida,* isto é, aquela que permite o conhecimento de verdades de modo intuitivo, verdades que a pessoa só conheceria depois de um longo discurso e esforço. Não obstante tudo isso, não sei por que a alma deveria cessar os bons atos da vontade. E qual o tempo mais oportuno para fazer esses atos que o tempo em que a alma se percebe recolhida? É verdade que S. Francisco de Sales aconselhou a B. Joana de Chantal a que, em sua oração, quando se percebesse unida a Deus, não repetisse novos atos de vontade. Mas por quê? Porque a Beata já tinha chegado à contemplação passiva. Assim, enquanto a alma ainda estiver em estado ativo, não há razão por que os atos bons devam impedir a operação da graça. O mesmo S. Francisco de Sales predeterminava para as almas devotas que dirigia um número determinado de aspirações de amor, que deviam ser feitas em determinado espaço de tempo. (...). Daí conclui corretamente o pe. Segneri que, quando Deus fala e opera, convém que a alma se cale e cesse suas operações, não fazendo nada de sua parte além de prestar atenção amorosa às operações divinas; mas, quando Deus não fala, é

40 *Edição italiana* Pistoni, 185.

41 *Edição latina* Blanc, 218.

42 ROOSEN, A. *La "contemplation acquise"...*, 73-76.

necessário que a alma se ajude do modo como puder para se unir a Deus, mediante meditações (quando necessárias), atos, preces e resoluções, desde que não sejam atos forçados; assim, a alma só deve fazer aquilo a que se sente suavemente inclinada.[43]

De tudo o que foi dito acima, parece que Afonso faz o frade capuchinho dizer algo que ele não diz explicitamente, embora o contenha implicitamente. Em todo caso, a advertência afonsiana atingiu um alvo real, tanto implicitamente em B. de Castelvetere, quanto explicitamente em outros diretores espirituais (como ele provavelmente sabe por experiência e, em qualquer caso, pela leitura da obra de P. Segneri, acima citada).

De fato, para apoiar sua resposta a B. de Castelvetere e a todos os diretores de almas que eram propensos a avançar o estado de *quietude* e a suspender os atos das potências mesmo no estado de *recolhimento ativo,* Afonso faz uso do escrito do P. Segneri (1624-1694), *Concordia tra fatica e quiete nell'orazione* (Roma, 1691; com outras edições), livro que, com uma orientação antiquietista, tenta responder à pergunta se é melhor orientar as almas no caminho da meditação (*fatica*) ou da contemplação (*quiete*).

A obra foi logo traduzida para o espanhol: *Concordia entre la quietude y la fatiga en la oración* (Madri, 1688, 1710, 1733; Barcelona, 1705; etc.). Nas edições espanholas, o texto da obra em questão foi acompanhado, não apenas de uma *biografia* do autor, mas também de outro de seus escritos, *Lettere sulla materia del probabile,* no qual P. Segneri expressou sua opção a favor do probabilismo, em um momento em que o Superior Geral da Companhia de Jesus, Tirso González, se opunha (e mandava que se opusesse) a tal opção moral tipicamente jesuíta.

R. Tellería comenta a resposta de Afonso à opinião de B. de Castelvetere e de outros diretores de almas de suspender os atos das potências no estado de *recolhimento ativo:*

"Àqueles que durante o 'ócio ou repouso contemplativo' aconselhavam que a alma deveria cessar as operações da vontade, [Afonso] respondia: 'Este tipo de encantamento não entra em minha mente (...). Es-

[43] *Tradução brasileira Gadotti,* p. 107-108.

tando a alma no estado ativo, por que os atos bons haverão de dificultar as operações da graça?" Reclamava sua independência de julgamento, porque havia provado os segredos da união infusa com Deus. Nesse ponto, ordinariamente não se costuma fazer-lhe justiça. Além de sugerir, embora de passagem, em seus escritos e correspondência, aspirações a conversar com Deus - trino e uno - presente na alma, coloca nos lábios da alma canções espirituais de ritmo mais ágil, por algumas das quais circula o sopro místico do *Cântico dos Cânticos*".[44]

- A atribuição a Teresa de Ávila de uma afirmação que os escritos da Doutora não contêm.

A segunda constatação tem a ver com a dupla afirmação que Afonso atribui a Teresa de Ávila. Afonso escreve:

> "Não todas as almas", diz Santa Teresa, "antes, são poucas, aquelas que Deus guia pela via sobrenatural; mas, no céu, nós veremos muitas que, sem estas graças sobrenaturais, serão mais gloriosas que as outras, que as receberam".[45]

A primeira parte da primeira sentença ("Deus não conduz todas as almas... pela via sobrenatural") pertence à Teresa e pode ser encontrada no livro *O Caminho da Perfeição,* cap. 17, epígrafe e n. 2. Mas não se dá o mesmo com a segunda parte dessa primeira sentença: "antes, são poucas". "Que sejam poucas as [almas] que Deus guia pela via sobrenatural, o Santo Doutor acrescenta por sua pró-

---

44 Tellería, I, 575.

45 [NT: preferimos traduzir diretamente do italiano]. *Traducción española* Moriones, 366: "No a todas las almas - dice santa Teresa -, antes bien a muy pocas, conduce Dios por vía sobrenatural; y a muchas veremos en el cielo, que, sin estas gracias sobrenaturales, alcanzaron gloria mucho mayor que otras que las tuvieron". *Edição italiana* Pistoni, 194: "non tutte l'anime, dice s. Teresa, anzi son poche quelle che guida Dio per via sopranaturale"; *Edição latina* Blanc, 229: "paucissimae, inquit S. Theresia, sunt animae illae, quae diriguntur a Deo per vias sopranaturales". Esta tradução latina, comparada com o texto italiano, de onde procede, é, a juízo de G. M. Blanc, uma "versio latina manca", pois não são traduzidas palavras importantes do original italiano. A tradução brasileira usa a versão latina: "Pouquíssimos, diz S. Teresa, são os que Deus dirige pelos caminhos sobrenaturais e, no céu, veremos que muitas almas que não receberam graças sobrenaturais serão mais gloriosas que as almas que as receberam" (*Tradução brasileira* Gadotti, p. 111).

pria conta".[46] "Segundo G. M. Blanc, o pensamento da Mística de Ávila parece ser o oposto do que Afonso atribui a ela, pois, na *Vida* (cap. 15, no início), em *O Caminho da Perfeição* (cap. 17, no final) e no *Castelo Interior* (morada 5, cap. 1, no início), falando especialmente das pessoas piedosas, *que ela mesma conhecia,* afirmou o contrário.[47]

Houve quem tentasse ver nos escritos de Teresa os dois detalhes em que Afonso parece se distanciar dela:

- A afirmação afonsiana de que a alma, ao chegar ao estado passivo da contemplação, "não tem merecimento porque não age" (*non meretur quia non operatur*) deveria ser entendida no sentido de "a alma não tem merecimento como no estado ativo, ou como na oração ativa", mas tem merecimento "de uma forma sobrenatural". Dessa maneira, "põe-se de manifesto, mais uma vez, a harmonia, sempre reinante, entre a doutrina da mística doutora e nosso santo".[48]

- A afirmação que Afonso atribui a Teresa, de que "pouquíssimas são as almas que Deus dirige pela via sobrenatural" reproduz fielmente o sentimento da Mística de Ávila se forem entendidas "por vidas sobrenaturais" as três últimas etapas: união simples, noivado e matrimônio espiritual, já que, em relação a essas três etapas, o sentimento de Teresa também é restritivo.[49]

O autor citado toma como certa a convergência de sentido entre as duas afirmações: a de Afonso ("mas, no céu, nós veremos muitas que, sem estas graças sobrenaturais, serão mais gloriosas que as outras, que as receberam") e a de Teresa ("pode ser que algumas almas, apenas com a união ativa, tenham muito maior mérito, porque padecem mais trabalho, e o Senhor as dirige como corajosas, reservando-lhes, para a outra vida, os consolos que não têm nesta").[50]

---

[46] *Tradução espanhola* Moriones, 366, nota 17.

[47] *Edição latina* Blanc, 230, nota a).

[48] FERNÁNDEZ, J. *San Alfonso y santa Teresa de Jesús. Una cuestión mística*: El Perpetuo Socorro 24 (1922) 374-377.

[49] FERNÁNDEZ, J. *San Alfonso y santa Teresa de Jesús. Otra cuestión mística*: El Perpetuo Socorro 24 (1922) 410-412.

[50] FERNÁNDEZ, J. *San Alfonso y Santa Teresa de Jesús*: El Perpetuo Socorro 24 (1922) 444-447.

Elogiando a boa intenção do autor redentorista, não deixa de parecer-nos que os textos (tanto os afonsianos, quanto os teresianos) sofrem, em sua interpretação, uma distorção (para baixo ou para cima) que os mesmos não autorizam. De fato, os textos teresianos tendem a afirmar a conveniência (e o correspondente desejo) e a normalidade (o fato) da *oração sobrenatural* ou contemplação infusa (entenda-se: entre as pessoas piedosas), enquanto os textos afonsianos vão mais no sentido de prevenir contra "os desejos de ter e desfrutar da união sobrenatural" por considerá-los "contrários à humildade" (textos semelhantes se encontram em *A Prática de Amar a Jesus Cristo,* na *Conformidade com a Vontade de Deus* e na *Verdadeira Esposa*).

O que concordamos é a conclusão de outro dos artigos do autor sobre a mesma temática:[51] "Santo Afonso não diz que seja contrário à humildade desejar a contemplação infusa [acrescentamos por nossa conta: mas diz que os desejos de 'êxtase e arrebatamento' são 'contrários à humildade']; não considera como orgulhosa a alma que deseja e pede uma oração sobrenatural propriamente dita; nem, finalmente, corrige Santa Teresa de Jesus, nem São João da Cruz, nem qualquer outro autor que aprova esses desejos de alcançar a contemplação infusa, antes, podemos inferir dos textos afonsianos apresentados, que o santo via com bons olhos que todas as almas aspirassem à contemplação infusa, contando com a graça e os auxílios divinos e trabalhando sincera e humildemente no exercício das virtudes".[52]

- A interpretação afonsiana acerca da "contemplação adquirida".

Através de sua fonte imediata (B. de Castelvetere), Afonso expôs a doutrina genuína de Teresa de Jesus (com algum detalhe de "infidelidade" na citação teresiana, como acabamos de apontar) e de João da Cruz. Restam dúvidas se Afonso consultou diretamente os escritos da santa de Ávila e, ainda menos provável, os do místico de Fontiveros.

[51] FERNÁNDEZ, J. *San Alfonso y Santa Teresa de Jesús*: El Perpetuo Socorro 25 (1923) 12-16.
[52] *Ibid.*, 15-16.

Por outro lado, o selo afonsiano está em dois detalhes: na cifra rebaixada das almas místicas e na insistência na necessidade de realizar atos na etapa mística inicial ou de "contemplação adquirida".

Mas as perguntas sobre a interpretação afonsiana a respeito da contemplação não terminam aí. A questão principal concentra-se na compreensão de Afonso sobre a, assim chamada, *contemplação adquirida*.[53]

Tem havido muita reflexão sobre o conceito (e a realidade) da *contemplação adquirida*, mas não levou a um entendimento que seja aceito por todos. Há aqueles que aceitam o conceito e a realidade de tal estágio de contemplação *adquirida*, mas nem todos os que assumem a categoria - costuma estar nesse grupo a maioria dos autores carmelitas que escrevem sobre a mística - dão o mesmo significado e, inclusive, um significado preciso.[54]

Há outra postura que rejeita aberta e categoricamente o conceito (e a realidade) da contemplação adquirida por considerá-lo uma contradição em si mesmo: se é *contemplação* deve ser *passiva* e se é *adquirida* será outra coisa (contemplação filosófica ou teológica, concentração meditativa, etc.) mas não pode ser *contemplação* no sentido preciso de estado *passivo* do espírito. Essa maneira de entender a questão apresentada corresponde, em geral, aos autores dominicanos que escrevem sobre a mística.[55]

Afonso se situa na primeira das tradições apresentadas, atribuindo consistência teórica e admitindo a realidade prática à *con-*

---

[53] Para todos os aspectos discutidos na continuação do texto, levamos em conta o detalhado (e, por vezes, complexo) estudo de: ROOSEN, A. *La "contemplation acquise" et la purification du sens dans la "Praxis confessarii" de S. Alphonse*: SH 48 (2000) 49-118.

[54] O estudo de referência, dentro dessa orientação tipicamente *carmelitana*, é o de: DE SAINTE MARIE-MADELEINE, G. *La contemplation acquise* (Paris, 1949).

[55] A tomada de posição decisiva com essa orientação foi o longo estudo de: GONZÁLEZ ARINTERO, J. *La verdadera mística tradicional* (Salamanca, 1925) c. X. *Inanidad de la contemplación adquirida*: p. 245-383. Uma defesa do pensamento arinteriano encontra-se em seu discípulo, o também dominicano: MENÉNDEZ-REIGADA, I. G. *La contemplación adquirida y la escuela pseudoteresiana* (Salamanca, 1925), folheto de 52 p.; ID., *Unidad específica de la contemplación cristiana*: La Ciencia Tomista 34 (1926) 5-49 (também em estrato: Madri, 1926).

templação adquirida. Além disso, é consciente de que nessa realidade (ou etapa) da vida espiritual, convergem dois conceitos e duas tradições: o conceito de *repouso de contemplação* ou *ócio contemplativo,* ligado à tradição mística de João da Cruz (cap. 12-15 do Livro 2 da *Subida*: 2M 12-15), e o conceito de *recolhimento natural* ou *ativo,* ligado à tradição mística de Teresa de Ávila (cap. 28 do *Caminho*: 28C).

Afonso identifica os dois conceitos e unifica as duas tradições: "oração de *recolhimento* ou o que os místicos chamam de *ócio contemplativo,* que ainda não chega a ser contemplação, pois a alma ainda está em estado ativo" (n. 105 do texto italiano da *Pratica;* n. 127 do texto latino da *Praxis).*[56]

> Chama a atenção que na tradução latina (n. 127 do texto latino), que é *secundária* em relação ao texto italiano, o termo *recolhimento* seja considerado expressão *popular* e, além disso, que não fique clara a dupla tradição e enfatize que não é estado de contemplação *infusa* (adjetivo acrescentado na versão latina): "Deus (....) solet eas introducere in orationem recollectionis, vulgo dictam *di raccoglimento* vel *otii contemplativi* (sic illam vocant mystici), quae non est adhuc contemplatio infusa" ["... oração de recolhimento, popularmente chamada de *ócio contemplativo* (é assim que os místicos a nomeiam), que ainda não é uma contemplação infusa, pois a alma ainda está num estado ativo". *Tradução brasileira* Gadotti, p. 107].

E é aqui que começa a maior objeção ao entendimento afonsiano da *contemplação adquirida.* Embora, na prática, o *recolhimento* e o *ócio* sejam a mesma coisa, em teoria são diferentes: o ócio é *contemplação* (passiva), enquanto o recolhimento pertence à *meditação* (ativa). Esta é a objeção que tem sido levantada contra aqueles que exageram a identificação. Concretamente, R. Dalbiez assinalou que essa etapa, sendo *psicologicamente* ativa (tradição teresiana de *recolhimento*) é *ontologicamente* passiva (tradição de *ócio* de São João da Cruz).[57] Afon-

---

[56] *Tradução espanhola* Moriones, 350: "oración de *recogimiento* o lo que los místicos llaman *ocio contemplativo,* el cual no llega a ser aún contemplación, ya que el alma hállase todavía en estado activo".

[57] DALBIEZ, R. *La controverse de la contemplation acquise*: Études Carmélitaines. Technique et contemplation (1949) 81-145.

so (e outros) são acusados de ter enfatizado tanto a dimensão ativa (psicológica) que silenciaram a condição passiva (ontológica). Há quem responda que isso já foi contemplado por Afonso.[58] De fato, o texto afonsiano é explícito a esse respeito: "a oração de *recolhimento* ou o que os místicos chamam de *ócio contemplativo* ainda não chega a ser contemplação, já que a alma ainda está em estado ativo" (lugares citados: n. 105 do texto italiano e n. 127 do texto latino).

Entretanto, na minha opinião, permanece válida a advertência anterior, formulada por R. Dalbiez. Afonso privilegia a tradição teresiana do *recolhimento* (de caráter ativo) e põe menor ênfase na tradição joaniana de *ócio* (de caráter passivo). É essa compreensão que justifica o fato de Afonso dar importância à ativação (atos) das potências nessa etapa, ao contrário da posição de B. de Castelvetere e outros diretores espirituais que, dependendo mais da tradição joaniana do que da teresiana, enfatizavam a dimensão passiva.

Pelo que foi dito, podemos compreender ainda melhor a relutância de Afonso em direcionar as almas para entrarem logo na fase passiva da contemplação. Liguori dá mais importância à identificação (ativa) da vontade do cristão com a vontade de Deus. Nesse sentido, está mais na trilha de P. Segneri. O motivo dessa atitude estaria no medo de cair no quietismo? Ou seja, se Afonso não segue a tradição de São João da Cruz, é por causa desse mesmo medo do "perigo" quietista, já que, naquela época, João da Cruz era visto por alguns como escritor espiritual inclinado para o quietismo? Pode ser que sim, mas, de nossa parte, pensamos que esse enfoque afonsiano depende mais do *gênio prático de* Afonso e de sua compreensão da perfeição: a identificação da vontade do cristão com a vontade divina.

---

[58] LAGE, E. S. *Alfonso...*, 36, nota 94: "Ma questo è proprio quanto dice s. Alfonso!".

Em conclusão, Afonso:

- Reduz a condição passiva da etapa de contemplação adquirida.

- Está mais de acordo com a tradição teresiana de *recolhimento* (ativa) do que com a tradição de São João da Cruz de *ócio* espiritual (passiva).

- Nessa etapa de contemplação adquirida, dá importância aos atos das potências humanas.

- Não é propenso a recomendar que as almas entrem logo nas etapas da experiência propriamente mística (*contemplação infusa).* Diante do dilema apresentado por P. Segneri, parece melhor a Liguori guiar as almas pelo caminho da meditação (*fatica)* do que pelo da contemplação *(quiete).*

- Balanço positivo.

As discussões precedentes não devem nos levar a deixar de reconhecer o que é mais digno de destaque no conjunto da teologia mística exposta por Afonso no cap. 9 da *Pratica del confessore.* Referimo-nos à exposição ordenada, exata e concisa oferecida por Afonso acerca dos graus ou estágios da contemplação ou da vida mística, em número de cinco:

1. Recolhimento sobrenatural.
2. Oração de quietude.
3. União simples.
4. União de esponsais (êxtase, rapto, voo do espírito).
5. União consumada ou matrimônio espiritual.

Não consideramos necessário analisar o comentário afonsiano sobre essa exposição das etapas ou graus da contemplação.[59] A objetividade e o valor da síntese afonsiana sobre a teologia mística de orientação teresiano-joaniana foram pon-

[59] Ver: LAGE, E. *S. Alfonso...*, 37.

derados a um nível tão alto que nos sentimos desculpados de acrescentar outra série de considerações a respeito. De fato, no Congresso Teresiano, realizado em Madri, de 1 a 4 de março de 1923, foi aprovada a seguinte conclusão: "Que nenhum confessor ou diretor de almas deixe de ler a *Praxis confessarii* de Santo Afonso de Ligório; essa obra contém toda a teologia mística e ascética de Santa Teresa de Jesus, de São Francisco de Sales e do próprio Santo Afonso".[60]

Ao referido Congresso Teresiano de Madri (1923) seguiu-se o Congresso Ascético, realizado no ano seguinte (23-30 de outubro de 1924) em Valladolid,[61] onde o pensamento espiritual de Afonso de Liguori também esteve presente:

- Em primeiro lugar, mediante uma Memória apresentada pelo padre redentorista Victoriano Pérez de Gamarra com o título *El más Ilustre Discípulo de la Escuela Ascética Española: San Alfonso M. de Ligorio, Doutor Ascético* (publicada em Madri, 1924).

- Em segundo lugar, com uma das conclusões gerais da Assembleia, lida na catedral da cidade de Pisuerga, na solene sessão de encerramento: "O Congresso Ascético de Valladolid, recordando com grande satisfação a afinidade espiritual existente entre Santo Afonso Maria de Liguori e a Escola Ascética Espanhola, tem o prazer de oferecer uma homenagem de adesão, veneração e gratidão a tão ilustre Doutor da Igreja".[62]

Voltando à exposição afonsiana sobre os graus ou estágios da experiência mística, vale a pena notar a aceitação que tal síntese tem tido entre os teóricos da mística. Basta recordar a recepção do pensamento afonsiano em duas notáveis apresentações, na forma de manuais, do caminho místico cristão: o do dominicano

---

60 Monte Carmelo (maio, 1923) 212. Ver: PÉREZ DE GAMARRA, V. *A propósito de un Congreso*: El Perpetuo Socorro 25 (1923) 137-141, 186-191.

61 Ver a crônica desse Congresso Ascético em: A. G., *San Alfonso María de Ligorio en un Congreso Ascético*: El Perpetuo Socorro 26 (1924) 443-445.

62 O texto dessa conclusão do Congresso em: *Ibid.*, 445.

Juan González Arintero[63] e o do padre francês de Angers, Auguste Saudreau.[64]

24.1.4 Conclusão: A dimensão mística nos escritos afonsianos

Devido aos dados expostos, pode-se pensar na necessidade - pelo menos, a conveniência - de temperar o exagerado *ascetismo* que tem sido atribuído à espiritualidade afonsiana. Tanto em sua própria experiência, como em seus escritos, podem ser descobertas e anotadas expressões religiosas de tonalidade mística.

> "Santo Afonso não tratou da mística como teórico, de forma especulativa, mas como homem situado em meio à vida. Ele não se dirige a alunos, mas às almas capturadas pelas realidades e tocadas pelas dificuldades da vida (...). Santo Afonso não apaga as graças místicas; pelo contrário, pede que elas sejam desejadas, mas somente por aquelas almas que estão, por assim dizer, prevenidas pelas incursões de Deus".[65]

Segundo R. Garrigou-Lagrange, "Santo Afonso, ao descrever a união transformante, segundo a VII Morada de Santa Teresa, oferece uma verdadeira descrição da plena perfeição da vida cristã (...). Recorda que nesse estado superior não há suspensão das potências, que, uma vez purificadas, são capazes da união divina (...). Lendo atentamente o texto de Santo Afonso, veremos que a

---

63 Citado por: LAGE, E. *S Alfonso...*, 37. No entanto, o Padre Arintero faz eco da postura precavida de Afonso diante dos fenômenos místicos, mal interpretando o pensamento de Santa Teresa de Ávila: "Assim se explica que todo um São Ligório chegue a considerar o estado místico, não já - como considerava Bossuet - como *extraordinário e raríssimo*, mas de modo que, sem ele, é possível alcançar maior glória e tão realmente *passivo*, às vezes, que nele não se poderia *merecer* (...). E, embora Afonso, em parte, pretenda apoiar-se em Santa Teresa, atribuindo-lhe, talvez, fundamentado em versões ou textos infiéis, todo o contrário do que ela, com grande insistência, ensinou": GONZÁLEZ ARINTERO, J. *Cuestiones místicas o sea las alturas de la contemplación y el ideal cristiano.* 3ª edición corregida y aumentada (Salamanca, 1927) 71-72.

64 SAUDREAU, A. *Los grados de la vida espiritual. Método para el progreso de las almas en la virtud* (Barcelona, 1929) 44, 66, 223, 226, 232, 257, 266.

65 KEUSCH, C.; GARRIGOU-LAGRANGE, R. *La spiritualité de saint Alphonse de Liguori. Rapports de l'Ascétique et de la Mystique.* Extrait du Supplément de la *Vie Spirituelle* (jun, 1927) 205-206 (Ch. Keusch).

união transformante, por ele descrita seguindo Santa Teresa, não é uma graça extraordinária em si, como uma revelação profética ou um milagre, mas o *cume,* na verdade muito alto e raramente alcançado, do desenvolvimento *normal* (de direito, embora não de fato) da vida da graça. Em outras palavras, é o *prelúdio normal, nos santos, da vida do céu,* algo como a alta perfeição em que consiste a santidade".[66]

Essa bela e profunda exegese de R. Garrigou-Lagrange nos faz ver, no pensamento espiritual afonsiano, a articulação da experiência mística no conjunto da espiritualidade cristã, não como algo estranho ou acrescentado, mas como o *cume* normal de todo o processo da perfeição cristã.

Sem negar a orientação precedente de R. Garrigou-Lagrange, cremos que também não deve ser esquecida a outra orientação, muitas vezes formulada por Afonso, de que as graças místicas não são necessárias para alcançar a perfeição cristã, que consiste em identificar a vontade humana com a vontade divina.[67] A afirmação lapidar da *Prática do Confessor*: "O fim supremo da alma deve ser a união com Deus. Mas para santificar-se, não é necessário atingir a união *passiva;* basta atingir a união *ativa* (...). Veremos no céu muitas [almas] que, sem essas graças sobrenaturais, alcançaram glória muito maior do que outros que as tiveram".[68]

Sem chegar a contrapor Afonso, doutor da *doutrina moral*, com João da Cruz, doutor da *mística¸ como H. Manders parece insinuar,-* [69]sim, é possível concluir que a orientação mística da espiritualidade cristã não tem, em Afonso, uma afirmação tão totalizante como a que aparece nos escritos do místico espanhol.

---

[66] *Ibid.*, 237-238 (R. Garrigou-Lagrange).

[67] Ver textos da *Uniformità alla volontà di Dio*, da *Breve pratica per la perfezione*, de *La vera sposa*, do *Regolamento di vita di un cristiano*, da *Pratica di amar a Gesù Cristo*, recolhidos em: LAGE, E. *S. Alfonso...*, 41-44.

[68] *Tradução espanhola* Moriones, 365-366.

[69] MANDERS, H. *O amor...*, 158-159.

24.1.5 Complemento bibliográfico

Nota bibliográfica sobre a teologia mística de Afonso de Liguori.

- PÉREZ DE GAMARRA, V. *El discípulo más ilustre de la Escuela Ascética Española: San Alfonso María de Ligorio, Doctor ascético* (Madri, 1924).
- ID., *[San Alfonso] El místico*: El Perpetuo Socorro 12 (1910) 359-364.
- KEUSCH, C.; GARRIGOU-LAGRANGE, R. *La spiritualité de saint Alphonse de Liguori. Rapports de l'Ascétique et de la Mystique.* Extrait du Supplément de la *Vie Spirituelle* (jun, 1927) (Ligugé, Vienne, 1927): KEUSCH, C. "Quelques notes sur la spiritualité de saint Alphonse de Liguori", p. 189-200; GARRIGOU-LAGRANGE, R. "La Perfection chrétienne selon saint Alphonse", p. 211 -250.
- KEUSCH, C. *La dottrina spirituale di Sant' Alfonso Maria de' Liguori* (Milão, 1931) 374-403.
- CACCIATORE, G. *Due scritti inediti di S. Alfonso intorno al quietismo*: SH 1 (1953) 169-197.
- QUINQUENEL, P. *Dirección de las almas espirituales*: Revista de Espiritualidad 18 (1959) 103-108.
- MUCCINO, A. *La dottrina mistica di S. Alfonso M. de Liguori:* Rassegna di Ascetica e Mistica 22 (1971) 214-237.
- Id., *La vita mistica di S. Alfonso Maria de Liguori:* Rassegna di Ascetica e Mistica 22 (1971) 309-316 = MASONE, E.; AMARANTE, A. (ed.). S. *Alfonso de Liguori e la sua opera. Testimonianze bibliografiche* (Nápoles, 1987) 194-203.
- MANDERS, H. O *amor na espiritualidade de santo Afonso* [1947] (Aparecida, 1990) 154-159: "A mística".
- LAGE, E. S. *Alfonso e la direzione spirituale:* SH 48 (2000) 9-48, especialmente, p. 35-48.
- ROOSEN, A. *La "contemplation acquise" et la purification du sens dans la "Praxis confessarii" de S. Alphonse:* SH 48 (2000) 49-108.

24.2 A EXPERIÊNCIA MÍSTICA NA PRÓPRIA VIDA DE AFONSO

Na exposição do capítulo anterior sobre a mística em Afonso, concentramos nossa atenção em seus *escritos*. Mas essa opção não deve dar a impressão de que a dimensão vivencial do autor careça de interesse. Por isso, no presente capítulo propomos sublinhar a presença da dimensão mística na *própria vida espiritual* de Afonso.

Ao falar da dimensão mística na vida de Afonso, damos ao termo *mística* o significado preciso que lhe corresponde. Por *mística* entendemos aquela *experiência espiritual infusa, a graça de conhecimento ou de amor divino experimentados de modo infuso, em passividade completa, independente de qualquer esforço próprio:* o que São João da Cruz também chamou de *contemplação infusa.*[70]

24.2.1 Afirmação

Dificilmente se pode duvidar que Afonso conhecia a dimensão mística da espiritualidade cristã a partir de sua própria experiência. Seria temerário não acreditar que Afonso teve graças místicas, mesmo sendo difícil indicá-las com total precisão.

> "Afonso conheceu a mística por sua própria experiência e viveu cercado de almas místicas (assinalemos: São Geraldo Majella; o convento de Scala da Ordem do Santíssimo Redentor, entre cujas monjas devemos mencionar, em particular, a Irmã Maria Celeste Crostarosa; as religiosas Brianna Caraffa, Maria Joana da Cruz, Maria Ana de Jesus".[71]

Como a perfeição cristã consiste na prática do amor, é evidente que Afonso trilhou o caminho do amor. Ele o fez na tripla dimensão em que, convencionalmente, concretiza-se o caminho da

---

[70] Definição tomada de: RUIZ JURADO, M. *¿Fue san Ignacio místico?*: Estudios Eclesiásticos 92 (2017) 328. Os textos de São João da Cruz se encontram em: *Subida do Monte Carmelo*, II, 15, 2; *Noite Escura*, II, 5, 1 e 12, 7.

[71] MANDERS, H. *O amor na espiritualidade de santo Afonso* [1947] (Aparecida, 1990) 154.

perfeição: a prática do amor *na vida purgativa*, a prática do amor *na vida iluminativa* e a prática do amor *na vida unitiva*.[72]

> Foi ressaltada a primeira dimensão (purgativa) e, mesmo, a segunda (iluminativa), mas não, da mesma forma, a terceira (unitiva). Mas isso se deve, não apenas à predominância da perspectiva ascética na consideração da espiritualidade afonsiana, mas também à insistência do próprio Afonso em expressar a perfeição cristã como união da vontade humana com a vontade divina: "Há almas muito dadas à oração que, lendo os êxtases e arroubos dos santos, entram em desejos de desfrutar dessa união sobrenatural. Tais desejos devem ser rejeitados como contrários à humildade: se, realmente, buscamos a santidade, devemos desejar a verdadeira união com Deus, que *consiste em unir totalmente nossa vontade com a vontade de Deus*" [destaque meu].

Normalmente, distinguimos duas formas de entrar na comunicação passiva (*patiens divina*) ou na escuridão luminosa (*luminosa caligo*) do divino, para usar as expressões com as quais o Pseudo-Dionísio formulou o fato da contemplação. Essas portas de entrada na contemplação mística são:

- Pela via da compreensão.

- Pela via do afeto.

É possível constatar a jornada mística de Afonso pelas duas vias, com a normal prevalência de uma delas. Assim explica um estudioso da experiência mística de Afonso: "Que Santo Afonso chegou a contemplar Deus, e que o mesmo Deus se comunicou pela via do entendimento, é algo de que não se pode duvidar; porém, como brilhou mais nele a bondade de seu Amado, sua união mística se mostra mais própria e constantemente na segunda maneira de comunicação".[73]

---

72 GIRÓN, A. *El secreto de un santo*: El Perpetuo Socorro 18 (1916) 416-422.

73 P.[ÉREZ] DE GAMARRA, V. *[San Alfonso] El místico*: El Perpetuo Socorro 12 (1910) 360.

A fim de provar a existência da dimensão mística na experiência religiosa de Liguori, os estudiosos costumam utilizar um caminho que não nos agrada. Fazem a existência de graças místicas em Afonso coincidir com o que chamam de períodos de *noite escura* em seu desenvolvimento biográfico. Concretamente, vinculam a experiência mística de Afonso com as duas grandes crises de sua trajetória biográfica:

- A crise nos primeiros anos de exercício sacerdotal.

- A crise na fase final de sua vida.

Não negamos que possam ter havido experiências místicas em tais momentos críticos; mas, como suspeitamos fortemente que em tais momentos o componente psicastênico (expresso sob a forma de *escrúpulos*) deve ter desempenhado papel importante na psicologia afonsiana, a chamada *noite escura* pode ser explicada por motivos psicológicos, sem precisar recorrer, necessariamente, às graças místicas.

Por esses motivos biográficos e pela própria constituição da graça mística - tendendo mais para o polo da luminosidade do que para o da obscuridade - preferimos constatar a presença da experiência mística de Afonso em situações positivas (em seu significado biográfico) e lúcidas (em termos da estrutura psicológica da vivência) de sua trajetória biográfica.

O redentorista, Pe. **Celestino Maria Berruti** (1804-1872),[74] piemontês nascido em Cinaglio (Asti), de grande significado na história da Congregação do Santíssimo Redentor por ter sido o último Superior Geral (eleito em 1855) do ramo da Congregação no Reino das Duas Sicílias e que levou à reunificação de toda a Congregação (1869),[75] compôs um tratado sobre a santidade de Afonso que, depois de ter anunciado, Antônio Tannoia não tinha chegado a escrever.[76] Considero esse escrito como a melhor análise da espiritualidade vivida de Afonso.

---

74 Boland, 38.

75 Tellería, II, 919-920. Também: Tellería, II, 481, 710, 893, 917, 934, 949.

76 BERRUTI, C. *Lo spirito di S. Alfonso Mª. de Liguori* (Prato, 1896³). "Reeditando a *Vida* de Santo Afonso, do Pe. Tannoia, acrescentou-lhe um "libro quinto", onde condensava o espírito e as virtudes do Fundador à luz dos documentos - embora não os cite - do arquivo de Pagani" (Tellería, II, 917).

Pois bem, nessa exposição sobre a espiritualidade vivida de Afonso, há um lugar para a dimensão mística. É apresentada como o auge de todo caminho espiritual afonsiano: no último capítulo (cap. 32),[77] imediatamente depois de ter ponderado "seu grande espírito de oração" (antepenúltimo capítulo)[78] e "seu recolhimento e íntima união com Deus" (penúltimo capítulo).[79]

Os *dons gratuitos* ou *místicos* que C. Berruti destaca na biografia espiritual de Afonso ("para dar crédito a sua missão e fazer brilhar sua santidade")[80] são, além dos dons da sabedoria e inteligência:[81] 1) os êxtases e os arrebatamentos do espírito;[82] 2) o dom da profecia e da revelação de coisas ocultas;[83] 3) o dom dos milagres.[84]

Não corresponde à orientação peculiar do presente volume discernir os dados fornecidos por C. Berruti e, menos ainda, as avaliações que faz sobre eles. Baste aceitar a afirmação geral de que os fatos narrados e as interpretações apresentadas pretendem transmitir: a presença de graças místicas na biografia espiritual de Afonso.

De nossa parte, em vez de usar o caminho da crítica histórica e do discernimento teológico, preferimos fazer uso das possibilidades oferecidas pela hermenêutica literária a fim de vislumbrar as experiências místicas de Afonso através de suas expressões poéticas. Algo que tentamos fazer no próximo ponto.

---

77 BERRUTI, C. *Lo spirito...*, 304-341: Cap. XXXII. "Suoi doni soprannaturali".

78 *Ibid.*, 289-295: Cap. XXX. "Grande spirito di orazione in Alfonso". "Questo spirito di orazione fu pertanto la vita di Alfonso e l'anima di tutte le sue azioni (...): poiché dall'orazione desumeva la forza necessaria per vincere tutti gli ostacoli...; dall'orazione ricavò la cognizione perfetta di sé medesimo (...); *nell'orazione insomma si sollevò sopra sè stesso, sopra tutte le creature, e si unì intimamente con Dio,* siccome ci resta a vedere nel seguente capitolo" (destaque meu).

79 *Ibid.*, 295-303: Cap. XXXI. "Suo raccoglimento ed intima unione con Dio". Fiel ao pensamento de Afonso, C. Berruti recorda que "il raccoglimento dello spirito produce il distaccamento dalle cose terrene e l'unione con Dio" (p. 299).

80 *Ibid.*, 305.

81 *Ibid.*, 306-307.

82 *Ibid.*, 306-314.

83 *Ibid.*, 315-330.

84 *Ibid.*, 330-341.

24.2.2 A expressão poética da experiência mística de Afonso

Uma das maneiras de penetrar no mistério da dimensão mística da experiência religiosa de Afonso é servir-se de suas *expressões poéticas*. É um dado da teologia mística a constatação da imperiosa necessidade que sente a pessoa mística de *comunicar* sua própria experiência e, em muitas ocasiões, de comunicá-la por meio de *expressões poéticas*.

No *Canzoniere* afonsiano, coletado, organizado e estudado por O. Gregorio,[85] este redentorista napolitano, estudioso da obra afonsiana, teve a magnífica ideia de reservar uma seção específica para a *poesia mística* de Afonso (junto com as seções sobre: *poesia natalícia, poesia sobre a Paixão, poesia eucarística, poesia mariana).*[86]

É preciso reconhecer que "sem qualquer discussão possível, o Amor Divino constitui a alma da poesia afonsiana",[87] muito especialmente, da poesia mística. Nesse movimento amoroso há três momentos que, por sua vez, podem ser descritos com três palavras-chave do vocabulário espiritual afonsiano: 1) O *distacco* do mundo. 2) O *desejo* do amor divino. 3) A plena *posse* desse amor.

Não são, propriamente, momentos separados, mas sim, dimensões de um único voo do espírito. Embora a experiência mística esteja concentrada, preferencialmente, na terceira etapa do voo espiritual, também está presente nas duas primeiras. Isso é evidente na expressão lírica afonsiana.

Deixando de lado considerações sobre a técnica literária[88] e concentrando-nos no conteúdo da poesia mística afonsiana, cons-

---

85 GREGORIO, O. *Canzoniere alfonsiano. Studio critico estetico col testo* (Angri, 1933).

86 *Ibid.*, 189-221. Sobre a poesia afonsiana de tema mariano: GREGORIO, O. *La Madonna Immacolata nelle Canzoncine spirituali di S. Alfonso M. de Liguori*: SH 3 (1955) 182.

87 GREGORIO, O. *Canzoniere...*, 79.

88 Sobre a linguagem poética de Afonso, além do citado estudo de O. Gregorio, ver: LIGUORI, G. de. *La metamorfosi del linguaggio nella controversistica e nella pratica missionaria di Alfonso de' Liguori*: BORGHERO, C.; LORETELLI, R. (ed.). Le metamorfosi dei linguaggi nel Settecento (Roma, 2011) 191-195.

tatamos que o próprio autor organizou o *ciclo místico* de sua produção literária em 12 composições:[89]

1. A alma que se dá toda a Jesus: *Mondo, più per me non sei.*
2. Ao Espírito Santo: *Andate, o speranze, o affetti terreni.*
3. A alma que suspira por Deus: *Sospira questo cuore.*
4. Sobre a vontade de Deus: *Il tuo gusto e non il mio.*
5. A alma enamorada da beleza divina: *Ami chi vuole altri che Dio.*
6. A vida da alma, esposa de Jesus (sobre um texto de São Bernardo): *La sposa non vive che sol per amare.*
7. A alma introduzida na divina dispensa (*Introduxit me)* se embriaga de amor: *Dove mi trovo? Deh! Quale* è *questa.*
8. Diálogo entre Jesus e a amante, sobre os textos do *Cântico dos Cânticos: Deh! M'apri, o sorela.*
9. A alma que suspira pelo Paraíso: *Io mi moro per desio.*
10. A alma amante de Deus desolada: *Selva romita e oscura.*
11. O convite de Deus à solidão: *Dalla tempesta fuggi ed entra in questo.*
12. Em homenagem a Santa Teresa sobre as palavras "morro porque não morro": O *angeli amanti, che in cielo più ardete.*

Nestes 757 versos, distribuídos em 175 estrofes, Afonso "narra a história do Amor Divino na alma. Por esta razão, é digno de ser chamado "o poeta da teologia mística".[90] O argumento das doze composições corresponde ao estágio de maturidade da biografia de Afonso: "constitui o sumo da mais profunda doutrina mística, extraído das obras de Santa Teresa com a liberdade de um mestre".[91]

> Admitindo como pano de fundo a doutrina mística de Teresa de Ávila (e de João da Cruz), a poesia mística de Afonso depende imediatamente da obra poética de P. M. Petrucci, como O. Gregorio assina-

89 GREGORIO, O. *Canzoniere...*, 194-195.

90 *Ibid.*, 195.

91 *Ibidem.*

lou.[92] O ambiente do Oratório no qual Afonso viveu quando criança (tendo o Pe. Pagano como diretor) e quando jovem (como membro da Congregação dos Nobres Jovens), proporcionou o encontro de Liguori com a poesia do oratoriano Petrucci. "Nesse ambiente sacro, Afonso aprendeu a conhecer os poemas espirituais de Petrucci e deve ter se afeiçoado tanto a eles que nunca mais os esqueceu".[93]

As composições afonsianas de orientação mística podem ser enquadradas nas três fases ou dimensões convencionais do caminho místico, aspecto sobre o qual não vamos nos deter por razões de espaço. Queremos apenas recolher as duas composições que consideramos *mais representativas* do percurso místico afonsiano.

A primeira composição expressa a "ferida" da ausência deixada no espírito pela presença do divino. No lugar do símbolo da "noite" (escura), como faz João da Cruz, Afonso usa o simbolismo da "selva" (deserta e escura): *Selva romita e oscura.*

A segunda composição tem um selo ainda mais forte de originalidade afonsiana. Liguori foi capaz de traduzir em linguagem poética sua compreensão essencial da perfeição cristã, criando um *agente* poético: a *Divina Volontà.* Essa composição, sobretudo recitada com música, arrebatava em êxtase o místico redentorista Geraldo Majella: *Il tuo gusto e non il mio.*

---

92 *Ibid.*, 64-77: "La fonte principale".

93 *Ibid.*, 67.

A "ferida" da ausência:

A alma amante de Deus, desolada.
Anima amante di Dio, desolata.
(Na edição de G. Sarnelli; *Pianto dell'anima amante desolata*).[94]

Selva, deserta e escura, em teu sombrio vulto,
de meu sofrer oculto és doce companheira.
Tem, pois, ó selva amada de minha dor piedade.
Oh! deixa-me à vontade, gemer e suspirar!

Choro e não pode mais ter fim meu triste pranto,
meu Deus amado, enquanto não volto a encontrar
onde, meu Bem-Amado, onde é que te ocultaste
e assim me abandonaste, tão infeliz sem ti!

Onde o tempo ditoso, em que o Senhor amante,
com seu feliz semblante, tanto me consolou?!
Quando, em suave sono, de seu amor perfeito
um dardo abriu-me o peito e o coração roubou!

Quando, de amor ardendo, a suspirar vivia
e o meu amor crescia nas ânsias de te amar!
Oh dor! Em tempestade mudou-se a calmaria.
Parece-me sombria a própria luz do sol!

---

[94] Texto original italiano, com as variantes e as anotações técnicas: GREGORIO, O. *Canzoniere alfonsiano*...,300-302. Tradução espanhola: SÁNCHEZ GAMARRA, J. Á. *San Alfonso poeta* (México, 1949) 35-38: tradução de Francisco Navarro Villoslada. [Tradução brasileira utilizada: LIGÓRIO, A. M. *Santo, poeta e músico*. Aparecida: Santuário, 2014. p. 97. Textos e organização: Pe. João José Ferreira. Tradução: Pe. Caio Toledo.]

Para onde eu volte os olhos só vejo desalento
e tudo me é tormento, angústia, pena e dor.
Agora estou imerso em solidão de morte.
Não há quem me conforte na minha imensa dor.

Fere-me a morte, impiedosa; fere, mas sem levar-me.
Perdido em tanta treva, não vejo salvação!
Hei de fugir..., mas onde? Onde encontrar guarida
se quem é minha Vida vive a fugir de mim?

Socorre-me, ó Deus amado! Vem, se de mim fugiste...
Não vês como estou triste, buscando o teu amor?
Perdão, Jesus amado! Retorna, ó minha Vida!
Minh'alma, tão ferida, será por ti curada!

Motivo, eu sei, pra fugir-me, tens, eternal Beleza,
mas vê que inda sou presa dos teus grilhões de amor...
E se o perdão divino pra mim já não houver,
ainda hei de viver só para ti, Senhor!

A "seduzida entrega" ao Atuante divino:

Quão amável é a vontade de Deus.
Quanto sia amabile la Volontà di Dio.[95]

Agradar-te é meu desejo, não fazendo o que almejo;
o que quer tua vontade, isso eu quero, meu Senhor!
Ó vontade sacrossanta, como és digna de louvor!

---

[95] Texto original italiano, com as variantes e as anotações técnicas: GREGORIO, O. *Canzoniere alfonsiano*...,282-284. Tradução espanhola: SÁNCHEZ GAMARRA, J. Á. *San Alfonso poeta* (México, 1949) 35-38: tradução de Francisco Navarro Villoslada. [Tradução brasileira utilizada: LIGÓRIO, A. M. *Santo, poeta e músico*. Aparecida: Santuário, 2014. p. 92. Textos e organização: Pe. João José Ferreira. Tradução: Pe. Caio Toledo.]

Tu no amor és tão zelosa, mas também como és bondosa!
Para quem a ti se entrega, és doçura e toda ardor!
Ó vontade sacrossanta, como és digna de louvor!

Tu dás vida ao nosso peito; nosso amor tornas perfeito.
Suspirando, a ti se elevam nossas almas com fervor.
Ó vontade sacrossanta, como és digna de louvor!
Transformando a dor em sorte, fazes doce a própria morte.
Para quem a ti se apega, não há cruzes nem temor!
Ó vontade sacrossanta, como és digna de louvor!

Essas almas amorosas, que no céu fazes ditosas,
já - sem ti - do próprio gozo sentiriam grande horror.
Ó vontade sacrossanta, como és digna de louvor!
Se, no inferno, o condenado estivesse a ti ligado,
sentiria mil doçuras nesse mar de fogo e dor!
Ó vontade sacrossanta, como és digna de louvor!

Oh! que eu finde a minha vida a ti unido pelo amor.
Essa morte não é morte; é da eterna luz penhor!
Ó vontade sacrossanta como és digna de louvor!
A ti, pois, consagro, ó Deus, o meu ser e os dias meus.
Ó Jesus, a ti somente dou-me todo, eternamente!
Ó vontade sacrossanta, como és digna de louvor!

O teu gosto é meu prazer na alegria e no sofrer.
Tão somente o que amais, isso eu quero e nada mais!
Ó vontade sacrossanta, como és digna de louvor!
O teu gosto é meu prazer na alegria e no sofrer.
Tão somente o que amais, isso eu quero e nada mais!
Ó vontade sacrossanta, como és digna de louvor!

24.2.3 Nota complementar

Em tratados sobre a história da mística cristã, costuma-se estabelecer uma classificação das *almas místicas* em três grupos: as *querubínicas*, as *seráficas* e as *angélicas*. A classificação não tem uma função de grande importância. Por outro lado, é difícil caracterizar com precisão cada um dos três grupos. Mais difícil ainda é colocar uma determinada pessoa mística em um ou outro grupo.

A *mística querubínica* caracteriza-se por enfatizar a dimensão da verdade na realidade (Deus como Verdade), por dar importância ao canal do Entendimento (profundidade intelectiva) e por concretizar a experiência mística na contemplação da Verdade.

A *mística seráfica* faz sua jornada em um circuito de Amor: desfruta de Deus como Amor infinito e paga com amor o dom do amor que recebe de Deus.

A *mística angélica* caracteriza-se por desfrutar da União divina enquanto dinamismo santificador para a pessoa mística e enquanto força santificadora para os demais através da prática cristã (pastoral e social: assistencial e transformadora) desta.

É convencional exemplificar a mística querubínica com o Pseudo-Dionísio e os místicos dominicanos; a mística seráfica com Francisco de Assis e os místicos franciscanos; e a mística angélica com João de Deus, Inácio de Loyola e Vicente de Paulo.

Se aplicássemos o esquema à experiência mística de Afonso, respeitando outras opiniões,[96] não hesitaríamos em classificar Afonso de Liguori entre os *místicos angélicos*. Parece-me apropriada, também para Afonso, a *descrição angélica* que um estudioso da espiritualidade inaciana aplica a Inácio de Loyola:

---

[96] POSADO, J. F. *Fisonomía mística de san Alfonso de Ligorio*: El Perpetuo Socorro 26 (1924) 305-309, 394-397. "A fisionomia mística de Santo Afonso, o traço característico, a nota distintiva, o caráter místico próprio e sobressalente do Doutor Zelosíssimo, é o das almas seráficas: o amor. Não o amor admirativo das querubínicas, mas o amor ativo e ardoroso dos serafins" (*Ibid*., 395).

"a orientação de sua vida mística é direcionada para buscar e fazer a vontade de Deus em sua própria vida e em ajudar os outros. Ela se manifesta em uma atitude permanente de serviço humilde, reverente e amoroso a Deus, em seu zelo apostólico para conduzir os homens e todas as criaturas a Deus, para maior glória divina".[97]

[97] RUIZ JURADO, M. *¿Fue san Ignacio místico?...*, 341.

VIGÉSIMA QUINTA SEÇÃO

A espiritualidade e a moral na proposta afonsiana

A presente seção é composta de um único capítulo, cujo título se identifica com o da seção. Optamos por dar ao tema a condição de seção pela importância que lhe atribuímos. Por outro lado, o conteúdo é de tal riqueza (e nós o oferecemos em tão rigorosa síntese) que bem poderia gerar várias considerações diversificadas em possíveis capítulos independentes.

25.1 ESPIRITUALIDADE E MORAL NA PROPOSTA AFONSIANA

A ênfase sobre a articulação entre moral e espiritualidade no pensamento de Afonso tem sido uma das novidades trazidas pelos estudos recentes. Destacam-se as pesquisas apresentadas no V Congresso de teólogos morais redentoristas, realizado em Materdomini (Itália), de 7 a 12 de julho de 2002.[1]

Como anunciamos na introdução desta quinta parte do volume, no presente capítulo queremos destacar a relação entre moral

[1] As atas do congresso, que teve como tema a relação entre espiritualidade e moral com referência especial à tradição afonsiana, foram editadas por DOUZIECH, R. (ed.). *Proceedings of the Fifth International Congress of Redemptorist Moral Theologians* (Roma, 2003). A referência à tradição afonsiana está especialmente sublinhada nas contribuições de: T. Kennedy (p. 25-41), D. J. Billy (p. 123-149), M. Vidal (p. 151-185), F. Ferrero (p. 187-214), Z. Klafka (p. 237-248). Também: Ver a bibliografia apresentada no texto ao final do presente capítulo.

e espiritualidade no pensamento de Afonso, centrando essa consideração no livro cume da produção espiritual afonsiana: *Pratica di amar Gesù Cristo* (1768).[2]

Assim, analisaremos o significado ético do *amor* no pensamento de Afonso (os três primeiros pontos) para concluir com uma afirmação sobre a relação entre moral e espiritualidade na síntese afonsiana (último ponto).

25.1.1 A "Prática de Amar a Jesus Cristo"

Entre as obras mais importantes publicadas por Afonso durante seu período episcopal e, mesmo, ao longo de toda a sua vida, devemos mencionar a *Pratica di amar Gesù Cristo.*[3] É a obra espiritual da "maturidade" e uma espécie de "recapitulação" da trajetória do autor no campo da teologia espiritual.

O livro foi planejado por Afonso no final do verão de 1767 e elaborado com singular rapidez. Apareceu em uma edição napolitana no início do verão de 1768. Afonso considerou-o "muito útil" para todos,[4] especialmente para os religiosos;[5] "talvez a obra mais devota e útil" de todas quantas tinha escrito.[6] Estava convencido de que havia colocado nela "molte belle cose" sobre o amor que Jesus tem por nós e sobre o amor que devemos a Ele.[7] Com essa obra, Afonso pensava estar encerrando o conjunto de sua produção espiritual: "e questo sarà l'ultimo in materia

---

[2] Edição crítica: *Pratica di amar Gesù Cristo. Tratta dalle parole de S. Paolo: Caritas patiens est, benigna est... Epist. 1 Cor. Caput XIII: Opere Ascetiche,* I (Roma, 1933) XVI-243 p. Sobre as edições da obra: De Meulemeester, I, 138-139; Ferrero-Boland, 524. Também: Tellería, II, 335-338; Rey-Mermet, 386-387.

[3] Tradução espanhola: *Práctica de amar a Jesucristo.* Traducción de la edición crítica italiana por J. J. Itoiz (Madri, 1989). [Tradução brasileira: LIGÓRIO, Afonso de. *A prática do amor a Jesus Cristo.* 29ª Edição. Aparecida: Santuário, 2019. Trad.: Gervásio Fabri dos Anjos].

[4] Lettere, III, 308.

[5] Lettere, II, 77; III, 318.

[6] Lettere, III, 311.

[7] Lettere, II, 55.

ascetica".[8] Apesar desse pressentimento, o autor napolitano traria à luz outros livros, concretamente, em 1774, o livro *Vittorie dei martiri*.

Sobre a *Pratica di amar Gesù Cristo* há abundantes estudos que evidenciam as peculiaridades da obra afonsiana:

- Estudos de caráter *histórico* forneceram as chaves interpretativas para conhecer a "originalidade" do escrito dentro das normais dependências a que está submetida toda obra literária.[9]

  Nas *Acta doctoratus* (Roma, 1870), p. 365-388, insinua-se a excessiva dependência de Santo Agostinho, à qual a Defesa responde aceitando as críticas como elogios e reafirmando a originalidade de Afonso ao unir em sua obra o coração e a inteligência. Para R. Tellería "a originalidade dessa *Prática* afonsiana está fora de discussão".[10]
- Estudos de caráter *crítico-literário* deixaram claro o tecido textual: fontes, estruturas linguísticas, campos semânticos, composição retórica; para poder captar com maior objetividade e em toda sua riqueza o significado último do texto.[11]
- Estudos de caráter *teológico* submeteram o imediatismo do texto a esquemas interpretativos pré-fabricados com os quais descobrir melhor a "orientação fundamental", ao mesmo tempo que a "atualidade", da proposta formulada na obra.[12]

---

8 Lettere, III, 332.

9 CACCIATORE, G. *Le fonti e i modi di documentazione*: Opere Ascetiche. Introduzione Generale (Roma, 1960) 129-135; CAPONE, D. *Le citazioni nelle opere ascetiche di S. Alfonso*: Ibid., 326-327; GÓMEZ RÍOS, M. *La práctica del amor a Jesucristo, clave de la lectura alfonsiana*: Confer 27 (1988) 377-397.

10 Tellería, II, 368.

11 Ver as anotações da edição crítica da *Pratica* em: *Opere Ascetiche*, I (Roma, 1933) 1-243.

12 KLAFKA, Z. *Il Cristo Redentore come Icona della misericordia di Dio Padre: centro della proposta morale alfonsiana* (Roma, 2001) cap. III (com a bibliografia pertinente).

- Por outro lado, a obra precisa ser interpretada a partir da doutrina da caridade no pensamento de Afonso. Nas sínteses sobre a espiritualidade afonsiana, destaca-se a importância do amor.[13]

Do conjunto de estudos anotados, pode-se deduzir que o livro da *Pratica* constitui uma espécie de manifesto, ou programa, da tradição teológico-moral-espiritual-pastoral afonsiana. É evidente o valor da *Pratica,* não apenas considerada em si mesma, mas também em relação a todo o conjunto afonsiano. Sem este livro, a síntese afonsiana não teria chave de abóbada; com ele, o projeto de Afonso se consagra como uma espiritualidade centrada na prática do amor.

Assim ressaltam os principais estudiosos da obra afonsiana. Para C. M. Romano, é a "rainha (*regina e la più pregevole)* de todas as obras ascéticas".[14] Para K. Keusch, é "o canto do cisne entre as obras ascéticas, comparável a Kempis".[15] Para R. Bayón, é "o livro mais denso e proveitoso".[16] Para R. Tellería, é "uma transcrição da alma" de Afonso.[17] Para G. Cacciatore, é obra "madura", "uma espécie de autobiografia espiritual", "a celebração pessoal da devoção ao Verbo Encarnado".[18] Para D. Capone, é "obra verdadeiramente definitiva de seu pensamento ascético moral".[19] Para T. Rey-Mermet, é "sua obra mais madura";[20] o mesmo autor observa na *introdução* à edição francesa da *Pratica* "L'art d'aimer Jésus Christ" (Paris-Friburgo, Suíça, 1990) 8: "pas le dernier (livre). Mais le chef-d'oeuvre".

---

13 KEUSCH, K. *La dottrina spirituale di s. Alfonso* (Milão, 1931): "*Amore* è infatti la parola, che incontriamo ad ogni pagina dei suoi scritti" (p. 526); LIÉVIN, G. *Alphonse de Liguori*: Dictionnaire de Spiritualité, I (Paris, 1937) 377-381 ("ainsi, détachement et union avec Dieu par l'exercice de la charité: deux éléments dont Saint'Alphonse compose la perfection spirituelle": c. 381). Ver estudos monográficos sobre o amor em Afonso: RUSSO, R. *La carità nella vita cristiana secondo S. Alfonso*: Asprenas 35 (1988) 57-80; MANDERS, H. *O amor na espiritualidade de Santo Afonso* (Aparecida, 1990).

14 ROMANO, C. M. *Delle opere di S. Alfonso* (Roma, 1896) 118.

15 KEUSCH, K. *o. c.*, 76.

16 BAYÓN, R. *Cómo escribió Alfonso de Ligorio* (Madri, 1940) 349-350.

17 Tellería, II, 355.

18 CACCIATORE, G. *Le fonti...*, 207, 231, 232, 235.

19 CAPONE, D. *Le citazioni...*, 305.

20 REY-MERMET, T. *La doctrine spirituelle de saint Alphonse de Liguori:* VÁRIOS, Alphonse de Liguori. Pasteur et Docteur (Paris, 1987) 386.

Partindo dessas orientações e aceitando que a *Pratica* é uma obra de orientação primariamente espiritual, esse escrito afonsiano também pode ser interpretado desde uma perspectiva teológico-moral. Além disso, pode-se pensar que a *Pratica* constitui uma segunda vertente imprescindível que, juntamente com a outra que se encontra na *Theologia Moralis*, configuram o projeto teológico-moral completo de Afonso. É isso o que tentei justificar em um estudo específico, ao qual remeto o leitor interessado no assunto.[21]

Na presente ocasião, pretendo levar adiante a interpretação. Tomando como *pretexto* o livro da *Pratica*, proponho assinalar os novos filões da moral afonsiana quando relacionada à proposta espiritual do mesmo autor. Três perspectivas aparecerão de maneira explícita:

- A *estrutura agápica* do mistério cristão e, também, de toda a realidade humana.
- A *ordenação ética do amor* na vida pessoal, na sociedade e na Igreja.
- O *paradigma do discurso teológico-moral* no qual moral e espiritualidade (e pastoralidade) estão corretamente articuladas dentro do trabalho teológico-moral.

Acredito que essas três orientações são outras tantas características básicas da tradição afonsiana no trabalho teológico, na vida espiritual e na prática pastoral.

25.1.2 A estrutura agápica da vida cristã

- Conectada com a "intuição" paulina de *1Cor* 13.

Para expor sua proposta de vida cristã, centrada na caridade, Afonso faz uso, como um fio condutor ou uma tela de fundo, do

[21] VIDAL, M. *Aproximaciones hermenéuticas a la "Pratica di amar Gesù Cristo" (1768) de Alfonso de Liguori*: DOUZIECH, R. (ed.). Proceedings of the Fifth International Congress of Redemptorist Moral Theologians (Roma, 2003) 151-185.

texto paulino do capítulo 13 de *1Cor*; essa opção aparece no próprio título que o autor dá à obra: "tratta dalle parole di S. Paolo: Charitas patiens est..." (tirada das palavras de São Paulo: o amor é paciente...). Evidentemente, Afonso não se conecta ao pensamento pleno (nem, talvez, genuíno) de Paulo; o que faz é "servir-se" das palavras paulinas dando-lhes um significado "ascético", significado que, sem ser totalmente estranho ao texto, constitui uma desvalorização do horizonte significativo do pensamento paulino original. Além disso, convém ter em mente que a reflexão afonsiana só utiliza o texto de Paulo na parte prática do livro (a partir do cap. 5) e não o leva em conta na parte justificativa ou fundamental (os quatro primeiros capítulos).

Cabe ao nosso "eu hermenêutico" acrescentar o significado do texto afonsiano, restituindo ao uso das palavras paulinas seu conteúdo genuíno e amplo. Dessa forma, o horizonte (empobrecido) de Afonso, ao se fundir com o nosso (enriquecido pela interpretação plena do referente paulino), adquirirá todas as suas possibilidades.

Para captar o significado de *1Cor* 13 é necessário contextualizá-lo no contexto dos capítulos 12-14, nos quais - segundo o enunciado de *1Cor* 12, 1 - Paulo tenta organizar o bom uso ou funcionamento dos "dons espirituais" ou carismas na comunidade cristã. Seguindo sua norma de "não apagar o Espírito" (*1Ts* 5, 19), Paulo quer uma comunidade rica em manifestações espirituais, embora exigindo que "tudo seja feito com decoro e ordem" (*1Cor* 14, 39). No centro dessa reflexão sobre a vida carismática da comunidade cristã surge algo inesperado: "Aspirai aos melhores carismas! E eu vos mostrarei um caminho mais elevado" (*1Cor* 12, 31). É o "caminho" da Caridade, a mais excelsa expressão da experiência cristã e o eixo em torno do qual a existência da comunidade deve ser organizada.

Não é minha intenção analisar agora essa passagem chave (*1Cor* 13) da literatura paulina e, mesmo, da literatura do Novo

Testamento.[22] Bastem duas notas, uma em relação ao gênero literário e a outra em relação ao conteúdo.

Várias propostas foram feitas - e continuam a ser feitas - relativas ao gênero literário: "hino", "salmo", "oração", "encômio", "diatribe", "aretologia", etc. Uma proposta satisfatória é aquela que, levando em conta o nível léxico-sintático, o nível semântico e o nível pragmático, interpreta a passagem paulina a partir do gênero retórico (e, mais concretamente, do gênero retórico "demonstrativo" ou cerimonial, frente ao "judicial" e ao "deliberativo" ou político).[23] Ao fazer uso desse gênero literário, o objetivo de Paulo é "redimensionar" a avaliação e o funcionamento dos carismas na comunidade cristã, situando-os em relação e na dependência da Caridade. O elogio a esse carisma "melhor" origina, inicialmente, uma "desvalorização" dos carismas comuns, mas, depois, os recoloca de volta em seu exato lugar.

O conteúdo brilhante e original de *1Cor* 13 se desenvolve em torno de três núcleos temáticos: a superioridade da caridade sobre qualquer carisma ou manifestação espiritual, mesmo aqueles de caráter mais chamativo (v. 1-3); as qualidades da caridade (v. 4-7); sua perenidade (v. 8-13). Para compreender o sentido amplo e profundo dessa mensagem paulina, devemos levar em conta, não apenas a trajetória religiosa de Paulo - sua transição ou conversão da "lei" para a "graça" que o conduz à experiência fundante do amor - mas, também, e sobretudo, sua compreensão da comunidade cristã como âmbito de experiência e de missão do amor

---

22 Entre a abundante bibliografia, ver: SPICQ, C. *Agape en el Nuevo Testamento* (Madri, 1977) 458-536; WISCHMEYER, O. *Der höchste Weg. Das 13 Kapitel des I Kor* (Güterloh, 1981); BORNKAMM, G. *Estudios sobre el Nuevo Testamento* (Salamanca, 1983) 37-58 ("El camino más excelente"). Essa passagem paulina foi belamente comentada por João Paulo II e aplicada à vida conjugal e familiar: *Carta às Famílias* (1994), n. 14 ("O hino à caridade da Primeira Carta aos Coríntios permanece como a *magna charta* da civilização do amor") e, ainda mais belamente, também com aplicação à vida conjugal e familiar, pelo Papa Francisco na exortação apostólica *Amoris Laetitia* (2017), cap. 4.

23 Cf. SMIT, J. *The Genre of 1 Corinthians 13 in the Ligth of Classical Rhetoric*: Novum Testamentum 33 (1991) 193-216.

universal.[24] Paulo sabe que os discípulos de Jesus "podem criar uma 'grande Igreja', uma rede de comunidades concretas através da experiência de seu perdão e de sua graça, que são como amor instituinte, que recria e vincula todos os irmãos".[25] Esse amor, que é constitutivo da comunidade cristã, não é apenas uma força interna de coesão do grupo, mas é, ao mesmo tempo, um dinamismo criador de universalização no amor. Para Paulo, o amor "não é um dado privado, mas uma experiência básica de comunicação messiânica, um princípio de vinculação da comunidade, em sua vida interior e em sua abertura ao mundo".[26]

Quis realizar o primeiro encontro ou fusão de nosso horizonte com o horizonte de Afonso utilizando o pano de fundo da escolha do texto de *1Cor* 13 como ponto de referência para o discurso sobre a prática (espiritual, moral e pastoral) da caridade cristã. Como resultado desse encontro, duas contribuições poderiam ser retidas:

- O pensamento de Afonso recebe um *acréscimo*, à medida que restituímos o significado genuíno e abrangente de *1Cor* 13.
- Nós *nos beneficiamos* da opção afonsiana, uma vez que Afonso colocou na base de sua reflexão o texto de *1Cor* 13.

- A concepção afonsiana do amor.

Os primeiros quatro capítulos da *Pratica* são dedicados à justificação ou fundamentação da caridade cristã. Depois de lê-los, qualquer observador imparcial pode fazer várias constatações:

- Afonso optou por ir ao essencial, sem se deter em amplas fundamentações antropológicas ou teológicas.

---

24 Entre os muitos estudos sobre o conteúdo de 1Cor 13, cito apenas um, de amplo horizonte temático e publicado em uma revista - da Cáritas - que traz como título, precisamente, o do capítulo 13 de 1Cor: PIKAZA, X. *I Cor 13. Iglesia, institución de amor. Reflexión bíblico-teológica*: Corintios XIII n. 100 (2001) 17-76.

25 *Ibid.*, 24.

26 *Ibid.*, 31.

- Nessa opção, há uma clara orientação cristológica, na medida em que Cristo é a razão (a manifestação) do amor de Deus e a base (a concretização) do amor a Deus.
- A chave cristológica da caridade cristã é concretizada nos mistérios (cristológicos) da Paixão e da Eucaristia.
- O gênero literário utilizado por Afonso é o da retórica persuasiva, evitando o tom expositivo e concentrando seus esforços no objetivo da persuasão.

Levando em conta essa obra máxima e os outros escritos relacionados ao tema, ouso interpretar a concepção afonsiana sobre a prática do amor da seguinte maneira.

O amor identificado com a virtude da caridade.

Quando Afonso fala de amor, pensa, imediatamente, no dinamismo próprio da caridade cristã. Não começa com *considerações antropológicas* sobre o amor. Ele se situa na compreensão vigente da caridade enquanto virtude teologal, que engloba o amor a Deus e o amor ao próximo.

> "Algumas pessoas, folheando rapidamente essa *Prática* Afonsiana, não conseguiram encontrar 'a metafísica do amor'. Sem dúvida, pretendiam que, como São Francisco de Sales em seu *Tratado sobre o Amor de Deus,* Afonso discutisse, sutilmente e aristocraticamente, sobre a origem, a natureza, a diferença e as condições dessa força da alma".[27]

Entretanto, nos trabalhos de Afonso encontramos muitos elementos dispersos que poderiam - e deveriam - ser integrados em uma *antropologia afonsiana do amor.* Ver, por exemplo: *A Verdadeira Esposa, c. III (edição crítica: t. I, p. 62-81); a Novena do Espírito Santo (edição crítica, p. 247-265); Prática do Amor, c. IV (edição crítica, p. 38-39).*

Por outro lado, a orientação afonsiana da caridade é claramente ética, ou seja, entendida na medida em que orienta a vida cristã para ações concretas a Deus e ao próximo. A partir da virtu-

[27] Tellería, II, 368.

de da caridade, sem esquecer a fé e a esperança, toda a vida cristã se transforma religiosamente (aspecto teológico) e se orienta moralmente (aspecto moral).

A dupla dimensão afetiva e efetiva na prática do amor.

Uma peculiaridade notável de Afonso em sua compreensão da prática do amor é a ênfase na dupla dimensão do afeto e da ação externa. Não chama a atenção sua insistência na dimensão efetiva da caridade, mas é chamativa sua preocupação em enfatizar o aspecto afetivo. Inspirando-se em Santa Teresa, Afonso vê na prática afetiva do amor o caminho para "manter acesa a chama de nosso amor a Deus"; daí sua insistência na prática das jaculatórias e nos "afetos e súplicas" durante a oração mental.

Mas, onde o aspecto afetivo do amor aparece com maior relevo, é na motivação que Afonso dá ao amor cristão: Deus nos amou, pede nosso amor, oferece-se como amigo; o amor do cristão é a resposta afetuosa a alguém que o ama. Essa é a argumentação básica oferecida na primeira parte (cap. 1-4) da *Pratica.*

Concentração cristológica na prática do amor.

Todavia, mais peculiar de Afonso é a orientação cristocêntrica com a qual entende a prática do amor. Onde Francisco de Sales coloca "Deus", Afonso coloca "Jesus Cristo" e assim formula o axioma com o qual começa a *Pratica:* "Toda a santidade e toda a perfeição de uma pessoa consiste em amar a Jesus Cristo, nosso Deus, nosso maior bem, nosso Salvador".

A implacável "dialética do amor".

A genuína peculiaridade afonsiana permanece desconhecida se não notarmos que a prática do amor precisa ser realizada por meio de uma lógica implacável: precisa implicar totalmente a pessoa, em todas as suas situações e em todas as suas ações. Afonso conduz a prática do amor por todos os caminhos e reviravoltas da existência humana. É aqui que aparece a descrição detalhada e precisa do universo das virtudes (e dos vícios correspondentes).

A expressão "lógica implacável" é de G. Cacciatore.[28] R. Tellería assume-a e comenta da seguinte forma:

> "A 'dialética do amor' que, tomando posse de uma alma, a impele - com lógica doce e implacável - a esvaziar-se de todo afeto desordenado, encontrou, na pena e nos atos de Afonso, um convicto paladino (...). Para este motivo dominante [o motivo formal da caridade] convergiam, na *Prática de amar Jesus Cristo,* os atos imediatos das demais virtudes como uma harmoniosa orquestração de toda a melodia: caridade militante, nutrida por renúncias diárias, mas ungida - no ápice - com carismas místicos e oração infusa, que ele não se esquece de examinar aqui. E caridade centrada na pessoa de Jesus Cristo, Deus e homem, apoio e amigo, exemplo e motor de vida perfeita".[29]

- Balanço.

A vida e os ensinamentos de Afonso descobrem seu significado autêntico quando são lidos na chave do amor como expressão excelente ("caminho melhor": *1Cor* 12, 31) de sua proposta de vida cristã.

Portanto, como resultado dessa primeira abordagem hermenêutica da *Pratica* de Afonso, pode ficar esta afirmação:

Pertence à tradição afonsiana (teológica, moral, espiritual e pastoral) a compreensão do mistério cristão e da vida cristã em chave agápica.

Como esse elemento básico da tradição afonsiana tem sido gerido historicamente e como deve ser gerido hoje é uma questão aberta à reflexão e ao diálogo.

---

28 CACCIATORE, G. *La spiritualità di Sant'Alfonso*: VÁRIOS, Le scuole cattoliche di spiritualità (Roma, 1941) 248.

29 Tellería, II, 369.

25.1.3 O "ordenamento ético" da caridade

- A tarefa ética do "ordenamento do amor".

O pensamento de Afonso, enraizado na mais genuína tradição, recorda algo evidente: o discurso teológico da moral cristã deve ser um discurso para introduzir a "ordem do amor" na vida pessoal, na sociedade, na Igreja.

Afonso gosta de citar o texto de *Ct* 2, 4, de grande beleza poética e profundo significado místico e ético: "Introduxit me rex in cellam vinariam, ordinavit in me caritatem".[30] Segundo a tradição mística, de Gregório de Nissa (que Afonso cita) a João da Cruz, esse texto bíblico - que retive na tradução da Vulgata usada por Afonso - interpreta a vida cristã como uma "embriaguez de amor". João da Cruz o expressou magnificamente na estrofe 26 do *Cântico:*

"En la interior bodega
de mi amado bebí, y cuando salía,
por toda aquesta vega
ya cosa no sabía
e el ganado perdí que antes seguía"

Bebi do meu Amado
na adega interior; e quando saía
por todo aquele prado,
já nada conhecia
e o rebanho deixei que antes seguia".[31]

---

30 *Pratica*, II, 14: *l. c.*, p. 23. [Santo Afonso cita duas vezes o versículo completo na *Prática* (II, 14; XI, 10). Na tradução brasileira (nota 3, acima), da primeira vez é traduzido como "Ele me introduziu numa adega" (cap. 2, p. 33), e da segunda como "O Rei introduziu-me na adega de vinho e ordenou em mim a caridade" (cap. 11, p. 139)].

31 Espanhol: São João da Cruz, *Obras completas* (Madri, 1994[14]) 102. [Citado da tradução portuguesa: São João da Cruz. *Obras completas do doutor místico São João da Cruz*. 4ª Ed. Aveiro: Edições Carmelo, 1977. p. 735.]

À mística "embriaguez de amor" corresponde um ético "ordenamento da caridade", de acordo com a tradução da Vulgata.[32] Interpreto esse "ordenamento" como colocar em ordem a vida de acordo com a vivência mística da caridade.

A esse respeito, o horizonte de Afonso se limita ao ordenamento ético do amor apenas na vida pessoal. Ao fundir nosso horizonte com o seu, de acordo com a hermenêutica que adotei, surge um "novo texto" com significados mais amplos: não só é necessário "ordenar agapicamente" a vida pessoal, mas é preciso introduzir o "ordenamento do amor" também na sociedade e na instituição eclesial.

- O âmbito pessoal da "ética do amor".

Esse é o âmbito em que a proposta ético-espiritual de Afonso se torna mais explícita. Nos últimos treze capítulos da *Pratica* (cc. 5-17) propõe e analisa um conjunto virtuoso, do qual faz um "Ristretto", resumo, no final da obra.

Ao "fundir" nosso horizonte atual com o horizonte afonsiano expresso nesses treze capítulos da *Pratica,* a função hermenêutica traz elementos novos. Não é à toa que a questão da "ética das virtudes" hoje está no centro das discussões da filosofia moral e da ética teológica.[33] Limito-me a expressar duas conclusões a que cheguei em meu trabalho hermenêutico sobre o texto afonsiano.

---

[32] O sentido do texto original, que joga com a imagem de "bandeira", não é fácil de precisar. Fray Luis de León interpreta desta maneira: "metióme en su bodega el Amado mío, y yo seguíle; que como los soldados siguen su bandera, así la bandera que a mí me lleva tras sí y a quien yo sigo es el de su amor" (FRAY LUIS DE LEÓN, *El Cantar de los cantares.* Introducción y edición de M. De Santiago [Madri, 2001] 151).

[33] Dentre a abundante bibliografia, destaco duas referências: KENNEDY, T. *La virtù nella cultura e nella filosofia attuali*: COMPAGNONI, F.; LORENZETTI, L. (ed.), Virtù dell'uomo e responsabilità. Originalità, nodi critici e prospettive attuali della ricerca etica della virtù (Cinisello Balsamo, 1998) 124-134; MARTÍNEZ, J. L. *¿Caritas vs. Areté? La recuperación macintyreana de la virtud ante las propuestas ético teológicas de Hauerwas y Keenan*: Miscelánea Comillas 59 (2001) 593-637.

Em primeiro lugar, precisamos reconhecer que, comparando a passagem paulina com a exposição afonsiana, esta última "reificou" as intuições da primeira. Onde Paulo canta as "qualidades" do amor (*1Cor* 13, 4-7), Afonso constrói um caminho de "virtudes" para realizar a prática da caridade. Não se pode negar a funcionalidade positiva do trabalho concretizador de Afonso; mas, também, não se pode deixar de aceitar que a propensão para a concretização carrega consigo o perigo do *moralismo*. Moral sem vivência espiritual é "moralismo", assim como a interiorização mística sem compromisso ético é "espiritualismo". A proposta afonsiana está livre da tentação moralizante? Podemos responder afirmativamente, se fizermos a parte concreta da *Pratica* (cap. 5-17) depender dos capítulos iniciais (cap. 1-4), de caráter justificativo e fundante, e se dermos o máximo significado motivador ao primeiro membro da afirmação com a qual se abre a exposição de cada virtude: "*Chi ama* Gesù Cristo..."[34] ou "*L'anima che ama* Gesù Cristo...".[35] Qualquer que seja a resposta à pergunta colocada, ao menos a tradição afonsiana precisa ficar alerta para evitar a tentação do moralismo na apresentação da *prática* da Caridade.

A segunda anotação se refere ao quadro de virtudes proposto por Afonso. Não falta a *fé* (c. 15) nem a *esperança* (c. 16), enquanto a *caridade é* onipresente. As outras virtudes têm a ver, principalmente:

- Com a *vida cotidiana:* resistência na adversidade: cap. 5, e nos reveses da vida: cap. 14; doçura nas relações: cap. 6; viver sem inveja: cap. 7, e sem irritação: cap. 12.
- Com *ascese interior* de afetos e de tendências: vanglória: cap. 9; ambição: cap. 10.
- Com o caminho da *prática espiritual:* tensão contínua em direção à perfeição: cap. 8; desapego de todo o criado: cap. 11; apego à vontade divina: cap. 13; resistência nas tentações e nos períodos de desolação: cap. 17.

---

34 Em todos os capítulos, menos no 5 e no 7.

35 Dessa maneira, nos capítulo 5 e 7.

Evidentemente, não há interesse em Afonso de fazer uma proposta exaustiva ou sistemática de virtudes, como acontece nas sínteses acadêmicas, históricas (como o de Santo Tomás: II-II; ou de São Boaventura)[36] e nas sínteses atuais.[37] Embora compreenda essa limitação normal, acredito que cabe à tradição afonsiana fazer uma revisão de tal tabela de virtudes. Dois critérios básicos devem orientar a revisão: 1) Recolher o espírito do Evangelho, através da sensibilidade à prática e aos ensinamentos de Jesus; 2) Buscar uma nova - e diversificada - inculturação, levando em conta os horizontes antropológicos e sociais de hoje. Dessa forma, surgirão os genuínos "hábitos do coração" que propiciarão um estilo de vida alternativo próprio do seguidor de Jesus. Em outro lugar, descrevi esse "estilo de vida alternativo, guiado pelo Espírito".[38]

- A "praxis da Caridade" no âmbito da sociedade.

Parece evidente que a compreensão afonsiana do *ethos* da caridade, sem negar sua repercussão na esfera social, tem uma orientação preferencialmente individual. Portanto, é necessário ampliar o horizonte afonsiano com os significados sociais da caridade cristã. A tradição afonsiana hoje precisa assumir essa necessária amplitude significativa do *ethos* da caridade.

A moral da caridade radicaliza a exigência ética da *intersubjetividade*. O ágape cristão precisa desvelar, no mundo de hoje, a dimensão ética da alteridade pessoal. O conteúdo decisivo da moral é medido pela referência ao "outro" (P. Ricoeur, M. Lévinas) que, para o cristão, também é o "próximo". A práxis ética do cristão consiste em "fazer-se próximo" do outro, de acordo com a fórmula de *Lc* 10, 36.

---

36 Cf. VIDAL, M. *Moral de Actitudes. I. Moral Fundamental* (Madri, 1990[8]) 811-831. (= VIDAL, M. *Moral de Atitudes*. Tomo I: Moral Fundamental. Aparecida: Santuário, 1993, p. 769-788).

37 Um reordenamento das virtudes cardeais pode ser conferido em: KEENAN, J. F. *Proposing Cardinal Virtues*: Theological Studies 56 (1995) 711-715 (prudence, justice, fidelity, self-care).

38 VIDAL, M. *La ética cristiana como estilo de vida alternativo*: VÁRIOS, Perfil del cristiano para nuestros tiempos (San Sebastián, 2004) 99-123.

A partir dessa sensibilidade ética de "proximidade", a moral da caridade orienta o *ethos* cristão para horizontes de compromisso, preferencialmente, social. Essas dimensões sociais da caridade são reunidas e expressas através da nova categoria de "caridade política". Tal expressão não indica uma caridade nova, mas destaca o lado social da caridade cristã.

A expressão "caridade política" foi usada por Pio XI em um *Discurso à Federação Universitária Católica Italiana* (FUCI);[39] o mesmo Papa falou de "caridade social" na encíclica *Quadragesimo anno*;[40] o Concílio Vaticano aludiu a essa orientação de Pio XI;[41] João Paulo II lembrou como os pontífices recentes enfatizaram a força social da caridade falando de "caridade social".[42]

É necessário complementar o pensamento afonsiano, destacando a "dimensão social e pública da vida teologal do cristão".[43]

> "A vida teologal do cristão tem uma dimensão social, e até política, que nasce da fé no Deus verdadeiro, criador e salvador do homem e de toda a criação. Essa dimensão afeta o exercício das virtudes cristãs ou, em outras palavras, todo o dinamismo da vida cristã. Nessa perspectiva, a dimensão social e política da caridade adquire toda sua nobreza e dignidade. É uma questão de amor eficaz pelas pessoas, que se atualiza na busca do bem comum da sociedade".[44]

---

[39] Documentation Catholique 33 (1930) 358. Texto original em *L'Osservatore Romano*, 23 dez 1927, 3: E tale è il campo della politica, che riguarda gli interessi di tutta la società, e che sotto questo riguardo è il campo della più vasta carità, della carità politica, a cui si potrebbe dire null'altro, all'infuori della religione, essere superiore" - *É tal o campo da política, que se relaciona com os interesses de toda a sociedade, e que, a partir dessa relação, é o campo da mais ampla caridade, da caridade política, que se poderia dizer, nenhum outro campo, salvo a religião, lhe é superior.*

[40] *Quadragesimo Anno*: AAS 33 (1931) 206: "Caritas vero socialis quasi anima esse debet huius ordinis".

[41] *Gaudium et Spes*, 75, onde são nomeadas "a caridade e a fortaleza políticas" como atitudes do compromisso político dos cristãos. (DOCUMENTOS DO CONCÍLIO VATICANO II. São Paulo: Paulus, p. 639).

[42] *Centesimus Annus*, 10.

[43] *Los católicos en la vida pública*. Instrucción pastoral de la Comisión Permanente de la Conferencia Episcopal Española (22 abr 1986) n. 60-63.

[44] *Ibid.*, n. 60.

- Organizar o amor na comunidade cristã.

A comunidade cristã é, basicamente, a "instituição do amor". De acordo com a pauta paulina de *1Cor* 12-14, a experiência messiânica da comunidade cristã dá origem a múltiplas manifestações espirituais e a diversos carismas: serviços da palavra, serviços sociais, funções administrativas. Mas a força motriz dessa vida comunitária é o amor.

Paulo reconduz a comunidade de Corinto ao seu núcleo agápico. Nessa comunidade, os crentes estavam divididos sobre a questão dos "dons espirituais": alguns davam mais importância à experiência extática (línguas), outros à profecia, e outros estavam mais preocupados com as necessidades e a organização ordinária da Igreja. Paulo lembra a todos que o constituinte essencial da Igreja é o amor. A partir dessa convicção básica, desmascara as falácias da vida cristã, aparentemente exuberante e frutífera, mas sem a seiva vital da caridade.

Com retórica brilhante, exemplifica essas falácias em três situações de aparente excelência cristã: "se falo com as línguas dos homens e dos anjos...; se tenho o dom da profecia, todo conhecimento e plenitude de fé...; se divido todos os meus bens e dou meu corpo às chamas...: se não tenho caridade, não sou nada" (*1Cor* 13, 1-3).

> "Paulo nos deixou quase sem fôlego, ao buscar, dessa forma, e descobrir os riscos de uma vida eclesial sem amor, nesses três campos privilegiados da mística, da profecia e da ação social. Tudo pode ser corrompido, mas a *corrupção do melhor* (que é o amor) *vem a ser a pior*, como diz a antiga tradição".[45]

O Concílio Vaticano II, retomando o mais valioso da tradição eclesial, se liga à intuição paulina e enfatiza a constituição agápica da Igreja. Recorda que "o próprio Espírito pessoalmente, por seu poder e pela conexão íntima dos membros, dá unidade ao corpo

---

[45] PIKAZA, X. *a. c.*, 60.

e assim produz e estimula o amor entre os crentes".[46] Com ecos de *1Cor* 13, 13, afirma que a Igreja é uma "comunidade de fé, de esperança e de caridade" (LG, 8); e, com o apoio de Santo Inácio de Antioquia, chama o conjunto das comunidades cristãs de "comunhão universal da caridade" (LG, 13).

Ao expor algo como que a carta constitucional da Igreja enquanto "povo messiânico", o Vaticano II atribui à comunidade cristã, como "por lei", "o mandamento novo, de amar como Cristo nos amou (cf. *Jo* 13,34)" (LG, 9). Daí que a caridade operante (a *caritas actuosa)* seja uma forma de exercer o sacerdócio comum de todo batizado (LG, 10). Portanto, "Não se salvam, porém, os que, embora incorporados na Igreja, não perseveram na caridade, e por isso pertencem ao seio da Igreja, não pelo 'coração', mas tão-somente pelo 'corpo'' (cf. Santo Agostinho). (LG, 14). Portanto, em última análise, "exprime-se de muitas maneiras em todos aqueles que, em harmonia com seu estado de vida, tendem à perfeição da caridade, edificando os outros..." (LG, 39).

Com a última afirmação há a alusão às implicações éticas da estrutura agápica da Igreja. Tanto a fundamentação da moral cristã, quanto a análise e a resolução dos problemas morais concretos devem levar em conta essa compreensão agápica da mediação eclesial.

25.1.4 Moral e Espiritualidade na síntese Afonsiana

A moral afonsiana não se encontra apenas nas obras especificamente morais (*Theologia Moralis, Homo apostolicus,* etc), mas, também, deve ser procurada nos escritos de espiritualidade. Assim, podemos falar de uma *teologia moral-espiritual-pastoral* em Afonso. A leitura global da obra afonsiana se justifica, mais na personalidade do autor, que tem um projeto unitário de vida cristã, do que nos

46 *Lumen Gentium*, n. 7. "... repartiu conosco o seu Espírito, o qual, sendo um só e o mesmo na cabeça e nos membros, vivifica, unifica e dirige de tal modo o corpo inteiro, que a sua função pode ser comparada pelos santos Padres àquela que a alma, princípio de vida, exerce no corpo humano." (*Ibid.*, 7). (DOCUMENTOS DO CONCÍLIO VATICANO II. São Paulo: Paulus, p. 109).

escritos propriamente ditos, pois eles utilizam diferentes "gêneros literários" e permanecem presos nos esquemas formais da época.

Dessa forma, a espiritualidade afonsiana completa a visão moral oferecida nos escritos classificados como estritamente morais, de acordo com a classificação do século XVIII. Assim como na *Theologia Moralis* há uma quantidade considerável de conteúdos jurídico-canônicos que hoje não são considerados estritamente morais, assim também, nas obras espirituais, existem muitos elementos de caráter moral conforme a orientação atual.

Colocando-nos nessa perspectiva hermenêutica, a espiritualidade afonsiana constitui um complemento indispensável para compreender a moral de Afonso. Com as perspectivas da espiritualidade, a moral aparece como uma pedagogia da vida cristã. Essa moral é de um sinal preferencialmente positivo, tem uma formulação pedagógico-educativa, expressa-se através do canal das virtudes. Resumo todas essas características em apenas uma: a moral entendida como a prática da caridade.

Assim, a *Pratica* (juntamente com os outros escritos sobre espiritualidade) pode ser interpretada como a "superação" do paradigma jurídico-casuístico e a "descoberta" de um novo, no qual, moral e espiritualidade, estão intimamente articuladas.

B. Häring, que fez uma edição adaptada da *Pratica* em alemão,[47] viu nesse livro de Afonso a síntese perfeita entre moral e espiritualidade: "talvez o mais belo livro escrito pelo santo, ilumina toda a vida moral do cristão com a glorificação do amor [...]. Sua *Prática de amar é* o núcleo da síntese [entre moral e espiritualidade] para a qual tendemos hoje".[48]

Por outro lado, é evidente a estreita relação entre a dimensão moral da teologia e sua vertente pastoral. Há tradições teológico-morais que enfatizaram, de modo particular, a dimensão pastoral da verdade

---

[47] *Jesus lieben lernen* (Friburgo, 1982).

[48] HÄRING, B. *¿Es de actualidad la Teología Moral de San Alfonso?*: El mensaje cristiano y la hora presente (Barcelona, 1968) 65-74.

moral. São as tradições que enfatizam o "caráter salvífico" da verdade moral e sua necessária integração dentro de uma proposta de "benignidade pastoral". Uma dessas tradições é a tradição moral afonsiana.

Portanto, podemos resumir as abordagens hermenêuticas precedentes no seguinte axioma:

Cabe à tradição afonsiana articular um discurso teológico que, tendo sua raiz na dimensão teologal, saiba integrar a dimensão espiritual e a dimensão moral da práxis cristã no contexto socioeclesial de um projeto pastoral para o povo.

25.1.5 Complemento bibliográfico

Espiritualidade e moral no pensamento afonsiano.

- HOEGERL, C. *Teologia morale-spirituale di S. Alfonso*: ÁLVAREZ VERDES, L.; MAJORANO, S. (ed.). Morale e Redenzione (Roma, 1988) 217-222.
- MAJORANO, S. *Spiritualità e vita morale in S. Alfonso*: Asprenas 35 (1988) 41 -56.

A espiritualidade e a moral afonsianas: centradas na prática do amor.

- STEINGRABER, J. *Love is prayer, prayer is love* (Liguori, Missouri, 1973).
- MANDERS, H. *Love in the spirituality of St. Alfons:* Apostolicum 68 (1981) 1-74.
- RUSSO, R. *Carità e vita cristiana secondo S. Alfonso:* Asprenas 35 (1988) 57-88.
- GÓMEZ RÍOS, M. *La práctica del amor a Jesucristo, clave de la lectura alfonsiana:* Confer n. 27 (1988) 377-397.
- KLAFKA, Z. *La carità come l'impegno etico del cristiano nella "Pratica de amar Gesù Cristo" di Sant'Alfonso Maria de' Liguori* (Roma, 1989). Accademia Alfonsiana.

- OPPITZ, J. *The Redeeming Love of Christ* (Nova Iorque, 1992).
- COLAVITA, M. *Teologia e pastorale della carità in S. Alfonso.* Tese de bacharelado apresentada à Academia Afonsiana (Roma, 1994).
- SERINO, A. *L'amore di Cristo fondamento della vita cristiana. Dalla "Theologia moralis" alla "Pratica di amar Gesù Cristo" l'itinerario morale-ascetico di Alfonso de Liguori* (Nápoles, 2008).

Sobre a relação entre a moral e a espiritualidade (seleção).

- VIDAL, M. *Moral y Espiritualidad. De la separación a la convergencia* (Madri, 1997).
- O'KEEFE, M. *Becoming good, becoming holy: on the Relationship of Christian Ethics and Spirituality* (Mahwah, NJ, 1997).
- KEENAN, J. F. *Spirituality and Morality: What's the Difference?:* SALZMAN, T. A. (ed.). Method and Catholic Moral Theology (Omaha, Nebraska, 1999) 87-102.
- MIFSUD, T. *Una fe comprometida con la vida. Espiritualidad y Ética, hoy* (Santiago do Chile, 2002).
- GULA, R. M. *Morality and Spirituality.* KEATING, J. (ed.). Moral Theology. New Directions and Fundamental issues (Nova Iorque, 2004) 162-180.
- MAJORANO, S. *La teologia morale in prospettiva di spiritualità:* Lateranum 77 (2011) 135-155.
- SCHALLENBERG, R. *Spiritualität und Moraltheologie. Gibt es eine geistliche Theologie in der Ethik?:* SM 50 (2012) 17-36.

CURRAN, C. E.; FULLAM, L. A. (ed.). *Readings in Moral Theology. N° 17. Ethics and Spirituality* (Mahwah, NJ, 2014).

F

COLOFÃO

O medalhão histórico de Afonso de Liguori.

Concebo essa última parte, reduzida a uma seção, como colofão de um livro, ou seja, uma imagem ou medalhão no qual é oferecido o resumo ou, melhor, a chave de sentido para tudo o que foi formulado ao longo das muitas páginas do volume.

Sobre Afonso de Liguori acumularam-se epítetos e avaliações de ampla e densa significação positiva. O leitor atento pode comprovar isso ao longo das páginas precedentes, já que recolheram alguns desses elogios. Agora, retomo uma, ainda não mencionada, que tem sido muito bem recebida e está na abertura de uma das biografias recentes do Santo napolitano, enquadrado no século das Luzes. Refiro-me às palavras de J. Delumeau no *Prefácio* da biografia de Afonso escrita pelo redentorista francês Theodule Rey-Mermet:

> "Santo Afonso de Ligório (1696-1787) é um gigante. Um gigante da história da espiritualidade e da história simplesmente. Nossa época correria, no entanto, o risco de esquecê-lo se um livro vivo e rico como este não viesse oportunamente no-lo lembrar. Os números aqui estão, convincentes, espantosos: a *Teologia Moral* do fundador dos redentoristas teve nove edições quando ele ainda estava vivo e 73 depois de sua morte, e o resumo desta obra, o *Homo Apostolicus,* atingiu, do século XVIII até nossos dias, 118 tiragens. As *Visitas ao Santíssimo Sacramento* mereceram 2.017 edições, as *Glórias de Maria* mais de mil. A *Prática do amor a Jesus Cristo,* 535. A *Preparação para a morte,* 319. Em número de edições, Santo Afonso ganha de longe de Shakespeare: o primeiro teve cerca de 20.000 edições em mais de 70 línguas; o segundo 10.602 edições (em 1961), é verdade que em 77 línguas. Essas quantificações indicam a envergadura de um fato religioso e cultural que, nem sempre, tem ocupado, nos livros de história, o lugar que lhe caberia."[1]

1 Rey-Mermet, p. 7.

Sobre a influência de Afonso no catolicismo no final do período pós-tridentino, o historiador da teologia, A. von Harnack, deixou esta avaliação, frequentemente repetida: "Beatificado (1816), canonizado (1839), Doutor da Igreja (1871), Liguori é a exata antítese de Lutero (*das wahre Gegenbild zu Luthei)* e, no catolicismo romano, tomou o lugar de santo Agostinho (*an die Stelle Augustin's*)",[2] acrescentando, em nota, que Liguori e Voltaire, contemporâneos em vida, foram os homens mais influentes, os condutores das almas, nas nações românicas da Europa.[3]

Bastariam essas citações para configurar o colofão afonsiano. Contudo, decidi compor, se não um panegírico, tão breve e conciso como os anteriores, um texto explicativo sobre o significado histórico de Afonso de Liguori e sobre a possível atualização de sua mensagem.

Esse é o objetivo desta última parte do presente volume que, como referi, está concentrada em uma única seção.

---

[2] VON HARNACK, A. *Lehrbuch der Dogmengeschichte,* III (Tubinga, 1910[4]) 755.

[3] *Ibid.,* III, 755, nota 1.

VIGÉSIMA SEXTA SEÇÃO

[illegible]

[illegible] da verdadeira igualdade (Deus como Verdade) [illegible] ainda no canal do Entendimento [illegible]

[illegible]

Como era e o *que* queria Afonso de Liguori?

Depois de ter analisado a *experiência familiar* (quinta seção), a *formação* civil e religiosa (sexta seção), a rica *trajetória biográfica* (sétima seção) e a *mensagem* (teológica, moral, espiritual, política, cultural) (seções oitava à vigésima quinta) de Afonso, podemos agora nos perguntar: *E... como era Afonso de Liguori? O que pretendia? O que o movia em seu projeto existencial?*

A pergunta está aí; não somos nós que a fazemos. Quem se aproxima do conjunto da biografia de Afonso é confrontado, de uma forma ou de outra, com a pergunta: quem foi - ou como foi - verdadeiramente Afonso de Liguori? Quem era Afonso de Liguori e o que queria?[1] O historiador O. Weiss fez dessa pergunta o título de um de seus escritos sobre o significado histórico de Afonso: *Quem era Afonso e o que queria?*[2]

O mencionado historiador afirmou que, de Afonso, houve interpretações muito variadas e, às vezes, contraditórias. Muitas imagens foram projetadas sobre sua figura histórica:

- Foi feito dele um "democrata" e "liberal" (A. Capecelatro); mas, também, um "conservador" e "reacionário", debelador de todos os erros "modernos".[3]

---

1 ORLANDI, G. *L'epistolario di s. Alfonso M. de Liguori e il suo valore storiografico*: GIANNANTONIO, P. (ed.). Alfonso M. de Liguori e la civiltà letteraria del Settecento (Città di Castello, 1999) 231.

2 WEISS, O. *Wer war Alfons von Liguori und was wolte er?* SH 44 (1997) 395-418.

3 *Acta Doctoratus* (Roma, 1870) 52: "neminem reperies qui plenius, clarius, validius syntagma coaevi erroris profligaverit" - *não encontrarás nenhum outro que mais plena, clara e validamente, tenha combatido os postulados dos erros modernos.*

- Foi interpretado desde o ponto de vista "francês" (A. Berthe), que foi sucedido, como contrapartida, pela reivindicação da inicial pertença de Afonso à coroa "espanhola" (R. Tellería), sem faltar a perspectiva, um tanto superior, da visão "anglo-saxônica" (F. M. Jones).
- Quanto ao seu pertencimento religioso-cultural, diz-se de Afonso que é o "santo do Iluminismo" (Th. Rey-Mermet, G. de Rosa), mas há aqueles que preferem dizer que seu lugar religioso-cultural é a época pré-moderna (R. de Maio), e há, ainda, os que propõem uma alternativa às duas opções anteriores, fazendo dele um pré-romântico (C. Scanzillo).
- Da imagem convencional de "católico" e "papista", alguns passaram a afirmar que Afonso viveu como um "bom luterano" no Reino de Nápoles.[4]

Sem pretensão de ter uma palavra definitiva, atrevo-me a oferecer um conjunto de aproximações para responder às perguntas que dão título a este último conjunto temático do volume: Como era Afonso de Liguori? O que pretendia? Quais foram as forças que o moviam?

Ofereço duas séries de perspectivas:

- A primeira série tem a ver com a pergunta: *Como era Afonso?* Divido essa aproximação em três momentos: no primeiro, tento observar a pessoa sozinha: sua *idiossincrasia;* no segundo, contemplo a pessoa em relação: seu *mundo relacional;* no terceiro, sublinho o *enraizamento* de Afonso *em seu tempo e em seu espaço,* o que o torna um santo da, e para, a sociedade civil.
- A segunda série de perspectivas aborda a questão: *O que movia Afonso?* Nela, procuro responder à segunda pergunta que intitula a seção: *O que Afonso pretendia?*

---

4 Anotação transmitida por: WEISS, O. *Der Kampf gegen die Liguorimoral (1894-1905)*: SH 46 (1998) 256.

Às duas séries de perspectivas, acrescento uma espécie de *coda* - repetição de um dos *temas* especiais da obra - onde volto à pergunta: *O que resta do projeto histórico de Afonso?*

Como indiquei, a seção é composta por cinco capítulos:

26.1 Como era Afonso de Liguori? (I) A idiossincrasia afonsiana.

26.2 Como era Afonso de Liguori? (II) Pessoa de muitas relações.

26.3 Como era Afonso de Liguori? (III) Enraizado em seu tempo e espaço.

26.4 O que movia Afonso de Liguori? A motivação básica afonsiana.

26.5 Final: O que resta do projeto histórico realizado por Afonso de Liguori?

Os capítulos da presente seção pretendem apresentar a figura de Afonso em sua realidade humana, sem diminuir, de forma alguma, sua dimensão de santidade e, dessa maneira, aproximá-lo daqueles que buscam considerar seu significado histórico e sua relevância atual. Confiamos que tal consideração levará o leitor a adotar a atitude expressa nestas famosas palavras:

"Quanto mais se conhece o ilustre fundador da Congregação dos Redentoristas, mais se o ama. Ele é um santo a quem se começa a venerar de joelhos e se termina atirando em seus braços com ternura filial e abandono. Sua vida tem aquele encanto singular da santidade, que flui como a água da fonte, e se revela espontânea e amável, como a inocência do rosto de uma criança".[5]

---

[5] NAVARRO VILLOSLADA, F. *Compendio de la vida de san Alfonso María de Ligorio, obispo, doctor de la Iglesia y fundador de la Congregación del Santísimo Redentor* (Madri, 1887) 6 = *Misión providencial de san Alfonso*: El Perpetuo Socorro 12 (1910) 338.

26.1 COMO ERA AFONSO DE LIGUORI? (I) A IDIOSSINCRASIA AFONSIANA

A personalidade de Afonso de Liguori não era composta e, muito menos, organizada, por uma tensão baseada em elementos contrários. Mas, não sendo *dionisíaca* ou atormentada, também não era *apolínea* ou de um traçado único e harmônico.

Afonso de Liguori era (e tinha) uma personalidade *poliédrica:* aberta a vários aspectos, que manifestavam a riqueza de significados do sujeito, sem aumentar nele a normal tensão do devir biográfico.

Sendo *poliédrica,* a personalidade de Afonso era composta de várias dimensões e se expressava em variados registros. Mas, nem por isso, deixou de ter seu selo próprio e de se expressar de uma maneira peculiar. O termo *idiossincrasia* se refere a esse selo próprio e a essa expressão peculiar. Embora sua significação etimológica inicial sublinhe *o que é dado* (natureza, temperamento), a *idiossincrasia* também indica a peculiaridade do sujeito alcançada através *do que foi adquirido* (esforço, educação).

Assim, usamos a expressão *idiossincrasia afonsiana* para nos referirmos à personalidade poliédrica de Afonso de Liguori, tanto em seu aspecto do *dado,* quanto no do *adquirido.* O resultado dessa combinação de forças constitui a personalidade de Afonso.

O leitor não deve esperar que eu faça da personalidade de Afonso um *caso psicológico* e, muito menos, que coloque Liguori no *divã psicanalítico.* Certamente, a personalidade de Afonso de Liguori - seguramente, não mais, mas também, não menos, do que as de Inácio de Loyola, Teresa de Ávila ou João da Cruz - oferece conteúdo sugestivo para tal análise. No entanto, tais operações psicanalíticas não se enquadram no objetivo do presente capítulo, embora o escritor tenha precisado silenciar desejos dessa natureza.

Deixando o caminho da investigação psicológica ou psicanalítica, o que nos interessa é destacar algumas características da personalidade de Afonso relacionadas com sua mensagem religiosa e, mais concretamente, com sua proposta teológico-moral.

Procederei à base de aproximações, algo concêntricas, a fim de delinear um retrato - espero que suficientemente completo - do santo napolitano.

26.1.1 O retrato *físico* de Afonso

A representação de uma pessoa - o *retrato* - varia de acordo com o momento biográfico em que é feita. Afonso não foi favorecido por sua representação pictórica. O retrato mais difundido tem sido o de um santo bispo, em idade avançada e com as deformidades em seu pescoço e costas produzidas por uma notável artrose, indicando, com sua mão direita, um crucifixo que aperta na esquerda.

O próprio Afonso costumava brincar com a situação, refletida na representação canônica anotada. Costumava dizer: "tantas vezes eles me chamaram de cabeça virada (*collo torto*) que, finalmente, conseguiram que se tornasse realidade". Quando as crianças riam de vê-lo assim, Afonso acalmava seus companheiros que tentavam controlar a situação: "Deixe-as em paz. Elas pensam que estão vendo a bruxa do Natal (*befana*) e se divertem". Em outros momentos, comparou-se entre as crianças "como uma coruja entre os pardais".

Mas Afonso também foi jovem. Também teve o porte gentil de pessoa de linhagem nobre. Seguindo os gostos da época, trazia o espadim de cavaleiro e cobria a cabeça com uma peruca encaracolada, de equilíbrio instável. "Ao renunciar à espada de gentil-homem, Ligório atirou a peruca no lixo. Ele não traz, nem sequer, aqueles "cabelos longos" que os burgueses atavam com um nó na nuca, a *zazzera*, que proibirá a seus religiosos. (...) Com exceção da mitra e do solidéu litúrgicos, jamais teve em torno de sua cabeça seja lá o que fosse a não ser... o cordão do qual pendiam seus 'óculos'".[6]

[6] Rey-Mermet, 179.180.

Além da *máscara mortuária,* há *quatro retratos autênticos* de Afonso, que, certamente, correspondem melhor à realidade, especialmente, quando se referem à idade mais jovem do representado. Os retratos autênticos representam Afonso: 1) Por volta dos 30 anos de idade (antes de 1732). 2) Por volta dos 40 anos de idade (1735). 3) Por volta dos 66 anos de idade quando era bispo (1766-1767). 4) Por volta dos 75 anos de idade (1775- 1776).[7]

Será difícil melhorar o retrato físico traçado, não com linhas e cores, mas com palavras, pelo memorialista Antônio Tannoia. Este é seu memorável retrato físico de Afonso:

> "Afonso era de estatura média, de cabeça um pouco grande e pele avermelhada. Tinha testa larga, olhar atraente e olhos como azuis claros, nariz aquilino e boca pequena, graciosa e sorridente. Seus cabelos eram negros e sua barba era espessa, e ele mesmo, sem sujeitar-se às lâminas de barbear, cortava-a com uma tesoura. Inimigo de cabelos compridos, ele mesmo também os cortava. Como era míope, usava óculos, mas os tirava para pregar e falar com as mulheres".[8]

Um estudioso de Afonso e bom conhecedor das possibilidades do idioma espanhol traduziu o texto de Tannoia dessa forma:

> "Cabeça grande, mas muito proporcionada e viril; tez rosada, o espelho nobre da testa largo e liso, cabelo negro e abundante até seus últimos anos, encrespados, mas não ondulados; barba espessa, mas aparada, nariz aquilino e fino, de asas quase imperceptíveis; lábios vermelhos, ricos de vida, apertados nos extremos e desenhados por uma linha ondulante e corretíssima no meio, sobrancelhas arqueadas com graça, olhos com mirada penetrante, um pouco azuis. Ossatura média e toda a postura nobre, sem rigidez, atraente e digna; nos primeiros anos de sua conversão, notava-se em seu rosto cansado a impressão de luta interna e, na velhice, seu nobre tronco se dobrava,

---

7 Sobre esses retratos, ver os estudos recolhidos na bibliografia apresentada no texto ao final do presente capítulo. Sobre a relação entre os dados anatômicos de Afonso (obtidos mediante o estudo do esqueleto) e os traços fisionômicos oferecidos pelos retratos, ver o estudo de F. Goglia apresentado no local bibliográfico indicado.

8 Tannoia, III, 200.

forçando-o a baixar a cabeça em um ar de misticismo e bondade paternal".[9]

Destaquemos nas características fisionômicas de Afonso os seis substantivos de referência e os seis correspondentes adjetivos de qualificação:

Tamanho: **médio.** *Cabeça:* **grande.**

Fronte: **espaçosa.** Olhar: **atraente.**

Olhos: **azul claro.** *Boca:* **pequena, sorridente.**

26.1.2 A natureza, o temperamento, as aptidões (o "dado")

Esta seção inclui o conjunto de peculiaridades que correspondem à personalidade de Afonso por:

- sua *natureza:* condição, jeito de ser ou inclinação;
- seu *temperamento*: constituição peculiar devido à predominância de um sistema orgânico;
- pelo conjunto de *aptidões* ou *potencialidades* que configuraram "o dado" com o qual o sujeito humano está equipado para realizar o projeto de sua existência.

Seria necessária uma exposição excessivamente longa e prolixa para apontar todo o *dado* em Afonso, todas as potencialidades com que ele foi capaz de realizar o projeto multifacetado de sua existência: escritor, pregador, fundador, sacerdote, bispo, etc. De certa forma, essas realizações dependem das potencialidades correspondentes ao "que foi dado". Mas, em outro sentido, são o fruto de qualidades adquiridas através do esforço.

Muitas dessas aptidões - dadas e adquiridas - foram apontadas no desdobramento da trajetória biográfica de Afonso: como escritor, como missionário, como pregador, como fundador, etc (ver, especialmente, a 7ª seção). Anoto aqui um punhado delas, sem sujeitá-las a um desenvolvimento analítico.

---

[9] BAYÓN, R. *La figura de san Alfonso*: El Perpetuo Socorro 23 (1921) 306.

- O temperamento.

A. Tannoia diz: "Seu temperamento, predominantemente fleumático, inclinava-o para o bilioso; mas, pelo domínio da virtude, admirava-se nele a amabilidade e suma mansidão".[10]

Um biógrafo moderno acrescenta e interpreta: "Ele era bem o filho do fogoso comandante de galera. Mas, também, o era da doce dona Ana. E da Graça. E já, então, de um longo esforço sobre si mesmo...".[11]

Vamos reter as potencialidades provenientes do:

Temperamento: **bilioso.**

- A voz.

Para um pregador - e ainda mais, para um cantor - a voz é a grande aptidão ou a magna possibilidade para realizar o projeto pessoal.

Essa é a razão pela qual A. Tannoia, em vários momentos da jornada biográfica de Afonso, destaca esse potencial afonsiano. Diz o memorialista da primeira hora:

"Afonso tinha uma voz sonora e clara; por maior que fosse a igreja e por mais longa que fosse a campanha das missões, nunca lhe faltou, e assim ele a conservou, mesmo na extrema velhice".[12]

"Tinha uma voz doce e sonora. Também nas maiores igrejas, todos podiam ouvi-lo como de perto.[13]

Retenhamos as habilidades provenientes de sua:

Voz: **sonora - clara, doce - sonora.**

Quanto à **visão,** Afonso "era um pouco míope e corrigia esse defeito com óculos ou lunetas. Eram pendurados em um fio que descia

---

[10] Tannoia, III, 200-201.
[11] Rey-Mermet, 179.
[12] Tannoia, III, 201.
[13] Tannoia, I, 306.

pela testa partindo de outro círculo preso atrás da cabeça: tudo muito irritante. É assim que ele aparece em dois retratos ao natural".[14]

- Aptidões para o trabalho intelectual (especialmente como escritor).

Não vamos repetir aqui o que foi dito, no cap. 8 da 7ª seção, sobre as aptidões de Afonso para ser um escritor de grande aceitação pelo público em geral e pelos especialistas em particular. Retomemos estas aptidões apontadas por A. Tannoia:[15]

Entendimento: **aguçado - penetrante.**

Mente: **clara - metódica.**

Memória: **fácil (rápida) - tenaz.**

"Estes três grupos de qualidades formaram a base de sua atividade intelectual".[16] Devem ser acrescentadas, ainda, outras aptidões que as completam:

Expressão linguística:	**clara - precisa.**
	densa - concisa.
	simples.
Também:	**curiosidade reflexiva.**
	espírito de ordem.

26.1.3 Traços de caráter: interação do "dado" com o "adquirido"

Não conheço nenhum estudo caracterológico, com metodologia científica, sobre Afonso, muito menos, uma análise científica de orientação psicológica (ou psicanalítica) sobre a personalidade de Afonso ou sobre alguns de seus traços.

---

14 BAYÓN, R. *Cómo escribió Alfonso de Ligorio* (Madri, 1940) 122.
15 Tannoia, III, 201.
16 *Ibidem.*

Diante dessa penúria científica, destacam-se duas joias literárias da tradição bibliográfica afonsiana. Refiro-me às descrições do caráter de Afonso fornecidas pelo memorialista A. Tannoia e seu complementador C. Berruti. Esses dois textos clássicos da tradição afonsiana merecem ser transcritos.

Descrição de Antônio Tannoia:

"Ele [Afonso] tinha um ar imponente, umas maneiras sérias. Mas, mescladas de jovialidade. Se, desde muito jovem, tudo concorria para fazê-lo amável, mesmo como ancião e decrépito, conservou um ar atraente que agradava a todos (...). Empreendedor, mas não temerário. Pesava todos os seus projetos; não o abatia a contrariedade, e conseguia tudo, desconfiando de si mesmo e confiando em Deus. Homem sempre igual a si mesmo, nem a desgraça o deprimia, nem os triunfos o envaideciam. Sempre teve horror à presunção de autoridade. Rogava, mas não se impunha; assim, conseguia quanto queria. Quando dava alguma ordem, queria ser obedecido; e não deixava sem castigo qualquer obstinação. Firme ao repreender, mas não irado; com uma mescla de mansidão que adoçava qualquer amargura. Era grande e se fazia pequeno; era pequeno e se fazia grande. A diversidade de circunstâncias regulava sua conduta. Com todos era justo. Ninguém ficava defraudado dos direitos que lhe assistiam. Castigava e se enternecia e o castigado lhe ficava agradecido (...). Podia-se admirar nele grande afabilidade e suma mansidão. Dono de si mesmo, tinha sua alma entre as mãos. Jamais foi surpreendido pela paixão. Abria e fechava, a seu arbítrio, a porta de seu coração. Tudo estava nele regulado pela razão. Inimigo de si mesmo, nunca lisonjeou aos seus sentidos. E, se foi austero consigo mesmo, com os demais era piedoso e compassivo. Tal foi, em síntese, Afonso de Liguori".[17]

Descrição de Celestino Berruti:

"Dotado pelo autor da natureza com um temperamento vivaz, sanguíneo e colérico, ao mesmo tempo, era, naturalmente, inclinado à compaixão e à bondade de coração; igualmente, estava pronto para os trabalhos árduos com prontidão, energia e constância. Daí resul-

[17] *Ibidem*.

tava que, uma vez que tomava uma decisão, se mantinha firme e inamovível como uma rocha em meio às ondas. Mas jamais tomou uma resolução sem madura consideração e sem antes consultar a vontade do céu, submetendo-se humildemente ao conselho de diretores sábios e dirigindo orações incessantes ante a presença do Altíssimo. Por isso, os trabalhos que ele empreendeu chegaram ao feliz término, sem se assustar, minimamente, com as oposições que, em grande número, recebia dos homens. Pois bem, esse caráter ele manteve admiravelmente em todas as ações de sua vida: um caráter doce, compassivo, cheio de mansidão, afetuoso, mas, igualmente, constante e firme em todas as provas: *Spiritus benignus, stabilis, securus* (benigno, firme, seguro) (*Sb* 7, 23). Assim se mostrou ao longo de toda a sua vida".[18]

É difícil melhorar essas duas descrições. E não pretendo fazê-lo. O que me proponho a fazer é coletar alguns traços do caráter de Afonso dos escritos de estudiosos sobre sua pessoa e seu trabalho. Observo que entendo por *caráter* (traços de caráter) o conjunto de qualidades, principalmente psíquicas, que condicionam o comportamento de um indivíduo, distinguindo-o dos outros; essas qualidades de caráter são o resultado, tanto do "dado", quanto do "adquirido". Tal conjunção ou interação do adquirido e do dado adota formas muito diversas: potencializa o dado mediante o adquirido, contraria o dado com o adquirido, cria adições, subtrações ou divisões entre o dado e o adquirido.

Devido às exigências de espaço, a apresentação de cada uma das características precisará tender para a brevidade da síntese e não para o desenvolvimento pormenorizado da análise.

- Pessoa apta e inclinada para a relação.

Afonso era uma pessoa apta e propensa a muitas e variadas relações. É possível traçar o mapa pessoal (especialmente, eclesiástico, mas também, civil) de Nápoles (da cidade e de uma grande

---

[18] BERRUTI, C. *Lo spirito di S. Alfonso M^{a}. De Liguori* (Prato, 1896^{3}) 2. Ler: todo o cap. 1. "Carattere di S. Alfonso" (p. 1-14).

parte do Reino) em meados do século XVIII, seguindo a complexa atuação relacional de Afonso.

Por considerá-lo de grande importância, dedico um capítulo inteiro (o seguinte) a esse traço da personalidade afonsiana.

- Bom manejo dos "contrários".

A maior contribuição intelectual de Afonso é ter sabido lidar com os dois opostos do *rigorismo* e do *laxismo* no campo da Teologia Moral. Uma contribuição peculiar e decisiva de Afonso foi ter encontrado o *termo médio: o caminho do meio,* como dizem os documentos eclesiásticos oficiais, ou a *síntese dialética,* como diria alguma possível interpretação de sabor marxista.

Esse bom manejo afonsiano dos contrários também é percebido em outras esferas humanas importantes:

- No campo antropológico: integração da *razão* (cabeça) e do *afeto* (coração).
- No campo do conhecimento: integração da *teoria* e da *prática.*

- Simpatia e capacidade de liderança.

De acordo com A. Tannoia, Afonso era especialmente simpático. Tinha um jeito de ser empático, de relacionar-se, de criar amizades. Afonso não repelia, mas atraía. Além disso, seu raio de atração foi muito amplo, poderíamos dizer que ele "atraía a todos".

"S. Afonso é um santo muito simpático, mesmo como homem; sem, no entanto, ser um sentimentaloide".[19]

Afonso também tinha aqueles pressupostos que tornam possível a condição de líder (não em vão, era o primogênito):

- Capacidade de atrair os outros, sem despotismo.
- Estar à frente das aspirações dos demais.
- Descobrir o que os outros desejam.

---

19 CAPONE, D. *Primi incontri di S. Alfonso con la filosofia*: Contributi, 115.

Se a simpatia afonsiana se manifestou em suas muitas e variadas atividades pastorais, sua liderança ficou especialmente evidente no Afonso fundador de um novo Instituto missionário.

- Afabilidade e ternura.

Não é frequente destacar esses traços na figura de Afonso. O Papa João Paulo II o fez: 1) ao afirmar que "a popularidade que perpetuou a memória do nosso santo se explica pela sua brevidade, clareza, simplicidade, otimismo, *afabilidade que chega até a ternura*";[20] 2) ao descrever a opção de Afonso pelos pobres como "ternura para com o pobre".[21]

A doçura e a mansidão formavam parte do conjunto de atitudes que sustentaram a vida de Afonso.[22] Ambas eram baseadas na *tenerezza* (ternura), um dos traços constitutivos do caráter afonsiano. Nas palavras de A. Tannoia: "'Austero, sim, mas para consigo mesmo' particulariza Tannoia; 'para com os outros era cheio de afeição e humanidade.' A tal ponto que seu diretor espiritual na década de 1730, D. Falcoia, em uma carta em que sublinha 'suas belas maneiras' [*le sue belle maniere*] o convida a 'guardar seu coração de certas ternuras em que se possam pressentir apegos, na verdade, inteiramente espirituais".[23]

Um dos autores que mais profunda e exaustivamente estudou o tema do amor no pensamento de Afonso escreve, 40 anos após a publicação de sua obra, as seguintes afirmações sobre a personalidade de Afonso:

---

[20] JOÃO PAULO II. Carta Apostólica Spiritus Domini. In: *SEDOC* 205, vol. 20, nov/dez 1987, p. 262. (AAS 79 (1987) 1371) (destaque meu).

[21] *Ibidem*

[22] BERRUTI, C. *Lo spirito...*, 237-247: "Sua dolcezza e mansuetudine".

[23] Rey-Mermet, 179. [Corrigimos a versão brasileira que traduz "son directeur des années 30, Mgr Falcoia" como "seu diretor espiritual durante trinta anos, D. Falcoia", pois, de fato, como afirma o texto original, Falcoia foi diretor de Afonso nos anos 30 (na década de 1730) e não por trinta anos]. A citação: FALCOIA, T. *Lettere a S. Alfonso de Liguori, Ripa, Sportelli, Crostarosa.* A cura di O. Gregorio (Roma, 1963) 265. Ver também: KEUSCH, C. *La dottrina spirituale di sant'Alfonso Maria de' Liguori* (Milão, 1931) 40-41.

"O amor, assim como o descrevemos, não é em Afonso um aspecto isolado na sua vida. Tem a ver com uma experiência existencial assaz fundamental. E não é só isso. Tem a ver também com uma experiência fundamental dos homens pelos quais ele optou. Essa experiência pode ser descrita a partir de dois lados que se completam mutuamente. Um lado eu queria denominar: 'a necessidade de sentir-se salvo e seguro, de saber que a gente está segura porque pode amar e porque é amada por alguém'. A afetividade e a linguagem erótica, que desempenham um papel tão grande na sua relação com Jesus, estão de fato na linha de uma longa tradição espiritual, mas não é proveniente disso. 'Tenerezza', ternura cordial, uma das palavras fundamentais neste contexto, não é uma palavra devocional. Expressa aquilo que Afonso deseja com todo o seu ser: a pertença a alguém em ternura e íntima cordialidade. Acho que amor para Afonso seja muito mais uma paixão do que presumimos. Apesar dos enormes temores na área da sexualidade - e de vez em quando penso: justamente em relação com isso - ele soube em verdade o que é amar. O amor brota da sua necessidade de afetividade".[24]

A afabilidade e a doçura estão, sem dúvida, relacionadas com sistema moral proposto por Afonso. Nesse sentido, pode ser interpretado o elogio de Leão XIII ao afirmar que Afonso foi "il più insigne e mite dei moralisti".[25]

- Sensibilidade humanista.

O pensamento moral afonsiano se inclinou para o personalismo: valorizava a pessoa (consciência pessoal) acima da ordem

---

24 MANDERS, H. *El amor en la espiritualidad de San Alfonso*: VÁRIOS. La intuición y la espiritualidad de San Alfonso (Roma, 1993) 48. [O texto citado faz parte da introdução à edição brasileira da obra de mesmo título do artigo. Embora se encontre na citada coleção espanhola, não entrou na tradução brasileira do artigo, na mesma coleção (Espiritualidade Redentorista 1). Portanto, pode ser encontrado apenas na tradução brasileira da obra: MANDERS, H. *O amor na espiritualidade de Santo Afonso*. Aparecida: Santuário, 1990, p. XIV].

25 LEONE XIII, *Lettera enciclica ai Vescovi d'Italia* (8 dez 1902): ASS 35 (1902) 261.

objetiva (a lei). Essa orientação personalista ou humanista também foi uma característica de seu caráter, como enfatizou D. Capone.[26]

A proximidade de Afonso com o povo provinha da consideração que o próprio Liguori tinha sobre a igualdade das pessoas. Tornou-se evidente diante de uma raiva exagerada (e, provavelmente, não totalmente bem fundamentada) de seu pai para com os criados; Afonso os defendeu com uma expressão gráfica: "*Che cosa è, signor padre, quando cominciate, non la finite! - Mas que coisa, meu pai, quando começais não terminais mais*".

Há muitos detalhes que mostram a consideração que Afonso pedia por cada pessoa. Seu respeito pelas pessoas era tão grande que não exigia que seus congregados seguissem sua maneira de pensar em moral. "Assim como não esteve dominado pelo espírito de partido, também não foi dado ao espírito de autoridade. Embora fundador e superior, não obrigou os seus a segui-lo, mas deixou cada um livre para adotar qualquer opinião, mesmo que fosse contrária à sua, desde que não fosse tão laxa a ponto de ser contrária aos cânones e ao Evangelho, nem tão rígida a ponto de meter medo nos fiéis e servir para conduzi-los ao inferno."[27]

- Compreensão da fraqueza humana (a nossa e a dos outros).

Uma peculiaridade do pensamento moral afonsiano será levar em conta a fragilidade da condição humana e, consequentemente, optar por orientações morais de benignidade.

Essa orientação de seu pensamento provinha, não apenas do raciocínio teórico, mas também da própria condição peculiar de Afonso. Ele era propenso a compreender a fraqueza humana, a sua própria e a dos outros.[28]

---

[26] CAPONE, D. *Il personalismo in Alfonso M. de Liguori*: GIANNANTONIO, P. (ed.). Alfonso M. de Liguori e la società civile del suo tempo (Florença, 1990) I, 221-251, especialmente, p. 223-236.

[27] Tannoia, I, 247.

[28] BERRUTI, C. *Lo spirito*...179-190: "Carità, discrezione e condiscendenza di Alfonso verso i suoi congregati".

Afonso expressou essa característica de seu caráter em uma frase célebre contida em carta endereçada, em 3 de agosto de 1755, ao Padre Gaspar Caione. Em relação a um sujeito com problemas, Afonso reconhece os aspectos negativos da situação, mas também aponta os positivos ("de resto ele é humilde, dedicado, observante, afeiçoado à Congregação") e conclui com uma fórmula que pode ser tomada como traço de seu caráter: "Todos têm seus defeitos. Eu os tenho mais que os outros" (*Ognuno tiene i suoi difetti. lo ne ho più degli altri).*[29]

- Outros traços de caráter.

Ironia e atitude festiva.

G. Orlandi, grande conhecedor do epistolário afonsiano, enfatizou a existência desse traço nas cartas de Afonso.[30] Por exemplo, escrevendo a um veneziano, ele não deixa de mencionar Paolo Sarpi como "vosso santo padre".[31] Pensando na venda de seus livros, "com alguma zombaria e muita tristeza",[32] Afonso escreveu: "o livreiro Moschini tem em sua livraria os volumes da *Theologia Moralis* e do *Homo Apostolicus,* dos quais vende uma cópia de vez em quando. Se fossem as obras de Rousseau e Voltaire, já teriam sido vendidas há muito tempo! Que o Senhor nos ajude!"[33]

A atitude festiva de Afonso foi destacada por O. Gregorio, com dados concretos, referentes, especialmente, à época de seu episcopado.[34]

---

29 Lettere, I, 301.

30 *Introduzione generale*: S. Alfonso Maria de Liguori, *Carteggio. I. 1724-1743.* A cura di G. Orlandi (Roma, 2004) 55.

31 Lettere, III, 359, 365, 388.

32 Tellería, II, 542, nota 6.

33 Lettere, III, 471.

34 GREGORIO, O. *Monsignore si diverte* (Módena, 1962).

Tenacidade, perseverança e generosidade.

"Parece difícil encontrar homens que tenham se dedicado a um ideal com mais tenacidade, perseverança e generosidade que Afonso. Estamos falando, naturalmente, da luta exterior, porque o esforço interior, cabe somente a Deus julgar e avaliar".[35]

Tendência para controlar tudo.

Estamos nos referindo a tudo o que está sob sua responsabilidade. Por exemplo, a partir da diocese de Santa Águeda, ele acompanha de perto a vida da Congregação e intervém nela quando necessário.

Franqueza de expressão.

"Santo Afonso foi franco, sem papas na língua: com clareza cristalina chamou as coisas por seus nomes. Não condescendeu com almas que descuidavam o alto ideal da vocação que haviam abraçado. Aborrecia a certas formas de misticismo anêmico, enraizado na ignorância. Basta folhear as páginas de um par de capítulos de *A Verdadeira Esposa.* Exigia a observância regular sem concessões".[36]

26.1.4 O flanco da doença

Todo ser humano tem seu tendão de Aquiles. O de Afonso era, sem dúvida, o da doença. Também, da doença psíquica.

- A doença somática.

Uma característica constante da longa vida de Afonso foi sua saúde precária. A doença acompanhou Afonso durante grande parte de sua vida. Para confirmar isso, basta olhar o grande número de referências ao termo *salud* no "índice de matérias" de

---

35 BAYÓN, R. *Cómo escribió Alfonso de Ligorio* (Madri, 1940) 19.

36 GREGORIO, O. *L'amore di Sant'Alfonso per la Bibbia*: SH 14 (1966) 406.

uma biografia de Afonso.[37] Em muitas passagens de suas cartas a Remondini, Afonso fala de sua saúde precária (*mala salute, mala sanità*).[38] No cap. 2 da 14ª seção, constatamos a correlação entre a doença e a redação da obra moral na vida de Afonso.

> "Afonso tinha uma constituição saudável e robusta, mas, submetido desde os 30 anos de idade, a um regime de trabalho contínuo e muito árduo, sem descanso, nem alimentação adequada, contraiu enfermidades que deram origem a distúrbios de tipo deformante ou funcional que, sem enfraquecer suas forças, muitas vezes colocavam sua vida em grande risco ou deformavam e contraíam violentamente seu corpo. Assim, no final de seus dias, em 12 de agosto de 1768, ficou retorcido como um fio de aço rompido depois da máxima tensão. Seguindo seu epistolário, podemos ver que, a partir dos 50 anos de idade, a cada ano corresponde uma crise de saúde, dolorosa ou muito grave, além do fato de a própria velhice já ser, em si mesma, uma enfermidade".[39]

Hoje temos o conhecimento científico da grande doença sofrida por Afonso, que teve sua máxima manifestação na etapa final de seu episcopado e progrediu, agravando-se continuamente, nos últimos anos de sua vida.[40] A partir da análise (*exumação*) dos ossos preservados como relíquias[41] e levando em conta os dados documentais,[42] foi possível reconstruir em detalhes a doença *osteorticular agravada por distúrbios neuróticos,* cuja clara manifestação ocorreu por volta dos 70 anos de idade e cujo processo degenerativo continuou até o final de sua vida. As consequências dessa doença deram origem a grandes complicações, tanto para Afonso, quanto para seus cuidadores, colocando o paciente em estado de dependência absoluta.

---

37 Rey-Mermet, 765. [Refere-se à tradução espanhola. Esse índice de matérias, infelizmente, não existe na tradução brasileira].

38 Lettere, III, 131, 150, etc. Ver no *Índice analítico* das Cartas a palavra *Malatie,* onde se encontram, seguindo em ordem cronológica, as referências às enfermidades de Afonso: Lettere, III, 712.

39 BAYÓN, R. *Cómo escribió...*, 121-122.

40 Ver o libro composto por: GOGLIA, G.; CAPONE, D. *Il corpo di Sant'Alfonso. Studio scientifico e storico sullo scheletro* (Roma, 1958).

41 *Ibid.*, 9-20.

42 *Ibid.*, 61-69.

- Fraqueza psíquica: escrúpulos.

Os três últimos grandes biógrafos de Afonso (R. Tellería, T. Rey-Mermet e F. M. Jones) detalham suficientemente esse dado da biografia de Afonso;[43] insiste nele, de modo especial, o último dos biógrafos nomeados. Também há estudos específicos sobre o assunto.[44]

Enquanto aguarda-se um estudo caracterológico do substrato psíquico da consciência moral de Afonso, podemos aceitar, por enquanto, a existência nele de "uma tendência ao escrúpulo", muito provavelmente, transmitida por sua mãe através da herança psicológica e através da educação. Também resta estudar a influência que, tanto a imagem paterna, quanto a imagem materna, exerceram em sua formação moral. O pai, autoritário e desejoso do prestígio social de seu filho, assim como a ternura compassiva e próxima de sua mãe, sem dúvida, constituíram autênticos filtros das ideias e experiências morais de Afonso.

Por outro lado, a vivência moral de Afonso participou da condição própria de sua época histórica. Uma condição que era mais propensa ao polo do temor, do rigor e da culpabilização que ao de uma vivência alegre e espontânea. Basta mencionar um detalhe do controle moral utilizado pelo adolescente Afonso, segundo o testemunho de seu irmão, Caetano, transmitido por A. Tannoia:

> "À noite, duvidando que em seu sono pudesse ter um toque involuntário em si mesmo que pudesse ofender a santa pureza, ao ir para a cama", disse-me seu irmão Caetano, "encerrava suas mãos em um artefato de papelão grosso, a modo de bolsa, para, desse

---

43 Tellería, III, 735-750; Rey-Mermet, 208-214; Jones, 479-482. O tema também aparece nas outras biografias; ver, por exemplo: LOYÓDICE, V. *Vida del glorioso Doctor de la Iglesia San Alfonso María de Ligorio, Fundador de la Congregación del Santísimo Redentor y Obispo de Santa Águeda de los Godos* (Madri, 1902, nova edição, corrigida e aumentada) capítulo XI. "De los escrúpulos y tentaciones con que el Señor quiso probar a Alfonso" (p. 528-534).

44 SWANSTON, H. F. G. *Celebrating Eternity Now. A Study in Theology of St. Alphonsus de Liguori (1696-1787)* (Chawton, Hampshire, UK, 1995) 108-113. Também: LIÉVIN, G. *Alphonse de Liguori, Saint*: DS, I (Paris, 1932) 361; ZIERMANN, B. *Alfons von Liguori* (Bonn, 1937).

modo, evitar em si mesmo, também enquanto dormia, qualquer toque que fosse menos puro".[45]

Em duas etapas de sua vida, Afonso sofreu de maneira especial com a dificuldade psíquica dos escrúpulos. Antes de tudo, durante seus primeiros anos de sacerdócio, quando residia no Colégio dos Chineses.[46] O caderno *Cose di coscienza* é testemunho fidedigno das ansiedades pelas quais a alma de Afonso passou, devido às dúvidas morais e inquietações, durante os anos imediatamente posteriores à sua ordenação sacerdotal.[47] O conteúdo dos escrúpulos, nessa fase, tinha a ver com a prática sacerdotal (válida) dos sacramentos, especialmente, do sacramento da Penitência.

A segunda manifestação importante de escrúpulos foi sofrida por Afonso nos últimos cinco anos de sua vida, quando residia em Pagani.[48] Quanto ao conteúdo dos escrúpulos, nenhum aspecto de sua vida e conduta estava livre deles.[49] É interessante notar que o escrupulosidade de Afonso também se manifestou em questões de justiça econômica; por exemplo, na dúvida se tinha ou não pago os honorários devidos ao médico que o tratou em um passado distante (em 1731, no Colégio dos Chineses).[50]

Com relação às chamadas "tentações da carne" sofridas pelo Afonso ancião, os biógrafos do passado, ou não explicaram nada, ou se limitaram a expressar sua admiração. Como V. Loyodice, que diz: "É uma coisa poderosa, acima de todas as forças naturais, que um homem idoso de quase noventa anos de idade, cercado por todos os lados por doenças, já exânime e como um cadáver, sem forças suficientes para mover-se sobre seus pés, se visse pressionado e incomodado pelos estímulos da carne e, que com tal ímpeto

---

[45] Tannoia, I, 13.

[46] Tellería, I, 139; Rey-Mermet, 205-214.

[47] FERRERO, F. *La mentalidad moral de San Alfonso en su cuaderno espiritual "Cose di coscienza" (1726-1742)*: SH 21 (1973) 198-258; ID., *Génesis y condicionamientos de la actividad literaria de San Alfonso moralista*: Moralia 10 (1988) 125-156.

[48] Tellería, II, 735-750; Rey-Mermet, 713-714; Jones, 480-482.

[49] Jones, 481-482.

[50] Tellería, II, 736.

e força o acometiam, como se fosse um jovem robusto e na flor da idade".[51] Esse mesmo biógrafo chega ao ponto de "personificar" a tentação do demônio sob o disfarce de um padre em quem Afonso confiava, o qual declarou que ele "experimentava os mesmos estímulos" e afirmava que "não eram nenhum pecado" e que "como era inútil resistir, para se livrar desse incômodo não havia outro recurso senão o consentimento".[52]

Hoje sabemos a razão dessas "excitações voluptuosas", que nada mais eram do que um fenômeno fisiológico clinicamente explicável. O professor G. Googlia, após estudar o esqueleto deformado de Afonso por causa da doença acima mencionada, determinou que as ereções involuntárias eram causadas pelas graves alterações das vértebras lombares que exerciam uma ação irritante sobre os centros que governam a inervação dos órgãos genitais masculinos.[53]

"Quanto às aparições do demônio que vinha tentá-lo contra a fé, contra a esperança ou contra a humildade, relatadas por seu primeiro biógrafo, como distingui-las dos pesadelos de um velhinho semiconsciente?"[54]

- Sobrecarga de trabalho.

Ao relacionar os escritos de Afonso com a biografia do autor (cap. 2 da 14ª seção), aludimos à psicologia de Afonso como de sobrecarga de trabalho (*surmenage* ou *stress).* Uma personalidade tão ativa como a de Afonso, é natural que tenha se ressentido do excesso de trabalho e estivesse exposta ao perigo do *estresse.* Em seu ministério de pregação sentiu, por vezes, essa sensação. Também a sentiu na hora de compor algumas de suas obras, especialmente, a grande obra da *Theologia Moralis.*

---

51 LOYÓDICE, V. *Vida...*, 533.
52 *Ibid.*, 533-534.
53 GOGLIA, G.; CAPONE, D. *Il corpo di Sant'Alfonso...*, 76.
54 Rey-Mermet, 714.

Ao ler algumas passagens de suas cartas nas quais se refere à composição da TM, Afonso dá a impressão de ser um autor dominado por sua obra.[55] Parece sentir-se impotente para dar forma a toda a documentação que acumulou. O livro que está compondo parece não se deixar dominar pelo autor.

26.1.5 O retrato do "santo"

Não é meu propósito apresentar, nem o processo de santificação empreendido por Afonso, nem o resultado ao qual ele chegou. Os objetivos do presente volume se situam em outros níveis, distintos das clássicas *vidas de santos* ou dos *estudos* mais atuais *sobre a espiritualidade* de um determinado personagem.

Isso não nos impede de reconhecer que a realização da santidade cristã foi o grande interesse e a suprema preocupação de Afonso de Liguori ao longo de toda a sua vida. No cap. 4 desta mesma seção, será apresentada a motivação fundamental que dirigiu a vida de Afonso. Essa motivação de tornar real a abundante salvação, oferecida por Deus em Jesus Cristo, tem um horizonte de significação, o mais amplo possível, mas, onde primeiro ganha sentido, é na própria vida de Afonso, que fez "o voto de escolher sempre em suas ações o que considerasse como mais perfeito e mais agradável ao Senhor".[56] A busca da perfeição cristã constituiu uma "preocupação constante" no desenvolvimento biográfico de Afonso.[57] Essa preocupação era como uma chama sempre acesa, continuamente alimentada com o óleo das boas obras.[58]

Sobre a santidade de Afonso e, dentro dela, sobre seu retrato moral, há muitas apresentações. Remeto às duas exposições clássicas na tradição bibliográfica afonsiana:

- BERRUTI, C. *Lo spirito di S. Alfonso M. de Liguori* (Prato, 1896[3]).

---

[55] Ver, por exemplo: Lettere, III, 35, 431, 435-436. Ver também: A56, 75

[56] BERRUTI, C. *Lo spirito di S. Alfonso Mª. de Liguori* (Prato, 1896[3]) 31-40.

[57] *Ibid.*, 14-25: "Suo constante fervore nella carriera della santità".

[58] *Ibid.*, 25.

- KEUSCH, C. *La dottrina spirituale di sant'Alfonso Maria de' Liguori* (Milão, 1931) 36-48: "La persona del Santo".

26.1.6 Personalidade

Tudo o que foi apresentado neste capítulo constitui a descrição da personalidade de Afonso de Liguori, já que esta não é outra coisa que o conjunto de qualidades que distinguem uma pessoa e a diferenciam das demais. Entretanto, damos ao conceito de *personalidade* uma seção específica, a fim de sublinhar algumas características da peculiaridade afonsiana.

- Fluidez biográfica, mas com "crises" de especial significado.

Afonso não foi de condição interior trágica, nem a vida de Liguori apresenta aquelas antíteses dramáticas (treva-luz, pecado-graça) que são encontradas em outros personagens do santoral cristão, por exemplo, em Paulo de Tarso ou Agostinho de Hipona. Pelo contrário, a biografia afonsiana parece fluir com continuidade, com curso suave e quase estável e sem variações notáveis. Tanto é assim que a vida de Afonso "oferece a ilusão de uma santidade imóvel, conatural e não conquistada".[59]

E, no entanto, como todos os seres humanos, Afonso realizou sua biografia à base da resolução de crises. Os significados decisivos da biografia de Afonso provêm da resolução de duas crises fundamentais:

- Crise anterior à vocação sacerdotal.
- Crise por motivo da decisão de ser fundador.

- Genialidade prática.

Havíamos dito que Afonso tinha um bom manejo da tensão entre teoria e prática. Tendo afirmado esse equilíbrio, não podemos deixar de sublinhar sua genialidade prática. "Santo

[59] GETTO, G. *Sant'Alfonso de Liguori* (Milão, 1945) 29.

Afonso é precisamente isso, um gênio prático. Toda a sua obra está orientada nesse sentido. Se ele reflete, se ele escreve, é sempre na busca da prática. Toda sua obra está orientada nessa direção".[60]

> "Afonso era um gênio romano, eminentemente prático e atuante. Sendo muito interior, estava organizado para a ação, como disse o Marechal Lyautey de si mesmo, que se autodenominou *um animal da ação,* embora também soubesse se recolher e meditar (...). O sentido construtivo da obra de Afonso foi efeito, não só de uma disposição natural, mas também de sua educação. Desde os 20 anos de idade, sua profissão como advogado o colocou na presença dos homens e das coisas. Já antes, aos 18 anos de idade, tinha atuado no *seggio* dos nobres de Portanova (...). Aos 26 anos de idade foi eleito pela nobreza como procurador de seu distrito perante o vice-rei austríaco, o cardeal Altham. Não parou, até sua morte, de intervir nos negócios mais difíceis e complicados. Consciente de sua experiência, ele a impôs na vida e a utilizou em seus escritos".[61]

- Sabe o que quer, mas precisa da confirmação dos outros.

Pode parecer um traço contraditório em si mesmo, mas não é. Afonso sabe o que quer e sabe que o que quer é válido. Mas há uma mola em sua personalidade que exige confirmação por outro ou outros. Aqui entraria em jogo a necessidade de segurança de Afonso? Ele hipertrofia a categoria religiosa de "vontade de Deus"? Dá importância excessiva à obediência como canal para agir de acordo com a vontade de Deus?

> "Afonso, tímido por natureza, tinha necessidade de um diretor de consciência perto de si. De um lado, ele tinha a bagagem da direção de Pagano, anotada e frequentemente lida, em seu "Diário de consciência", e, de outro lado, tinha os sacerdotes que viviam com

---

60 LISSA, G. *Tra innovazione e tradizione: S. Alfonso M. de Liguori nel dibattito sull'utilizzazione dei testi biblici*: GIANNANTONIO, P. (ed.). Alfonso M. de Liguori e la società civile del suo tempo (Florença, 1990) I, 166.

61 BAYÓN, R. *Cómo escribió...*, 77-78.

ele. Podemos concluir, pelo seu Diário, que consultava Pe. Xavier (Rossi) e Pe. Silvestre (Sangiorgi), etc."[62]

Afonso consultava muitas pessoas sobre suas decisões de vida.[63] Também consultava, um ou outro, como escritor.[64] "Consultei os companheiros de hábito de Patuzzi e Berti".[65]

Mas não vendia ou hipotecava antecipadamente seu julgamento ou sua decisão a ninguém. "Tenho grande estima pelo Padre Patuzzi e pelo Padre Berti porque são homens verdadeiramente doutos, mas somente Deus e a Igreja são infalíveis."[66]

- Força de vontade.

Hoje não está na moda apelar à força de vontade para ponderar uma determinada personalidade. Entretanto, mesmo dentro da suavidade de seus modos gentis, Afonso tornou-se o que foi porque assim o *quis*, frente às formas de pensar, de sentir e de ver que eram contrárias. Transcrevo um parágrafo de sabor antigo que, oxalá, o leitor traduza para a "linguagem" de hoje:

> "Vontade! Santo Afonso tinha uma vontade heroica. Não sei quem disse que um santo é uma vontade em seu mais alto grau de desenvolvimento (...). O aço inquebrável da vontade heroica de Santo Afonso nunca se dobrou. E, além disso, era uma vontade de peça única. E assim se impôs aos homens e aos acontecimentos e, quase ao ponto de se dizer, que ao próprio destino. Foi sacerdote apesar

---

62 REY-MERMET, T. *Desde la fundación hasta la aprobación pontificia (1732-1749)*: CHIOVARO, F. (ed.). Historia de la Congregación del Santísimo Redentor, I/1. Los Orígenes (1732-1793) (Santafé de Bogotá, 1996) 217. [= REY-MERMET, T. Da fundação à aprovação pontifícia (1732-1749). In: CHIOVARO, F. (ed.). *História da Congregação do Santíssimo Redentor*. Volume 1: As Origens (1732-1793). Aparecida: Santuário/Scala, 2019, p. 202].

63 BERRUTI, C. *Lo spirito...*, 5: "Tomava conselhos [além de Falcoia] de outras pessoas doutas e santas de seu tempo, especialmente, do servo de Deus, padre Fiorillo, dominicano, o qual vivia por aqueles dias em Nápoles com grande reputação de santidade".

64 *Ibid.*, 7: "dotado, como estava, de agudo e vivo ingênio (...), confrontava as opiniões diferentes".

65 Lettere, III, 205.

66 *Ibidem.*

das vontades dos outros, instaladas em seu caminho para impedi-lo (...). Foi fundador, apesar de seu próprio desejo, formidavelmente interessado em não sê-lo. Foi bispo, apesar de suas quase invencíveis repugnâncias, que obrigavam sua pobre alma conturbada a se retorcer internamente de medo. Foi fiel ao seu destino até o final de sua vida, apesar da avalanche de conjurações e acontecimentos inauditos que o empurraram em outras direções (...). Foi uma vontade no mais alto grau de seu desenvolvimento".[67]

- Valorização do tempo.

Uma característica decisiva na configuração da personalidade afonsiana é o apreço e correspondente uso do tempo por parte de Afonso. Ele foi um "avaro" do tempo. Mas essa avareza não era improdutiva, como geralmente acontece quando tal atitude está próxima da patologia. Afonso *preencheu* o tempo como se da eternidade se tratasse. Melhor: valorizou o tempo e o preencheu de atividade porque estava convencido de que *no tempo está em jogo a eternidade.*

A compreensão histórica de Afonso não é apocalíptica (o tempo não tem valor), nem mítica (só o passado é válido), nem meramente profética (a salvação está no futuro). Ele tem uma visão da história como síntese da eternidade e da temporalidade: é a eternidade no tempo.[68]

O rigorista Patuzzi pensava a vontade de Deus na eternidade, apoiando uma orientação moral baseada na *lei eterna,* promulgada desde sempre. Afonso, por outro lado, pensava a moral no tempo, afirmando que a lei eterna recebia validade ao ser promulgada na inteligência da criatura racional, ou seja, no tempo humano.

---

67 SORDO, V. Mª. *San Alfonso María de Ligorio*: El Perpetuo Socorro 21 (1919) 269-270.

68 Ver o sugestivo ensaio de: SWANSON, H. F. G. *Celebrating Eternity Now. A Study in the Theology of St. Alphonsus de Liguori* (Chawton, Hampshire, UK, 1995) especialmente, p. 11-49: "Part one: In remembrance of me".

Por outro lado, quando Afonso fala de Jesus, emprega os tempos verbais no presente. Ele não pensa no Jesus meramente histórico, o dos hereges; nem adere apenas ao Jesus do futuro, como os profetas. Para ele, como para os místicos, Jesus é vivido no presente, um presente que é participação e penhor da eternidade.[69]

Um testemunho da valorização do tempo por Afonso foi o padre Fatigati, membro da instituição religiosa da Sagrada Família e companheiro de Liguori no Colégio dos Chineses que, mais tarde, comunicou ao biógrafo A. Tannoia: "Pelo que pude perceber e pelo que vi com meus próprios olhos, enquanto Afonso de Liguori viveu conosco não perdia uma migalha de tempo: ou pregava, ou confessava, ou rezava, ou estudava". Ao que comenta um biógrafo moderno de Afonso:

"Seu amigo revelava, com essa declaração, uma das maiores molas da atividade prodigiosa de Afonso: caso único na história da Igreja, ele fez, por essa época, o voto de jamais perder um minuto".[70] Tal voto, sem ser possível especificar o momento exato de sua emissão, deve ser considerado como uma novidade e como uma característica própria de Afonso. Foi notavelmente elogiado nos processos de beatificação.[71]

- Nem reacionário, nem revolucionário, mas sim: inovador.

A personalidade de Afonso não foi forjada como *reação* à situação de sua época, nem, tampouco, por uma atitude *revolucionária* diante da mesma situação. Afonso não foi, nem um nostálgico conservador, nem um ousado revolucionário. A estrutura de sua personalidade era constituída pela aceitação de algo *dado* (valores permanentes) e pela decisão de tornar realidade esse dado, *acomodando-o* às exigências da situação de seu presente.

---

69 *Ibid.*, 39.

70 Rey-Mermet, 214.

71 BERRUTI, C. *Lo spirito...*, 25-31. "Em qual época de sua vida tivesse feito tal voto, não se conhece com certeza; mas é opinião comum que o tivesse feito desde os primórdios de sua Congregação, quer dizer, cinquenta ou mais anos antes do glorioso término dos seus dias" (*Ibid.*, 26).

Não sendo, nem reacionária, nem revolucionária, a personalidade de Afonso era de caráter inovador. Em vários momentos do presente estudo, apontamos a condição *inovadora* como traço da obra (e da personalidade) afonsiana.

Afonso realizou inovações em quase todos os campos de seu trabalho como escritor e como pastor. Basta pensar: a criação das "capelas do entardecer", escolas de vida cristã e de elevação humana para os leigos e com os leigos; a acentuação formativa e catequética nas Missões populares; o novo estilo na pregação e na apresentação do Evangelho.

- Alusão a "personalidades paralelas".

Uma maneira de conhecer e formular a personalidade de alguém é compará-la com a personalidade de outro sujeito humano. A comparação se baseia na existência de *personalidades paralelas,* um fato que é transformado em categoria hermenêutica. Tal forma de proceder teve uma expressão qualificada em Plutarco e serve para a análise de realidades similares.[72]

Em relação a Afonso de Liguori, foram apontadas algumas *personalidades paralelas*. Recordamos dois desses paralelos propostos.

Afonso de Liguori e Prospero Lorenzo Lambertini (Papa Bento XIV).

A personalidade de Afonso foi comparada com a personalidade de seu contemporâneo, o Papa Bento XIV. Formulada por C. Keusch[73] e retomada por G. Orlandi,[74] a comparação entre as personalidades de Lambertini e Liguori oferece os seguintes paralelos:

---

72 Ver, por exemplo, o estudo paralelo dos personagens vinculados ao teatro clássico espanhol e ao teatro inglês elizabetano: STOLL, A. K. *El teatro español y el teatro isabelino* (Madri, 1993).

73 KEUSCH, C. *La dottrina spirituale di sant'Alfonso Maria de' Liguori* (Milão, 1931) 37-38, 45-46.

74 ORLANDI, G. *Benedetto XIV, S. Alfonso Maria de Liguori e i Redentoristi*: SH 27 (1979) 293-294.

- Um temperamento colérico e sanguíneo.
- Uma vontade firme e decidida.
- Um ânimo ardente, alimentado por fortes potencialidades que, embora diversas em si mesmas, funcionavam dentro de um equilíbrio integrador ou euritmia.
- Aptidões ou talentos acima da média: velocidade e solidez na aprendizagem; grande capacidade e tenacidade no trabalho; uso escrupuloso do tempo; acúmulo de experiência, potencializado pela longevidade.
- Capacidade para distinguir entre o ideal e as possibilidades reais, entre a utopia e os condicionamentos históricos, entre os sonhos ou fantasias e as verificações concretas.

Afonso de Liguori e Francisco de Sales.

A comparação entre a personalidade de Afonso de Liguori e a personalidade de Francisco de Sales tem sido mais frequentemente utilizada. O texto paradigmático e, de certa forma, canônico, dessa consideração é o que foi escrito por C. Berruti.[75]

- Ambos nasceram em uma família da nobreza, ambos foram primogênitos e ambos renunciaram ao direito de primogenitura.
- Ambos tiveram destacadas aptidões para o estudo, para a liderança (como fundadores) e para a prática pastoral (como sacerdotes e como bispos).
- Ambos coincidiram no caráter temperado, afável e positivamente orientado, apesar das contradições que tiveram que sofrer.
- Ambos foram escritores espirituais, e ambos coincidiram em sua compreensão da perfeição cristã: única e a mesma para todos; alimentada nos mistérios cristológicos; centrada na prática do amor; com tom preferencialmente positivo.

---

[75] BERRUTI, C. *Lo spirito...* 11-14. Rey-Mermet, 158, afirma que C. Berruti "escreverá sobre eles (Sales-Liguori) um paralelo de surpreendente evidência".

26.1.7 Anotação complementar: a identidade sexual de Afonso

O retrato canônico de Afonso como santo enfatiza sua *pureza virginal e insigne*.[76] Embora "as condições de sua família o colocassem em uma posição muito perigosa para a virtude da castidade (...), Afonso sempre permaneceu inocente no meio de tantas seduções e perigos".[77]

Os biógrafos sublinham as precauções usadas por Afonso, tanto em sua vida secular (nas diversões, no teatro, na ópera, nos exercícios de galanteria, etc), quanto em sua vida sacerdotal e episcopal: tirar seus óculos, não se deixar beijar as mãos pelas mulheres e ser parco nas conversas com elas, assim como dar-lhes o tapinha da Confirmação, não no rosto, mas no ar próximo. Algumas das precauções aproximam-se do ridículo, se não, do patológico, como estas duas: quando era bispo, mandou a seu servo Aleixo que não trouxesse sua filha de dois anos com ele para o palácio;[78] quando já estava aposentado em Pagani, exigiu do irmão coadjutor que os cavalheiros que o visitavam não fossem acompanhados por crianças pequenas.[79]

É óbvio que Afonso não poderia ter tido uma compreensão da sexualidade como a que temos hoje. Mas, mesmo levando em conta o contexto histórico, sua visão sobre a sexualidade, expressa nos "prólogos" que ele mesmo redigiu para os tratados sobre o "sexto mandamento"[80] e sobre o "uso do matrimônio"[81] ultrapassam, de longe, o tom negativo da época.

---

76 BERRUTI, C. *Lo spirito*..., 52-61.

77 *Ibid.*, 53.

78 *Ibid.*, 59: "Non ce la portate più, perchè mi dai disgusto".

79 *Ibidem*: "Quando vengono ragazzi, licenziateli subito".

80 Gaudé, I, 665-666: "Nunc aegre materiam illam tractandam aggredimur, cujus vel solum nomen hominum mentes inficit" - *Agora, penosamente, começamos a tratar de uma matéria que, só pelo nome, já perturba a mente dos homens*...

81 Gaudé, IV, 83: "Piget me de hac materia, quae tantam prae se fert foeditatem, ut castas mentes ipso solo nomine perturbat, longiorem habere sermonem" - *Aflige-me fazer uma longa dissertação sobre essa matéria que porta consigo tanta feiura que, só de ser mencionado seu nome, já perturba as mentes castas.*

Se nos ativermos ao que escreveu nessas passagens de suas obras morais, a atitude de Afonso em relação à sexualidade:

- Foi baseada *em*, e orientada *por*, uma consideração de *medo* da sexualidade, vivenciada basicamente como *perigo*.
- Desde essa consideração de perigo, a sexualidade só poderia ser assumida como uma *situação de tentação ao pecado*, da qual era preferível fugir, a menos que uma causa maior permitisse ou exigisse enfrentá-la.

Todos os detalhes que conhecemos da biografia afonsiana nessa área de comportamento têm a mesma caracterização. A partir disso, pode-se inferir que a realização de Afonso nessa esfera humana não atingiu o nível ao qual Deus destinou o sujeito humano, sua criatura e participante da graça dada por Cristo.

Essa avaliação, embora claramente negativa, não nega a existência dos outros traços de personalidade de tonalidade positiva, destacados acima. É possível pensar em uma personalidade globalmente positiva, mesmo que apresente um aspecto que, em nossa maneira de entender, tanto por razões históricas, quanto por razões biográficas, não tenha alcançado o grau de realização positiva exigido.

Não envolvemos nessa avaliação negativa a opção celibatária de Afonso. Essa escolha não foi devida à frustração nascida de uma crise afetiva ou alguma outra motivação negativa; foi exigida pela vocação à qual Afonso se entregou. Ele não fugiu da vida de casado. Foi a opção pela vocação sacerdotal que trouxe consigo o estilo de vida celibatário. A esse respeito, parece um "sorriso combinado" entre o filho e o pai quando o primeiro oferece ao segundo uma desculpa para não se casar "porque é fraco de saúde" ou porque é pressionado pelo tempo.[82]

É mais difícil mergulhar no mistério da identidade sexual de Afonso. Seria fácil vir à mente de um aprendiz de psicólogo, por um lado, a pouca consideração afetiva que Afonso deu à jovem mulher que seu pai lhe ofereceu como possível partido matrimo-

[82] Tellería, I, 87.

nial e, por outro, o romance tecido entre Afonso e sua prima Teresa, querida no início, rejeitada mais tarde por uma opção melhor, e que se tornou freira por despeito diante de tal resultado negativo.

Em primeiro lugar, não houve o pretendido romance entre Afonso e sua prima Teresa, falecida em um mosteiro com reputação de santidade e sobre a qual Afonso escreveu um esboço biográfico.[83] Quanto aos "desentendimentos" de Afonso com a jovem do primeiro partido,[84] há explicações plausíveis normais, sem precisar montar uma complicada construção psicológica para isso.

Aceitada como normal a opção celibatária de Afonso, há aqueles que ainda mantém a pergunta sobre sua peculiar identidade sexual. Tomando como base os dois detalhes previamente anotados, sobretudo, o de proibir a presença de crianças nas visitas ao ancião de Pagani - ao qual alguns acrescentam outros detalhes de sentido semelhante, especificamente, determinados fantasmas ligados aos escrúpulos -, levantou-se alguma voz discordante. Mas, enquanto não forem conhecidos dados mais significativos, e enquanto não tiverem surgido estudos confiáveis que apontem em outra direção, a questão da identidade heterossexual de Afonso de Liguori não pode, sequer, ser levantada.

26.1.8 Complemento biográfico

Biografias que tentam capturar a idiossincrasia de Afonso.

- PICHLER, L. *Der heilige Alfons von Liguori. Ein Charakterbild* (Regensburg, 1922). Esse biógrafo "transformou a caneta em um pincel para 'retratar', como diz a página de título, o caráter do Santo".[85]

---

83 Tellería, I, 72-73.

84 Tellería, I, 87-88, onde há uma reconstrução das expressões da pretendida noiva em uma reunião noturna em que Afonso mostrou fria reserva: "O senhor advogado ficou louco"; "como querem que eu tome como marido alguém que nem se dignou a me olhar?"

85 Tellería, II, 980.

- GETTO, G. S. *Alfonso de' Liguori* (Milão, 1945).

Esse escrito, do professor da Universidade do Sagrado Coração de Milão, não só toca nos aspectos literários da obra afonsiana, mas também tenta captar e expressar a psicologia do autor. Segundo R. Tellería "ele compreendeu bem a psicologia do santo e vestiu seu retrato com finura literária".[86]

Sobre a iconografia afonsiana.

- KEUSCH, C. *Le vrai visage de st. Alphonse de Liguori. De ses portraits à son portrait* (Paris, 1931).
- CAPONE, D. *II volto di S. Alfonso nei ritratti e nell'iconografia* (Roma, 1954).
- PAVONE, M. A. *II momento figurativo nel messaggio alfonsiano*: D'EPISCOPO, D. (ed.). S. Alfonso Maria de Liguori e la cultura meridionale (Cosenza, 1985) 71-90.

Sobre a relação entre os dados anatômicos (obtidos a partir do estudo do esqueleto) e as características fisionômicas dos retratos e a "máscara mortuária" de Afonso.

- GOGLIA, G. *II corpo di Sant'Alfonso. Studio scientifico sullo scheletro*: GOGLIA, G.; CAPONE, D. II corpo di Sant'Alfonso. Studio scientifico e storico sullo scheletro (Roma, 1958) 77-84.

Sobre a personalidade de Afonso.

- BERRUTI, C. *Lo spirito di S. Alfonso M. de Liguori* (Prato, 1896) cap. 1. "Carattere di S. Alfonso" (p. 1-14).
- BAYÓN, R. *La figura de san Alfonso*: El Perpetuo Socorro 23 (1921) 305-312. Esse astuto e criativo estudioso destaca os seguintes traços na figura de Afonso:

- Homem de estudo e aconselhamento.
- Homem de virtude, também com o significado de busca do "justo meio" (do bom senso).

[86] Tellería, II, 986.

- Homem de ação e de governo. No governo da Congregação: "dois traços aparentemente antagônicos: uma preocupação insignificante com detalhes e uma amplitude de coração tão imensa quanto a areia das praias do mar" (p. 311). No bispado: "dois traços mais vigorosos: amor à justiça e uma constante perseguição da iniquidade" (p. 311).
- KEUSCH, C. *Die Aszetik des heiligen Alfonso von Liguori* (Friburgo da Suíça-Paderborn-Paris, 1924) 26-36: "Die Person des Heiligen" (Charaktere - Talente - Moralische Eigenschaften) = *La dottrina spirituale di sant'Alfonso Maria de' Liguori* (Milão 1931) 36-45: "La persona del Santo".

26.2 COMO ERA AFONSO DE LIGUORI?
(II) PESSOA DE MUITAS RELAÇÕES

Se tivéssemos que nomear todas as pessoas com as quais Afonso manteve relação e, em alguns casos, amizade, o número seria muito elevado. Por esse motivo, e com o objetivo de não ocupar muito espaço, limito a consideração ao grupo de pessoas cuja relação com Afonso, e dele com elas, teve um significado acima da média na biografia afonsiana.

Para a verificação desse mundo relacional de Afonso, não há abundância de base documental direta. Uma dessas fontes é, sem dúvida, a correspondência epistolar: tanto a correspondência enviada, quanto a correspondência recebida. As cartas recebidas por Afonso poderiam ser uma boa fonte para a comprovação, mas não são muitas as que chegaram até nós. Da correspondência enviada, há um registro maior. De acordo com a recensão de H. Arboleda, por muitos anos arquivista geral da Congregação do Santíssimo Redentor (Roma), das cartas enviadas por Afonso estão preservadas 1895[87] e, daquelas recebidas por Afonso, conservam-se 625.[88]

---

[87] ARBOLEDA, H. *Regesto delle lettere di S. Alfonso Maria de Liguori pubblicate ed inedite, che si trovano nell'Archivio Generale Storico Redentorista*: SH 39 (1991) 359-499.

[88] ARBOLEDA, H. *Lettere a S. Alfonso*: SH 40 (1992) 129-179.

26.2.1 Relações exigidas pela rica trajetória biográfica de Afonso

Pertencem a esse grupo: relações *familiares;* relações ligadas à *classe social,* mais especificamente, à participação na administração da cidade através do *conselho* de Portanova; relações de *caráter formativo,* tanto as de sentido apenas vertical (nos estudos primários e secundários), quanto as de sentido vertical e horizontal (na carreira do direito e nos estudos eclesiásticos).

É necessário destacar as relações que surgiram no *âmbito das confrarias.* Afonso foi membro ativo de várias delas:

1. O *Oratório dos jovens nobres,* vinculado aos filipinos.
2. A *Congregação da Visitação,* que incluía pessoas pertencentes ao Colégio dos Doutores.
3. A Congregação dos Nobres de Nossa Senhora das Mercês, comumente chamada de *Misericordiella.*
4. A Confraria *Compagnia di Santa Maria Sucurre Miseris,* comumente chamada *Bianchi della Giustizia.*

As relações em razão do *ministério pastoral* alcançam áreas muito amplas e variadas, destacando-se os seguintes subgrupos:

- Relações no ministério do *sacramento da Penitência* e da *direção espiritual.* No epistolário afonsiano, constam pessoas ligadas ao segundo ministério.
- Relações conectadas ao ministério sacerdotal da *pregação* e, mais concretamente, ao dos *Exercícios Espirituais.*
- O ministério *missionário* trouxe para Afonso uma densa rede de relações no Reino de Nápoles: bispos, sacerdotes seculares, fiéis.
- O ministério *episcopal,* embora em uma pequena diocese rural, não deixou de ampliar o círculo relacional de Afonso.

O compromisso de Afonso *como fundador* de uma nova Congregação missionária aumentou grandemente seu patrimônio comunicativo: com o mundo da administração civil; com os níveis oficiais da Igreja; em sua interação com outras Instituições; e, sobretudo, com todos e cada um dos membros que ingressavam no novo Instituto missionário por ele fundado.

Os âmbitos de relações acima mencionados oferecem um balanço muito elevado de pessoas com as quais Afonso pode manter relações. Muito provavelmente, em grande medida essa possibilidade se verificou.

26.2.2 Relações especiais dentro da normal trajetória biográfica

Tendo presente o mapa das possíveis (e reais) relações de Afonso em razão de seu peculiar percurso biográfico, tal como foi descrito no ponto anterior, adquirem especial relevo algumas *relações especiais* dentro das áreas indicadas.

- No mundo familiar: precisa ser destacada a especial relação com sua *mãe* ("devo tudo à minha mãe") e, em sentido diverso - diríamos, "em contraste" - a relação com seu *pai*. Entre seus irmãos, a mais próxima foi a relação com seu irmão Hércules (e com a família deste), sem deixar de lado a relação com seu irmão sacerdote, Caetano.
- Enquanto fundador: foram decisivas suas relações com duas figuras de destaque, Tomás Falcoia e Celeste Crostarosa. Entre os membros de sua Congregação, não pode ser esquecida a relação com Januário Sarnelli. Na continuação, vêm outras relações especiais, como foi apontado no cap. 6 da 7ª seção.
- Na área da formação eclesiástica (enquanto sujeito receptor), sobressai, entre todas as outras, a relação com Júlio Torno, a quem Afonso chamava de "meu mestre".
- A formação jurídica e a prática da advocacia colocaram Afonso em contato com o mundo jurídico de Nápoles que, naquele momento, vivia sua "idade dourada". Tanto Afonso, quanto seus primeiros companheiros, compreenderam e realizaram o serviço pastoral dentro de um clima intelectual elevado, especialmente, na área do direito. Basta lem-

brar os nomes de Domingos Aulísio, Domingos d'Andrea, Nicolau Capasso, Nicolau e Domingos Caravita, Caetano Argento, etc.

26.2.3 Relações com Papas e Bispos

Em grande medida, o mundo de Afonso, especialmente depois de sua ordenação sacerdotal, girou em torno das instituições religiosas de seu tempo. Nesta seção, vamos nos concentrar em suas relações com os chamados dignitários eclesiásticos, deixando para a próxima seção as relações com pessoas pertencentes às várias instituições religiosas.

- Os Papas.

Os Papas que coincidiram com a longa biografia de Afonso foram Clemente XI, Inocêncio XIII, Bento XIII, Clemente XII, Bento XIV, Clemente XIII, Clemente XIV, Pio VI. Com alguns desses Papas, Afonso manteve especial relação.

O Papa **Bento XIV** foi, sem dúvida, o mais próximo de Afonso (e da Congregação dos redentoristas) e o mais querido por Liguori (e pela Congregação).[89] Algum historiador assinalou a proximidade de características entre Lambertini e Liguori.[90]

- Antes de se tornar Papa, o Cardeal Lambertini, em sua obra *De sinodo diocesana* (lib. XI, cap. II, n. 17), adotou o ponto de vista de Afonso sobre a absolvição do clérigo consuetudinário reincidente e se referiu a Liguori com o título de "auctor prudens".
- Bento XIV aprovou a solução dada por Afonso, contrária ao senso comum, de que *a maldição dos mortos* não era pecado mortal.[91] Certa vez, o sacerdote napolitano J. Jorio perguntou

89 Sobre a relação do Papa Bento XIV com os redentoristas: ORLANDI, G. *Benedetto XIV, S. Alfonso Maria de Liguori e i Redentoristi*: SH 27 (1979) 279-297.

90 *Ibid.*, 293-294.

91 BAYÓN, R. *Cómo escribió Alfonso de Ligorio* (Madri, 1940) 284-285.

a Bento XIV sobre a moralidade da maldição dos mortos e o pontífice lhe respondeu: *voi avete il vostro Ligorio, consigliatevi con esso – vós tendes o vosso Liguori, aconselhai-vos com ele.*[92]

- Os moralistas da época foram rápidos em dedicar suas obras morais ao pontífice. Bento XIV patrocinou, tanto os de tendência rigorista (D. Concina), quanto os de orientação benigna. A dedicatória mais famosa foi aquela feita a ele por Afonso de Liguori de sua *Theologia Moralis,* desde a segunda edição, depois de ter obtido, discretamente, a autorização pontifícia através de um amigo comum (o padre Innocenzo Sanseverino).[93] Consta o agradecimento do Papa a essa dedicatória,[94] assim como os correspondentes envios de uma cópia posterior da obra[95] e de outros escritos.[96]

  "É verdade que as cartas e breves dos Papas, respondendo a obras dedicadas a eles, são, antes de tudo, um ato de cortesia e benevolência paternal, mas as cartas e breves que Afonso recebeu por ocasião de suas obras também foram interpretadas por seus contemporâneos como fórmulas indubitáveis de uma aprovação, mais ou menos, geral das doutrinas do autor".[97]
- O Papa Lambertini deu a aprovação oficial à Congregação fundada por Afonso (25 de fevereiro de 1749)[98] concedendo-lhe a comunicação dos privilégios dos Pios Operários e dos Padres da Doutrina Cristã (1756).[99] Afonso também teria desejado os privilégios dos vicentinos, que podiam ordenar seus clérigos a título de *mensa communis.*[100]

---

92 Recolhido em: *Riflessioni sopra la santità e dottrina di Sant'Alfonso Maria de Liguori* (Turim, 1839) 112. Ver: Tannoia, I, 285.

93 Tellería, I, 558-559.

94 Lettere, I, 241.

95 Lettere, I, 287.

96 Lettere, III, 35.

97 BAYÓN, R. *Cómo escribió…,* 284.

98 Tellería, I, 470.

99 Tellería, I, 528.

100 Tellería, I, 472.

Foi o Papa **Clemente XIII** quem nomeou Afonso bispo. O relacionamento oficial de Afonso com esse papa, que havia governado a diocese de Benevento como bispo durante quarenta anos, era intenso. Foi a partir desse papa, oposto ao jansenismo, que Afonso teve a inspiração de compor a *Resposta apologética* sobre a comunhão frequente.

"Com Clemente XIII teve trato constante. Foi ele quem o elevou ao episcopado (...). O caso dos jesuítas que, na época, estava se agravando em todas as cortes, deu motivo a uma efusiva troca de cartas entre Afonso e o Papa".[101]

Com o Papa **Clemente XIV,** Afonso teve relações quando o primeiro ainda era cardeal; mais tarde, quando Papa, dedicou-lhe várias obras.

"A solicitude de Afonso pelas tristezas do Papa constitui uma das características mais tocantes de sua correspondência. Já conhecemos o caso portentoso de sua assistência ao Papa na hora da morte".[102] O que quer que tenha sido a chamada *bilocação* de Afonso por ocasião da morte de Clemente XIV[103] (autossugestão, alucinação, estado febril ou semiconsciência), uma coisa é clara:

"Clemente XIV, ligado por tão estreita amizade com São Paulo da Cruz, encontrou em Afonso veneração filial e compreensão humana. *Povero papa! Povero papa*", foi a exclamação que resumiu suas reações quando ouviu seus anseios de paz."[104]

---

[101] BAYÓN, R. *Cómo escribió...*, 286. As cartas em: Lettere, I, 566, 567; II, 19.

[102] BAYÓN, R. *Cómo escribió...*, 287. Sobre a chamada bilocação de Afonso (estado febril ou de semiconsciência?) por motivo da morte de Clemente XIV: Tellería, I, 501-504.

[103] Dados em: Tellería, I, 501-504. Sobre esta e outras (mais três) *bilocações* na vida de Afonso: GREGORIO, O. *La bilocazione nella vita di Sant'Alfonso*: SH 18 (1970) 93-106. O autor encerra com uma constatação geral acerca da possibilidade da *bilocação*: "alguns teólogos, como Santo Tomás, São Boaventura, Vásquez, rechaçam a possibilidade; outros, ao contrário, por exemplo, Alexandre de Ales, Scoto, Suárez, Lugo, Bellarmino, admitem-na" (*Ibid.*, 105). E acrescenta: "a questão é tão difícil quanto aquelas sobre a quantidade e o espaço, às quais vai unida" (*Ibid.*, 106).

[104] Tellería, I, 504.

Afonso também demonstrou grande estima por **Pio VI**, o papa que aceitou sua renúncia ao episcopado. Referindo-se aos livros que lhe presenteou, o Papa disse: "Parece que, ao renunciar ao episcopado, não haveis renunciado, nem ao zelo, nem à integridade episcopal". Mas foi também este papa que separou Afonso do "ramo oficial" da Congregação.

- A Cúria Romana.

Afonso tinha conhecidos - também "amigos"? - na Cúria Vaticana. Os cardeais Castelli, Torregiani, Orsini, Feroni, Galli, Girau, Spinelli, Crescenzi e muitos outros eram conhecidos - alguns deles também "amigos" - de Afonso. Esses dignitários eclesiásticos acompanharam, desde Roma, as polêmicas teológico-pastorais do napolitano Liguori e apreciavam suas obras teológico-pastorais.

Afonso não foi um fervoroso "curialista", muito menos um "carreirista"; mas, também não tinha uma posição abertamente "anticurialista", de orientação galicana ou jurisdicionalista. Como observamos (10ª seção), Afonso defendeu uma teologia bastante conservadora e maximalista acerca do papado e dos direitos da Igreja, sem cair em exageros teologicamente injustificados, historicamente falsos e contraproducentes para o próprio bem da fé cristã.

Mas foi capaz de ver as deficiências da Cúria Romana. Basta, como prova, mencionar um detalhe sobre a baixa capacitação teológica dos cardeais. Em uma carta de resposta ao teólogo J. Simioli e lisonjeando este último que traria de sua visita a Roma uma "sottana de altro colore", Afonso deixou escapar a queixa: "Atualmente, em todo o Colégio cardinalício não há sequer um cardeal que seja teólogo", apesar de "cardeais doutos serem necessários à Igreja porque precisam assistir e aconselhar a Cabeça da Igreja".[105]

Para a consideração dos cardeais, que deveriam se reunir em conclave em 1774, o cardeal Castelli pediu a Afonso um relatório

[105] Lettere, II, 305-306. Ver: Jones, 437.

sobre as necessidades da Igreja. O pedido chegou a Liguori através de Dom Trajano Trabisonda, a quem a resposta foi endereçada. Entre os documentos oficiais do evento, não encontramos esse relatório afonsiano.[106] A descrição de Afonso sobre a situação eclesial da época é surpreendentemente negativa: 1) Bispos: "são poucos os que têm verdadeiro zelo pelas almas". 2) Comunidades religiosas: "quase todas elas, e mesmo, sem quase, são relaxadas". 3) "No clero secular as coisas estão ainda piores."[107]

Em relação à Cúria Romana, Afonso tinha sua própria experiência e, consequentemente, suas próprias apreciações peculiares, que não conhecemos. Sobre a que, sem dúvida, teve conhecimento, foi aquela que leu em uma carta enviada por seu companheiro, A. Villani, depois de ir e vir de um escritório ao outro do Vaticano, dentro da intrincada rede da burocracia vaticana, para obter a aprovação da Congregação do Santíssimo Redentor e de sua Regra: "Meu Pai, confie-me ao Senhor para que Ele me ajude, pois Roma é uma cidade muito diferente das outras e a simplicidade e a sinceridade foram banidas dela, não se pode confiar em ninguém e deve-se tomar cuidados com todos".[108]

- Arcebispos de Nápoles.

Afonso conheceu quatro arcebispos na diocese partenopeia e teve uma relação bastante próxima com eles. "Por causa de suas frequentes visitas à capital, Afonso viveu em constante comunicação com os chefes responsáveis da Igreja".[109]

O cardeal **Francisco Pignatelli** (1703-1734), procedente da sede arquiepiscopal de Taranto e da nunciatura da Polônia, foi quem o admitiu ao sacerdócio.

---

106 Tellería, II, 507-510.
107 Lettere, II, 306-310.
108 Tellería, I, 454.
109 Tellería, I, 631.

Com o cardeal **José Spinelli** (1734-1754) Afonso teve uma relação mais longa, mais próxima e mais frutífera.[110] O Cardeal confiou a J. Sarnelli e Afonso a missão geral dos *Casali* de Nápoles (1741-1743). Desse trabalho resultou, não somente uma carta a favor das missões (8 de setembro de 1745: *Gravissimum Supremi Apostolatus)*, mas também, um *Catecismo.*

> "Desde o início de seu governo pastoral, Spinelli teve relações de profundíssima estima com Afonso de Liguori e Januário Maria Sarnelli e se valerá de sua preciosíssima colaboração".[111] Afonso "ficou entusiasmado com o programa de governo traçado por ele" [J. Spinelli].[112]

A intervenção do Cardeal Spinelli foi importante para a aprovação pontifícia da Congregação fundada por Afonso. Este, havia entregue a petição ao sacerdote napolitano (natural de Arienzo), José Maria Puoti, antigo colaborador do cardeal Lambertini e, então, secretário de embaixada do mesmo Bento XIV.[113] O pontífice, de momento, limitou-se a transmitir a petição, em 30 de março de 1748, à Congregação do Concílio.[114] Esta, solicitou o parecer (o *votum*) do Cardeal Spinelli, que buscou se informar e dar uma resposta justificada; chegou a receber, em setembro de 1748, um escrito de Afonso na qual o Fundador explicava os motivos e a orientação da nova fundação.[115] O parecer positivo do arcebispo de Nápoles, enviado à Congregação do Concílio em 11 de outubro de 1748, foi decisivo para a aprovação (25 de fevereiro de 1749) da Congregação fundada por Afonso.[116]

> Além dos elogios que Spinelli emitiu sobre a regra da nova fundação (a localização das residências nas áreas de evangelização, o retorno

---

110 Tellería, I, 291-311.

111 SARNATARO, C. *La Catechesi a Napoli negli anni del card. Giuseppe Spinelli (1734-1754). Contributi alfonsiani alla storia della catechesi* (Nápoles, 1989) 78.

112 AMBRASI, D. *Gennaro Maria Sarnelli nella vita religiosa e civile della Napoli del Settecento*: Campania Sacra 27 (1996) 27.

113 Tellería, I, 444.

114 Tellería, I, 445.

115 Lettere, I, 156-157.

116 O texto do *votum* foi publicado em: *Documenta miscellanea ad Regulam et spiritum congregationis nostrae illustrandum* (Roma, 1904) 75-77.

às paróquias missionadas para fazer a "renovação do espírito", etc), os redentoristas de todos os tempos devem ao Cardeal sugerir que a dureza das penitências propostas no primeiro projeto fossem mitigadas. Nas palavras de A. Tannoia: "O Cardeal quis que fosse removido da Congregação o rigoroso jejum das sextas-feiras; que, no Advento e na Novena do Espírito Santo, comêssemos normalmente e não com abstinência *(di bianco, e non di magro)*, que a ceia fosse maior que a das vigílias da Igreja. O eminentíssimo Spinelli não secundou o espírito de penitência de Afonso, mas levou em consideração a saúde dos súditos, porque "vocês - disse ele - não têm casas em cidades conspícuas e, não podendo ter peixe, devem, por necessidade, usar os embutidos: mas quem é trabalhador, precisa de saúde para trabalhar, não de penitência para encurtar sua vida".[117]

Do Arcebispo **Antônio Sersale** (1754-1775), Afonso foi companheiro nas Missões Apostólicas, seu fiel colaborador e, às vezes, conselheiro.[118] Antes de ser nomeado Arcebispo de Nápoles, A. Sersale convidou Afonso a encontrá-lo em Sorrento (9 de outubro de 1743) "para falar sobre muitas coisas" *(per a bell'aggio discorrere di moltissime cose)*. "Infelizmente, o arcebispo não era, em todos os aspectos, o líder iluminado e empreendedor, vigilante e apostólico que as circunstâncias exigiam".[119]

Afonso "considerou como um erro pastoral a nomeação" de **Serafino Filangieri** como arcebispo de Nápoles (1776-1782).[120]

Por razões óbvias, omitimos as referências à relação de Afonso com a **cúria arquiepiscopal** de Nápoles. Devem ter sido frequentes. Não consta nenhum "tropeço" sério na que deve ter sido uma relação normal de natureza burocrática e pastoral.

Por causa do ministério itinerante das missões populares, por motivo dos múltiplos cruzamentos de "conhecimentos" e de "interesses", e em razão das casas da Congregação fundadas (ou

---

[117] Tannoia, I, 209.

[118] Tellería, I, 583-585. Também: DI MAIO, R. *Società e vita religiosa a Napoli nell'età moderna (1656-1799)* (Nápoles, 1971) 209.

[119] Tellería, I, 631.

[120] DI MAIO, R. *Società e vita religiosa...*, 213. Ver: Lettere, 364.

em processo de fundação) em diversos lugares, Afonso conheceu e tratou com muitos **bispos do Reino de Nápoles.** O leitor compreenderá que é impossível relatar aqui, tanto a diversidade, quanto a peculiaridade desse grande número de relações com bispos (e com suas correspondentes cúrias) e as instituições pastorais diocesanas.

Fiquem consignados, porém, como testemunho agradecido, os nomes de alguns desses bispos que tiveram presença na biografia de Afonso: Antônio Maria Santoto (bispo de Scala e Ravello), Fabrício Salerno, Antônio Marulli, Nicolau Abbate, Bernardo Onorati, Alessandro Bórgia, Geraldo Antônio Volpi, Januário Fortunato, Tomás Aceti, Giovanni Rossi, Andrea Vinditti, Muzio Gaeta, Paolo de Mercúrio, Inocêncio Sanseverino, Gaetano d'Arco, Pietro Antônio Raimondi, Nicolau d'Amato, Francisco Paolo Micale, Antônio Manerba, Nicolau Bórgia, Marco de Simone, Francisco Pacca, Domingos Orsini, Luís Agostinho Bertozzi, André Lucchesi, José Locatelli (núncio), Francesco Antônio Boaventura, Casimiro Rossi, e muitos outros.

26.2.4 Amizades dentro do clero secular

- Amizades da etapa de preparação para o sacerdócio.

Em sua preparação para o sacerdócio, Afonso travou relações que deram lugar a amizades que duraram toda a vida.[121] Três seminaristas externos ficaram admirados ao ver o fervor de um jovem leigo em adoração diante do Santíssimo Sacramento; o jovem leigo era Afonso. Os três seminaristas coincidiram com Afonso na etapa de preparação para o sacerdócio, nos lugares de residência e nos trabalhos pastorais, especialmente, nas *capelle serotine.* Os três (juntamente com V. Mannarini e J. Iorio) foram companheiros de Afonso na *excursão de descanso* na costa amalfitana (maio de 1730), evento interpretado, mais tarde, como o *preâmbulo* do acontecimento fundacional do novo Instituto missionário. Seus nomes eram:

[121] Jones, 45-46.

- **João Mazzini** (1704-1792), "o melhor amigo de Afonso" de acordo com alguns,[122] um redentorista da primeira hora no desejo, mas da segunda hora no ingresso. Nós o mencionamos entre os Redentoristas mais destacados do período fundacional (cap. 4 da 3ª seção).

- **José Maria Porpora,** que mais tarde se tornou cônego e pároco de San *Giovanni Maggiore,* na cidade de Nápoles.[123] Enquanto Afonso passava por Nápoles (1750), foi convidado por Porpora a pregar, em sua paróquia, a novena da Assunção da Virgem. O sucesso foi tão grande que o povo quase não cabia naquela grande igreja; segundo A. Tannoia, a novena teve o efeito de uma missão.[124]

- **José Pansa** (ou: **Panza)** (1699-1780), natural de Amalfi, que preferiu dedicar-se ao ministério paroquial para o qual foi convidado pelo arcebispo de Amalfi, Monsenhor Sforza. Morreu aos 81 anos de idade. Foi considerado um padre "dotto, colto e zelante".[125]

Além dos três nomeados, outros padres compartilharam com Afonso a preocupação pela vida espiritual e o zelo pastoral dos primeiros anos de sacerdócio - por exemplo, nas *capelle serotine* - outros sacerdotes (alguns deles aparecem em outras ocasiões no presente volume): **Domingos Letizia, Vicente Mannarini, Luís Lago, Miguel de Alteris, João Batista Fusco, João Batista Coppola** e, naturalmente, **Januário Sarnelli.**[126]

- Amizades forjadas no Colégio dos Chineses.

A relação de Afonso com o fundador do Instituto da Sagrada Família, **Mateo Ripa** (1682-1746), foi correta e até cordial. Pode-se suspeitar que M. Ripa, em algum momento, tivesse a esperança de que Afonso se tornasse um membro de sua instituição. Prova-

---

[122] Jones, 45.

[123] Rey-Mermet, 160, 188-191, 229, 315, 446.

[124] Tannoia, II, 197-198. É interessante tomar nota da escusa inicial de Afonso: "Meu caro amigo, eu não tenho tempo, nem escritos junto comigo, mas não tenho coragem de te dar uma negativa; direi, então, meia dúzia de palavras, como Maria Santíssima me as coloca na boca": RISPOLI, P. L. *Vita del B. Alfonso Maria de Liguori* (Nápoles, 1834) 115.

[125] Rey-Mermet, 160, 188-190, 229, 313.

[126] Tellería, I, 122.

velmente, não suspeitava que Liguori seria o fundador de outro Instituto missionário a perdurar mais que o seu próprio.

Em sua *História da Congregação da Sagrada Família,* o Padre Ripa recorda a passagem de Afonso pela instituição:

> "Convivia, então, entre nós, o senhor dom Afonso de Liguori, sacerdote de grande crédito, não só por causa de seu nascimento, já que era cavaleiro da cidade, mas também por causa da natureza exemplar de sua vida e do dom que recebeu de Deus para dar missões. Ele veio morar conosco desde os primeiros dias em que eu morei com os chineses nesta casa (...). Embora nunca tenha estado adscrito à nossa Congregação, alimentava o desejo de, um dia, se juntar a nós e conservava o ânimo muito disposto para evangelizar na China, segundo expressou, reiteradamente, a seu diretor. Confiando em seu zelo e talento, eu tinha colocado sobre ele quase todo o peso de nossa igreja, na confissão e na pregação, e ele parecia ser o único apoio dela, levando tudo isso com grande proveito para as almas".[127]

Já dissemos que, no Colégio dos Chineses, Afonso travou amizade com muitos membros da Congregação da Sagrada Família. Isso é demonstrado por uma coleção de cartas dirigidas aos membros dessa Congregação, das quais, pelo menos oito, foram preservadas.[128]

Entre os membros da Congregação da Sagrada Família com os quais Afonso iniciou e manteve amizade, dois se destacam: Vicente Mannarini e Januário Fatigati.

Vicente Mannarini (1700-1775) esteve no grupo de Afonso na etapa de preparação para o sacerdócio; também foram colegas no Colégio dos Chineses. Diz Tannoia que "tinha feito seus estudos em Nápoles e era um ótimo teólogo".[129] Mannarini tornou-se membro da Congregação da Sagrada Família, instituição que "deixou" para acompanhar Afonso em seu projeto fundacional. Foi um dos cinco que estiveram em Scala em 9 de novembro de 1732. Mas não perseverou no projeto.

---

127 Citado por: LAGE, E. *San Alfonso y María Celeste* (Madri, 1988) 14-15.
128 MARGIOTTI, F. *S. Alfonso e il Collegio della Sacra Famiglia*: SH 6 (1958) 309-330.
129 Tannoia, I, 77.

Junto com J. B. di Donato (outro dos cinco que estavam em Scala no dia acima mencionado) fez uma fundação própria: *Clérigos Seculares Missionários sob o título do Santíssimo Sacramento,* em cujo âmbito de ação promoveram diversos colégios. Várias vezes tentaram se integrar à Congregação do Santíssimo Redentor, mas, nem Falcoia, nem Afonso, aceitaram a proposta. A Congregação de di Donato e Mannarini foi aprovada pelo Papa Gregório XVI em 1840, mas foi extinta por causa da revolução Garibaldiana.

Januário Fatigati (1707-1785) entrou na Congregação da Sagrada Família em 2 de julho de 1731; na morte do fundador, M. Ripa, em 29 de março de 1746, ele o sucedeu na direção geral da Congregação até sua morte (19 de maio de 1785).

Durante seu longo mandato de 39 anos, admitiu 65 italianos na Congregação, três dos quais foram como missionários à China, e recebeu 44 jovens chineses, 30 dos quais retornaram à sua pátria. Sob pressão da Congregação da Propaganda Fide, abriu as portas do Colégio aos jovens vindos de nações submetidas aos turcos; no momento de sua morte, havia recebido 33 jovens desses países, 18 dos quais haviam retornado como sacerdotes às suas terras de origem. Fez todos os esforços para abrir outro colégio em Madri; quando não teve sucesso, tentou, também sem sucesso, em Macau e, novamente sem sucesso, em Manila.

Tinha reputação altíssima em Nápoles, tanto junto às autoridades civis, quanto religiosas. O arcebispo A. Sersale nomeou-o examinador sinodal e relator para os ordenandos da arquidiocese. O rei Fernando IV nomeo-o bispo da diocese de Casano, mas Fatigati conseguiu que fosse aceita sua renúncia.

Afonso conviveu com J. Fatigati no Colégio dos Chineses, pelo menos por um ano.[130] Fatigati comentou com A. Tannoia que Afonso "exagerava no trabalho" e que "não perdia um minuto de tempo". Foi nomeado, como já foi dito, bispo de Cassano; quando considerou a possibilidade, Afonso lhe disse: "Não aceite a mitra, porque ela o levará à condenação".[131]

---

[130] Jones, 66-67.
[131] Tellería, II, 19.

Houve uma sincera amizade entre Liguori e Fatigati. Este, era para Afonso como um "irmão de coração e de aspiração missionária".[132] Como bispo, Afonso consultou Fatigati sobre se deveria, ou não, realizar um sínodo na diocese de Santa Águeda. Também lhe escreveu para fazer outras perguntas relacionadas com a aprovação de seus livros ou com o que se dizia nos círculos eclesiásticos sobre o uso da opinião provável.[133]

Por sua vez, Fatigati teve uma apreciação positiva das obras de Afonso.[134] Deixando de lado a primeira reação, quando Afonso foi embora do Colégio dos Chineses para fundar uma nova Congregação missionária, Fatigati "conservará, também para com Ligório e seus filhos, indefectível amizade".[135]

Presumivelmente, os amigos de Afonso na Congregação da Sagrada Família foram mais que os três acima citados. Isso é apoiado pelo tempo que Afonso passou no Colégio dos Chineses, não apenas como residente, mas também como encarregado do ministério pastoral da igreja, bem como, pelo ministério missionário ao qual se dedicou e no qual também participavam membros da Congregação do Padre M. Ripa.

> Essa relação de amizade de Afonso com alguns membros da congregação do Padre M. Ripa foi a forma de relação entre as duas instituições, a Congregação da Sagrada Família e a Congregação do Santíssimo Redentor. "As semelhanças na espiritualidade e organização das Congregações da Sagrada Família e do Santíssimo Redentor sugerem uma influência da primeira sobre a segunda. Mas essas semelhanças, talvez, sejam melhor explicadas se tivermos em mente que os dois fundadores foram espiritualmente dirigidos por aquele ardente apóstolo que foi o bispo Tomás Falcoia (1663-1743), bispo de Castellammare di Stabia".[136]
>
> Em todo caso, "os superiores da Congregação da Sagrada Família tiveram o cuidado de dar a conhecer a vida santa daquele [Afonso

---

[132] Rey-Mermet, 546.

[133] Ver a publicação de oito cartas de Afonso, com comentários do editor, conservadas nos arquivos da Congregação da Sagrada Família, das quais, sete são dirigidas a Dom J. Fatigati: MARGIOTTI, F.S. *Alfonso e il Collegio della Sacra Famiglia*: SH 6 (1958) 309-330.

[134] Tellería, I, 661.

[135] Rey-Mermet, 273.

[136] MARGIOTTI, F. S. *Alfonso e il Collegio della Sacra Famiglia...*, 310, nota 3.

de Liguori] que eles consideravam um pouco como a glória da família. Os professores do Colégio [dos Chineses] estimavam e faziam estimar a doutrina de Afonso".[137]

Este último é evidenciado pelo fato de que alguns dos jovens sacerdotes chineses que retornavam ao seu país pediam livros de moral publicados por Afonso, especificamente, o *Homo apostolicus* e a *Praxis confessarii.*[138] Um desses pedidos foi feito a partir de Cádiz, porto ao qual eles se dirigiam para embarcar para Macau.

- Relação com outros sacerdotes diocesanos.

Afonso conheceu e tratou com outros muitos sacerdotes: os que foram seus formadores e superiores no seminário; os que pertenciam à cúria diocesana (teve que tratar com alguns deles por causa dos procedimentos para a publicação dos livros); os que pertenciam às confrarias sacerdotais; os que estavam em cargos públicos ou políticos; os que trabalhavam pastoralmente nas paróquias, tanto no Reino, quanto na cidade de Nápoles.

Destacamos algumas dessas relações de Afonso com sacerdotes seculares, em razão da incidência que tiveram na obra escrita de Liguori, especialmente, no campo da Teologia Moral.

José Iorio (1698-1788). Com esse distinto membro da *Congregação* do Padre Pavone, Afonso manteve uma relação afetuosa, de implicação pastoral e de altura intelectual.[139] Em 1763, J. lorio liderou uma equipe de vinte missionários de sua Congregação que pregaram missões populares na diocese de Santa Águeda (em Airola), a pedido do bispo Afonso.[140] Este último também pediu a

[137] *Ibid.*, 313.

[138] *Ibid.*, 313-314.

[139] GREGORIO, O. *Giuseppe Iorio amico e corrispondente di Sant'Alfonso*: Campania Sacra 4 (1973) 270-290.

[140] Tellería, II, 95; Rey-Mermet, 575; Jones, 375. Também: DOVERE, U. *Il "Buon Vescovo" secondo Sant'Alfonso M. de Liguori*: AUTIERO, A.; CARENA, O. (ed.). Pastor bonus in populo. Figura, ruolo e funzioni del vescovo nella Chiesa (Roma, 1990) 100-101.

Iorio que fundasse uma Congregação de sacerdotes diocesanos na diocese, vinculada à do Padre Pavone.

Afonso conheceu o livro de J. Iorio, *Instruzione porgli confessori* (1745), com o qual comparou um seu livro semelhante (*Il Confessore diretto*), sendo esta última obra "più piena di notizie morali" do que a primeira.[141]

Por sua vez, J. Iorio também teve uma grande estima por Afonso. Fez uma avaliação positiva das *Adnotationes morales* afonsianas.[142] A estima não o impediu de considerar como excessivamente benigna a opinião de Afonso sobre a absolvição do clérigo habituado em pecado torpe, ao que Liguori reagiu matizando sua opinião: manteve o direito do clérigo de obter a absolvição, mas não o de aceder ao sacerdócio.[143]

José Sparano (1709-1776). Membro e, em algum momento, superior das Missões Apostólicas e, depois, bispo, foi companheiro de Afonso nessa confraria sacerdotal.[144] Falando em linguagem coloquial, J. Sparano não perdoou Liguori por ter fundado uma Congregação com o mesmo objetivo da confraria sacerdotal à qual ambos pertenciam.[145] Junto com José Iorio e **João Batista Coppola** (amigo de Afonso e, mais tarde, bispo de Cassano), J. Sparano elogiou as *Adnotationes morales* de Liguori.[146] Um detalhe ele reprovou: Afonso ser muito indulgente com as mulheres que descobriam, excessivamente, parte dos seios: "mulier media ubera detegens".[147]

Santiago Fontana († 1758). Afonso de Liguori tinha em grande estima o homem que era, além de cônego, reitor do seminário de Nápoles e autor do regulamento daquele centro. Tanto, que lhe enviou o manuscrito de um texto no qual havia redigido um *Re-*

---

141 De Meulemeester, I, 122-123; Tellería, II, 309-310.
142 Tellería, I, 422; Jones, 210.
143 Ver: Tellería, I, 556-557.
144 Tellería, I, 99, 101-102, 108, 112, 306, 365, 535, 556-557.
145 Rey-Mermet, 188, nota 3 (p. 198); 377, nota 14 (p. 389)
146 Tellería, I, 422-423.
147 *Ibid.*, 422.

golamento pergli Seminari (1757).[148] Também há provas de que lhe enviou (12 de outubro de 1750) uma cópia das *Glórias de Maria.*[149]

Januário Fortunato (1682-1751). Professor do seminário arquiepiscopal de Nápoles e examinador sinodal, assessorou Afonso quando, tendo se tornado fundador de um novo Instituto missionário, encontrou dificuldades para continuar pertencendo às Missões Apostólicas. Conservam-se algumas cartas entre eles.

Há também algumas cartas de Afonso ao Cônego **José Simioli** (1712-1779), teólogo doutor e professor na Universidade de Nápoles.[150] Foi esse teólogo que, de fato, examinou, a pedido do Cardeal Spinelli, a Regra da Congregação do Santíssimo Redentor, a fim de redigir o necessário relatório a Roma.[151]

26.2.5 Relações com membros de instituições religiosas

- A Companhia de Jesus.

Foi estreita e positiva a relação de Afonso com a Companhia de Jesus. "Entre os grandes amigos e admiradores de Afonso devem ser contados os membros da Companhia de Jesus".[152] Essa relação entre Afonso e a Companhia de Jesus foi apresentada na análise dos condicionamentos da *Theologia Moralis* afonsiana (cap. 3 da 15ª seção), onde também foi consignada a bibliografia pertinente.

Nesse momento, anotamos os nomes de alguns membros da Companhia de Jesus com os quais Afonso manteve uma relação direta e não apenas intelectual ou de livros (por exemplo, a relação com F. A. Zaccaria e com outros moralistas jesuítas).[153]

---

148 Sobre as vicissitudes históricas desse texto afonsiano (um opúsculo de umas 45 páginas), ver: De Meulemeester, I, 88.

149 Lettere, I, 177.

150 Lettere, II, 305-306.

151 Rey-Mermet, 457.

152 BAYÓN, R. *Cómo escribió...*, 293.

153 JAPPELLI, F. *Alfonso M. de Liguori e i gesuiti*: GIANNANTONIO, P. (ed.). Alfonso M. de Liguori e la società civile del suo tempo (Florença, 1990) I, 77-98.

Domingos Manulio (1684-1742), superior provincial dos jesuítas napolitanos (de 22 de setembro de 1732 a 1 de dezembro de 1735) que, "do *Gesù Nuovo,* dirigia meia Nápoles" (incluindo Afonso).[154]

Francisco Pepe (1684-1759), cuja obra, *Grandezze di Gesù Cristo e de la Gran Madre Grandissima,* influenciou a obra homônima de Afonso, com quem o jesuíta manteve relação epistolar.[155]

Além disso, durante sua estada em Roma, por ocasião de sua consagração episcopal, Afonso visitou várias vezes o Superior Geral da Companhia de Jesus, padre **Lorenzo Ricci.** Também manteve relações com outros padres jesuítas de Nápoles e da Itália: **D. Sorrentino, L. Centurione,** e muitos outros.

- Afonso e a Ordem Dominicana.

Ao ler o título da presente exposição, imediatamente vem à mente a coincidência, na mesma cidade de origem, dos dois maiores representantes do conhecimento eclesiástico: um, Tomás de Aquino, da Teologia Dogmática; o outro, Afonso de Liguori, da Teologia Moral. O primeiro pertenceu à Ordem dos Pregadores e o segundo fundou a Congregação dos Redentoristas. Além dessa bela coincidência no belo lugar de nascimento, é digno de nota - como fizemos no cap. 2 da 6ª seção - a consciente e deliberada inscrição de Afonso na genuína tradição tomasiana em teologia. Também podemos imaginar o jovem Afonso, em sua época de estudos universitários, nas salas reservadas para essa finalidade no convento de *San Domenico Maggiore,* observando ou, pelo menos, lembrando, a passagem do Aquinate (também a de Giordano Bruno e Tommaso Campanella) pela igreja e pelo convento.

Situados no momento histórico em que Afonso viveu, devemos reconhecer seu apreço pela Ordem Dominicana enquanto destacada

---

[154] CHIOVARO, F. *Il beato Gennaro Maria Sarnelli redentorista (1702-1744)* (Materdomini, 1966) 29.

[155] TELLERÍA, R. *De spirituali B. Mariae Virginis Immaculatae praesentia in familia alfonsiana*: SH 3 (1955) 135.

instituição eclesial e por frades individuais da Ordem. Limitando nossa consideração à relação de Afonso com estes últimos, reunimos os dados mais destacados pelos estudiosos do assunto.[156]

Desconhece-se a relação que Afonso pode ter tido com seu primo do lado materno, o dominicano **Tomás Cavalieri** († 1769), reitor do colégio de Santo Tomás em Nápoles e provincial da Província do Reino (1768-1769). Como encarregado das missões, esse parente dominicano deu especial contribuição ao bispo Afonso na missão geral da diocese (1762-1763).[157]

O dominicano **Gregório Maria Rocco** (1700-1782), pregador popular no Reino e, sobretudo, na cidade de Nápoles, declarava-se amigo de Afonso; disse uma vez ao Pe. Blassuci, como relatou em seu panegírico quando da morte do fundador: "o vosso Dom Afonso, meu amigo, na juventude era tão inflamado de zelo pela salvação dos pecadores que teria querido santificar o mundo inteiro de uma vez só".[158]

Através de seu professor J. Torno, Afonso foi influenciado pela filosofia e teologia ensinadas no Colégio de Santo Tomás, prestigioso centro teológico dos dominicanos na cidade de Nápoles. De modo especial, através do ilustre cônego napolitano, recebeu o afeto pelo tomismo e a aversão ao jansenismo, que era transmitida, no mesmo centro, pelo professor **Gregório Selleri** (1654-1729), mais tarde, Mestre do Sacro Palácio em Roma e, finalmente, cardeal.[159]

Os biógrafos de Afonso (Tellería, Rey-Mermet, Jones) sublinham a importância da relação de Afonso com seu conselheiro espiritual, o padre dominicano **Luís Fiorillo** († 1737).[160] Também dão importância à estreita e fecunda relação do bispo Afonso com

---

156 Um bom estudo de síntese: MIELE, M. *Sant'Alfonso e i Domenicani*: SH 59 (2011) 207-237.

157 Sobre T. Cavalieri: MIELE, M. *Sant'Alfonso e i Domenicani...*, 212-213.

158 BLASUCCI, P. P. *Orazione panegirica*, 57. Citado por: Tellería, I, 121, nota 14.

159 MIELE, M. *Sant'Alfonso e i Domenicani...*, 214.

160 *Ibid*, 215-221. Sobre o Pe. Fiorillo: MIELE, M. *Le missioni popolari nel Sud e le iniziative del gruppo fondato da L. Fiorillo O. P. († 1737)*: Archivum Fratrum Praedicatorum 70 (2000) 365-443. Também: Tellería, I, 217 (el "insigne" padre Fiorillo).

o teólogo dominicano **Tomás Maria Caputo,** reitor do seminário da diocese de Santa Águeda.[161]

Entre os professores dominicanos da faculdade de teologia da universidade partenopeia, é fora de dúvida que Afonso conheceu e apreciou a pessoa e a obra do teólogo moralista **Pio Tomás Milante** (1689-1749), mais tarde, bispo de Castellammare.[162]

Entre os severos censores das obras de Afonso, estava um dominicano: **Alberto Capobianco** (1708-1798), teólogo de confiança do Arcebispo Sersale e, posteriormente, Arcebispo de Reggio Calabria.[163] Devemos também lembrar os dominicanos do convento reformado de Veneza com quem Afonso se confrontou em seu pensamento teológico-moral: **D. Concina, F. Cuniliati** e, acima de tudo, **J. V. Patuzzi.** Essa controvérsia foi analisada em capítulo anterior do presente volume (cap. 2 da 19ª seção).

Como contrapeso do lado positivo, é bom notar o julgamento favorável do dominicano **Querubim Pellegrino,** professor da faculdade de teologia da universidade partenopeia (1745-1758), sobre a segunda edição da *Theologia Moralis* afonsiana.[164] Por outro lado, Afonso fez uso das obras apologéticas dos dominicanos **Tomás Vicente Moniglia** (1686-1767) e **Antônio Valsecchi** (1708-1791) para compor sua própria obra, com orientação semelhante.[165]

Um dominicano, Padre **Vicente Gregório Lavazzuoli (**ou: **Lavazzoli)** (1731- 1806), professor na faculdade de teologia e no Colégio de Santo Tomás de Nápoles, acolheu a biografia de Afonso escrita por A. Tannoia e a recomendou (*saggio dell'opera*) ao prior da napolitana cartuxa de São Martinho, declarando que o bispo de Santa Águeda dos Godos tinha sido "devotíssimo de nosso hábito e singularmente devoto do Angélico Santo Tomás, tendo-o como

161 Ver a extensa exposição de: MIELE, M. *Sant'Alfonso e i Domenicani*... 222-230.

162 *Ibid.*, 213-214.

163 *Ibid.*, 233.

164 *Ibid.*, 233. Também: Tellería, I, 560.

165 MIELE, M. *Sant'Alfonso e i Domenicani*..., 235-236. Também: Lettere, III, 277-278. Ver o cap. 4 da 10ª seção.

companheiro seguro em todas as suas muitas obras" (*devotissimo dell'abito nostro, e singolarmente verso l'Angélico S. Tommaso, avendolo avuto unica scorta sicura in tutta la serie delle tante sue opere*).[166]

Em contraste com essa declarada devoção de Afonso para com Tomás de Aquino, há a afirmação de um grande moralista dominicano da época contemporânea, que, em um âmbito teológico qualificado, deixou estampado seu parecer de que há um desacordo fundamental entre o sistema moral de Afonso e o de Tomás de Aquino, de modo que, tentar conciliar os dois sistemas, seria uma concessão ao concordismo artificial.[167]

- Outras instituições religiosas.

Em outro lugar, anotamos a estima que Afonso tinha pelos teólogos **agostinianos** de seu tempo: E. Noris, J. L. Berti, etc. Também sublinhamos a relação - em alguns aspectos não inteiramente positiva - que ele manteve com alguns dos agostinianos do convento de São João *a Carbonara*. Nesse sentido, Afonso precisou responder às críticas do regente de estudos desse convento, **Ambrósio Manchi** (pseudônimo: Lamindo Pritânio Redivivo), que censurou aspectos, tanto das *Glórias de Maria*, quanto da *Theologia Moralis*.[168]

Seria longo e impraticável citar outros (haveria muitos) nomes de pessoas ligadas às instituições religiosas com as quais Afonso manteve contato: carmelitas descalços **(Pio da S. Michele Arcangelo)**, pios operários **(Giuseppe Morcillo)**, etc.

---

[166] Tannoia, I, p. IV. O dominicano Lavassuoli recorda que "ao fundar a sua respeitável Congregação, foi apoiado, não apenas pelo, assim chamado, Pe. D. Tomás Pagano, seu diretor, mas também pelo nosso Pe. M. Fra. Ludovico Fiorillo, grande Servo de Deus, e luminar, naquele tempo, de toda a Nápoles". Sobre T. G. Lavazzuoli: RUGGIERO, G. *Curiosità intellettuale e ortodossia conservatrice in Vincenzo Gregorio Lavazzuoli, un domenicano nella Napoli del '700*: Archivum Fratrum Praedicatorum 79 (2009) 289-342.

[167] DEMAN, T. *Probabilisme*: DTC, XIII/1 (Paris, 1936) 417-619, especialmente, cc. 580-592 (sobre Afonso de Liguori).

[168] Tellería, I, 563, 651.

Também na Corte de Nápoles havia pessoas amigas ou conhecidas de Afonso (o Marquês Brancone, o Príncipe de Camporeale, o Marquês de la Sambuca, o Marquês de Marco, o Marquês de Vasto, Heitor Carafa, Duque de Andria, etc).[169]

26.2.6 Relações provenientes da condição de escritor

No cap. 8 da 7ª seção, ficou suficientemente apresentada a relação de Afonso com pessoas ligadas à impressão e publicação de seus livros. Dentre todos, destaca-se a pessoa de **Giuseppe Remondini.**

Nesse momento, estamos interessados em observar um grupo de teólogos que atuaram como censores, tanto eclesiásticos, quanto régios, das obras de Afonso. Apontamos aqueles que causaram especial dificuldade para Afonso enquanto escritor.

O dominicano **Alberto Maria Capobianco** (1708-1798), na qualidade de censor régio, censurou rigidamente um livreto do bispo Liguori: "em apenas cinco páginas do livreto que compus para a diocese, ele me causou seis dificuldades".[170]

O citado Capobianco e seu irmão de hábito, padre **Alberto Sacco,** professor na faculdade de teologia de 1758 a 1765, que, a juízo do Núncio de Nápoles, era mais respeitoso com a Santa Sé do que o Padre Capobianco, "se unirão a Dom Giuseppe Simioli para dificultar a impressão de algumas obras de Afonso e, pensando neles, o Santo reeditará seu *Compêndio da Doutrina Cristã*".[171]

De fato, **José Simioli,** professor de teologia na universidade e no seminário de Nápoles e cônego na catedral partenopeia, causou dificuldades a Afonso por causa dos livros *Verità della Fede*[172]

[169] BAYÓN, R. *Cómo escribió...*, 290-293.
[170] Lettere, I, 505 (cf. Lettere, II, 555). Ver: Tellería, II, 149-150.
[171] Tellería, I, 538.
[172] Lettere, III, 354. Ver: Tellería, I, 330-331.

e *Storia delle Eresie,*[173] embora não se opusesse ao escrito afonsiano *Opera dogmatica contro i Novatori sul concilio di Trento.*[174] Não convém esquecer que J. Simioli era catalogado no grupo filojansenista conhecido como "membros do Partido" (ou: *amici del partito).*[175]

Outro dos rígidos censores que Afonso enfrentou foi **Salvatore Ruggieri,** professor de teologia dogmática, também de orientação filojansenista.[176] O censor se opôs à tese tomasiana, defendida por Liguori, de que as crianças que morrem sem batismo não padecem as penas do dano.[177] Não adiantaram as duas cartas de recomendação que, com tal finalidade, Afonso enviou a J. Simioli (15 e 22 de julho de 1776).[178]

26.2.7 Conselheiros Espirituais

Quanto a pedir e obter *conselho,* Afonso se relacionou com eclesiásticos de prestígio. Vamos citar, mais uma vez, aqueles a quem ele se dirigiu para pedir conselhos sobre a fundação de um novo Instituto missionário: J. Torno, então diretor das Missões Apostólicas, e M. Ripa, fundador da Congregação da Sagrada Família, que lhe responderam com um não; o dominicano Luigi Fiorillo, pregador de reconhecido prestígio, o vicentino padre Vicente Cutica, superior da comunidade vicentina, o jesuíta Manulio, superior provincial dos jesuítas napolitanos, o padre T. Pagano, destacado filipino entre os *Gerolomini* de Nápoles: todos eles apoiaram Afonso em sua decisão.

Além desse conselho pontual, mas decisivo, Afonso recebeu orientações contínuas de seus, chamados, diretores espirituais. A

---

173 Lettere, III, 405: Essa obra (*Storia delle Eresie*) "me custa o sangue e grande incomodação com o bendito senhor cônego Simioli, que sustenta *mordicus* [tenazmente] as sentença de Berti, e por isso, me cassou muitas coisas; mas, finalmente, deu a aprovação". Ver: Tellería, I, 485-486.

174 Rey-Mermet, 620.

175 Jones, 268. Ver: Cacciatore, 192-197.

176 Cacciatore, 211, 254, 598-600.

177 Jones, 443.

178 Rey-Mermet, 677-678.

relação com alguns desses diretores foi prolongada. Em uma lista de apenas três pessoas, entram, necessariamente:[179]

- **Tomás Pagano** dos filipinos, confessor de Afonso desde sua infância até os 35 anos de idade.
- O pio operário e bispo de Castellammare, **Tomás Falcoia,** no qual Afonso encontrou, não somente um conselheiro espiritual, mas também um diretor técnico para sua obra fundacional.
- O redentorista **Paulo Cáfaro,** seu diretor espiritual por dez anos.

A esses diretores espirituais devem ser acrescentados outros confessores, entre os quais, não pode faltar o nome do redentorista **André Villani**.

Acrescentemos também estes dois:

João José da Cruz (Giovan Giuseppe della Croce; na vida civil: Carlo Gaetano Calosirto) (1654-1734), alcantarino franciscano. Viveu no convento de Santa Lucia *al Monte* em Nápoles. Quando os dois ramos dos alcantarinos, o espanhol e o italiano, se separaram, ele foi eleito ministro geral dos italianos. De vida ascética, teve qualidades de bom conselheiro espiritual; exerceu-as, entre outros, com Afonso de Liguori, com quem, juntamente com Francisco de Jerônimo, foi canonizado por Gregório XVI em 1839.

O, já nomeado, **Júlio Nicolau Torno,** teólogo e canonista, um dos sacerdotes mais estimados da arquidiocese partenopeia de sua época.[180] Foi professor de teologia dogmática e moral no seminário, e membro (no tempo de Afonso, também diretor) das Missões Apostólicas. Desempenhou papel de destaque na celebração do Sínodo diocesano de 1726. Foi revisor eclesiástico do primeiro livro (e dos que se seguiram) de João Batista Vico, sobre quem expressou apreço e relação amistosa.[181] Foi conselheiro e amigo de Afonso de Liguori.

---

[179] BELLUCCI, A. *I confessori di S. Alfonso Maria del Liguori*: SH 4 (1956) 469-474.

[180] PACIA, O. *Giulio Nicolò Torno. Un teologo e giurista del Settecento napoletano* (Nápoles, 1999).

[181] Gaudé, I, 150: "Doctissimus praesul J. Torni"; Gaudé, I, 444; III, 475: "Illustrissimus et doctissimus episcopus"; Gaudé, II, 26: "me docuit doctissimus episcopus"; Gaudé, II, 408; III, 225: "Illustrissimus et doctissimus magister meus" - *o doutíssimo diretor Júlio Torno* (I, 150); *ilustríssimo e doutíssimo bispo* (I, 444; III, 475); *o doutíssimo bispo que me ensinou* (II, 26); *o meu ilustríssimo e doutíssimo mestre* (II, 408; III, 225).

26.2.8 Relações singulares

Afonso tinha visão ampla. Não se limitou ao mundo napolitano, nem mesmo, ao mundo italiano. Sua preocupação com o presente e o futuro do cristianismo levava-o a alcançar os âmbitos europeu e universal. Recordamos três relações a nível europeu: uma, iniciada; outra, sustentada; a terceira, frustrada.

- Afonso iniciou uma correspondência com o moralista **Eusébio Amort** (1692-1775), cujo valor e orientação no campo da Teologia Moral foram sublinhados no volume anterior (V/2.1005-1008). Afonso tinha alto conceito sobre esse moralista alemão.[182]

Liguori escreveu a E. Amort duas cartas, em latim. Da primeira, não conhecemos o texto da missiva afonsiana; provavelmente não houve resposta do moralista alemão.[183] Da segunda, conhecemos o texto.[184] O original da carta é preservado na Biblioteca Pública de Munique (*Cod. Mss.* 1405, 9). Não se sabe se houve uma resposta.

Nessa segunda missiva, o bispo Afonso trata o teólogo bávaro com suma reverência e sugere que seria bem-vinda uma sua intervenção mais direta e expressa sobre a validade do *equiprobabilismo*, posição compartilhada por ambos, para acalmar as intemperanças críticas de Patuzzi. Dessa forma, Afonso não ficaria sozinho no confronto.[185] Além disso, o nome do teólogo alemão teria grande impacto sobre os eruditos.[186]

- Houve uma relação sustentada entre Afonso e **Claude-François Nonnotte** (1711-1793),[187] membro da, supressa, Companhia de Jesus, cuja pessoa e obra apresentamos neste mesmo volume (cap. 4

[182] Disse sobre ele: "Auctor recens, Pater Eusebius Amort, vir Germanus valde eruditus, et undique notus ob suam doctrinam et plura insignia opera vulgata" - *um autor recente, Padre Eusébio Amort, alemão muito erudito e conhecido em toda parte pelas suas várias obras insignes já publicadas* (Gaudé, I, 31).

[183] Na segunda carta, Afonso "supõe", diante da não resposta de E. Amort, que este não recebeu sua primeira carta: "quae forte ad te non pervenit" - *que talvez não tenha chegado até vós* (Lettere, III, 247).

[184] Lettere, III, 246-247.

[185] Lettere, III, 246: "ne me solum derelinqueres" - *não me deixarias sozinho.*

[186] Lettere, III, 247: "doctrina enim tua tuumque nomen aliud quidem robur apud eruditos habebit, quam quod ipse scripsi" - *pois a tua doutrina e o teu nome terão uma influência sobre os eruditos que meu escrito não teria.*

[187] Tellería, II, 556-558.

da 9ª seção). A relação, iniciada por Afonso (através de um intermediário napolitano: Vincenzo Lupoli)[188] deu lugar a um mútuo apreço, sobretudo, pela obra escrita do outro.[189] Essa estima mútua aparece na correspondência, escrita em latim, que eles trocaram entre si. Conservam-se quatorze cartas (completas ou em parte) de Nonnotte dirigidas a Afonso entre 1778 e 1785,[190] bem como, alusões elogiosas ao controversista francês no epistolário afonsiano.[191]

No fundo, está a polêmica antivoltaireana, na qual C. F. Nonnotte era uma autoridade europeia e pela qual Afonso estava muito interessado. Liguori pode conhecer a tradução italiana, feita em Florença (1773) e em Veneza (1774-1778), dos *Erreurs de Voltaire* e a tradução italiana do *Dictionnaire philosophique de la religion,* publicado em Nápoles (1777).

Afonso recebeu uma grata alegria quando, em princípios de maio de 1778, difundiu-se por Nápoles o rumor da conversão de Voltaire. Tomou sua pluma e começou a escrever uma carta destinada ao filósofo francês.[192] Fez um esboço da carta em italiano e pediu a F. A. de Paola que a traduzisse para o latim: "vi mando il bozzo volgare; voi m'avete da fare il piacere di trasportarlo in latino, come meglio vi pare a modo di lettera latina".[193] Mas o rumor não se concretizou em notícia, mas sim, em anedota. Afonso teve que reter sua carta.[194] Voltaire morreu nesse mesmo mês de maio de 1778.

26.3 COMO ERA AFONSO DE LIGUORI?
(III) ENRAIZADO EM SEU TEMPO E EM SEU ESPAÇO

26.3.1 Afonso em seu tempo e em seu espaço

Não conheço nenhum estudioso da pessoa e da obra de Afonso que não faça alusão, não afirme, não enfatize, a estreita relação de

188 Rey-Mermet, 679.
189 SAMPERS, A. *La mutua stima tra Alfonso e l'abate Claudio Nonnotte*: SH 24 (1976) 3-15.
190 *Ibid.*, 11-15.
191 Lettere, II, 473-476; III, 527, 698-699.
192 Rey-Mermet, 679-680.
193 Lettere, II, 480.
194 Lettere, II, 481-482.

Afonso com o espaço e com o tempo que lhe tocou viver. Todos reconhecem que Liguori foi filho de seu tempo e de seu espaço humano.[195]

Ao longo do presente volume, quisemos dar importância ao contexto ou enquadramento do personagem. Dedicamos as quatro amplas seções da primeira parte do volume à análise do *contexto* em que adquiriu relevo a biografia de Afonso: *Reino* de Nápoles, *Cidade* de Nápoles, *Igreja* em Nápoles, *Cultura* napolitana do *Settecento.*

A *pessoa* de Afonso não adquire significação se não estiver em interação com seu peculiar contexto. Expressamos essa ideia com metáfora agrícola: Afonso está enraizado em sua cidade, em seu Reino, em sua Igreja; em síntese: em seu povo.

Essa afirmação possui diversas vertentes de significado. Antes de tudo, indica que a realidade social, cultural e eclesial do séc. XVIII não foi indiferente para Afonso e que ele, tampouco, passou despercebido para o conjunto da realidade social, cultural, política e religiosa da Nápoles de sua época. Em um nível mais profundo, a afirmação pretende denotar a interação do personagem (Afonso) e da paisagem (*Settecento* napolitano): as influências foram mútuas e de cunho muito variado.

Em grande medida, todo o *Settecento* napolitano passou por Afonso e este, evidentemente, passou pelo primeiro. A vida e a atividade afonsianas estarão sempre relacionadas com a realidade social e cultural de sua terra e do momento histórico em que Afonso viveu. Como diz R. Tellería, Afonso foi "muito um homem de seu século e de sua pátria, com o espírito sempre alerta para captar as ondas do pensamento religioso de sua época, para discernir suas correntes, calibrar seu impulso e medir suas consequências sobre o destino eterno das almas, norte supremo de suas preocupações sacerdotais". [196]

---

[195] KEUSCH, C. *La dottrina spirituale di sant'Alfonso Maria de' Liguori* (Milão, 1931) 24.

[196] Tellería, I, 531.

"As polêmicas e disputas jurídicas, as novidades historiográficas, as conquistas filosóficas, os progressos científicos e as muitas inovações culturais do tempo, haviam incidido sobre o caráter e a formação de Afonso, de modo que é impossível considerá-lo fora do contexto histórico e intelectual de sua época. Também sua obra moral maior, a *Teologia Moral,* na qual ele trabalhou durante toda a segunda parte de sua vida, foi alimentada por essa experiência cultural, abrangente e aberta às exigências da idade moderna. [197]

Não há necessidade de repetir aqui afirmações e orientações que enfatizam o enraizamento de Afonso e de seu projeto religioso (e social) no contexto napolitano de sua época. Consideremos essas duas perspectivas:

- A inculturação da piedade afonsiana, vivida e escrita, nas sensibilidades espirituais de seu espaço e de seu tempo: devoção mariana, devoção ao nascimento de Jesus *(Presepe).*
- O apoio da experiência religiosa nas manifestações artísticas, especialmente, na escultura e, ainda mais, na pintura.

Fazendo uma aplicação do que se diz de Francisco de Assis em relação à Itália, é costume dizer que Afonso de Liguori é "o mais santo dos napolitanos e o mais napolitano dos santos" (*il più napoletano dei santi, il più santo dei napoletani*).[198]

A consciência da *napolitanidade* de Afonso - *napoletanissimo nelle midolla* (B. Croce) - pode explicar porque Liguori defendeu um dos sinais da condição napolitana: o milagre de São Genaro, como ele diz, "em minha pátria".[199] Mas suas raízes napolitanas não impediram Afonso de se abrir a uma sensibilidade mais ampla: a *unidade* da Itália. De fato, em seu escrito *Verdade da Fé* (1767) pode-se perceber "algumas explosões de italianismo consciente e mo-

---

[197] GIANNANTONIO, P. *Alfonso M. de Liguori e la cultura del suo tempo*: ID. (ed.). Alfonso M. de Liguori e la società civile del suo tempo (Florença, 1990) I, 22-23.

[198] FORTE, B. *Di tutti i santi, il più napoletano*: Il Mattino (sábado, 10 jan 1987), recolhido em: MASONE, E.; AMARANTE, A. (ed.). *S. Alfonso de Liguori e la sua opera. Testimonianze bibliografiche* (Nápoles, 1987) 192-193.

[199] *Verdad de la fe* (1767), parte III, c. 1, n. 24-28. (= LIGÓRIO, Afonso de. *A verdade da Fé.* Rio de Janeiro: Centro Dom Bosco, 2020, p. 83).

derado"[200] quando aponta "os erros que hoje circulam na Europa e que, a partir das regiões ultramontanas, infelizmente se espalham também pela *nossa* (sublinhando meu) Itália".[201]

Por outro lado, a condição de napolitano (e italiano) não deve ocultar outra dimensão de Afonso: sua condição de *europeu*. Isso foi enfatizado, anos atrás, pelo historiador O. Gregorio em estudo bem documentado no qual sustentou que toda a Europa tem sido nutrida pela cultura afonsiana.[202] Tal afirmação é mais evidente com relação à Teologia Moral, mas também é válida para outros escritos, especialmente os de orientação espiritual.

> O próprio Afonso, em carta datada de 2 de março de 1773, comentava ao editor veneziano G. Remondini: "Uma pessoa fora do Reino de Nápoles escreve-me que minha Obra Moral foi bem recebida pelos alemães, juntamente com os livros espirituais, parte dos quais foram traduzidos para o alemão. *Soli Deo honor et gloria*".[203]
>
> Monsenhor Gultier, confessor da rainha Maria Carolina, esposa de Fernando IV, rei de Nápoles, declarava a Afonso: "Seus livros são tão bem vendidos na Alemanha que até os protestantes os traduziram e editaram".[204]
>
> O historiador da literatura espiritual italiana afirmava que três livros de Afonso - a *Theologia Moralis*, as *Visitas ao Santíssimo Sacramento* e as *Glórias de Maria* - haviam configurado a cultura religiosa, não só da Itália, mas também da Europa e do mundo.[205]

26.3.2 Incidência de Afonso (e dos redentoristas) na realidade do sul da Itália

Afonso foi um filho de sua terra, Nápoles, e de sua cultura, a do sul da Europa. Pertenceu à "outra Europa", a Europa próxima

---

200 Tellería, II, 322, nota 58.

201 *Verdad de la fe* (1767), parte I, c. 1, n. 17.

202 GREGORIO, O. *Alfonso scrittore europeo*: VÁRIOS. Atti del Convegno nazionale di studi storici (Roma, 1976) 327-332.

203 Lettere, III, 44.

204 GREGORIO, O. *Alfonso scrittore europeo...*, 332.

205 DE LUCA, G. *S. Alfonso, il mio maestro di vita spirituale.* Edição de O. Gregorio (Roma, 1983) 131.

ao Mediterrâneo.[206] De tal forma pertenceu a essa sociedade e a essa cultura, que elas assumiriam, como um de seus traços configuradores, a marca deixada, tanto pelo pensamento afonsiano, quanto pela pastoral popular dos redentoristas.

A formação filosófica, jurídica, teológica e moral de Afonso sempre esteve a serviço dos interesses concretos do povo concreto. A proposta afonsiana visava a preencher a lacuna que existia entre o catolicismo oficial e a vida real do povo. A razão de ser de sua proposta era, evidentemente, de natureza religiosa; no entanto, tinha uma espessura mais densa e profunda que a estritamente religiosa: repercutia na estruturação geral da vida dos indivíduos e da sociedade.[207]

> "De fato, amadurecido no interior dessa sociedade e com seus olhos fortemente polarizados para ela, o liguorismo pode ser considerado como a mais 'nacional' das articulações assumidas pelo catolicismo meridional de sua época".[208]

A influência de Afonso (e dos membros da Congregação do Santíssimo Redentor, por ele fundada) na peculiaridade da cultura meridional foi reconhecida pelos historiadores do *Mezzogiorno.* Sirvam como exemplos qualificados os pareceres de dois historiadores de grande prestígio, já falecidos.

Para o historiador da espiritualidade popular, Dom Giuseppe de Luca (1898-1962), Afonso "foi, durante dois séculos, mestre dos corações cristãos mais humildes e mais cândidos"; as devoções promovidas por Afonso foram "nada mais, nada menos, que as mais fortes e ternas devoções católicas de nosso tempo".[209] A atual historiografia afonsiana se inclina a pensar a mensagem espiritual de Afonso em sua função transformadora no universo religioso do

---

206 Sobre o significado antropológico, social e religioso da expressão "a outra Europa", referente ao sul da Itália (*Mezzogiorno italiano*): GALASSO, G. *L'altra Europa. Per un'antropologia del Mezzogiorno d'Italia,* nuova edizione accresciuta (Lecce, 1997).

207 GALASSO, G. *L'altra Europa...*, 122-135.

208 *Ibid.*, 123.

209 DE LUCA, G. *Sant'Alfonso...*, 106.

povo meridional. Por sua vez, a história social e religiosa constata "quão ampla, profunda e duradoura tem sido a presença de Afonso, tanto nas áreas rurais, quanto nas urbanas, o que significou, mais do que qualquer outra coisa, uma variação decisiva na religiosidade de amplos estratos populares do sul".[210]

O historiador e filósofo, Benedetto Croce (1866-1952), em suas descrições dos aspectos religiosos da sociedade napolitana do século XVIII,[211] ressaltou "na vasta cultura de Afonso, sua formação leiga, que teve lugar no ambiente estimulante da universidade napolitana, onde J. B. Vico exercia seu alto e severo magistério, bem como, sua origem aristocrática, que o libertou das tentações da orientação jacobina em sua abertura para as classes populares, dando à sua atividade social um caráter moderado".[212] Na biografia de Afonso, B. Croce encontrou muitos elementos que refletiam a condição antropológica e cultural da sociedade napolitana do século XVIII. No âmbito dessa consideração, o historiador oferece belas descrições da atividade pastoral de Afonso, como a que faz sobre as *capelle serotine*.[213]

Também é taxativa a afirmação de G. de Rosa quando diz que, com Afonso, "se abre uma nova página na história do catolicismo no *Mezzogiorno*".[214]

A influência de Afonso - continuada pela Congregação dos Redentoristas - não foi apenas pontual, mas perdurou no tempo. Através das práticas da *vida devota*, impulsionadas e potencializadas pela estratégia pastoral das *missões populares*, não apenas são transformadas as consciências dos fiéis, "mas também o imaginá-

---

210 CESTARO, A. *S. Alfonso e il suo tempo*: GIANNANTONIO, P. (ed.). Alfonso M. de Liguori e la società civile del suo tempo (Florença, 1990) I, 39.

211 CROCE, B. *La vita religiosa a Napoli nel Settecento*: Id., Uomini e cose della vecchia Italia (Bari, 1926) I, 113-158 (sobre Afonso: p. 122-128).

212 MINICHINI, S. *Alfonso M. de Liguori nel pensiero di Benedetto Croce*: GIANNANTONIO, P. P. (ed.). Alfonso M. de Liguori..., 355-356.

213 CROCE, B. *Uomini e cose...*, I, 122-124.

214 DE ROSA, G. *Sant'Alfonso de' Liguori e Bernardo Tanucci*: ID., Tempo religioso e tempo storico (Roma, 1987) 205.

rio popular é orientado, modificado e estruturado, exercendo uma influência histórica formidável e prolongada".[215]

Isso é verdade porque "ninguém conhecia melhor a alma popular do que Afonso, tanto por sua experiência nas missões em Nápoles e nas províncias, como também pelos observatórios privilegiados de Scala e de Santa Águeda dos Godos, desde os quais pode perceber e estudar as necessidades, verdadeiramente reais, das massas de fiéis, para as quais ele dirigiu seu trabalho ininterrupto como missionário, bispo, escritor espiritual, moralista, poeta e artista".[216]

Um dos grandes méritos de Afonso é ter sabido captar as necessidades do povo e responder a elas. Mais do que preencher a mente com especulações teológicas, o que Afonso tentou fazer foi "alcançar a fonte límpida do *coração,* como nos bons tempos do áureo trezentos".[217] Dessa forma, Afonso tornou-se "o grande comunicador da alma católica do século XVIII".[218]

26.3.3 O santo "da" e "para" a sociedade civil

Com base nas declarações anteriores, é possível reler o significado de Afonso a partir da chave de seu diálogo com a *sociedade civil,* que ele analisou, que ele amou, ao qual se entregou e que procurou transformar.

Tem sido uma tentação das hagiografias clássicas considerar os santos como sujeitos muito distantes da realidade social concreta. Essa tentação é superada hoje ao ver os santos como sujeitos imersos na realidade de seu tempo e espaço. Essa imersão civil *(in-*

---

215 LISSA, G. *Tra innovazione e tradizione: S. Alfonso M. de Liguori nel dibattito sull'utilizzazione dei testi biblici*: GIANNANTONIO, P. (ed.). Alfonso M. de Liguori..., I, 163.

216 CESTARO, A. *S. Alfonso e il suo tempo...*, I, 38.

217 ROMANO, C. M. *Delle opere di S. Alfonso de Liguori* (Roma, 1896) 79.

218 COLAVITA, M. *Invito alla spiritualità alfonsiana*: GIANNANTONIO, P. (ed.). Alfonso M. de Liguori e la civiltà letteraria del Settecento (Città di Castello, 1999) 405.

civilimento) é totalmente verificada na trajetória biográfica afonsiana, de tal modo que Afonso pode ser considerado como "o santo da sociedade civil".[219]

Para justificar essa interpretação, recorremos a algumas características peculiares da personalidade de Afonso e ao objetivo fundamental de sua obra.

Dentre as características biográficas, destacam-se as seguintes:[220]

- O exercício da vida civil e profissional antes de ingressar no sacerdócio, fato que marca sua posterior vida religiosa e sacerdotal: "o profissionalismo foi a característica decisiva, o estilo dominante, poderíamos dizer, a ideia norteadora de Afonso".
- A presença nele de um *éthos* civil e profissional, constatável no espírito laborioso, na busca da competência profissional, no trabalho (civil ou religioso) realizado de forma séria e responsável: em toda a sua vida "no início, na profissão de advogado, depois, como padre e, mais tarde, como bispo, há um valor que domina a todos: fazer as coisas bem, até o fundo e nos mínimos detalhes, não confundir o privado com o público, não perder tempo, definir as exigências do próprio papel para ser mais eficaz, tendo como ponto de vista, não um proveito material, nem o perfeccionismo ou o moralismo, mas o amor ao homem, isto é, ao divino que está no homem".
- Uma "mentalidade laical" que se traduz na valorização, para ele e para os outros, da *vita activa civilis,* à maneira de Bernardino de Sena: "nele encontramos uma *vita activa civilis,* isto é, uma mentalidade laical, que ele transfere do mundo da profissão para a atividade religiosa, assim que aceitou o chamado divino".

Para P. Donati, o objetivo fundamental do conjunto da obra de Afonso é tentar alcançar uma sociedade boa: "a ideia e a prática dos valores civis estão no fundo da proposta de Afonso; trata-se

219 DONATI, P. *Il Santo della società civile*: Liberal n. 19 (ottobre, 1996) 76-77.

220 Os parágrafos entre aspas, que seguem, pertencem a DONATI, P. *a. c.*, 76.

da ideia e da prática de uma sociedade boa, que ajude o homem a ser mais humano".[221] Em seu trabalho catequético e evangelizador nos bairros pobres de Nápoles, bem como nas aldeias do campo, Afonso tem como objetivo "um verdadeiro programa de resgate e desenvolvimento humano". Esse horizonte humano, que ele tenta "elevar" através do anúncio e dos sinais da "salvação" cristã, é o que entendemos hoje como "sociedade civil". Dessa forma, a proposta afonsiana se insere nos ideais de um Iluminismo destinado ao povo, um Iluminismo "entendido como valor humano e civil" e não apenas como exercício da racionalidade intelectual ou da autonomia dos indivíduos e dos grupos privilegiados.

G. Di Gennaro e D. Pizzuti, em sua releitura histórico-sociológica da obra afonsiana, aceitam e ampliam a interpretação do significado de Afonso em função da sociedade civil.[222] Sua análise está centrada nos efeitos da pastoral afonsiana, especialmente nas missões populares. Pretendem destacar nela sua "dimensão sóciocivil".[223]

Partem da afirmação geral de que toda práxis pastoral (tanto as ações pastorais, quanto as práticas religiosas) também têm uma função "civil", na medida em que a prática da fé (a "fé operante") realiza transformações no mundo, produz "civilização". Aplicando esse princípio às missões, sublinham que a práxis pastoral evangelizadora origina mudanças no modo de vida, tanto religioso, quanto civil, das comunidades camponesas missionadas. Por exemplo, as missões incidem sobre os comportamentos coletivos relacionados aos jogos de azar, tabernas, violência, roubos, práticas amorosas, etc. Nesse contexto precisa ser entendida a relação dos missionários com as autoridades locais, com os grupos sociais e com os diversos estados nos quais se organiza a vida civil das comunidades rurais.

---

[221] *Ibidem.*

[222] DI GENNARO, G.; PIZZUTI, D. *Alfonso de' Liguori e il secolo dei lumi. Una rivisitazione storico-sociologica in occasione del terzo centenario della nascita*: Rassegna di Teologia 38 (1997) 293-312.

[223] *Ibid.*, 310-312.

Além dos dois estudos mencionados acima, há outras alusões menores à interpretação do significado de Afonso em relação com a sociedade civil. Destaco três dessas alusões.

G. de Rosa interpreta o objetivo do programa pastoral afonsiano a partir da formulação da missão da Igreja feita por Rosmini: "a conversão da sociedade".[224] Especificamente, observa que "a grande operação cultural e religiosa de Santo Afonso parece ser esta: ter restituído à Igreja, a todas as igrejas locais (...) a função primária de uma prática pastoral mais simples, mais próxima da linguagem do povo, mais apostolado e menos governo, mais palavra e menos autoridade".[225]

G. Galasso também destaca a experiência leiga e jurídica (profissional) de Afonso antes de entrar no seminário, como um traço que marca todo o conjunto de seu projeto pastoral e de sua função cívica.[226] De modo especial, aponta "a importância que teve o movimento afonsiano como chave de leitura das exigências e modelos éticos e religiosos da sociedade meridional do século XVIII".[227]

Entre os eventos comemorativos do terceiro centenário do nascimento de Afonso, vale a pena destacar o congresso realizado em Nápoles sobre "Afonso M. de Liguori e a cultura literária do século XVIII". S. Palese, em seu relatório sobre o congresso, sublinha algo que emergiu do conjunto das intervenções: a proximidade de Afonso com o povo e suas condições de vida, o que o levou a um notável compromisso "social" e "cultural" com a gente simples. Afonso, "como nenhum outro, formou a consciência e o sentimento religioso da população meridional dos últimos dois séculos, e sua paixão evangelizadora foi revigorada com um grande compromisso cultural.[228]

---

224 DE ROSA, G. *La figura e l'opera dei Sant'Alfonso nell'evoluzione storica*: SH 45 (1997) 212-213.

225 *Ibid.*, 213.

226 GALASSO, G. *L'altra Europa...*, 122 ss.

227 *Ibid.*, 123.

228 PALESE, S. *Terzo centenario della nascita di Sant'Alfonso*: Asprenas 45 (1998) 100.

26.3.4 Complemento bibliográfico

Sobre a presença de Afonso de Liguori na sociedade civil napolitana.

- GIANNANTONIO, P. (ed.). *Alfonso M. de Liguori e la società civile del suo tempo,* 2 vol. (Florença, 1990).

As contribuições mais relevantes para o tema geral destacam alguns aspectos específicos dessa correlação entre a personalidade de Afonso e a sociedade civil de seu tempo. São dignas de atenção as seguintes análises correlativas de caráter geral:

- CESSARO, A. "S. Alfonso e il suo tempo", I, 27-39: A correlação entre a personalidade de Afonso e seu tempo é um fato objetivo e, também, uma perspectiva assumida pela atual historiografia afonsiana.
- GIANNANTONIO, P. "Alfonso M. de Liguori e la cultura civile del suo tempo", I, 3-23: Tanto a formação, especialmente a formação inicial, de Afonso, quanto seu compromisso pastoral, recebem uma iluminação especial quando situados no contexto particular de sua época.
- NAPOLETANO, A. "S. Alfonso e la società civile del suo tempo", II, 659- 664: Duas afirmações podem ser deduzidas das pesquisas concretas: é falso dizer que Afonso foi um estranho no mundo moderno, assim como é falso afirmar que em nosso mundo ele seja uma voz já apagada.
- D'EPISCOPO, F. (ed.). S. *Alfonso e la cultura meridionale* (Cosenza, 1985).
- LIBRANDI, R. *II contributo di S. Alfonso alla diffusione della lingua e della cultura:* Asprenas 1 (1988) 140-156.

Sobre a presença dos redentoristas na sociedade civil napolitana.

- DE ROSA, G. *Linguaggio e vita religiosa attraverso le missioni popolari*: Orientamenti Sociali 29 (1981) fase. 2, 7–37.

A interpretação de B. Croce (1866-1952) sobre o caráter napolitano de Afonso.

- Texto de CROCE, B. *Alfonso de Liguori, simpatico Santo napoletano*: ID. Uomini e cose della vecchia Italia, vol. XXI (Bari, 1927) 122 ss. = recolhido em: MASONE, E.; AMARANTE, A. S. *Alfonso de Liguori e la sua opera. Testimonianze bibliografiche* (Materdomini, 1987) 239-243.
- Estudo: MINICHINI, S. *Alfonso de Liguori nel pensiero di Benedetto Croce*: GIANNANTONIO, R. (ed.). Alfonso M. de Liguori e la società civile del suo tempo (Florença, 1990) I, 353-368.

  O estudo aponta que, para B. Croce, a biografia de Afonso oferece perspectivas que podem contribuir para o conhecimento histórico da época em que viveu.

26.4 O QUE MOVIA AFONSO DE LIGUORI? A MOTIVAÇÃO BÁSICA AFONSIANA

26.4.1 Introdução

No presente capítulo nos interessa apontar a motivação fundamental que deu sentido à existência de Afonso. Trata-se de uma motivação que se converte, ao mesmo tempo, em significado nuclear de seu projeto, um projeto que, sendo aquele realizado por Afonso, passa a constituir a razão de ser da Congregação por ele fundada.

É necessário iniciar afirmando que, embora tenhamos enfatizado e continuemos enfatizando que o projeto afonsiano tem uma relação particular com a sociedade civil, os meios utilizados por Liguori para realizar seu projeto existencial não foram um compromisso social, um trabalho educativo ou qualquer outra forma de dedicação direta ao compromisso inserido no mundo. Afonso optou explicitamente por meios pastorais, mais concretamente, da pastoral extraordinária: pregações, confissões e outras práticas pastorais de caráter extraordinário.

É difícil pensar em uma *programação* perfeita da própria vida antes que ela tenha sido realizada. O *projeto* de uma pessoa constitui o fato de sua *realização biográfica.*

Portanto, quando falamos do projeto de Afonso, não pensamos em um plano anterior à execução concreta de seu devir biográfico. Acreditamos que a realização da vida de Afonso foi marcada por opções de vida cada vez mais conscientes, especialmente, antes de ele atingir o declínio de sua longa velhice. Combinar a execução concreta de sua biografia com os ideais que a acompanharam é a melhor maneira de conhecer o projeto de vida de Afonso.

Nesse momento, não entramos na consideração e na apresentação do que constitui a parte mais íntima e decisiva do projeto existencial de Afonso: a decisão e a realização de levar à plenitude a *condição cristã,* ou seja, seu projeto de *santidade* pessoal. Esse núcleo é explicitado, não apenas nos *processos* de promoção da declaração de santidade e na própria *declaração oficial* de santidade, mas, também, em todas as biografias do *santo* napolitano. Tal abundância de exposições nos isenta de voltarmos, uma vez mais, à *santidade* de Afonso.

A presente consideração está centrada na *obra de Afonso,* como expressão e realização de seu projeto existencial. O que ele pretendia fazer? Que ideal guiou toda a sua vida?

Tentando sintetizar a resposta ao máximo possível, reduzimos a motivação básica do projeto existencial de Afonso a três características:

- Tornar real a *salvação cristã,* uma salvação *abundante.*
- Optar pelo *povo* - pela gente normal e comum - enquanto sujeito-destinatário dessa salvação abundante.
- Fazer que a salvação cristã reverta em ações e em processos de *elevação humana.*

26.4.2 A salvação como ponto de partida e como meta

A grande preocupação de Afonso foi tornar eficaz a oferta de salvação que Deus nos deu em Cristo e que é obtida na Igreja. E isso, para todos, qualquer que seja sua condição de vida. *Salvação* e/ou *Redenção* são categorias tão decisivas no projeto afonsiano que Liguori será considerado o *Doctor Salutis* (*Doutor da Salvação*).[229]

Trata-se, evidentemente, de uma salvação *religiosa*. Com exceção de seu período como advogado, Afonso não esteve envolvido em trabalhos profissionais ou em projetos de transformação social: política, cultural, educacional, sanitária. Seu campo de atuação foi a dimensão religiosa da pessoa. Ele era, no bom sentido da expressão, um *profissional do religioso*. Não serei eu a deixar de anotar, como já fiz no capítulo anterior e farei neste capítulo, que a dimensão religiosa do projeto afonsiano tem implicações para a *realização* ou felicidade da pessoa e para a *transformação* ou justiça da sociedade.

A compreensão e a realização da salvação religiosa-cristã apresentam, no projeto de Afonso, características que lhe conferem um selo peculiar. Destacamos três dessas características da salvação, tal como Afonso a compreendeu e tentou atualizar.

- Salvação para os abandonados.

Para aqueles privados da atenção pastoral, que, normalmente, são os mesmos que estão longe dos circuitos da cultura, da riqueza material. É o povo comum. No caso de Afonso, a gente que vive fora dos centros de poder, fora de Nápoles, mais precisamente, na zona rural. Tannoia formulou essa opção afonsiana com uma frase inspirada e célebre:

> "Tendo Afonso se certificado da vontade de Deus, animou-se e tomou coragem; e, fazendo a Jesus Cristo um sacrifício total da Cidade

---

[229] KEUSCH, C. *La dottrina spirituale di sant'Alfonso Maria de' Liguori* (Milão, 1931) 34-35. Também: ESPRIT, J. *Avances del doctor celosísimo*: El Perpetuo Socorro 28 (1926) 327-332.

de Nápoles, ofereceu-se para viver seus dias dentro das estrebarias e choupanas, e nelas morrer, rodeado de camponeses e pastores".[230]

Normalmente, aqueles que são "abandonados" vivem sem esperança; são os "*sans-espoir*", na expressão de T. Rey-Mermet (no estudo citado abaixo).

Essa passagem, da cidade para o campo, é o chamado *êxodo* religioso de Afonso (ver os estudos de Majorano, citados abaixo).

Nota bibliográfica.

- REY-MERMET, T. *Alphonse de Liguori (1696–1787). Un homme pour les sans espoir* (Paris, 1987).
- MAJORANO, S. *Essere Chiesa con gli abbandonati. Prospettive alfonsiane di vita cristiana (Materdomini, 1997).*
- ID., *Alfonso de Liguori: la santità per e con gli abbandonati*: VICIDOMINI, G. (ed.). Alfonso M. de Liguori. Un santo per il terzo millennio (Materdomini, s. a. [= 2010]) 27-51.

- Salvação para os pobres.

A vida de Afonso foi marcada por uma busca contínua pelos pobres. Não precisamos tecer categorizações e divisões nessa ampla e densa realidade da pobreza no século XVIII. É a pobreza em seu significado direto de carência do que é conveniente e, até mesmo, necessário, para viver com a dignidade humana exigida. Aqui estão alguns dados sobre esse êxodo afonsiano rumo ao mundo dos pobres:

- A partir de 1706, pertenceu à confraria dos jovens cavaleiros, com um evidente objetivo de socorrer os pobres. Sem mencionar o fato de que "já desde menino ele teve a experiência dos marginalizados que viu nas galeras de seu pai e em sua própria casa [o escravo a seu serviço]".[231]

230 Tannoia, I, 66.

231 PÉREZ NÚÑEZ, P. *El pobre, protagonista de una historia. Alfonso de Liguori (1696-1787)* (Madri, 1991) 30.

- Aos 19 anos de idade, em 15 de agosto de 1715, entrou para a confraria dos doutores que funcionava na igreja dos filipinos. Além das práticas de piedade, os confrades se comprometiam a visitar e a cuidar dos doentes no maior hospital de Nápoles, o de Santa Maria del Popolo, comumente conhecido como dos *Incuráveis.*
- De 1714 a 1722, pertenceu à confraria de Santa Maria della Misericordia, com sede perto de sua casa e objetivo de enterrar os indigentes do bairro, acompanhando-os com suas orações durante o enterro.

O significado profundo desses dados, pertencentes ao período anterior ao sacerdócio, tem continuidade no que foi chamado de *êxodo* de Afonso - missionário e fundador - para o mundo da marginalização na cidade de Nápoles *(cappelle serotine)* e para o povo humilhado dos quarteirões e pequenos vilarejos do Reino.

Nota bibliográfica.

- PASCHOTTE, A. *Santo Afonso Maria e os pobres* (Roma, 1984). Universidade Gregoriana (tese de licenciatura).
- GÓMEZ RÍOS, M. *Los pobres son evangelizados* (Madri, 1985). Também: ID., *Alfonso de Ligorio. Un camino hacia el Sur* (Madri, 1986); ID., *Alfonso de Liguori. Amigo del pueblo pobre* (Roma, 1996 = Madri, 2017).
- FERRERO, F. *Misión a los más pobres*: Vida Religiosa 62 (1987) 274-281.
- PÉREZ NÚÑEZ, P. *San Alfonso, misionero de los pobres*: Confer n. 103 (1988) 415-434.
- ID., *El pobre, protagonista de una historia. Alfonso de Liguori (1696-1787)* (Madri, 1991).
- CAMARA, H. S. *Alfonso e i poveri*. GIANNANTONIO, P. (ed.). Alfonso M. de Liguori e la società civile del suo tempo (Florença, 1990) II, 653-656.
- WEISS, O. *Wer war Alfons und was wollte er?*: SH 44 (996) 415-417: "Evangelizare pauperibus - evangelizari a pauperibus".
- SÁNCHEZ, A. *Alfonso de Liguori y los pobres* (Madri, 2015).

- Salvação "abundante".

Há uma característica que permeia toda a atuação e todo o pensamento de Afonso: é a compreensão da salvação cristã como uma salvação *abundante,* que o impede de cair em posturas de rigorismo moral e sacramental.[232] Essa compreensão antijansenista da salvação se encontrada formulada no próprio brasão da Congregação, convertendo em *lema* do brasão (legenda, motto) o versículo 7 do Salmo 129 (130) em sua tradução latina: *copiosa apud Eum redemptio.*[233]

> "O pensamento dominante de Santo Afonso é a Redenção e sua universalidade: *Pro omnibus mortuus est Christus - Cristo morreu por todos* (*2Cor* 5, 15). O lema próprio da Congregação por ele fundada: *Copiosa apud eum Redemptio,* constitui o traço característico de sua vida e obra, na medida em que, não só afirma a doutrina de que a obra redentora de Jesus Cristo é superabundante em si mesma e na medida em que se estende a toda a humanidade, mas também constitui o programa de ação para a efetiva aplicação da Redenção às almas".[234]

O significado dessa adjetivação tipicamente afonsiana da mensagem cristã da salvação foi exposto e desenvolvido, em suas variadas e ricas vertentes, nos capítulos que dedicamos ao pensamento teológico de Afonso (13ª seção). Além disso, a postura afonsiana a favor da *benignidade* e contrária ao *rigorismo* (jansenista, filojansenista ou probabiliorista) está apoiada e justificada sobre sua compreensão abundante da salvação cristã.

---

232 MAJORANO, S. *El carisma de la "Redención abundante"*: Confer n. 103 (1988) 401-413. Também: AMARANTE, A. *Alfonso de Liguori, una vita per l'abbondante redenzione di Cristo* (Materdomini, 2009).

233 FERRERO, F. *Elementos simbólicos del escudo de armas y del sello oficial de la Congregación del Santísimo Redentor*: SH 39 (1991) 299-341. A escolha da legenda foi decisão pessoal de Afonso. T. Falcoia preferia o texto de *Jr* 1, 11 (na versão latina da Vulgata): *Virgam vigilantem video* (*vejo um ramo* de almendro, que era chamado *vigilante,* por ser o primeiro a anunciar a primavera com sua precoce floração). Sobre o significado bíblico da legenda: ÁLVAREZ VERDES, L. *Fundamento bíblico del lema "Copiosa apud eum Redemptio"*: SH 39 (1991) 343-358.

234 PALOMBO, G. *La catechesi cristologica di S. Alfonso M. de Liguori* (Milão, 1939) 11.

Nota bibliográfica.

- FERRERO, F. *El sentido de la Redención en las Constituciones actuales de la Congregación del Santísimo Redentor.* SH 31 (1983) 125-156.
- MAJORANO, S. *El carisma de la "Redención abundante".* Confer n. 103 (1988) 401-413.

26.4.3 A opção pelo povo

- Iluminismo para a prática.

Todos reconhecem, na vida e na obra de Afonso, uma orientação claramente prática.[235] Para Afonso, o decisivo não é a *interpretação* do cristianismo, mas a *realização* efetiva da vida cristã de acordo com os critérios teológicos emanados da fé.

A praticidade afonsiana deve ser interpretada levando em conta a influência do ambiente sociocultural do século XVIII. Biógrafos recentes de Afonso destacam sua formação filosófica de tipo cartesiano; porém, essa observação não deve nos impedir de ver a influência da razão experimental, de caráter newtoniano, em sua configuração mental.[236]

No século XVIII, o saber se torna eminentemente prático. A ciência se submete à metodologia experimental e busca, como objetivo, transformar a realidade. É uma ciência para "mudar" o mundo.[237] Afonso participou dessa orientação experimental da razão. Aqui encontramos uma das explicações da opção afonsiana pela praticidade e por seu uso na interpretação do cristianismo.

A precoce formação jurídica é outro fator importante na inclinação de Afonso para o lado prático da vida. O direito é um saber

---

235 Sobre o significado da *prática* em Afonso: O'RIORDAN, S. *Il teologo moralista nell'Accademia Alfonsiana*: SM 33 (1995) 45-66, especialmente, p. 46; KENNEDY, T. *Did St. Alphonsus practice practical Theology?* SH 45 (1997) 115-167.

236 DE ROSA, G. *S. Alfonso e il secolo dei lumi*: Rassegna di Teologia 28 (1987) 13-16.

237 GRACIA, D. *La Universidad y el problema de la verdad*: Revista Católica Internacional 9 (1987) 359-369.

dirigido inteiramente para a prática. A mente de Afonso nunca abandonará a estrutura própria da mente de um advogado.

Tanto a formação filosófica, de caráter experimental, quanto a iniciação precoce no saber jurídico, aumentaram a inclinação para a prática que, sem dúvida, já existia como tendência inata na estrutura mental de Afonso.

No conceito da *prática* afonsiana há dois traços que a definem historicamente e lhe conferem uma notável atualidade. Refiro-me ao caráter *popular* e a consequente implicação para a *transformação social.*

Nota bibliográfica sobre o significado de "prática" em Afonso.

- O'RIORDAN, S. *Il teologo moralista nell'Accademia Alfonsiana*: SM 33 (1995) 45-66, especialmente, p. 46.
- KENNEDY, T. *Did St. Alphonsus practice practical Theology? "Per venire dunque alla pratica": Practice or Pragmatism?*: SH 45 (1997) 115-167.
- VIDAL, M. *La "praxis": rasgo característico de la moral alfonsiana y reto a la teología moral actual*: SM 25 (1987) 249-326.

- A prática afonsiana: opção pelo povo.

A *prática* de Afonso está vinculada, como causa e efeito, à orientação popular de sua vida, de seu pensamento e de seus escritos.[238] No sentido prático de Afonso, convergem dois dinamismos:

- Um, de entrada, ou seja, de *escuta* e de atenção aos interesses e necessidades do povo.
- Outro, de saída, ou seja, de *aplicação* do cristianismo às situações concretas das pessoas comuns e normais.

[238] MAJORANO, S. *La scelta per il popolo di Alfonso de Liguori*: D'EPISCOPO, F. S. Alfonso Maria de Liguori e la cultura meridionale (Cosenza, 1985) 9-38; ID. *Il popolo, chiave pastorale di S. Alfonso*: SH 45 (1997) 71-89.

A proposta de Afonso é prática porque surge do interesse efetivo do povo e porque atinge as situações concretas onde a vida cristã se realiza.

O interesse de Afonso se centra, não tanto na construção de uma obra teológica, mas na sua *utilidade popular:* que seja lida e entendida por todos. É uma evangelização ao nível do povo. Como pediam, na Idade Média, Domingos de Gusmão e Francisco de Assis: evangelizar *non equiter, sed pedester,* o seja, não *a cavalo* e, portanto, vendo o povo de cima, mas a *pé* e, portanto, no mesmo nível do povo.

Nota bibliográfica sobre o significado de "povo" em Afonso.

- MAJORANO, S. *La scelta per il popolo di Alfonso de Liguori:* D'EPISCOPO, F. S. Alfonso Maria de Liguori e la cultura meridionale (Cosenza, 1985) 9-38.
- MAJORANO, S. *Il popolo, chiave pastorale di S. Alfonso:* SH 45 (1997) 71-89.
- CARDAROPOLI, G. S. *Alfonso M. de Liguori e la pietà popolare nel Mezzogiorno:* Asprenas 35 (1988) 98-117, especialmente, p. 99-102: "La scelta 'popolare' di S. Alfonso".

- Amigo do povo.

Por condição social e por formação, Afonso pertencia ao estrato elevado da sociedade. Por nascimento, compartilhava a nobreza de *praça;* a formação universitária o situou em uma profissão liberal, a de advogado, que, em sua época, era uma das mais prestigiosas e espécie de trampolim para postos brilhantes e com grande remuneração.

Apesar de desfrutar dessa situação privilegiada, Afonso decidiu empregar suas possibilidades e dedicar-se a si mesmo para o bem do povo. Ele fez a *opção pelo povo.* Foi uma decisão de grandes consequências:

- Para seu *modo de vida:* viveu no campo e não na cidade, privado de pompa e convivendo com o povo simples.
- Por seu *trabalho pastoral:* exercendo a preferência pelas missões populares, atendendo aos fiéis abandonados pela pastoral oficial.
- Por sua *tarefa de escritor:* "sem desprezar as complicadas alturas da doutrina que, no *Settecento,* era patrimônio típico de restritas elites culturais, Afonso soube adaptar a teoria às expectativas e à compreensão da gente comum".[239]

Essa opção pelo povo condicionou a preferência na forma de pregação (simples na forma e com conteúdo essencial e educativo), bem como a preferência nos métodos pastorais. Mas, acima de tudo, condicionou sua *forma pastoralis:* a encarnação na cultura do povo. Para o povo, empregou todas as qualidades de humanista: poesia, canto, etc. Onde Afonso estava contente era com o povo. Essa opção significou para ele um *êxodo* e uma *conversão,* abandonando um modo de vida anterior e entrando em uma nova forma de vida. Mas tudo isso lhe trouxe também uma nova amizade: a *amizade "do"* e *"com" o povo.*

Foi assim que João Paulo II percebeu:

> "Santo Afonso foi um grande amigo do povo *(amicissimus populi),* do povo simples, do povo dos bairros mais pobres de Nápoles, então capital do Reino; do povo humilde, dos trabalhadores e, sobretudo, do povo da roça. Toda a vida do Santo como Missionário, Fundador, Bispo e escritor revela esse senso do povo *(hunc populi sensum).*" *(Spiritus Domini,* 1987, SEDOC, p. 262).

- Áreas e formas de opção popular.

Todas as *áreas* e todas as *formas* de compromisso afonsiano podem ser adjetivadas como *populares.*

O trabalho missionário foi realizado através da missão *popular,* propiciando a chamada *religiosidade popular,* sobre a qual Paulo

---

239 PELLEGRINO, V. *La direzione spirituale di Sant'Alfonso*: GIANNANTONIO, P. (ed.). Alfonso de Liguori e la società civile del suo tempo (Florença, 1990) II, 644.

VI ofereceu orientação certeira na exortação apostólica *Evangelii Nuntiandi,* um dos textos mais lúcidos do recente magistério eclesiástico sobre o processo evangelizador da Igreja (e que pode, muito bem, ser aplicado ao projeto evangelizador de Afonso):

> "A religiosidade popular, pode-se dizer, tem, sem dúvida, as suas limitações. Ela acha-se, frequentemente, aberta à penetração de muitas deformações da religião, como sejam, por exemplo, as superstições. Depois, ela permanece, com frequência, apenas a um nível de manifestações cultuais, sem expressar ou determinar uma verdadeira adesão de fé. Ela pode, ainda, levar à formação de seitas e pôr em perigo a verdadeira comunidade eclesial. Se essa religiosidade popular, porém, for bem orientada, sobretudo, mediante uma pedagogia da evangelização, ela é algo rico de valores. Assim, ela traduz em si tal sede de Deus que somente os pobres e os simples podem experimentar; ela torna as pessoas capazes a terem expressões de generosidade e predispõe-nas ao sacrifício até ao heroísmo, quando se trata de manifestar a fé; ela comporta um apurado sentido dos atributos profundos de Deus: a paternidade, a providência, a presença amorosa e constante, etc. Ela, depois, suscita atitudes interiores que raramente se observam em outros casos no mesmo grau: paciência, sentido da cruz na vida cotidiana, desapego, aceitação dos outros, dedicação, devoção, etc. Em virtude desses aspectos, nós a chamamos, de bom grado, "piedade popular", no sentido de religião do povo, em vez de religiosidade (n. 48, Paulinas, 2006, 19ª ed., p. 57).

Afonso, em seus escritos, procurou fazer uma *teologia popular.* Também formulou uma *espiritualidade* pensando na gente simples.

Mesmo suas obras de tom mais acadêmico, como a *Theologia Moralis,* têm uma visão prática e pensam a mensagem cristã em termos da função salvífica do fiel cristão.

A opção em favor do povo levou Afonso, em seu trabalho como missionário, como bispo e como escritor, ao duplo movimento de *abaixar-se* para *elevar:*[240]

---

[240] CAPONE, D. *Il personalismo in Alfonso M. de Liguori*: GIANNANTONIO, P. (ed.). Alfonso M. de Liguori e la società civile del suo tempo (Florença, 1990) I, 226-236.

- *Abaixar-se,* adaptando a forma de transmitir a mensagem à capacidade do povo simples, mesmo no jeito de falar e pensar.
- *Para elevar,* reconhecendo a dignidade de toda pessoa na sociedade e de todo fiel cristão na Igreja, e favorecendo estratégias e táticas para realizar essa elevação nas duas áreas indicadas.

É próprio de Afonso ter projetado sua obra (como missionário, como escritor, etc.) nesta dupla vertente: "1) respeitando a maneira de evangelizar, de tal modo que os outros, mesmo os analfabetos, pudessem se dar conta da verdade evangélica; 2) reconhecendo, na personalidade do povo, mesmo o mais simples, imerso na vida cotidiana, a capacidade de chegar a ser como um São Francisco".[241]

Nota bibliográfica sobre as diversas vertentes da opção afonsiana pelo povo.

- CAPONE, D. *Pietà popolare mariana e S. Alfonso:* Marianum 41 (1979) 287-323.
- RAPONI, S. *Attualizzazione del pensiero di s. Alfonso soprattutto in merito all'attività pastorale a carattere popolare e alla chiamata di tutti alla santità:* SM 25 (1987) 327-358.
- CARDAROPOLI, G. S. *Alfonso M. de Liguori e la pietà popolare nel Mezzogiorno:* Asprenas 35 (1988) 98-117.
- GIANNANTONIO, P. *L'oratoria popolare di S. Alfonso:* MASONE, E.; AMARANTE, A. (ed.). S. Alfonso de Liguori e la sua opera. Testimonianze bibliografiche (Nápoles, 1987) 270-276.
- GIANNANTONIO, P. *Arte e pastorale popolare in Sant'Alfonso:* Asprenas 35 (1988) 118-139.
- CASAVOLA, F. *La teologia popolare di S. Alfonso Maria de Liguori:* GIANNANTONIO, P. (ed.). Alfonso M. de Liguori e la società civile del suo tempo (Florença, 1990) I, 259-267.
- MAJORANO, S. *Il popolo chiave pastorale di s. Alfonso:* SH 45 (1997) 71-89. Também: ID., *Sant'Alfonso e la pietà popolare:* La

---

241 *Ibid.*, 227.

Chiesa nel Tempo 1 (1985) 21 -31; ID., *La scelta per il popolo di Alfonso de Liguori:* D'EPISCOPO, F. (ed.). S. Alfonso Maria de Liguori e la cultura meridionale (Cosenza, 1985) 11-38.

26.4.4 A modo de síntese

Se tivéssemos que resumir em uma orientação-chave ou básica a motivação afonsiana, não hesitaríamos em apontar a seguinte expressão, muito cara a Afonso: *l'amore delle anime* (a preocupação com a salvação das almas). Essa expressão foi usada por Liguori como título de uma obra de sua autoria dedicada à Paixão de Cristo. Poderíamos dizer que a salvação das almas é a *paixão* (o amor apaixonado) de Deus manifestado na pessoa e na ação de Cristo e é, também, a *preocupação* máxima de toda a ação da Igreja.

Para Afonso, o cristianismo é a história de "um Deus louco de amor pelo homem a ponto de se tornar homem e morrer como homem para levá-lo de volta à companhia do Deus da Glória. A fé em um Deus que não pode subsistir sem o amor do homem e que tem necessidade de amar além da medida em que pode ser amado de volta é o selo da grandeza do cristianismo. Afonso, com a profunda sabedoria de seu falar com simplicidade apostólica, nos chama à dignidade em que o drama de amor de Deus nos colocou, dignidade de nosso dever, antes, e muito mais, que de nosso destino".[242]

26.5 FINAL

O QUE RESTA DO PROJETO HISTÓRICO REALIZADO POR AFONSO DE LIGUORI?

Para responder adequadamente à pergunta que intitula este último capítulo, teríamos que reescrever todo o volume que agora

[242] CASAVOLA, F. *La teologia popolare di S. Alfonso Maria de Liguori*: GIANNANTONIO, P. (ed.). Alfonso M. de Liguori e la società civile del suo tempo (Florença, 1990) I, 267.

está terminando. Isso significa que a resposta já foi formulada ao longo das páginas que se foram sucedendo.

Certamente, o leitor, chegando a este momento, conhece o pensamento do autor sobre a vigência da obra literária de Afonso:

- Vigência quase nula nas obras de *caráter histórico.* Nesse campo, Afonso precisou trabalhar com instrumentos precários, condicionados pela falta de suficiente criticidade.
- É pequena sua vigência no campo das obras de *orientação dogmática,* avaliação que também se aplica ao conteúdo das *obras apologéticas,* mesmo que nelas encontremos o valor da representação de uma etapa histórica do discurso apologético católico. A dogmática afonsiana influenciou a formulação dos dogmas da infalibilidade pontifícia e da Imaculada Conceição. Além disso, ainda hoje tem importância a perspectiva afonsiana a respeito da graça e da oração.
- Notável vigência têm as obras de *espiritualidade,* mais em seu *espírito* que em sua *letra,* ou seja, com maior significação em sua *inspiração* que no *esboço concreto* do projeto espiritual. A obra espiritual de Afonso constitui a mais ampla suma de espiritualidade católica do século XVIII. Ela reúne, com a peneira própria de Afonso e com o peculiar filtro do século XVIII, o mais importante da literatura espiritual do século XVII (especialmente, francesa) e do século XVI (especialmente, espanhola).
- O valor de *inspiração* é muito alto no campo da Teologia Moral, e mesmo algumas orientações concretas nesse campo também participam de tal elevado valor. De fato, no campo teológico-moral podemos falar de uma *tradição afonsiana vigente.*

Com semelhante imagem panorâmica à nossa frente, respondemos à pergunta formulada no título do capítulo, fazendo com que a validade atual de Afonso dependa do significado histórico que teve. A partir dessa afirmação básica, desenvolvida nas duas primeiras partes, anotamos os aspectos em que a relevância histórica ou a atualidade do projeto afonsiano torna-se mais evidente (terceira parte). Concluímos, então, com uma nota de abertura para o futuro (última parte).

26.5.1 Da "missão histórica"...

Em várias passagens do presente volume, foi sublinhada a função histórica de Afonso. Reunindo todos os significados concretos, pode-se falar de uma *missão histórica* em referência ao conjunto de seu significado. E usando linguagem religiosa, essa missão histórica também pode ser chamada de *missão providencial*.[243]

Propomos duas abordagens gerais para a missão histórica ou providencial de Afonso.

1ª O significado histórico de Afonso de Liguori foi *sua própria biografia*. Essa foi, também, sua maior contribuição. Com as contribuições de sua trajetória biográfica, ele elevou o nível histórico do viver humano e acrescentou, de maneira especial, a peculiaridade cristã desse viver. Somente com base no abrangente significado histórico da incorporação da *vida afonsiana* na corrente humana, e também, cristã, da história, podemos falar e pensar sobre a herança histórica concreta de Afonso.

Sempre será válido o *testemunho efetivo* que Afonso deixou na história. As formas dessa validade serão variadas, entre as quais, destacam-se: a de ser *modelo* ou *paradigma* de uma forma particular de "ser" e de "agir" como sujeito humano-cristão na história humana, concebida, em seu caso, como história de salvação.

2ª A intervenção de Afonso na história pode ser interpretada com diversas categorias, as quais indicariam o significado mais global da biografia afonsiana. Dentre essas categorizações, destacam-se duas séries:

- *Restauração? Instauração? Inovação?*

---

[243] NAVARRO VILLOSLADA, F. *Misión providencial de san Alfonso*: El Perpetuo Socorro 12 (1910) 338-340, texto tomado de: NAVARRO VILLOSLADA, F. *Compendio de la vida de san Alfonso María de Ligorio, Obispo, Doctor de la Iglesia y Fundador de la Congregación del Santísimo Redentor* (Madri, 1887) 5-10.

Para compreender o significado histórico de Afonso, várias categorias foram utilizadas na identificação de seu projeto: foi um projeto de *restauração* de algo já experimentado? Consistiu em um projeto de *instauração* de algo novo, ainda não realizado? Teve a condição de um projeto baseado sobre algo dado, mas com *inovações* para adaptá-lo às novas situações?

O projeto de Afonso não foi de cunho restauracionista no sentido normal (e pejorativo) do termo. Afonso não fez uma obra de *restauração* com o sentido de: retorno a algo já vivido, com tons marcadamente conservadores e com negação de uma possível evolução.

Mas, também, não foi Afonso o *instaurador* de algo completamente novo. Ao descrever a personalidade de Afonso, no cap. 1 desta mesma seção, enfatizou-se que Afonso não foi um *conservador* absoluto, mas, tampouco, um *revolucionário* radical.

Ao projeto histórico realizado por Afonso corresponde, antes, a categorização de *inovação,* tendendo a: que funcione o que sempre foi válido - no seu caso, era o catolicismo inovado no Concílio de Trento - com adaptações - ou seja, com inovações - para se adaptar às novas condições históricas e sociais. O que Liguori pretendia era *revitalizar* o catolicismo na configuração que havia adquirido na era pós-tridentina. Essa revitalização, se não implicava em nenhum objetivo restauracionista, tampouco trazia consigo uma mudança de paradigma, nem em pastoral, nem em teologia.

- *Projeto: em oposição? ou em formulação positiva?*

O projeto histórico de Afonso foi considerado com a categoria de oposição, ou seja, foi considerado como um projeto *anti.* Concretamente, Afonso tem sido visto como um:

a) *Antivoltaire.*[244] "Se os altos julgamentos de Deus pudessem ser investigados, diríamos que, ao século mais perverso e

[244] Sobre a apresentação de Afonso como um antivoltaire: KEUSCH, C. *La dottrina spirituale di sant'Alfonso Maria de' Liguori* (Milão, 1931) 31-33.

presunçoso de todos os séculos, correspondeu, como contrapeso, um santo tão grande e simples, tão sábio e humilde como o Doutor da Igreja, Afonso Maria de Liguori".[245]

b) *Antijansênio.* Segundo C. Berruti, a Providência designou Afonso para lutar, no século XVIII, contra os erros de Jansênio e seus sequazes, tarefa que Liguori "realizou com admirável fidelidade e com edificação universal".[246] De certa forma, essa foi também a interpretação adotada por G. Cacciatore em seu estudo de referência sobre Afonso e o Jansenismo.[247]

Às vezes, aos dois traços de antivoltaire e antijansênio é acrescentado um terceiro: *antiprobabiliorista.*

Opino que Afonso e seu projeto não se encaixam na categoria de *anti.* Sua personalidade e sua obra são, ao contrário, afirmativas, ou seja, de sinal positivo-inovador. Daí preferirmos entender o projeto histórico de Afonso a partir de suas próprias propostas e não das opções extremas com as quais se confronta (o ateísmo filosófico e o teísmo do século XVIII; o jansenismo tardio do século XVIII; o jurisdicionalismo napolitano dos séculos XVII-XVIII; o probabilismo rigorista).

26.5.2 ... à "vigência atual"

- Herança de "sabedoria"

O significado global de Afonso foi expresso pelo Papa João Paulo II quando afirma que ele "foi *mestre de sabedoria* no seu tempo, e que continua a iluminar o caminho do Povo de Deus com o exemplo da sua vida e com a sua doutrina, qual luz refletida de Cristo, luz das Nações' (Carta

245 NAVARRO VILLOSLADA, F. *Misión providencial...*, 338 = ID., *Compendio...*, 6.

246 BERRUTI, C. *Lo spirito di S. Alfonso Mª. de Liguori* (Prato, 1896³) 2-3.

247 CACCIATORE, G. *S. Alfonso de' Liguori e il giansenismo. Le ultime fortune del moto giansenista e la restituzione del pensiero cattolico nel secolo XVIII* (Florença, 1944) 16-18.

Apostólica *Spiritus Domini*)".[248] Afonso reorientou o espírito do Iluminismo, configurando, a partir do melhor da cultura moderna e bebendo das fontes genuínas do Evangelho da salvação, uma opção ilustrada cristã. Devido a essas inovações teológicas, espirituais e pastorais, a proposta afonsiana "continua a iluminar o caminho do Povo de Deus" neste momento histórico de profunda e ampla mudança sociocultural.

No significado do projeto de Afonso verifica-se a distinção, embora não a separação, entre *ciência* e *sabedoria,* entre *scientia quam scimus* e *sapientia qua sapimus.* É evidente que Afonso fez contribuições na área do conhecimento, especialmente, do conhecimento teológico-moral. Mas sua maior contribuição situa-se em nível sapiencial: oferece uma proposta de vida. Daí que, tanto na moral, quanto na espiritualidade, busque a pessoa concreta em sua situação concreta, superando, assim, os constrangimentos a que dão lugar os enfoques predominantemente científicos.

> "A rigidez da especulação abstrata foi, definitivamente, superada por Afonso, que se preocupa, acima de tudo, em resolver o 'caso' tal como interessa 'aqui e agora'. Quase um existencialismo *ante litteram.* A ascética se apresenta com conselhos prudentes, destinados a criar ações, adaptadas à pessoa concreta com um realismo refinado e pontual, sem planificação prévia, sem qualquer constrangimento doutrinal, mas bastante rico em ditames práticos e judiciosos".[249]

- A sabedoria do meio (termo) justo.

O Papa Bento XIV disse de Afonso que era um *prudens auctor* (autor prudente),[250] elogio que Liguori recebeu com satisfação, segundo sua comunicação a Remondini.[251]

---

[248] JOÃO PAULO II. Carta Apostólica *Spiritus Domini.* In: *SEDOC* 205, vol. 20, nov/dez 1987, p. 258. (AAS 79 (1987) 1365).

[249] PELLEGRINO, V. *La direzione spirituale*: GIANNANTONIO, P. (ed.). Alfonso M. de Liguori e la società civile del suo tempo (Florença, 1990) II, 646.

[250] *De Synodo Dioecesana*, lib. II, c. 2, n. 17.

[251] Lettere, III, 477: "O próprio Papa Bento XIV me chama de autor equânime em minhas opiniões e, em outro lugar, me qualificou como *prudens autor*".

Afonso desfrutou de prudência, ou seja, "da sabedoria temperada pela retidão e aperfeiçoada pela experiência. Ele reconhece isso e, mesmo na velhice, afirma sua posição de líder em tempos difíceis".[252] Como quando confronta o Padre Francisco de Paola (que lhe pedia "deixe que eu faça") e o censura: "Graças a Deus, ainda não morri, nem perdi a cabeça. Fui advogado, fui bispo; milhares de vezes tive que lidar com assuntos semelhantes, sou atualmente Reitor-Mor; por que, então, não deveria ser consultado? (...). Durante toda a minha vida dei inúmeros conselhos, tanto como bispo, quanto como advogado, e agora vossa reverência me considera inútil para tudo".[253]

Uma das frases mais famosas de Afonso foi a que escreveu (ou ditou) em carta dirigida a Remondini, desde Arienzo, em 15 de fevereiro de 1756: "è piaciuta la via di mezzo".[254]

Essa afirmação sublinha a máxima vigência histórica de Afonso: a sabedoria do justo caminho do meio. Na continuação, concretizaremos essa vigência nos aspectos concretos que transmitem a herança afonsiana (o que resta).

26.5.3 O que resta de Afonso

- Resta a Congregação do Santíssimo Redentor.

De Afonso resta, antes de tudo, a Congregação por ele fundada. Nela se mantém, se adapta e se acrescenta o carisma suscitado por Liguori na Igreja napolitana do séc. XVIII. Foi a sua maior obra, como expusemos no cap. 7 da 7ª seção. É, também, a sua máxima herança.

- Restam os livros.

Entre as peculiaridades do presente estudo acerca do significado histórico de Afonso está a importância especial dada à obra

---

[252] BAYÓN, R. *Cómo escribió Alfonso de Ligorio* (Madri, 1940) 78-79.

[253] Lettere, II, 495. Francisco de Paola, sob o pretexto de ter caído, em Nápoles, nas garras do regalismo, iniciava uma espécie de cisma das casas dos Estados Pontifícios em relação às do Reino de Nápoles.

[254] Lettere, III, 9.

literária de Afonso. Isso é atestado, pontualmente, pelo longo cap. 8 da 7ª seção e, transversalmente, pela referência contínua aos escritos afonsianos, todos os quais aparecem ao longo destas páginas. O volume inteiro é como uma homenagem ao Afonso *escritor* e, consequentemente, ao Afonso *homem de letras.*

Afonso foi um grande leitor: "resumi em poucas páginas o que muitos autores disseram, longamente, em muitos volumes"; "li centenas de livros, dos quais recolhi a flor". Também foi um escritor fecundo, como consta pelo elenco de seus escritos, cerca de 128 títulos.

> O autor do *Relatório para o Doutorado* aplicou a Afonso o que foi dito sobre M. Terêncio Varrão: "Tantos livros leu que, parece, não lhe sobraria tempo para escrever tanto quanto escreveu; e tantos livros escreveu que não pode alguém imaginar como lhe pode ter sobrado tempo para ler os que leu".

Poucos eclesiásticos souberam usar o recurso do livro como ele o fez. Afonso teve uma graça especial ao fazer uso do púlpito - amplificado e permanente - da impressão.

C. Berruti ousou dizer que "ao escrever sua Moral, Afonso foi guiado pelo Espírito do Senhor (*nello scrivere la sua Morale fu guidato dallo spirito del Signore*) a fim de treinar os diretores de consciência e dirigi-los para a salvação das almas redimidas pelo sangue de Jesus Cristo".[255]

Além disso, poucos eclesiásticos valorizaram tanto a leitura quanto Liguori.

> A um mosteiro de religiosas que, em 1730, pediu-lhe correntinhas e cilícios como instrumentos de penitência para a santificação, respondeu: "Que correntinhas e que cilícios! Estou lhes enviando um bom suprimento de livros que as ajudarão a se tornar santas, muito mais que as correntinhas".[256]

---

[255] BERRUTI, C. *Lo spirito...*, 9.

[256] S. Alfonso Maria de Liguori, *Carteggio, I. 1724-1743.* A cura di Giuseppe Orlandi (Roma, 2004) lettera 12, p. 125.

Afonso estava ciente da capacidade transmissora do livro. Foi no livro que Afonso concretizou a variedade de linguagens de que se serviu para realizar a tarefa apostólica.[257] O livro foi, para Liguori, o ponto de apoio de sua grande alavanca de força para mover as consciências.[258]

> "A imensa produção afonsiana confirma, sem sombra de dúvida, a fé em um instrumento institucional de comunicação religiosa, com base no qual ele apoiou sua própria revolução. A adaptação da linguagem escrita à linguagem oral, a decisiva escolha pela fala popular em oposição ao latim setecentesco (...) propicia um novo modo de fazer filosofia e teologia (...). Todas as mensagens afonsianas estão intimamente relacionadas com as particularidades das zonas socioculturais às quais são dirigidas (...). Isso quer dizer que, na vasta floresta da produção afonsiana, existem vários códigos de comunicação que destacam o horizonte de atenção religiosa da área sociocultural específica à qual eles são dirigidos".[259]

Pelo que dissemos sobre o uso que Afonso fez dos livros, e tendo em vista o sucesso editorial que obteve, é normal deduzir que a melhor herança de Afonso, depois da Congregação por ele fundada, são seus livros.

- Resta a mensagem (e a advertência) da benignidade frente à tentação do rigorismo.

O, sempre bem documentado e notavelmente inspirado, C. Berruti, recorda que "Afonso era extremamente vigilante para que

[257] Sobre a diversidade de "linguagens" utilizadas por Afonso no contexto do séc. XVIII, onde ocorreu uma metamorfose linguística, ver: LIGUORI, G. de. *La metamorfosi del linguaggio nella controversistica e nella pratica missionaria di Alfonso de' Liguori*: BORGHERO, C.; LORETELLI, E. (ed.). Le metamorfosi dei linguaggi nel Settecento (Roma, 2011) 189-209.

[258] LIGUORI, G. de. *La metamorfosi...*, 190, citando: D'EPISCOPO, F. *L'antropologia letteraria alfonsiana*: D'EPISCOPO, F.; BORELLI, A.; DE MAGISTRIS, R. (ed.). Sant'Alfonso Maria de' Liguori e le forme di comunicazione (Cosenza, 1986) 8: "[il libro] resta il fulcro storico di una tradizione che il santo mira a dialettizzare all'interno di particolari istituzioni e paradigmi".

[259] D'EPISCOPO, F. *L'antropologia letteraria...*, 9-10.

os membros de sua Congregação, na escolha das opiniões morais, evitassem o rigor, como ao responsável por afastar as almas do sacramento da Penitência".[260]

Para um dominicano de fina sensibilidade moral e, além disso, compatriota de Afonso, "a proposta [moral] afonsiana é marcada pela 'copiosa redenção', o antídoto que melhor cura o rigorismo jansenista (...). A contemplação do Cristo Redentor e a união com a sede do Crucificado pela salvação da humanidade dilataram os espaços da caridade de Afonso, sua atitude para com as pessoas do povo que, sem culpa própria, em matéria religiosa não sabem, frequentemente, distinguir a direita da esquerda".[261]

Segundo o historiador italiano Gabriele de Rosa, Afonso

> "não é apenas o santo da *Preparação para a Morte*, das *Visitas ao Santíssimo Sacramento* ou do cântico *Tu scendi dalle stelle*, mas é, sobretudo, o santo daquele catolicismo moderno que, no clima exasperado das lutas jurisdicionalistas e anticuriais, foi capaz de dar uma resposta mais esperançosa, mais compreensiva e indulgente, mas, também, mais segura, aos penitentes pobres e ricos, restaurando uma imagem de Igreja menos rigorista, menos tenebrosa e menos fechada nos esquemas da prática "probabiliorista" (...). À distância, a grande operação cultural e religiosa de Santo Afonso nos parece ter consistido nisto: haver restituído a todas as igrejas locais (...) a função primária de uma prática pastoral mais simples e mais próxima da linguagem do povo, menos formal, menos vinculada às obrigações protocolares e ao jurisdicismo da normativa das visitas, mais apostólica e menos de governo, mais da palavra e menos da autoridade".[262]

Permanece, portanto, a opção de Afonso pela *benignidade* frente ao rigor. Segue de pé sua memorável sentença: "Atendendo à fragilidade da presente condição humana, nem sempre é verdade

---

260 BERRUTI, C. *Lo spirito*..., 8.

261 MONGILLO, A. D. *Un maestro per l'umanità del duemilla*: DE SPIRITO, A. (ed.). La figura e l'opera di Alfonso de Liguori nel Sannio (Milão, 1999) 292.

262 DE ROSA, G. *Tempo religioso e tempo storico* (Roma, 1987) 256-257.

que o mais seguro seja dirigir as almas pelo caminho estreito".[263] A sentença afonsiana foi transmitida pela primitiva tradição redentorista com outra célebre afirmação: "É melhor exceder na misericórdia do que no rigor".[264]

- Resta o "sentido afonsiano" da vida.

Foi Giuseppe de Luca quem primeiro sublinhou a validade de um modo de vida guiado pelo espírito de Afonso de Ligório. Ele chamou-o de *sentido afonsiano* da vida. "Fala-se de um sentido paulino, de um sentido agostiniano, de um sentido de São Bernardo, de um sentido inaciano: (...) pode-se falar, com todo rigor, (...) de um sentido afonsiano".[265]

A. D. Mongillo retomou essa orientação de G. de Luca e apontou a proposta afonsiana como a de um mestre da humanidade para o presente e para o futuro.[266]

26.5.4 Do significado histórico à abertura hermenêutica do símbolo

O semiótico e escritor Umberto Eco (1932-2016) pôs em moda, através do título e do último parágrafo de seu romance *O Nome da Rosa* (1980), o verso do monge beneditino medieval Bernardo de Cluny (ou de Morlaix) (século XII): *stat Roma* - Eco trocou *Roma* por *rosa* - *pristina nomine, nomina nuda tenemus.* Com uma ou outra forma, e em dois contextos distantes no tempo (e na cultura), o que se pretende afirmar é que, das coisas (seja a gloriosa Roma ou a bela rosa), a única que nos resta é somente o nome (*nuda nomina tenemus).*

---

263 Gaudé, II, 53. [Humanae conditionis praesenti fragilitate spectata, non est semper verum, tutius esse animas per viam arctiorem dirigere.].

264 BERRUTI, C. *Lo spirito*..., 8.

265 DE LUCA, G. *Sant' Alfonso. Il mio maestro di vita cristiana.* A cura di O. Gregorio (Roma, 1963) 137-138.

266 MONGILLO, A. D. *Un maestro*..., 292-293.

Mas, de Afonso de Ligório, além do nome, permanece a realidade: resta-nos o significado histórico (real) de seu devir biográfico na história humana; resta-nos a lição paradigmática de sua vida; restam-nos seus livros; resta-nos a continuidade, ampla e diversificada, de seu carisma fundacional. Permanece, vigente e orientadora, sua mensagem de benignidade frente à tentação do rigorismo.

Ainda mais. É preciso ter em mente que Afonso - como todos os grandes sujeitos humanos - não é apenas um *personagem* histórico, mas também um *símbolo.* "Afonso é mais que um personagem da história: ele é um símbolo muito significativo".[267] Por ser personagem, Afonso deixou sua marca na história. Por ser símbolo, Afonso dá o que pensar, ou seja, expressa mais do que diz, e está aberto a muitas interpretações, tanto sincrônicas, quanto diacrônicas.

O autor do presente livro tem a alegria de deixar aberta a porta ao mistério de Afonso de Liguori para que o leitor use sua criatividade hermenêutica e continue dando vida ao personagem e ao símbolo. Além disso, o autor também está seguro da longa vida do *personagem* e do *símbolo* de Afonso de Liguori. É nesse âmbito, real e simbólico do afonsiano, desde onde, quem está terminando de escrever, deseja a seu livro uma fecunda e prolongada vida.

---

[267] Em: Dizionario degli Istituti di Perfezione (Roma, 1974) I, 487. Citado por: NAPOLETANO, A. S. *Alfonso e la società civile del suo tempo. Conclusione*: GIANNANTONIO, P. (ed.). S. Alfonso e la società civile del suo tempo (Florença, 1990) II, 664.

ÍNDICES DAS OBRAS DE SANTO AFONSO

Índice Cronológico.
(Ferrero-Boland)

1	1728 (?)	Massime eterne.
2	1732 (?)	Canzoncine Spirituali.
***	1733	Dissertazione sulla povertà.
3	1734 (?)	Orazioni alla Divina Madre.
4	1743	Considerazioni sopra le virtù e pregi di S. Teresa.
5	1744	Compendio della Dottrina cristiana.
***	1744-1745	Notizie della fondazione in Iliceto.
6	1745	Riflessioni utili a' Vescovi.
7	1745 (?)	Visite al SS. Sacramento.
8	1746	Lettera... sopra l'abuso di maledire i morti.
9	1748	Theologia Moralis.
10	1748	Expiatio a calumniis.
***	1748	Praxis interrogationum.
***	1748	Brevis Dissertatio.
***	1748	Supplex Libellus.
***	1748-1749 (?)	Rettitudine d'intenzione.
11	1749	Dissertatio scholastico-moralis.
12	1749	Costituzioni e Regole della Congregazione del SS. Redentore.
13	1750	Le Glorie di Maria.
14	1750	Avvisi spettanti alla vocazione religiosa.
15	1750 (?)	Avvertimenti per la Lingua Toscana. Regole principali dell'Aritmetica.
16	1751	L'amore delle anime.

17	1751	Quiete per le anime scrupolose.
18	1751	Dissertatio de absolutione denegan-da clerico habituato.
***	1751	Opere spirituali.
19	1752	Vita del P. G. M. Sarnelli..., e del Fr. Vito Curzio.
***	1753	Theologia Moralis, vol. I, 2ª ed. Cfr. n. 9.
20	1754	Modo di conversare continuamente uma Dio.
21	1754	Regole per uma vivere.
22	1755	Uniformità alla volontà di Dio.
***	1755	Theologia Moralis, vol. II, 2ª ed. Cfr. n. 9.
23	1755	Pratica del confessore (= Praxis con-fessarii, 1757).
24	1755	Dissertatio pro usu moderato opi-nionis probabilis.
25	1756 (?)	Avvertimenti ai confessori novelli.
26	1756	Breve dissertazione contro gli errori dei moderni increduli.
27	1756	Risposta ad un anonimo.
28	1756	Regolamento per li Seminari.
***	1757	Theologia Moralis, 3ª ed. Cfr. n. 9.
***	1757	Praxis confessarii (= Pratica del con-fessore, n. 23).
29	1757	Istruzione e pratica per li confessori (= Homo Apostolicus, 1759).
30	1757	II Sacerdote provveduto per l'assis-tenza ai moribondi.
31	1757	Examen Ordinandorum.
32	1757	Breve trattato sulla necessità della preghiera.

33	1757	Avvertenza circa la maledizione dei morti.
34	1758	Lettera di risposta sopra l'abuso di maledire i morti.
35	1758	Apparecchio alla morte.
36	1758	Nove discorsi da farsi [nel] tempo di Flagelli.
37	1758	Novena del Santo Natale.
38	1758	Novena al SS. Cuore di Gesù.
***	1758 (?)	Novena del SS. Nome di Gesù.
39	1758	Meditazioni in onore di S. Giuseppe.
40	1758	Apparecchio e ringraziamento.
41	1759	Dissertatio de justa prohibitione librorum.
42	1759	Del gran mezzo della preghiera.
***	1759	Homo Apostolicus (= Istruzione e pratica, cfr. n. 29).
***	1760	Theologia Moralis, 4ª ed. Cfr. n. 9.
43	1760-1761	La vera sposa di Gesù Cristo.
44	1760	Selva di materie predicabili.
45	1760	Breve Istruzione degli Esercizi di Missione.
46	1760	La Messa e l'Officio strapazzati.
***	1760	Duetto tra l'Anima e Gesù-Cristo.
47	1761	Meditazioni per otto giorni d'esercizi spirituali.
48	1761	Considerazioni ed affetti sopra la Passione.
49	1761	Esercizio della Via Crucis.
50	1761	Lettera sul modo di predicare all'apostolica.
51	1761	Vita e morte della S. de D. Sr. Teresa M de' Liguori.

52	1762	Risposta apologetica a... D. Cipriano Aristasio.
53	1762	Breve dissertazione dell'uso moderato dell'opinione probabile.
54	1762	Evidenza della Fede, o uma verità della Fede.
55	1762	Breve dottrina cristiana.
56	1762 (?)	Istruzione per l'orazione mentale.
***	1762	Regole per il Seminario di S. Agata de' Goti.
***	1763	Theologia Moralis, 5ª ed. Cfr. n. 9.
57	1764	Il Confessore diretto.
58	1764	Risposta apologeticaa circa l'uso della comunione.
60	1764 (?)	Dimande ai Sacerdoti.
61	1764 (?)	Regole per il Ven. Monast. di S. M. Regina Coeli.
62	1764	Risposta apologetica.
63	1764	Apologia contro Adelfo Dositeo.
64	1765	Dell'uso moderato dell'opinione probabile.
65	1765	Breve aggiunta sulla comunione frequente.
66	1765 (?)	La legge incerta non può indurre uma obbligazione certa.
***	1765	Trattato della Confidenza cristiana.
***	1765	Relazione "ad limina".
67	1766	Via della salute.
68	1766	Vita del P. Paolo Cafaro.
***	1767	Theologia Moralis, 6ª ed., cfr. n. 9.
69	1767	Verità della Fede.
70	1767	Confutazione del libro intitolato *Dello Spirito.*

71	1767	Confutazione del libro... *De la prédication.*
72	1767	Istruzione al popolo.
73	1768	Pratica di amar Gesù Cristo.
74	1768	Vindiciae pro suprema Pontificis potestate.
75	1768 (?)	Foglietto in cui si tratta di cinque punti.
***	1768	Relazione "ad limina".
***	1768	Dissertatio super abusum duelli.
76	1769	Delle cerimonie della messa.
77	1769	Degli abusi nel prender le messe.
78	1769	Apologia della Teologia Morale.
79	1769	Opera dommatica.
80	1769	Del modo come opera la grazia.
81	1769	Dell'ubbidienza dovuta alle definizioni del Concilio.
82	1770 (?)	Quando l'opinione che sta per la legge non è convincente.
83	1771	Sermoni compendiati.
84	1771	Lettera ad uma Vescovo novello.
85	1771	Lettera ad un giovane studioso.
86	1771	Sermoni vari.
***	1771	Relazione "ad limina".
87	1772	Discorso familiare ad uma fanciulla.
88	1772	Trionfo della Chiesa cioè Istoria dell'Eresie.
***	1772	Theologia Moralis, 7ª ed., cfr. n.9.
89	1773	Riflessioni sulla Passione di Gesù Cristo.
90	1773	Riflessioni divote.

91	1773	Riflessioni sulla verità della Divina Rivelazione.
92	1773	Ragguaglio del miracoloso ritrovamento delle sagre particole.
93	1773	Meditazioni sulla Passione.
94	1773	Monitum de usu probabilium opinionum.
95	1774	Traduzione de' Salmi.
96	1774	Dichiarazione del sistema.
***	1774	Lettera al Conclave.
97	1775	Vittorie de' Martiri.
98	1775	Del Sacrificio di Gesù Cristo.
99	1775	Stimoli ai Religiosi.
100	1775	Stimoli ad uma Religiosa.
***	1768	Institutio catechistica ad populum in Praecepta Decalogi et Sacramenta.
101	1775	Avvertimenti necessari ad ogni persona.
102	1775	Novena dei Morti.
103	1775	Avvertimenti a' Sacerdoti che assistono a' Condannati a morte.
104	1775	Condotta ammirabile della Divina Provvidenza.
105	1775	Trattatello dell'Amore Divino.
106	1775	Consigli di solievo.
107	1776	Breve Risposta all'Abate Rolli.
108	1776	Dissertazioni Teologiche-Morali.
109	1777	La fedeltà dei Vassalli.
***	1777	Apologia della dottrina morale.
110	1778	Avvertimenti ai Predicatori.
111	1778	Ricordi alle Monache di Scala.
***	1779	Theologia Moralis, 8ª ed., cfr. n. 9.

***	1785	Theologia Moralis, 9ª ed., cfr. n. 9.
112	***	Consacrazione a S. Teresa.
113	***	Pii riflessi per eccitarsi al santo amore di Dio.
114	***	Affetti al Sacro Cuore di Gesù.
115	***	Dissertatio de Praedestinazione D. N. Jesu Christi.
116	***	Brani apologeti inediti.
117	***	Due scritti inediti intorno al quietismo.
118	***	L'infallibilità e la superiorità del Papa sul Concilio.
119	***	Pratica della virtù del mese.
120	***	Formula della rinnovazione dei voti.
121	***	Uma sermon marial inédit.
122	***	Predica della chiamata.
123	***	Sermone di vestizione per le monache.
124	***	Novena in onore di S. Michele.
125	***	Discorso ai saceerdoti della necessità dell'orazione mentale.
126	***	Sentimenti di Monsignore.
127	***	Documenti pastorali ed epistolari.
128	***	Codicilli Testamentarii.

Índice alfabético dos títulos.
(Ferrero-Boland)

Abituati,	18	1751
Affetti al Sacro Cuore di Gesù,	114	***
Amore delle anime (L'),	16	1751
Apologia contro Adelfo Dositeo,	63	1764
Apologia della dottrina morale,	***	1777
Apologia della Teologia Morale,	78	1769
Apparecchio alla morte,	35	1758
Apparecchio e ringraziamento,	40	1758
Aritmetica,	15	1750 (?)
Avvertenza circa la maledizione dei morti,	33	1757
Avvertimenti a' Sacerdoti che assistono a' Condannati a morte,	103	1775
Avvertimenti ai confessori novelli,	25	1756 (?)
Avvertimenti ai Predicatori,	110	1778
Avvertimenti necessari ad ogni persona,	101	1775
Avvertimenti per la Lingua Toscana,	15	1750 (?)
Avvisi spettanti alla vocazione religiosa,	14	1750

Brani apologeti inediti,	116	***
Breve aggiunta sulla comunione frequente,	65	1765
Breve dissertazione contro gli errori dei moderni increduli,	26	1756
Breve dissertazione sull'uso moderato dell'opinione probabile,	53	1762
Breve dottrina cristiana,	55	1762

Breve Istruzione degli Esercizi di Missione,	45	1760
Breve Risposta all'Abate Rolli,	107	1776
Breve trattato sulla necessità della preghiera,	32	1757
Brevis Dissertatio,	***	1748

Canzoncine Spirituali,	2	1732 (?)
Cafaro, P. Paolo,	68	1766
Codicilli Testamentarii,	128	***
Compendio della Dottrina cristiana,	5	1744
Comunione,	58	1764
	65	1765
	40	1758
	52	1762
Concilio,	81	1769
Conclave,	***	1774 X 24
Condannati a morte,	103	1775
Condotta ammirabile della Divina Provvidenza,	104	1775
Confutazione del libro intitolato *Dello Spirito*,	70	1767
Confutazione del libro... *De la Prédication*,	71	1767
Consacrazione a S. Teresa,	112	***
Considerazioni ed affetti sopra la Passione,	48	1761
Considerazioni sopra le virtù e pregi di S. Teresa,	4	1743
Consigli di solievo,	106	1775
Costituzioni e Regole della Congr. del SS. Redentore,	12	1749

Degli abusi nel prender le messe,	77	1679
Del gran mezzo della preghiera,	42	1759

Del modo come opera la grazia,	80	1769
Deliceto,	***	1744-1745
Dell'ubbidienza dovuta alle definizioni del Concilio,	81	1769
Dell'uso moderato dell'opinione probabile,	64	1765
Delle cerimonie della messa,	76	1769
Dichiarazione del sistema,	96	1774
Dimande ai Sacerdoti,	60	1764 (?)
Dimande per l'Esame de' Confessori,	59	1764 (?)
Discorso ai sacerdoti della necessità dell'orazione mentale,	125	***
Discorso familiare ad uma fanciulla,	87	1772
Dissertatio de absolutione deneganda clerico habituato,	18	1751
Dissertatio de justa prohibitione librorum,	41	1759
Dissertatio de Praedestinatione D. N. Jesu Christi,	115	***
Dissertatio pro usu moderato opinionis probabilis,	24	1775
Dissertatio scholastico-moralis,	11	1769
Dissertatio super abusum duelli,	***	1768
Dissertazione sulla povertà,	***	1733
Dissertazioni Teologiche-Morali,	108	1776
Documenti pastorali ed epistolari,	127	***
Due scritti inediti intorno al quietismo,	117	***
Duello,	***	1768
Duetto tra l'Anima e Gesù-Cristo,	***	1760

Esercizi spirituali,	47	1761
Esercizio della Via Crucis,	49	1761
Evidenza della Fede, o uma verità della Fede,	54	1762

Examen Ordinandorum,	31	1757
Expiatio a calumniis,	10	1748
Fedeltà dei Vassalli (La),	109	1777
Formula della rinnovazione dei voti,	120	***
Glorie di Maria (Le),	13	1750
Grazia,	80	1769
Homo Apostolicus (Istruzione e pratica, cfr. n. 29),	***	1759
Il Confessore diretto,	57	1764
Il Sacerdote provveduto per l'assistenza ai moribondi,	30	1757
Infallibilità (L') e la superiorità del Papa sul Concilio,	118	***
Institutio catechistica ad populum in Praecepta Decalogi et Sacram.,	***	1768
Istoria dell'Eresie,	88	1772
Istruzione al popolo,	72	1767
Istruzione e pratica per li confessori (= Homo Apostolicus, 1769),	29	1757
Istruzione per l'orazione mentale,	56	1762 (?)
La legge incerta non può indurre uma obbligazione certa,	66	1765 (?)
Lettera ad un giovane studioso,	85	1771
Lettera ad uma Vescovo novello,	84	1771
Lettera al Conclave,	***	1774 X 24
Lettera di risposta sopra l'abuso di maledire i morti,	34	1758

Lettera sul modo di predicare all'apostolica,	50	1761
Lettera... sopra l'abuso di maledire i morti,	8	1746
Lingua Toscana,	15	1750 (?)

Massime eterne,	1	1728 (?)
Meditazioni in onore di S. Giuseppe,	39	1758
Meditazioni per otto giorni d'esercizi spirituali,	47	1761
Meditazioni sulla Passione,	93	1773
Messa (La) e l'Officio strapazzati,	46	1760
Messa,	76, 77	1769
Missioni,	45	1760
Modo di conversare continuamente uma Dio,	20	1754
Monitum de usu probabilium opinionum,	94	1773
Moribondi,	30	1751
Morti,	8	1746
	33	1757
	34	1758
	35	1758
	102	1775

Nove discorsi da farsi [nel] tempo di Flagelli,	36	1758
Novena al SS. Cuore di Gesù,	38	1758
Novena dei Morti,	102,	1775
Novena del Santo Natale,	37	1758
Novena del SS. Nome di Gesù,	***	1758 (?)
Novena in onore di S. Michele,	124	***

Opera dommatica,	79	1769
Opere spirituali,	***	1751

Orazione mentale,	56	1762 (?)
Orazioni alla Divina Madre,	3	1734 (?)

Passione,	48	1761
	89	1773
	93	1773
Pii riflessi per eccitarsi al santo amore di Dio,	113	***
Pratica del confessore (= Praxis confessarii, 1757),	23,	1755
Pratica della virtù del mese,	119	***
Pratica di amar Gesù Cristo,	73	1768
Praxis confessarii (= Pratica del confessore, n. 23),	***	1757
Praxis interrogationum,	***	1748
Predica della chiamata,	122	***
Preghiera,	32	1757

Quando l'opinione che sta per la legge non è convincente,	82	1770
Quiete per le anime scrupolose,	17	1751
Quietismo,	117	***

Ragguaglio del miracoloso ritrovamento delle sagre particole,	92	1773
Regolamento per li Seminarii,	28	1757
Regole per uma vivere,	21	1754
Regole per il Ven. Monast. di S. M. Regina Coeli,	61	1764 (?)
Regole per lo Seminario di S. Agata de' Goti,	***	1765
	***	1768

	***	1771
Regole latiana dell'Aritmetica,	15	1750 (?)
Relazioni (Le) "ad limina" della diocesis di Sant'Agata,	***	1765
		1768
		1771
Rettitudine d'intenzione,	***	1748-1749 (?)
Ricordi alle Monache di Scala,	111	1778
Riflessioni divote,	90	1773
Riflessioni sulla Passione di Gesù Cristo,	89	1773
Riflessioni sulla verità della Divina Rivelazione,	91	1773
Riflessioni utili a' Vescovi,	6	1745
Risposta ad un anonimo,	27	1756
Risposta apologetica a ... D. Cipriano Aristasio,	52	1762
Risposta apologetica circa l'uso della comunione,	58	1764
Risposta apologetica,	62	1764

Sacrificio di Gesù Cristo (Del),	98	1775
Sarnelli, G. M.,	19	1752
Scrupolosi,	17	1751
Selva di materie predicabili,	44	1760
Seminari,	28	1751
	***	1762
Sentimenti di Monsignore,	126	***
Sermon marial inédit (Uma),	121	***
Sermone di vestizione per le monache,	123	***
Sermoni compendiati,	83	1771
Sermoni vari,	86	1771
Stimoli ad uma Religiosa,	100	1775
Stimoli ai Religiosi,	99	1775

Supplex libellus,	***	1748

Teresa, Santa,	4	1743
	112	***
Theologia Moralis, 1ª ed.,	9	1748
Theologia Moralis, vol. I, 2ª ed., cfr. n. 9.	***	1753
Theologia Moralis, vol. II, 2ª ed., cfr. n. 9.	***	1755
Theologia Moralis 3ª ed., cfr. n. 9.	***	1757
Theologia Moralis 4ª ed., cfr. n. 9.	***	1760
Theologia Moralis 5ª ed., cfr. n. 9.	***	1763
Theologia Moralis 6ª ed., cfr. n. 9.	***	1767
Theologia Moralis 7ª ed., cfr. n. 9.	***	1772
Theologia Moralis 8ª ed., cfr. n. 9.	***	1779
Theologia Moralis 9ª ed., cfr. n. 9.	***	1785
Traduzione de' Salmi,	95	1774
Trattatello dell'Amore Divino,	105	1775
Trattato della Confidenza cristiana,	***	1765
Trionfo della Chiesa cioè Istoria dell'Eresie,	88	1772

Uniformità alla volontà di Dio,	22	1755

Vera sposa di Gesù Cristo (La),	43	1760-1761
Verità della Fede,	54	1762
Verità della Fede,	69	1767
Vescovi,	6	1745
Via Crucis,	49	1761
Via della salute,	67	1776
Vindiciae pro suprema Pontificis potestate,	74	1768
Visite al SS. Sacramento,	7	1745 (?)

Vita del P. G. M. Sarnelli..., e del Fr. Vito Curzio,	19	1752
Vita del P. Paolo Cafaro,	68	1766
Vita e morte della S. di D. Sr. Teresa M de' Liguori,	51	1761
Vito Curzio, Fr.,	19	1752
Vittorie de' Martiri,	97	1775
Vocazione,	14	1750

ADENDO:

- É de lamentar:

Que não tenha sido completado o projeto de Afonso (muito adiantado) de editar as *Obras completas ascéticas.* Cf. R. Giglio, *Bibliografia delle opere e delle edizioni di Alfonso:* P. Giannantonio (ed.). Alfonso M. de Liguori e la civiltà letteraria del Settecento (Città di Castello, 1999) 343.

Seria ainda mais louvável, e motivo de agradecimento, Afonso ter feito uma edição de suas *Obras Completas.*

- As edições das obras afonsianas feitas no séc. XIX:

- Edição de L. Corbetta (Monza, 1821-1827): 68 pequenos volumes.
- Edição de Marietti (Turim, 1824-1827): 70 volumes.
- Edição de Marietti (Turim, 1826-1832): 58 volumes.
- Edição de Marietti (Turim, 1845-1848): 9 volumes, com duas colunas por página (total de: 8.640 p.).
  Cf. R. Giglio, *Bibliografia...,* 336-337.

- As edições críticas:

- Da *Theologia Moralis:* edição do Pe. Léonard Gaudé. Dedicaremos a ela uma seção da quarta parte do presente volume:

S. Alphonsi Mariae de Ligorio, Doctoris Ecclesiae, *Opera Moralia. I. Theologia Moralis.* Editio nova cum antiquis diligenter collata, in singulis auctorum allegationibus recognita, notisque criticis et commentariis illustrata cura et studio P. Leonardi Gaudé, C.SS.R., Romae 1905-1912, 4 vol.

- Das obras espirituais (1933-1939) (1960-1968): dos 18 volumes programados, não saíram os volumes III, VIII, XI, XII e XIII.

Cf. R. Giglio, *Bibliografia.*, 337-344.

- As edições populares:

Cf. R. Giglio, *Bibliografia.*, 344-346.

APÊNDICE À EDIÇÃO BRASILEIRA

ÍNDICE FERRERO-BOLAND DAS OBRAS IMPRESSAS DE SANTO AFONSO

Fabriciano Ferrero, CSsR
Samuel J. Boland, CSsR

Adaptação:
Claudiberto Fagundes, C.Ss.R.

ÍNDICE FERRERO-BOLAND[1] DAS OBRAS IMPRESSAS DE SANTO AFONSO

(em negrito, as modificações para a edição brasileira)

Siglas, abreviaturas e convenções.

AGHR	*Archivum Generale Historicum Redemptoristarum (Romae), S. Alf. X = "Collectio Operum S. Alphonsi,* quae revisioni S. Rituum Congregationis subjecta, per Decretum eiusdem S. C. de die 14. Maji 1803. approbata fuerunt tamquam *Nihil Censura dignum* continentia: quod decretum S. M. Pius PP. VII. confirmavit die 18. eiusdem mensis et anni. In quorum fidem... Romae, die 25. Martii 1870. *Nic. Mauron, C.SS.mi Red. Sup. Gen. et Rect. Maj.",* como diz o certificado que figura em cada um dos volumes que indicamos em seguida.
BG	M. De Meulemeester, *Bibliographie générale des écrivains rédemptoristes,* La Haya-Louvain 1933-1939, vol. I-III. O *vol.* é indicado em números romanos e a *pág.* em arábicos.
Ed.	Edição do texto original ou de uma versão significativa.
Est.	Estudos gerais (BG, Tan, Tell, RM) ou monográficos sobre a obra. Às vezes, a indicação é sobre o tema principal da mesma.
Lettere	*Lettere di S. Alfonso Maria de' Liguori,* Roma 1887, vol. I-III.
n. (nn.)	Número ou números da *Bibliographie générale des écrivains rédemptoristes* (BG).
OA	S. Alfonso M. De Liguori, *Opere ascetiche,* Roma 1933-1968, vol. I-XIV.

[1] F. Ferrero - S. J. Boland, Las obras impresas por S. Alfonso María de Liguori: Studia et Subsidia de vita et operibus S. Alfonsi Mariae de Ligorio (1696-1787) (Roma, 1990) 485-543.

OD S. Alphonsi Mariae de Ligorio, Ecclesiae Doctoris, *Opera Dogmatica.* Ex italico sermone in latinum transtulit, ad antiquas editiones castigavit, notisque auxit A. Walter, C.SS.R., Romae 1903, vol. I-II.

OEA *Oeuvres Ascétiques,* Tome 1-18, Tournai 1856-1878, em: *Oeuvres Complètes de S. Alphonse de Liguori.* Traduites de l'italien et mises en ordre par L. Dujardin et J. Jacques, C.SS.R., Tournai 1856-1878, vol 1-18.

OED *Oeuvres Dogmatiques,* Tome 1-9, Tornai 1866-1877, ibidem.

OM *Opera Moralia:* S. Alphonsi Mariae de Ligorio, Doctoris Ecclesiae, *Theologia Moralis.* Editio nova... cura et studio L. Gaudé, C.SS.R., Romae 1905-1912, vol. I-IV.

OMM *Opere Morali,* em: *Opere Complete* del B. (di S.) Alfonso Maria de Liguori, Monza, Luca Corbetta, 1822-1861, vol. 1-54.

ON *Opere* del B. Alfonso Maria de Liguori, Napoli, Gabinetto Letterario, 1837-1843, vol. 1-54.

OT *Opere* di S. Alfonso Maria De Liguori, Torino, Giacinto Marietti, 1887, vol. I-X.

RM Th. Rey-Mermet, *Le Saint du siècle des Lumières, Alphonse de Liguori (1696-1787),* Paris 1987, 2ª ed. **Quando o número da página estiver entre colchetes, refere-se à edição brasileira: *Afonso de Ligório: uma opção pelos abandonados.* Aparecida: Santuário, 1984. Tradução: Pe. José Braz Gomes, CSsR; Carlos Felício da Silveira. Quando toda a referência à Rey-Mermet estiver entre colchetes com o sinal de +, [+RM], significa que não consta no Índice Ferrero-Boland e foi acrescentada para esta edição brasileira.**

SH *Spicilegium Historicum C.SS.R.,* Roma, 1 (1953) - 35 (1987).

Tan A. M. Tannoia, *Della Vita ed Istituto del Venerabile Servo di Dio Alfonso* M. *Liguori, Vescovo di S. Agata de' Goti e Fondatore della Congregazione de' Preti Missionari del SS. Redentore,* Napoli 1798-1802, Lib. I-IV. (Citamos os *liv.* em números romanos, e os *cap.*, com a letra c. seguida de números arábicos).

Tell — R. Tellería, S. *Alfonso Maria de Ligorio, Obispo, Fundador y Doctor,* Madri 1950-1951, vol. I-II.

*** + ano — Indica uma obra de Santo Afonso que não figura no elenco cronológico de M. De Meulemeester (***) mas cuja data de composição conhecemos (ano).

núm + *** — Indica uma obra de Santo Afonso cuja composição é desconhecida e, além disso, não figura no elenco cronológico de M. De Meulemeester.

* — **Transcreve a referência de M. de Meulemeester às traduções em português presente no volume 1 de sua *Bibliographie* (BG, I, 314-316).**

** — **Transcreve a referência de M. de Meulemeester às traduções em português presente no volume 3 - suplemento - de sua *Bibliographie* (BG, III, 222-223).**

[ ] — **Indicam traduções em português.**

No final da referência, sempre que houver, segue a tradução brasileira da biografia de Rey-Mermet antes referenciada: RM ou [+RM]. O número entre parênteses ao lado do título da obra indica a quantidade de edições (cf. BG) referenciadas por M. Vidal.

1. 1728 (?) Massime eterne (1163).

Massime eterne, cioè meditazioni per ciascun giorno della settimana.

(Máximas Eternas, ou seja, meditações para cada dia da semana).

AGHR, S. Alf. X 34. Cfr. n. 7.

Ed. OA, IX 380-395.

Est. BG, I 47-50, III 206; Tan, I c. 12; Tell, I 123, 664-665, 748, II 554; RM, 168 [183.184], 314 [353], 363 [409], 483 [548], 600 [683].

* 1. Maximas eternas... y jardin de devoción (sic). SUÍÇA: 1892, Eisiedeln, Benzinger.

[LIGÓRIO, Afonso. Meditações para cada dia da semana. In: *Jardim de devoção para os bons christãos por Santo Affonso Maria de Ligorio*. Einsiedeln, 1898. Tradução: Pe. A. Luiz Moreira. p. 27-62].

[LIGÓRIO, Afonso. Meditações para todos os dias da semana. In: *Máximas Eternas de S. Afonso de Ligório e práticas devotas do cristão*. São Paulo: Pia Sociedade de São Paulo, 1934. p. 15-34].

[LIGÓRIO, Afonso. *Máximas Eternas*. São Paulo: Cultor de Livros, 2016. Tradução: Mons. Manuel Marinho].

[LIGÓRIO, Afonso Maria de. *Máximas Eternas: Meditações para cada dia da semana*. São Paulo, Amazon, 2021. Tradução: Claudiberto Fagundes].

[LIGÓRIO, Santo Afonso Maria de. *Máximas Eternas. Meditações para cada dia da semana*. In: Obras Espirituais Selecionadas. Aparecida: Santuário, 2021. Tradução: Flávio Cavalca de Castro].

"Esse livrinho de vinte e quatro páginas, que o convertedor eficaz dava a seus grandes pecadores, foi composto pelo ano de 1728 e foi impresso e reimpresso muitas vezes sem o nome do autor. É preciso prestar homenagem às **Máximas Eternas** como a primeira obra de um escritor que publicará mais de cento e dez. Pode-se pensar que era ainda apenas uma brochura insignificante. Podemos, ao contrário, julgá-la uma invenção pastoral inteligente, já que, tendo em conta somente as edições póstumas, foram recenseadas 421 edições italianas e 753 estrangeiras.

O opúsculo contém sete meditações, divididas cada uma delas em três pontos. Ele é claramente orientado no sentido de afastar do mau procedimento. Para mais tarde a preocupação de reanimar o afogado, por ora importa tirá-lo da água. Nele, Afonso sugere os três atos preparatórios da meditação: tomada de consciência da presença de Deus, arrependimento humilde, pedido das luzes divinas. Depois escreve:

'Leia a meditação passo a passo. Após cada ponto, demore-se na consideração desta máxima eterna. Depois tome a resolução expressa de livrar-se deste e daquele vício. Enfim, faça os atos que estão a seguir.' Seguem fórmulas muito elaboradas de fé, de esperança e de contrição perfeita.

As sete meditações visam exclusivamente arrancar o pecador de seu enfeitiçamento: o fim do homem, a urgência em se preparar para isso, o pecado mortal, a morte, o julgamento, o inferno, a eternidade de suas penas. Frases curtas, irresistíveis, essenciais. Cada golpe acerta em cheio. É impossível escapar-lhe. É preciso morrer. Morrer ao pecado. (...)

É que este guia não abandonava ninguém no meio do caminho. O livrinho **Máximas Eternas** era somente o primeiro passo." **[RM, 183.184]**.

"Esses grupos se tornaram, ao contrário, um movimento de educação de base, de restauração social e de saneamento dos costumes: de ajuda mútua e partilha entre os pobres; de economia às custas do jogo, das comilanças, bebedeiras e libertinagens por onde passava antes o magro dinheiro da economia doméstica; de consciência profissional restabelecida em milhares de empregados, operários, artesãos, comerciantes; a pilhagem substituída pelo trabalho; punhais e pistolas depositadas nas mãos dos sacerdotes e substituídos por terços e opúsculos de meditação sobre as **Máximas Eternas** ou *a paixão de Jesus Cristo*. Sim, nesse século XVIII, século das luzes, autênticas luzes brilharam ao nível dos *bassi* de Nápoles e de suas 'trincheiras' de pavimentos negros. Graças às Capelas da noite." **[RM, 196]**.

"São ainda dessa época as famosas *Orações à Mãe de Deus para cada dia da semana* e algumas *Pequenas coroas em honra das dores de Maria, em louvor do Menino Jesus e da Imaculada.*

São esses opúsculos, juntamente com as **Máximas Eternas**, que Gaudiello via Afonso distribuir aos que sabiam ler, enquanto dava aos analfabetos aquelas gravuras de Nossa Senhora que suscitavam a confiança, a oração, a santidade." **[RM, 353]**.

(...) "Compre, escreveu-lhe seu filho, a grande vida de são Luís Gonzaga, que acaba de aparecer, a de são Filipe Neri e, caso o senhor encontrar, a de são Pascoal (Baylon) ou a de são Pedro de Alcântara. Procure adquirir também um livrinho intitulado *Verdades eternas* de Carlos Gregório Rossignole e as **Máximas Eternas** de Carlos Ambrósio Cattaneo." **[RM, 409]**.

"- Meu filho, evite jamais celebrar em estado de pecado mortal: ficará acostumado, não terá já respeito por nada e se condenará como Judas. Tenha a preocupação pelo estudo e pela meditação.

E lhe dera seu opúsculo das **Máximas Eternas**." **[RM, 547-548]**.

"Ao contrário, as obras que granjearam a Afonso - mas não oficialmente desta vez - o título de mestre do povo de Deus, foram *Glórias de Maria, Visitas ao Santíssimo Sacramento,* **Máximas eternas**, *Preparação para a morte, Prática do amor a Jesus Cristo, O grande meio da oração,* para citar apenas as mais significativas e mais populares. Ele soube adivinhar as necessidades religiosas do povo e dar-lhes resposta no diapasão da fé e da mentalidade populares." **[RM, 683]**.

2. 1732 (?), Canzoncine spirituali (64).

Canzoncine spirituali del'Illustriss. e Reverendiss. Monsignor Alfonso de Liguori, Vescovo di Santagata de' Goti, e Rettore Maggiore della Congregazione del SS. Redentore. Settima edizione, Napoli 1769.

(Cançõezinhas espirituais do Ilustríssimo e Reverendíssimo Monsenhor Afonso de Liguori, Bispo de Santa Águeda dos Godos, e Reitor-Mor da Congregação do Santíssimo Redentor).

AGHR, S. Alf. X 38.

Ed. A. Di Coste, *Le melodie di S. Alfonso M. de Liguori in alcuni suoi canti popolari e Duetto tra l'anima e Gesù Cristo,* Roma 1932; O. Gregorio, *Canzoncine alfonsiane. Studio critico estetico col testo,* Angri

1933; S. Brugnano, *Le canzoncine spirituali di S. Alfonso,* Materdomini 1982.

Est. BG, I 50-53, III 206; Tan, I c 3, 5, II c. 7, 10, 13, 26, 39, III c. 12, 17, 22; Tell, I, 141-142, 339, 575, 768-774; RM, 9 [9], 113 [122],114 [123-124], 314 [353], 420 [475], 461 [520-521], 499 [565], 601 [684], 624 [713], 625 [714].

[LIGÓRIO, Afonso. *Cânticos Alfonsianos.* Tietê: Seminário Santa Teresinha, 1949].

[LIGÓRIO, Afonso. *Cânticos de N. P. S. Afonso.* Passo Fundo: [s.d.]. Copistas: Plínio Floss (letra); Flávio Darós (música). Rex-o-graph: Flávio Darós e Silvério Reckseigel].

[LIGÓRIO, Afonso. *Cantos de Santo Afonso no tricentenário de seu nascimento 1696-1996.* Aparecida: Santuário, 1996, 64 p. Tradução: Caio Siqueira Toledo].

[FERREIRA, João José (org.). *Santo, poeta e músico.* Aparecida: Santuário, 2014. 160 p.].

"Mas - originalidade de santo Afonso - ele era músico, tendo aliás frequentado bastante em sua juventude o Oratório dos Jerônimos de Nápoles onde se conservavam e se cultivavam as tradições musicais procedentes de São Filipe Néri. Fica assim explicado o gabarito das cinquenta **canções** que ele compôs e onde não aparece o Deus vingador tão frequente nos cânticos franceses da mesma época. Essas **canções** entraram para o patrimônio cultural italiano. Foi Verdi quem disse em 1890 a respeito do *Tu scendi dalle stelle* que 'sem esta pastoral de santo Afonso, Natal não é mais Natal'". **[RM, 9]**.

"Uma vez padre e fundador - ainda é Tannoia quem o diz –, 'para mostrar que o homem em si mesmo não passa de um monte de podridão, ele pintou com aquarela e carvão, o cadáver de Alexandre Magno, decomposto e cercado de topeiras, tendo embaixo duas estrofes' de uma de suas **canções**. A primeira podemos arriscar traduzir assim: É aqui que termina toda grandeza humana, / Toda ostentação deste mundo e toda beleza vã, / Os vermes, o lodo, uma uma ou quatro pés de terra / Acabam para cada homem com sua vez de espetáculo." **[RM, 87]**.

"Seus **cânticos espirituais** estarão cheios da lembrança desse arranque vitorioso. Uma estrofe entre cem outras: Ó mundo, oferece-me tudo, tua oferta será vã; / Vai, lança aos insensatos o objeto de seus desejos. / Louca embriaguez do século e culpáveis prazeres, / Não tereis meu coração: outro Bem o aprisiona...". **[RM, 122]**.

"Durante toda sua vida Afonso fará questão de florir seu Bem-Amado do tabernáculo com toda a variedade da flora meridional. Nos conventos em que residirá, obterá as mais raras sementes, depois irá colher as flores com suas mãos a fim de ornar o altar. Invejava essas inocentes criaturas pela felicidade de permanecer dia e noite junto de seu Criador. É assim que o exprime em seus **cânticos espirituais**: Felizes flores, vós que noite e dia pertinho sempre estais de meu Amado! Oh! não o abandoneis até que um dia termine vossa vida aqui a seu lado. Oh! pudesse fazer eu de moradia o templo que por vós é perfumado! Que ventura teria e quanta sorte, aos pés de minha vida achar a morte!" **[RM, 123-124]**.

"Bem depressa Ciorani não é mais Ciorani, diz Tannoia, mas uma radiante cristandade dos primeiros tempos. Já não há rixas e divisões, nada de blasfêmias e imprecações. Já não pairam palavrões e canções libertinas nos lábios dos rapazes e moças. Casas e colinas ressoam canções sacras, **cantos religiosos** compostos por Afonso. A saudação ordinária, ao encontrar-se com um 'cioranense' é: 'Louvados sejam Jesus e Maria'. E assim se saúdam pais e filhos. Para onde foram as pessoas que ofendiam a Deus nas tabernas e ao redor das mesas de jogo? Foram à igreja, para a missa ou confissão, para a visita ao Santíssimo ou à Virgem Maria." **[RM, 348]**.

"(...) André desfiará suas recordações:

'Eu era diácono, quando o Pe. Afonso Ligório chegou à terra de Ciorani com dois companheiros e começou a irradiar sua santidade, pregando ao povo, confessando até tarde, visitando os doentes, consolando os aflitos. Ele era muito doce de coração, afável para com todos, simples como uma criança. Entre outras virtudes, possuía uma inefável devoção a Nossa Senhora: teria pregado seus louvores dia e noite; incitava o povo à devoção para com ela por seus **cânticos**, por suas belíssimas estampas da Virgem mandadas por ele imprimir, por suas brochuras e novenas...'

De fato, desde 1732 Afonso imprimia e distribuía pequenas compilações de seu **Cânticos Espirituais**. Para ater-nos à Nossa Senhora, datam dessa época aqueles **cânticos** que ressoam ainda em toda a Itália: *Ó doce esperança, A mais bela das Virgens* e o cântico mariano de Natal: Maria e Jesus Menino: *Calaram os céus a sua harmonia, enquanto Maria ninava a Jesus*." **[RM, 353]**.

"(...) **Cânticos** cristãos substituíram as canções licenciosas que essas senhoritas tinham aos lábios durante os trabalhos do campo, principalmente nas vindimas e nas colheitas.

Vale lembrar que essas **canções** eram, letra e música, criações de Afonso: das canções escandalosas ele rejeitava a melodia com as pútridas palavras, como dois cúmplices dos quais um tendia a arrastar o outro. Dele também eram aqueles desenhos à pena - o Menino Jesus, o Cristo na cruz, a Virgem Mãe, jamais os santos - que ele mandava gravar em cobre pelos fabricantes de imagens para o povo analfabeto e para as paredes imundas dos *bassi*." **[RM, 380]**.

"De todas as devoções a Nossa Senhora, a que teve maior expansão e que assumiu maior significado foi a relativa à Imaculada Conceição. Mais do que os escritos populares ou eruditos... ela foi difundida e expressa pelas telas de Solimena e de sua escola e, sobretudo, pelas **quatorze canções** de santo Afonso. Os versos de *Dulcíssima esperança, Meu doce amor, Maria* (1737) estão em todos os lábios; ao passo que os trinta versos do *És pura e tão pia, tão bela, ó Maria* (1750) são de uma beleza ligeira e contudo solene, que nos enleva num santo arrebatamento." **[RM, 475]**.

"Percebeu, certo dia, que o Pe. Margotta estava de rosto sombrio e visivelmente atormentado.

'- Você não fala nada, Francisco? Alguma coisa lhe incomoda?

- Pai, sente-se ao cravo e cante uma de suas **canções** à Madonna.'

O padre geral assentou-se ao cravo, e com sua voz esplêndida, cantou:

Quanto è dolce, / Madre mia, / Il tuo Nome di Maria!/ Mi dà pace / E tanto piace / Che'l vorrei sempre chiamar. / Como é doce, / ó Mãe / Teu nome de Maria! / Dá-me paz / Tanto me agrada / Que o quero sempre invocar.

Margotta reencontrou a serenidade. Para Afonso isso era mais importante do que escrever um capítulo de sua Moral." **[RM, 520-521]**.

"(...) Ensinava-lhes também suas **canções** à Eucaristia: - *Partindo do mundo o amante Pastor; Ó pão lá do céu; Felizes flores* - e à Virgem Maria. Assim o bispo, por meia hora diária, assumirá pessoalmente na catedral, o que ele esperava de toda a equipe pastoral depois das missões. Para que não viesse a ser [565] fogo de palha." **[RM, 565-566]**.

"A memória popular se enriquecerá ainda mais com cerca de 50 **canções** que o missionário dos pequenos compôs, letra e música, através de meio século. Para apreciá-lo não precisamos compará-lo nem a Dante, nem a Metastásio. Ainda uma vez mais, ele é ele mesmo: um místico que partilha os arroubos de sua fé e de seu amor com o povo todo simplicidade dos campos e dos arrabaldes. A música das palavras, o ritmo das estrofes, o sabor das melodias, o fogo dos sentimentos, desafiam a tradução. É preciso recitar as **canções**, é preciso cantá-las em italiano ou em napolitano. Aliás, 'o júri' deu o seu voto: o voto de um povo que canta Ligório.

Dom Mário Palladino escrevia no início do século:

'Somente Afonso de Ligório deu à Itália o canto popular em toda a sua perfeição. Ainda hoje, após cento e cinquenta anos, suas **canções** ressoam através de nossos vales e montanhas e, como toda a verdadeira poesia, elas conservam o frescor de sua juventude. Quantos poetas desde aquela época, por entre as transformações literárias, abordaram esse gênero de poesia! Foram elogiados durante certo período, e depois o povo os esqueceu, enquanto Afonso, seu verdadeiro, seu doce poeta, permanece vivo em sua lembrança.

Tão vivo que entrou na respiração de seu povo.' Em particular, não haverá um Natal sem que ressoe nas igrejas e sobre as ondas seu *Tu scendi dalle stelle, o Re del Cielo*, composto certa noite em Nola. 'Sem essa pastoral de santo Afonso, Natal não é mais Natal', dirá Giuseppe Verdi, após o serão da natividade de 1890, no palácio Dória de Gênova." **[RM, 684]**.

"Que se releiam ou se cantem as quase 50 **canções** compostas por Ligório para as missões, não se encontrará ali nenhuma canção aterrorizante. Ignora o 'Deus vingador', e mesmo o 'Senhor Deus' da liturgia ou a 'Divina Majestade' dos espanhóis e de Falcoia. Com terna familiaridade, que é toda uma teologia, dirige-se ao 'bom Deus', ao 'caro Jesus', ao 'Redentor cheio de amor', a 'Maria, a minha bela esperança.'" **[RM, 713]**.

"(...) Mas, além dos capítulos didáticos de suas obras pastorais - *Prática do confessor, Homem apostólico* - onde afloram sua experiência interior, é preciso ler seus longos poemas em que a mística se lhe escapa, penetra na 'floresta solitária e escura' das rupturas últimas para o encontro intuitivo do Amor. Sobre aquelas **canções** em que Afonso vivia e fazia viver mais do que ensinava, o grande poeta Salvador Di Giacomo (1860-1934) dizia: 'Elas são meus livros de oração.'" **[RM, 714]**.

***** 1733, Dissertazione sulla povertà.**

Dissertazione sulla povertà: se sia lecito possedere in comune e se di poca perfezione.

(Dissertações sobre a pobreza: se é lícito possuir em comum e se de pouca perfeição).

Ed. A. Sampers, *A tract of Saint Alphonsus on the compatibility of religious-perfection with having goods in common,* em: SH. 30 (1982) 292-302.

Est. BG, I 181.

3. 1734 (?), Orazioni alla Divina Madre (1213).

Orazioni alla Divina Madre per ciascun giorno della settimana.

(Orações à Divina Mãe para cada dia da semana).

Ed. OA, VII 477-483.

Est. BG, I 53, III 206; Tell, I 123, 235; RM, 314 [353].

* 3. Orações à Santíssima Virgem para todos os dias da semana. BÉLGICA: 1906 Tournai, Casterman: *Mais Bellas Orações de S. A.*

** 3. Maria santissima e a nossa Perseverença Final. - A Semana do Servo de Maria desejoso de assegurar a sua salvaçao segundo a doutrina e o exemplo de Sto Affonso Maria de Liguori, trad. de

La Semaine du Serviteur de Marie de A. Desurmont, par Adrien Paschoal, C.S.S.R. Bahia, Franciscains, 1937, in-12°, p. 34.

[In: LIGÓRIO, Afonso. *As mais belas orações de Santo Afonso.* Coordenadas pelo Pe. Saint-Omer, Redentorista e vertidas para o vernáculo por D. Joaquim Silvério de Sousa. Petrópolis: Vozes, 1961].

"De fato, desde 1732 Afonso imprimia e distribuía pequenas compilações de seu Cânticos espirituais. Para ater-nos a Nossa Senhora, datam dessa época aqueles cânticos que ressoam ainda em toda a Itália: *Ó doce esperança, A mais bela das Virgens* e o cântico mariano de Natal: Maria e Jesus Menino:

Calaram os céus a sua harmonia, enquanto Maria ninava a Jesus.

São ainda dessa época as famosas **Orações à Mãe de Deus para cada dia da semana** e algumas Pequenas coroas em honra das dores de Maria, em louvor do Menino Jesus e da Imaculada." **[RM, 353]**.

4. 1743, Considerazioni sopra le virtù e pregi di S. Teresa (106).

*Considerazioni sopra le virtù, e pregi di S. Teresa di Gesù tratte dagli ammirabili suoi detti e fatti, insieme colla coronella in suo onore e una breve pratica per la perfezione. Date in luce da un Sacerdote della Congregazione del SS. Salvatore divoto della Santa...*Stampate a spese del R. Sac. D. Dom. Letizia, Napoli 1743.

(Considerações sobre as virtudes e méritos de Santa Teresa de Jesus, retiradas de seus admiráveis escritos e ações, juntamente com uma pequena coroa em sua honra e breve prática para a perfeição. Publicadas por um sacerdote da Congregação do Santíssimo Salvador, devoto da santa... Impressa às custas do R. Sacerdote Pe. Letizia, Nápoles, 1743).

Ed. OT, II 433-446; ON, X 329-400.

Est. BG, I 53-54, III 207; Tell, I 336-338; RM, 144 [156.157], 341 [382], 364 [411].

[Oração a Santa Theresa. Coroa em honra de Santa Theresa. In: LIGÓRIO, Afonso. *As mais belas orações de Santo Afonso*. Coordenadas pelo Pe. Saint-Omer, Redentorista e vertidas para o vernáculo por D. Joaquim Silvério de Sousa. Petrópolis: Vozes, 1961, p. 675-678].

[LIGÓRIO, Afonso. *Meditações sobre Santa Teresa de Ávila. Com novena, prática e ato de consagração.* Aparecida: Santuário, 2022. Tradução: Pe. Claudiberto Fagundes].

V. Pérez de Gamarra, *El más ilustre Discípulo de la Escuela ascética Española*. Memoria presentada al Congreso Ascético de Valladolid de 1924 (Madri, 1924).

"Santa Teresa, com efeito, possuiu uma das mais belas penas da literatura espanhola. Ela é, além do mais, a escritora mais instintiva produzida pelo gênio espanhol e talvez pelo gênio cristão. Convencida de que tinha capacidade apenas para fiar, ela só deixou a roca por obediência. Escreveu como respirava, sem rebuscamentos prévios. (...) Ora, entrando para o seminário, Afonso a 'encontra'. E por ela fica seduzido para sempre. Não que ela tivesse sido uma desconhecida para o menino ou para o advogado de ontem. Ele 'respirou' santa Teresa desde seu primeiro grito: dona Ana é de origem espanhola pelos marqueses d'Avenia; ao menos quatro Teresas brilham na constelação familiar: uma tia, uma irmã, uma sobrinha e sua prima e 'noiva' que, no carmelo do Santíssimo Sacramento, se apressa alegremente por chegar ao céu (30 de outubro de 1724). Mas não era então mais do que um contato superficial. É o superior do seminário, seu tio Gizzio, que, desde sua entrada no estado eclesiástico, faz de Afonso um entusiasta de Teresa de Ávila. A ela se liga, a ela reza como a uma irmã mais velha, como a uma mãe; esforça-se por imitá-la ao ponto de se obrigar por voto, como ela, a nada fazer senão para Deus e para sua maior glória.

(...) Afonso não é homem de esquecer suas promessas. Em 1743, é a santa Teresa que ele consagra sua primeira publicação com o jeito e dimensão de um livro: **Considerações sobre as virtudes e qualidades de santa Teresa de Jesus**. Enquanto tiver olhos para trabalhar, será a ela, após a Escritura, que ele mais lerá, a ela que mais citará. Duzentos e cinquenta anos antes que recebesse enfim o título, Teresa de Ahumada é o primeiro Doutor deste Doutor da Igreja.

E o segundo será Francisco de Sales (1567-1622), tão próximo de Teresa de Ávila." **[RM, 156.157]**.

"(...) De que confidenciariam a não ser de vocação, de carmelo e daquela Teresa, a grande, que Afonso, há bem 20 anos chama de 'a minha Mestra'? Apostamos que conversando familiarmente com a duquesa, ela folheava *O caminho da perfeição* ou *O castelo interior*, já que foi naquelas semanas do verão de 1742, em S. Aniello, que dava os últimos retoques à sua primeira obra de espiritualidade: **Considerações sobre as virtudes e as qualidades de S. Teresa de Jesus.** Ela aparecerá em 1743, impressa às custas de seu velho amigo Domingos Letizia, e será dedicada à ... duquesa dell'Isola, a Maria Caraciollo.

Esse opúsculo de uma centena de páginas é o primeiro ex-voto do filho àquela que ele denomina 'minha Santa Teresa'. Essa obra corre o perigo de passar despercebida, esmagada pelas grandes obras que serão publicadas a partir de 1750. E é pena; após as nove 'considerações' surge uma **Breve prática da perfeição extraída da doutrina de S. Teresa** em que já se manifesta totalmente seu pensamento e sua conduta quanto à ascese. Esse 'já' e aliás normal: Afonso aos quarenta e seis anos é um homem 'feito'. Sua grande obra para religiosas, *A verdadeira esposa* (1760), nada mais será do que a ampliação daquelas vinte páginas, cujo plano conservará o mesmo; sua obra-prima, *Prática de amar a Jesus Cristo* (1768), as suas admiráveis *Reflexões devotas* (1763) não dirão coisas diferentes. Essa **Breve prática** abre-se com a fórmula-chave, cuja sequência nada mais é do que seu desenvolvimento concreto:

'Toda a perfeição consiste em pôr em prática estas duas coisas: o desapego das criaturas e a união com Deus. Tudo está dito na grande máxima que Jesus Cristo nos legou: 'Se alguém quer vir após mim, negue-se a si mesmo, tome a sua cruz e siga-me' (Mt 16, 24).'

Esse ensinamento é velho como o Evangelho; é inteiramente tirado da mestra de Ávila; mas a fórmula, simples e vigorosa, sublinhada por ele no texto, é de cunho afonsiano. Ela encerra a síntese definitiva de sua doutrina ascética. [382]

Aí está em evidência o famoso distacco, o desapego de espírito e de coração. Mais do que a 'purificação do espírito', cara aos intelectuais do século XIII, ele arrebata o homem inteiro - pensamentos e sentimentos - das realidades caducas. Dentro de um respeito pleno e admirativo da criação - homem e mundo - ele não despreza nem a felicidade, nem a beleza, nem a riqueza, nem a grandeza, como era de praxe no século XIV. Mas em tudo isso não reconhece valor a não ser em Deus e para Deus.

Logo, desapego dos prazeres, dos bens, da estima própria, isto é, das três concupiscências postas em evidência por são João (1Jo 2,15-17). Usar delas conscientemente, sim; amá-las, não. É preciso não errar no amor. E ele pormenoriza:

- desapego dos prazeres, consequentemente, dos humores e do mau humor; desapego das amizades sensíveis e da família; desapego da vontade própria e das alegrias dos sentidos (contemplar um livro de preferência à bela duquesa, comer escassamente e coisas amargas, dormir pouco e no duro, acariciar-se com cilícios e disciplinas; fechar a boca às fanfarronadas, os ouvidos às tagarelices);

- o desapego da estima, com ressalva do escândalo: fazer pouco dela, fugir dos louvores, das honras (a mitra!); saborear as acusações e os desprezos; 'suplicar a Deus a graça de ser desprezado por seu amor'.

Por seu amor, precisamente: para unir-se a ele: *unione*. Ter somente um temor: o do pecado que nos separa dele (daí a consciência de Afonso, desde cedo, ter-se tornado *timorata*). Ter somente uma vontade: a vontade de Deus. Inflamar e reavivar sem cessar a união na meditação; alimentá-la na comunhão; suplicá-la na prece; vivê-la conscientemente pelo exercício de sua presença; buscá-la com insistência nos exercícios espirituais e na celebração das festas de Natal, da Paixão, de Pentecostes, de Nossa Senhora (a Páscoa-Ressurreição seria hoje mais sublinhada); concretizá-la, por fim, no amor do próximo.

Desapego-apego: corresponde à 'esquerda-direita' que os psicólogos modernos analisam em todo progredir do homem. É a sabedoria dos hindus, a via de Buda: desligar-se do mundo em que nada há de consistente para ir à descoberta de uma plenitude. Mas que plenitude? A essa questão Buda somente tem seu enigmático sorriso. Claude Lévi-Strauss, no final de sua viagem aos *Tristes trópicos* onde, finalmente, todas as sociedades lhe fizeram aprender que nada tem sentido, deseja 'desprender-se' de tudo - é ele que sublinha - para apanhar a essência daquilo que é o homem 'na contemplação de um mineral mais belo que todas as nossas obras, no perfume respirado no cálice de um lírio, ou no piscar de olhos que uma cumplicidade involuntária permite às vezes trocar com um gato'. Se, na perspectiva das sabedorias terrestres, consistir nisso a única contrapartida do desapego voluntário, ele é tão triste como os trópicos; com uma clarividência desiludida, ele somente troca um contra-senso por outro. E é assim que compreendemos melhor o frenesi daqueles que se obstinam em gozar de tudo antes de naufragar na lata de lixo do contra-senso universal.

Em santa Teresa de Ávila e em santo Afonso, o desapego é um salto para a frente em direção daquele que é, pessoalmente, a Plenitude. *Unione*: união a Deus, diz Afonso. É por isso que sua **Breve prática** termina com este aforisma de Teresa: 'Que teu desejo seja de ver a Deus, teu temor, de perdê-lo; tua alegria, tudo o que pode conduzir a ele.' E ele comentará trinta anos mais tarde: [383]

'Para chegarmos a amar a Deus de todo o coração, necessário se faz desapegarmo-nos de tudo o que não é Deus e somente a ele tender...

Amar a Deus de todo o coração comporta duas coisas: a primeira é o rompimento com todo apego que não é para Deus e conforme Deus... O segundo é a oração, pela qual o santo amor invade o coração. Mas se o coração não se esvazia na terra, o amor não pode entrar, porque o lugar está tomado. Ao contrário, um coração desapegado de todas as criaturas imediatamente se inflama dum amor divino que cresce a qualquer sopro da graça.'

E temos, então, a santidade. Para os cocheiros de Nápoles, para os cabreiros de Scala, para os vaqueiros das pastagens salernitanas como para os 'redentoristas' ou para as religiosas.

'E a senhora', escreve à irmã M. Joana da Cruz, 'empregue todo o tempo de que dispõe, absolutamente todo, na meditação, isto é, em suplicar incessantemente a Jesus que a faça cumprir perfeitamente sua vontade para que seja toda dele. Oh! Como é belo ver uma alma inteiramente entregue a Deus, que só quer a Deus, que só pensa em Deus, que não procura nada além de Deus!'". **[RM 382-384]**.

"(...) Suas fontes [*Visitas*] facilmente distinguíveis são aquelas em que ele 'bebe' no momento: C. A. Cattaneo (1645-1705), que vimos recomendar a seu pai; Sarnelli, nas obras em que colabora; sua mãe Teresa de Ávila, acima de tudo, explicitamente citada cinco vezes; finalmente, os espirituais espanhóis: João de Ávila, João Eusébio Nieremberg, S. Pedro de Alcântara, Baltasar Alvarez. Nessas visitas o autor é espontâneo, ele mesmo, de corpo inteiro; a memória o inspira bem mais do que o olhar lançado ao livro ou às notas. Elas são dos anos 1740-1743, em que redigiu suas **Considerações sobre S. Teresa**." **[RM, 411]**.

5. 1744, Compendio della Dottrina cristiana.

Compendio della Dottrina cristiana stampato in Napoli per ordine dell'Eminentissimo Signor Cardinale Spinelli nel 1744, allora Arcivescovo di Napoli, ed ora ristampato nella Stamperia di Alessio Pellecchia, Napoli 1758.

(Compêndio da Doutrina Cristã publicado em Nápoles por ordem do Eminentíssimo Senhor Cardeal Spinelli em 1744, atual Arcebispo de Nápoles, e agora novamente publicado pela imprensa de Aleixo Pellechia).

Ed. R. Tellería, *De "Compendio Doctrinae christianae" a S. Alfonso exarato atque olim bis in lucem edito,* em: SH. 4 (1956) 259-279.

Est. BG, I 85; Tan, II c. 12-15; Tell, I 305, 538, 644, II 150; RM, 371-372 [419-420].

[LIGÓRIO, Afonso Maria. *Breve Compêndio da Doutrina Cristã.* Aparecida: Oficinas Gráficas, 1952].

Provavelmente, não é obra de Afonso. Trata-se de um escrito publicado em 1741, sob a autoridade do arcebispo de Nápoles card. Spinelli, em cuja redação interveio Januário Sarnelli.

C. Sarnataro, *Gennaro Maria Sarnelli catechista e autore di scritti catechistici. Motivi ispiratori e scelte di fondo:* Campania Sacra 27 (1996) 127-156.

"No dia 7 de fevereiro de 1742, a encíclica *Etsi minime* de Bento XIV lembrará aos bispos o seu dever de sustentar o catecismo. Sem impô-la, recomendava instantemente a *Doutrina cristã* de Belarmino. Pedia, ainda, que o texto escolhido e empregado fosse acompanhado de uma fórmula breve, mas completa, dos atos de fé, de esperança e de caridade.

O cardeal Spinelli, nas pegadas da grande missão Ligório-Sarnelli, estava começando a visita pastoral de sua diocese. Teve, pois, uma atenção muito viva para esse ponto. Ora, em 1743, ele verificava com desaponto: 'Grande a variedade de catecismos, tantas e tantas horas consagradas à sua explicação! Com que resultados? Quase sem valor nenhum quanto às crianças; e nada melhor quanto aos adultos; e quase sem influência sobre a moralidade! É, pois, evidente que deve ser incriminada a maneira por que é ensinada a doutrina cristã.' E decidira impor um texto único, de cuja redação incumbiu o Pe. Ligório. Era a época em que regressava a Ciorani, após haver deixado a chefia das missões napolitanas ao Pe. Sarnelli.

Desde há vinte anos que Afonso é catequista da ativa. Os garotos de S. Ângelo a Segno, os rapazes, depois os adultos das missões da Propaganda, o povo simples das Capelas da noite, fizeram dele um perito experimentado. E ele tem fé, antes de tudo, na pastoral do catecismo. Não nos esquecemos de que, nessa época, na missão, ele reconhecia o papel fundamental do catecismo dos adultos.

Em 1744, pois, aparecia, sem nome de autor, um **Compêndio da doutrina cristã**: **'Resumo da doutrina cristã impresso em Nápoles por ordem do Eminentíssimo Cardeal Spinelli'**. Era a obra, muito elaborada, de Afonso. Sabemo-lo por diversas testemunhas da época; ele mesmo menciona esse livrinho numa lista de suas obras; mas [419] julgava-se o opúsculo perdido para sempre. Foi somente em 1948 que o Pe. Telleria descobriu em Agrigento o único exemplar atualmente conhecido, e se trata de uma reedição feita pelo autor em 1758.

Agora, pois, temos conhecimento do catecismo que era chamado 'o catecismo de Spinelli'. O cardeal orgulhava-se dele. E com razão. Afora o inevitável 'Deus é um espírito puro, infinito e perfeito', não se encontra nele nenhuma abstração escolástica. Mais concreto, menos erudito que a Breve doutrina de Belarmino, o **Compêndio** afonsiano é também mais pastoral. Quase que da mesma extensão - cerca de 20 páginas - e igualmente articulado em perguntas e respostas, ele não julga de utilidade enumerar os sete dons do Espírito Santo, as quatorze obras de misericórdia, os sete pecados capitais, nem os quinze mistérios do rosário. Mas consagra mais de uma página aos dois sacramentos da vida corrente: a reconciliação e a eucaristia; acentua a necessidade da oração; ele não se permite sair do essencial, mesmo a propósito de Nossa Senhora. 'Esse catecismo constituía', escreve R. De Maio, 'um progresso pedagógico relativamente ao de Belarmino, pelo fato de estar mais ao alcance imediato dos catequistas.'

Dos catequistas, porque não se podia pensar em colocá-lo nas mãos das crianças ou dos analfabetos (95% da população). Sarnelli o anunciava como uma condensação 'cheia e substancial' ao serviço dos eclesiásticos e dos animadores leigos para a catequese viva que devem fazer 'aos domingos e dias de festa'. Depois de bem explicadas, reditas e rebatidas, essas 133 respostas acabavam por ficarem gravadas nas cabeças.

Elas se desenrolavam ininterruptamente, sem subdivisão, mas num encadeamento orgânico: cada questão se apoia na ideia e até nas palavras da resposta precedente. Progride-se assim em três movimentos. Primeiro, a história da Salvação: Deus, a Criação, a Encarnação, a Redenção, a Igreja; o Credo termina e resume essa doutrinação da fé. A segunda parte suscita a atividade da esperança: graça divina, boas obras, oração; o pai-nosso e ave-maria concretizam essa atitude. Por fim, a caridade é vivida no respeito aos mandamentos de Deus e da Igreja, na consciência de seus pecados e nos sacramentos. É o programa pedido pelo concílio de Trento.

As últimas páginas contêm: a maneira de ajudar a missa, os atos do cristão pedidos por Bento XIV, atos a serem feitos durante o dia (por exemplo, esta oração após a refeição: 'Senhor, eu lhe agradeço porque o Senhor fez bem a um inimigo seu'); finalmente um cântico. **[RM, 419-420]**.

6. 1745, Riflessioni utili a' Vescovi (19).

Riflessioni utili a' Vescovi per la pratica di ben governare le loro Chiese. Tratte dagli esempi de' Vescovi zelanti, ed approvate coll'esperienza. Raccolte in breve dal Sacerdote D. Alfonso de Liguori, Rettore Maggiore della Congregazione del SS. Salvatore eretta nelle Diocesi di Salerno, di Nocera e di Bovino. Napoli 1745.

(Reflexões úteis aos bispos para a prática de bem governar as suas Igrejas. Tiradas dos exemplos de bispos zelosos, e comprovadas pela experiência. Recolhidas concisamente pelo Sacerdote Pe. Afonso de Liguori, Reitor-mor da Congregação do Santíssimo Salvador, erigida nas Dioceses de Salerno, Nocera e Bovino, Nápoles, 1745).

Ed. OT, III 865-877.

Est. BG, I 55-56; Tan, II c. 26; Tell, I 376-377, 410, II 16, 67-68, 75, 97, 99, 103, 108-113, 118, 158; RM, 328 [369], 373-375 [421-424], 453 [512], 497 [563], 504 [571], 513 [583], 536 [610]; A. Sampers, *Tre testi di S. Alfonso de Liguori sul buon ordinamento dei Seminari scritti negli anni 1745, 1756 e 1762,* em: SH. 27 (1979) 14-34.

[LIGÓRIO, Afonso Maria. *Reflexões úteis aos bispos*. Comentário histórico-teológico de Mons. Ciríaco Scanzillo. Aparecida: Santuário, 2012. Tradução: Dom Fernando Guimarães].

"E com igual decisão - tanto pior para Segneri - ele é contra as missões 'centrais'. Afonso dá a explicação disso em vinte passagens, mas em nenhuma parte tão claramente como nas **Reflexões úteis aos bispos** (1745):

'As missões são proveitosas nas cidades; nos lugarejos são necessárias, porque nos lugares pequenos onde existem poucos padres, muitos facilmente cometem sacrilégios por más confissões devido à repugnância de confessar-se com quem os conhece e com quem eles estão continuamente em contato. Se esses pobres pecadores não têm a ocasião da missão para abrir-se com padres de fora, é moralmente certo que persistirão em seus pecados e certamente se condenam... (...).'" **[RM, 369]**.

"O zelo não conhece fronteiras. Enquanto está trabalhando em suas últimas *Visitas ao Santíssimo Sacramento* e imprime seu *pequeno catecismo* para os simples e humildes (1744), começa uma centena de páginas de **Reflexões úteis aos bispos** sobre a maneira de governar bem suas Igrejas.

Percorrendo as províncias, escreve Tannoia, Afonso doía-se da indolência de tantos bispos que se aproveitavam dos bens de suas igrejas sem que assumissem os encargos episcopais. Desejando ajudá-los e neles despertar o zelo de seu caráter sacerdotal, condensou em um pequeno livro o resumo de suas obrigações. Diminuto no tamanho, carregado de substância. Enviou-o a todos os bispos da Itália.

Talvez se deva ler: 'da Itália meridional'. É que ele era muito conhecido nessa região e venerado pelo episcopado, podendo assim permitir-se essa ousadia. De resto, certamente que ele fez disso um negócio de consciência.

Não pretendia de nenhuma forma apresentar a Sua Excelência um novo 'espelho do bispo'. Isso não faltava, desde a *Regra pastoral* de são Gregório Magno até ao clássico *O bom bispo* de José Crispino (1682). Mas tinham os bispos tempo para aprofundar-se? Ligório, que fizera o voto de não perder um só minuto, detesta os tagarelas e os escritores prolixos. E na mesma medida os especulativos por prazer. 'Não faltam livros', escreve ele na sua introdução, 'que tratem minuciosa e profundamente dos deveres dos prelados no governo de suas dioceses. Tenho, entretanto, notado, em vinte anos de missões, que muitas informações não chegam até eles. Levado pelo único desejo da glória de Jesus Cristo, quero aqui anotar somente algumas reflexões que possam ajudá-los em muito. Elas se referem aos setores que solicitam de sua parte um cuidado especial (e são: o seminário, os ordinandos, os padres, os vigários, e casa episcopal e as religiosas) e aos meios mais eficazes para santificar suas dioceses (a saber: a meditação, o bom exemplo, a residência, a visita pastoral, as missões, o sínodo, a prudência em aconselhar-se, a disponibilidade em dar audiência, a coragem de corrigir). Eis todo o meu intento.' Esses cuidados e esses meios se desenvolverão em dois [421] capítulos. 'Espero da bondade divina que estas poucas páginas, que não mereceriam nem sequer ser tomadas em consideração, sejam lidas com algum proveito ao menos por sua brevidade.'

A que tipo de bispo se dirigiam essas reflexões? A um corpo de pastores que bem pouco parecia com o episcopado do Antigo Regime que pontificava então na França e na Alemanha. Antes de tudo, a Itália ainda não estava unificada: nenhuma grande e antiga monarquia criara ali uma nobreza de vulto. A aristocracia, mais numerosa certamente que em outros lugares, provinha do comércio, do banco, da magistratura, da medicina (os Médicis), mais do que, altiva e rara, de alguns supostos semideuses. E a mitra não era nem de longe reservada à nobreza. Por outro lado, o Pe. Ligório somente conhecia a situação do reino de Nápoles. Ora, em geral, os bispos de lá eram pobres em dioceses muito pequenas: 147, então, para as Duas Sicílias. É essa uma das razões por que, mesmo não guardando todos a residência, era ali, felizmente, quase que desconhecida a comenda? Seja lá como for, o pessoal era bem selecionado. O rei nomeava em 22 bispados; suas escolhas eram sérias e aprovadas por Roma. A Santa Sé provia os outros 125; e emprega nisso tanto maior vigilância e cuidado, quanto o Reino era vizinho, o que facilitava as informações. Os bispos eram generosamente escolhidos na elite do clero napolitano, das ordens religiosas ou dos cabidos. E daí saíam homens médios, dos quais emergiam alguns gigantes de zelo e santidade como Constantino Vigilante ou o venerável Antônio Lucci. Ajuntemos que boa parte de seu tempo e de suas capacidades psicológicas eram usadas, obrigatoriamente, não em comissões nacionais, como acontece hoje, mas em tramóias estéreis: em cima, com um poder real meticulosamente 'sacristão'; em baixo, com os padres e com os 'patrões leigos das igrejas que dependiam de receitas.'

Os capítulos do livro de Afonso não são um requisitório, mas um programa concreto e exigente. Parte de uma verificação: em torno desses bispos 'honestos' corriam perigo de ruína clérigos e fiéis miseráveis; e parte de uma convicção, nascida também de experiência: bispos santos e zelosos mudariam o mundo. Donde sua responsabilidade: 'A mitra é um grande peso sobre... a consciência.'

Importa realçar aqui um dos traços maiores da mentalidade da consciência de Afonso: a responsabilidade é ... dos responsáveis. Se convida, nas missões, os nobres para um retiro particular, não é absolutamente para adular sua classe social; é por causa do peso que representam suas decisões, seu espírito, seu exemplo sobre toda uma baronia. Com muito mais razão, nas dioceses, 'dos bispos depende a santificação das populações'; nas paróquias, 'dos vigários depende o progresso ou a perda dos fiéis'; nos mosteiros, 'todos os abusos devem ser imputados aos superiores e confessores'. Quanto aos seminários, há necessidade antes de tudo, não de bons seminaristas, mas de um 'bom reitor', de 'bons professores', de 'prefeitos maduros, espirituais e de pulso'.

Os seminaristas! 'Quantos entram no seminário como anjos e daí saem como demônios!' geme ele. E entretanto, 'é nos seminários que se forma um bom clero, e é desse bom clero que procede em seguida o progresso de toda a comunidade cristã'.

Doze anos mais tarde (1756), publicará um *Regulamento para os seminários*, 'Presentearei com ele todos os bispos, e espero que o leiam, porque é curto', escreverá a seu amigo, cônego Fontana, superior do seminário 'urbano' de Nápoles. Esse [422] *Regulamento* de 43 pequenas páginas chocar-nos-ia atualmente por causa de seu fechamento quanto ao mundo exterior, por certa fixação sobre a 'modéstia' e por certo abuso da vigilância e da correção, embora esta seja 'afonsiana', isto é, oportuna, secreta e cheia de amor. Mas é espantosamente prático; ele permite ótimo controle sobre a seleção dos candidatos, sobre os estudos e sobre a piedade; e, sobretudo, realiza uma revolução copernicana: contra cinco páginas. Pelo fim, sobre as obrigações dos seminaristas, terá antes dezessete sobre os deveres do bispo, dez sobre os do reitor, oito sobre os do prefeito. Quando um aluno vai mal, pode ser sua falta; quando um seminário vai mal, é preciso incriminar o quadro de educadores. O crescimento bem-sucedido de um homem, de um padre, de uma flor, é problema de clima e de terreno. Donde, para Afonso a responsabilidade... dos responsáveis.

Daí não se mostrar muito seguro da salvação eterna dos primeiros responsáveis, que são os bispos. E cita a palavra do dominicano Antônio Ghislieri, ao tornar-se papa (Pio V), quando lhe perguntaram:

'- Por que estais tão pálido e trêmulo?

- Como religioso, eu tinha grande esperança de salvar-me; nomeado bispo, comecei a duvidar um pouco; agora que me vejo papa, quase que me desespero!'

Muitos prelados agradeceram. Nem todos o aprovaram. O autor conservou-nos a carta de Dom Fabrício Salemo, bispo de Molfetta, que lhe escreveu:

'A grande bondade, que você tem, sempre andará unida à benevolente compaixão, porque após vinte anos de missões, sua experiência dos bispos e dos fiéis lhe terá ensinado também que à medida que a teoria é fácil, a prática é árdua.'

Era um modo gentil de dizer: 'Gostaríamos de vê-lo no nosso lugar!' E nós o veremos exatamente lá. E leremos, então, com ele no campo da prática, suas **Reflexões úteis para os bispos**.

Não podemos, contudo, nos demorar sem que pincemos uma delas, porque esclarece todo o ministério do missionário. Citando o concílio de Trento, ele dá como 'encargo principal do bispo', não a presidência da eucaristia, nem a ordenação de presbíteros, mas 'a pregação pessoal'. 'Ora, escreve ele, esse livro dos evangelhos que lhe foi posto sobre os ombros no dia de sua ordenação, seria somente uma cerimônia vã? Oh! quanto a palavra do pastor move mais do que a dos outros pregadores!' Afonso reconhece, pois, na 'própria voz' do bispo uma eficácia maior devido à graça sacramental do Apóstolo, ordenado antes de tudo para a Palavra. Ora, essa será uma visão revolucionária do Vaticano II. 'Revolucionária' porque os textos pastorais de Trento ficaram, de fato, ocultos em favor do ministério eucarístico.

- 'Mas o bispo não pode pregar pessoalmente em todas as partes.

Por isso deve multiplicar-se, enviando missionários que serão sua presença e sua voz.

Ah! meu Deus, dizem alguns, com essas missões inquietam-se as consciências!... [423]

- Inquietam-se as consciências? Não é precisamente a tarefa do pastor enviar despertadores a essas ovelhas que dormem no pecado?'

Essa teologia do episcopado, de onde nasceram as missões paroquiais no concílio de Latrão IV, impregna muito fortemente a vocação e o Instituto de Afonso. Ele sublinha muitas vezes que eles trabalham somente sob a autoridade dos bispos. Entre as duas mil cartas do fundador, não se achará uma só, em que a missão tenha sido decidida e preparada com o clero local. Nessa época e nesse Reino - nada mais perigoso do que as generalizações em assunto de história! - as missões eram tratadas entre o bispo e as sociedades missionárias, por cima da cabeça e, às vezes, contra a opinião dos vigários. Os missionários, após receberem o mandato, chegavam como a voz do primeiro pastor da diocese. Essa a razão por que, entre os meios a serem acionados pelos bispos conscienciosos, Afonso consagra quatro páginas de suas **Reflexões** às 'santas missões'. Faz o pedido aos senhores bispos de não se contentarem com providenciar missões centrais; intercede pelos recantos perdidos onde estão, de ordinário, esquecidos os mais necessitados.

Ora, exatamente no tempo em que o autor envia sua obra aos bispos (1745), desaba sobre todo o Reino uma voz autorizada que dá uma grande repercussão a essa teologia e a essas missões. A 8 de setembro de 1745, aparece a carta *Gravissimum* em que Bento XIV, graças a Spinelli que a inspirou, desenvolve as idéias caras ao Pe. Ligório em favor dos montanheses relegados ao abandono. Ao mesmo tempo, aguilhoa os bispos em favor das missões paroquiais, dá ao cardeal toda a autoridade para organizá-las, escolher os pregadores e enviá-los aos bispos que os solicitarem." **[RM, 421-424]**.

"Os remédios preconizados pelo autor das **Reflexões úteis aos bispos**? A pregação pessoal do pastor, prolongada pelas missões, a seleção dos ordinandos - o aconselhamento com homens desinteressados: (...)." **[RM, 512]**.

"(...) A média de população era de 27.000 'almas' para cada unidade diocesana. S. Ágata dos Godos apresentava-se, então, como uma diocese importante. 'Demasiadamente pesada para meus ombros!' pensava Afonso. Não tinha, porventura, escrito nas suas **Reflexões úteis aos bispos**: 'No tribunal de Jesus Cristo, cada um haverá de prestar contas de sua alma; mas o bispo, ao contrário, terá de prestar contas de tantas almas quantas são as que lhe estão sujeitas.'" **[RM, 563]**.

"Como o pão já cozido, o clero já existente é aquele que é: excelente, medíocre ou mau. O bispo recém-chegado pode melhorá-lo, mas não pode fazê-lo voltar à amassadeira e ao forno. Ao passo que o clero do amanhã é escolhido, moído, amassado e cozido no seminário.

'O seminário forma os bons padres; e dos bons padres depende o proveito espiritual de todo o povo. Um seminário bem organizado garantirá a santificação da diocese; senão, será a sua ruína. A razão disso é que os moços não trazem consigo o bom espírito. Ao contrário, eles vêm procurá-lo ali. Chegam de casa cheios de vícios, ou ao menos, prestes a contraí-los todos. Quantos que são anjos ao entrarem e dali saem como demônios.'

Era essa uma das **Reflexões úteis aos bispos**, escrita por Afonso em 1745. Tão úteis que em novembro de 1756 ousara dizer ao bispo de Nola, Dom Troiano Caracciolo del Sole:

- Vossa Excelência sabe que muitos bispos se condenam por causa de seu seminário? Isso lhe acontecerá se não mudar de método e não reformar vigorosamente o seu." **[RM, 571]**.

"Desde novembro de 1763, as padarias cessaram de vender pão. Pobres e pessoas abastadas recorreram ao bispo. Na grande sala do bispado desfilavam às vezes até 500 pessoas por dia, implorando de joelhos e de olhos lacrimosos.

- 'Dêem', dizia Afonso a seu pessoal; 'que cada qual volte contente para casa. Eles apenas pedem o que lhes pertence.'

Escrevera em suas **Reflexões**: 'Que o bispo compreenda bem: a Igreja não o provê de bens para usá-los conforme seus caprichos, mas para socorrer os pobres' e em sua Instrução e prática: 'Em caso de extrema necessidade, os bens pertencem a todos... então os pobres têm o direito de tomá-los aos ricos." **[RM, 583]**.

"É o cuidado de todas as Igrejas que lhe inspira suas **Reflexões aos bispos**. O missionário que, havia trinta anos, olhava em direção da China e do Cabo da Boa Esperança, jamais fechou suas janelas. Seu coração pulsa com tudo o que palpita na Igreja, para seu bem ou para seu mal. O deísmo franco-inglês, o iluminismo austríaco, o episcopalismo alemão, o materialismo europeu, o jansenismo... 'católico' (no sentido de que ele fala livremente por toda a parte, justamente num tempo em que por toda a parte fazem os jesuítas se calarem) vão encontrar nele um bispo vigilante, rápido e preciso na resposta e inacessível ao desgaste." **[RM, 610]**.

7. 1745 (?), Visite al SS. Sacramento (2009).

Pensieri ed affetti divoti nelle visite al SS. Sacramento ed alla sempre Immacolata Santissima Vergine Maria, per ciascun giorno del mese. Utili per ognuno, ma specialmente per gli Religiosi, che hanno il comodo di poter visitare a loro libertà Gesù Sacramentato nelle chiese proprie.

Composti dal P. D. Alfonso de Liguori, Rettore Maggiore della Congregazione del SS. Salvatore eretta nelle Diocesi di Salerno, di Nocera e di Bovino. In Napoli 1748, per Gianfrancesco Paci, con Licenza de' Superiori, 204 p. de 11 x 7 cm.

Aggiunta per la Santa Comunione: per l'Apparecchio alla Comunione (p. 136-148); *per lo Ringraziamento dopo la Comunione* (p. 148-159). *Aspirazioni amorose a Gesù Sacramentato. Possono servire per avanti e per dopo la Comunione, ed anche per trattenersi davanti al SS. Sacramento* (p. 160-193). *Canzoncine a Gesù e Maria* (p. 194-203). *Visita divota al SS. Sacramento da farsi ogni mattina e sera* (p. 203-204). As ed. de 1749 ss. contêm: *Sospiri d'amore verso Dio* (p. 160-165). *Protesta della morte* (p. 166-168, cfr. n. 35). *Massime eterne per ciascun giorno della settimana* (s. pag. cfr. n. 1).

(Pensamentos e afetos devotos para as visitas ao Santíssimo e à sempre Imaculada Santíssima Virgem Maria, para cada dia do mês. Úteis a todos, mas especialmente aos Religiosos, que têm a comodidade de poder visitar livremente Jesus Sacramento nas suas igrejas. Compostas pelo Pe. Afonso de Liguori, Reitor-Mor da Congregação do Santíssimo Salvador, erigida nas Dioceses de Salerno, Nocera e Bovino. *Anexos para a Santa Comunhão: para a Preparação à Comunhão* (p. 136-148); *para a Ação de Graças depois da Comunhão* (p. 148-159). *Aspirações amorosas a Jesus Sacramentado. Podem ser úteis para antes e depois da Comunhão, e ainda para serem feitas diante do Santíssimo Sacramento* (p. 160-193). *Cançõezinhas a Jesus e Maria* (p. 194-203). *Visita devota ao Santíssimo Sacramento para ser feita todas as manhãs e noites* (p. 203-204). As edições de 1749 e seguintes contêm: *Suspiros de amor a Deus* (p. 160-165). *Declaração para a morte* (p. 166-168, cfr. n. 35). *Máximas Eternas para cada dia da semana* (s. pag. cfr. n. 1)).

Ed. OA, IV 287-387.

Est. BG, I 56-61, III 207; Tan, II c. 26, IV c. 17; Tell, I 80, 83, 108, 364-368, 559, 572, 665, 671, 768, 782, II 831, 833; RM, 7 [7], 111 [120],

363-366 [410-413], 371 [419], 373 [421], 391-392 [443], 398 [451], 456 [515], 467 [527], 600 [683]; F. Bourdeau, *Essai sur la composition par étapes du "Livre des Visites au Saint Sacrement" à la lumière de ses sources,* em: SH. 35 (1987) 233-310.

* 7. Visitas ao Smo. Sacramento. BÉLGICA: 1892, Tournai, Desclée. 1906, Tournai, Casterman: *Mais Bellas Orações de S. A.* | BRASIL: 1925, São Carlos, typ. Artística, tr. Alves, CSSR. | FRANÇA: 1853, Paris, Aillaud-Monlon, tr. J. I, Roquette. | PORTUGAL: 1895, Porto, Chardron: *Visite,* cfr. n. 7. 1851, Lisbonne, typ. Revista popular. 1895, Porto, Livraria Chardron, 12ª ed. 1922 id., 14ª ed.

** 7 *Visitas ao Santíssimo Sacramento e a Santissima Virgem Maria,* trad. par F. Alves. Apparecida, 1934, in-12°, p. 142, (nouv. éd.).

** *Meditações sobre as máximas eternas e paixão de Jesus Christo para todos os dias da semana do Beato Affonso M. de Liguori, acompanhadas de preparação para a confissão e communhão, regras para bem viver e diversos outros actos úteis a todo o christão, Traduzidas do Italiano pelo Cônego Manuel da Silva Serzedo e reimpressas por Joaquim Salvador Fernandes.* Nova Goa, Na Imprensa Nacional, 1860, in-8°, p. 90.

[LIGÓRIO, Afonso. Atos para antes da Comunhão. Atos para depois da Comunhão. In: *Manual do Devoto de Nossa Senhora Aparecida.* Aparecida: Livraria N. Senhora Aparecida, 1954. 15°. edição. p. 123-133].

[LIGÓRIO, Afonso. Exercícios para a Santa Comunhão (Atti per la Santa Comunione). In: *As mais belas orações de Santo Afonso.* Tournai: Castermann, 1878. p. 194-209].

[LIGÓRIO, Afonso. Suspiros de Amor (Sospiri d'amore verso Dio). In: *As mais belas orações de Santo Afonso.* Tournai: Castermann, 1878. p. 286-292].

[LIGÓRIO, Afonso. *Visitas ao Santíssimo Sacramento e a Maria Santíssima para todos os dias do mez. Actos de preparação e de acção de graças para a sagrada comunhão. Modo de rezar a coroa das dores de nossa senhora, e actos que deve fazer o christão todos os dias. Linda edição de novas orações, e a novena ao santíssimo, e devoções a Nossa Senhora da Conceição da Rocha*. Lisboa: Typographia de Luiz C. da Cunha, 1858].

[LIGÓRIO, Afonso. *Visitas a Jesus sacramentado e a Nossa Senhora*. Aparecida: Santuário, 2018. 43ª Edição. 136 p].

[LIGÓRIO, Afonso. *Visitas ao Santíssimo Sacramento*. Rio de Janeiro: Centro Dom Bosco, 2021].

"Os números aqui estão, convincentes, espantosos: a *Teologia Moral* do fundador dos redentoristas teve nove edições quando ele ainda estava vivo e 73 depois de sua morte, e o resumo desta obra, o *Homo Apostolicus*, atingiu do século XVIII até nossos dias 118 tiragens. As **Visitas ao Santíssimo Sacramento** mereceram 2017 edições, as *Glórias de Maria* mais de mil. A *Prática do amor a Jesus Cristo*, 535. A *Preparação para a morte*, 319. Em número de edições santo Afonso ganha de longe de Shakespeare: o primeiro teve cerca de 20.000 edições em mais de 70 línguas; o segundo 10.602 edições (em 1961), é verdade que em 77 línguas. Essas quantificações indicam a envergadura de um fato religioso e cultural que nem sempre tem ocupado nos livros de história o lugar que lhe caberia" **[RM, 7]**.

"Na introdução às suas **Visitas ao SS. Sacramento** (1745), o próprio Afonso confessará: 'Por infelicidade, vivi no mundo até a idade de vinte e seis anos... Podem crer em mim, tudo nele é loucura. Banquetes, teatros, salões, divertimentos, eis os bens deste mundo. Mas não passam de espinhos e amargura. Podem crer naquele que o experimentou e o lamenta.'" **[RM, 120]**.

"Afonso evoca aqui a experiência maior que orientou a sua vida de advogado. Ele está exatamente para dar disso testemunho na introdução que está escrevendo nesse mesmo mês para as

Visitas ao Santíssimo Sacramento e à Santíssima Virgem Maria: 'Eu, por essa devoção da visita ao Santíssimo Sacramento, embora praticada com frieza e imperfeição, me encontro fora do mundo, onde desgraçadamente vivi até a idade de 26 anos.' No cabeçalho de suas cartas a Celestino de Robertis e no de quase todas as cartas de fevereiro de 1744 a abril de 1745 ele abandona o exergo 'Vivam Jesus, Maria...' e o substitui por: 'Louvados sejam o Santíssimo Sacramento e Maria Imaculada!' Incluiriam essas datas o período em que compôs, fragmento a fragmento, em dias superocupados, esse opúsculo que fará de seu nome uma só coisa com o Santíssimo Sacramento?

E Afonso não foi, contudo, o seu fundador. Essa adoração desenvolveu-se por si mesma fora da missa, a partir da Idade Média, no Ocidente. Esse progresso da fé e da piedade é um fruto imortal do Espírito. Essa a razão porque a Igreja contemporânea nele empenha a sua autoridade. Lendo o Documento de base para o Congresso Eucarístico Internacional de Lourdes (1981) pensa-se na vida de Afonso mais ainda do que em seu pequeno volume:

'Ao adorarmos o Crucificado, que entregou sua vida pelos homens e que Deus ressuscitou pelo poder do Espírito, nós temos acesso ao conhecimento do amor de Cristo que ultrapassa todo o conhecimento (Ef 3,19) e aprendemos a doar a nossa vida a nossos irmãos...'

Toda a liturgia da Eucaristia convida-nos à adoração de Cristo, que permanece em nosso meio através do sacramento de sua presença fiel e real. [410]

Enquanto tantos homens estão em busca de técnicas que lhes permitam atingir o absoluto, nós somos convidados a reconhecer essa proximidade de Cristo que nos oferece sua presença e solicita nossa hospitalidade.

Devemos, então, ficar admirados quando os fundadores modernos - ontem Charles de Foucauld, hoje Teresa de Calcutá - se unem a Afonso aos pés do Senhor presente no Santíssimo Sacramento? Perguntava-se recentemente à Madre Teresa:

'- O que a senhora acha que é o essencial na formação religiosa nos dias de hoje?

- O essencial, respondeu ela, é levar as irmãs a um amor profundo e pessoal à Eucaristia; a encontrar-se com Jesus no Santíssimo Sacramento; então, ao sair, encontrarão a Jesus no seu próximo, elas o servirão nos pobres.'

A fé não admite divisão. E a vida igualmente. É por isso que Afonso enviava seus noviços à Sarça Ardente. Ali onde ele mesmo e seus companheiros se tornavam todo fogo. Ele escrevera certo número de textos para alimentar sua contemplação e sua oração. Um retirante ouviu-os; encheu-se de entusiasmo; quis imprimi-los às próprias custas para o grande público; mas solicitou ao santo que os completasse de modo que houvesse uma 'visita' para cada dia do mês. Esse benfeitor não era outro, ao que parece, do que seu amigo, penitente e hospedeiro em Nápoles, João Olivieri, o 'turco' convertido pelas Capelas da noite.

Eis-nos assentados à mesa de um problema da história de espiritualidade. Entre as trinta e uma visitas, um lote é primitivo, composto para os noviços do Santíssimo Salvador; outro foi empreendido em 1744 para ser publicado. São do mesmo filão? Fez-se um excelente estudo, que conduziu às seguintes pistas:

A série inicial, escrita para os noviços - eles vivem sob o mesmo teto que o Santíssimo Sacramento (visita 3) - compreende as visitas 1-15: a estrutura é mais límpida, sempre a mesma: um texto bíblico alegremente comentado introduz rapidamente aos atos, sentimentos e preces. Ao que tudo indica Afonso compõe essas quinze primeiras visitas baseado num fundo de aquisição pessoal. Suas fontes facilmente distinguíveis são aquelas em que ele 'bebe' no momento: C. A. Cattaneo (1645-1705), que vimos recomendar a seu pai; Sarnelli, nas obras em que colabora; sua mãe Teresa de Ávila, acima de tudo, explicitamente citada cinco vezes; finalmente, os espirituais espanhóis: João de Ávila, João Eusébio Nieremberg, S. Pedro de Alcântara, Baltasar Alvarez. Nessas visitas o autor é espontâneo, ele mesmo, de corpo inteiro; a memória o inspira bem mais do que o olhar lançado ao livro ou às notas. Elas são dos anos 1740-1743, em que redigiu suas *Considerações sobre S. Teresa.*

As **Visitas à Maria** correspondentes, mais curtas e claramente diferentes daquelas da segunda quinzena do mês, têm a mesma feitura: um texto bíblico, cinco a dez linhas de comentário; uma flecha aguda.

Mas João Olivieri pede-lhes outras dezesseis: 'uma para cada dia do mês'. O fato é que a segunda quinzena tem outra estrutura, mais diferenciada. A consideração introdutória é menos ágil, menos elaborada. Nossos astuciosos críticos encontraram-lhe duas fontes, bem caracterizadas. [411]

As visitas 16-23 - com exceção da 22 - são todas inspiradas em João Batista Saint-Jure (1588-1657), capítulo 10, secções XVIII, XIX e XX. Com Saint-Jure à vista, Ligório escolhe, muda a ordem, resume, poda aqui, atenua ali, talha o diamante conforme suas conveniências - brilho e sobriedade - e o engasta numa obra de arte que passa a trazer a sua marca. Esse estilo de composição facilmente sugere-nos que nos defrontamos com visitas complementares, compostas em série, não já para noviços - já se disse - mas para gente envolvida 'nos negócios do mundo' (Visita 19). Esse 'bloco Saint-Jure' entra, pois, no lote das composições de 1744, à exceção da 22 que - surpresa! - não oferece nenhum parentesco com Saint-Jure; em seu fundo e movimento, ela provém do veio espanhol: uma escapada em que vamos encontrar Afonso de corpo inteiro.

Resta-nos a série 24-31. Deparamos também aqui com a influência francesa; não já com a beruliana, mas francamente com a 'parodiana', isto é, de Paray-le-Monial. Visita-se o 'Coração que tanto amou os homens', ultrajado, abandonado, obediente, traspassado, todo amável e todo amor. A visita 24 inclui um ato de reparação; a 25, uma verdadeira ladainha do Sagrado Coração. E pensamos, através desses oito textos, nos padres José de Galliffet (1639-1749): *Da excelência da devoção ao Coração de Jesus Cristo* (Lião,

1733, editado em italiano em Veneza em 1736); e em João Croiset (1656-1738): *A devoção ao Sagrado Coração de Nosso Senhor Jesus Cristo* (Lião, 1691). A introdução às **Visitas** e a oração de abertura, compostas certamente por último ou quase, como acontece o mais das vezes com os prefácios, são de inspiração parodiana.

Assim, as **Visitas** se ligam às grandes correntes espirituais dos séculos XVI-XVII e, através deles, à Idade Média. Como que uma pequena sinfonia em três movimentos - carmelitano, beruliano, inaciano - ela recolhe, harmoniza e relança essa tríplice tradição com uma repercussão assombrosa. Em vida do autor, esse livrinho de cento e vinte páginas conheceu mais ou menos 50 edições italianas, 14 francesas, 7 alemãs e 4 flamengas. Hoje, totaliza, em 40 línguas, 2.017 edições inventariadas. Excetuando a *Bíblia* e a *Imitação*, que livro chegou a tanto?

E, no entanto, os princípios foram modestos como uma fonte. Não possuímos mais nenhum exemplar da primeira edição. Tanto que não sabemos se ela foi publicada em 1744 ou 1745. A 10 de agosto de 1744, Afonso escreve, com efeito, a seu confrade das Missões Apostólicas, o cônego José Sparano:

'Peça insistentemente ao cônego Torni não confiar a nenhum outro a não ser você a revisão de meu pequeno **opúsculo sobre o Santíssimo Sacramento e Nossa Senhora**: eu tinha a certeza, disse-lhe, que o faria rapidamente. Tenha então a bondade, peço-lhe, de suspender qualquer outro trabalho e executar prontamente esse; porque um piedoso leigo se encarrega das despesas de impressão, e eu temo que, se houver demora, não seja despendido o dinheiro e não seja mais impresso. O opúsculo será muito útil, creio, para todos os que quiserem fazer sua **visita ao Santíssimo Sacramento e à Santíssima Virgem**; em nenhuma parte vi coisa semelhante: essa a razão que me levou a compô-lo.

... Quanto às **Visitas** que faltam, enviá-las-ei em seguida, porque desejo que comecem a imprimi-la sem demora; assim o piedoso leigo sentir-se-á interessado no negócio.'

Sente-se o Pai assediado de trabalhos e de cuidados, apesar do repouso do verão. [412] Em Ciorani, os encargos de superior, o assalto dos retirantes, outros trabalhos de escritor. Em Pagani, a nova fundação mais e mais ameaçada. Seus adversários nisso se empenham com todas as armas: calúnias venenosas, falsificações de documentos, processos perante a Alta Corte de Nápoles, recursos sobre recursos - ao menos quatro - à Santa Sé. E, por cima, seu protetor, Dom Dominicis, vem a falecer subitamente a 22 de agosto. Para dar respaldo a Sportelli que se bate como um leão, Afonso se reencontra com o advogado que é: redige longas memórias jurídicas para a Câmara Real; uma outra, canônica, para César, com vistas à apreciação de Roma; súplicas aos conselheiros do Sacro Conselho napolitano. O manuscrito das **Visitas** também espera seu dinheirinho. Para que seu mecenas não coloque em outro lugar seu dinheiro, o autor envia ao censor um opúsculo inacabado. E que se ponham a imprimi-lo! 'As **Visitas** que faltam, enviá-las-ei em seguida'. Desabrocharam em Ciorani, nesse fim de verão de 1744? Ou tiveram de esperar a primavera de 1745 para florescer na solidão mística de Deliceto?" **[RM, 410-413]**.

"Uma coisa é uma assembléia de camponeses, em que predominam mulheres piedosas, outra um público refinado de padres ou de monjas; entretanto, as **Visitas ao Santíssimo Sacramento** foram e permanecem uma fonte mística saboreada por aqueles e por estes. É a marca das obras clássicas. Em suma, o autor consegue, com igual facilidade, diversificar os seus dons nas direções mais opostas: publicou suas **Visitas**, oferecidas a todos e por todos saboreadas, entre a publicação de um livrinho para crianças e de um diretório para bispos! 'Um autor nascido para todos', dirá logo mais o cônego Torni." **[RM, 419]**.

"O zelo não conhece fronteiras. Enquanto está trabalhando em suas últimas **Visitas ao Santíssimo Sacramento** e imprime seu pequeno *catecismo* para os simples e humildes (1744), começa uma centena de páginas de *Reflexões úteis aos bispos sobre a maneira de governar bem suas Igrejas*." **[RM, 421]**.

"O Pe. Jerônimo Ferrara, de 31 anos, brilhante professor de humanidades no seminário de Conza, 'convertido' por um sermão de Afonso e por seu **Visitas ao Santíssimo Sacramento**, tinha-se arrancado sob as lágrimas de seus irmãos, sob a perseguição armada dos parentes, sob os gritos de suas irmãs, para entrar, em junho, no noviciado." **[RM, 443]**.

"Enquanto aguarda esse veredicto, Afonso prega oito dias em S. João Maior, oito dias no Espírito Santo. E ali, muito inocentemente, ele suscita uma tempestade. Falando do acesso direto dos mais pobres ao Senhor do tabemáculo, ele cita um pensamento que lhe era familiar de sua 'Mestra de Ávila' e que se lê na sua décima **Visita**: 'Não é possível a todos achegarem-se ao rei; quando muito se pode esperar falar-lhe através de uma terceira pessoa.' Houve, porventura, algum cortesão para levantar-se incontinenti e sair protestando? Em todo caso, houve quem denunciasse o 'sacrilégio' ao Palácio. Tanucci levou a coisa muito a sério; e falou nem mais nem menos do que de banir o insolente. Só faltava isso para a aprovação! Afonso correu a Brancone, ao cardeal. Ambos correram a Tanucci. O ministro serenou, obteve informações e tomou-se de admiração pelo missionário; mas o regalista não se deixou abalar: e não houve *placet* real para o Instituto." **[RM, 451]**.

"(...) Sua refeição da noite quase que não lhe toma tempo: um copo de água, raramente mais. Desse modo ganha uma hora de trabalho a mais antes de ir participar dos vinte minutos de recreio, das preces da noite e do terço com os irmãos coadjutores. Ele o prolonga com a **visita** à Virgem, com a via-sacra e com uma longa vigília de preces e de trabalho." **[RM, 515]**.

"(...) As pesquisas atuais manifestam que a partir dos anos do decênio de 1760, os livros do Pe. Ligório estão em todas as bibliotecas dos padres do Mezzogiorno e que a *Preparação* quase nunca falta. Entretanto, é mais interessante interrogar os antigos: o povo é o primeiro arquivo. Ora os antigos dizem-me que a *Preparação para a morte* se encontrava também em quase todas as famílias, mas não só: com as **Visitas ao Santíssimo Sacramento**, com as *Glórias de Maria* e com *A prática do amor a Jesus Cristo*. Logo, a *Preparação*, "O livro das verdades eternas", terríveis e maravilhosas - livro indispensável; mas com ele, os da prece ardente (**Visitas**), da confiança total (*Glórias*) e da moral do amor (*A prática do amor a Jesus Cristo*). É o conjunto desses quatro livros que constitui o 'cardápio' de quase todas as famílias cristãs. E, no concurso, a *Preparação para a morte* não era 'medalha de ouro': citam-se 253 edições das **Visitas ao Santíssimo Sacramento**, 167 da *Prática*, 139 da *Preparação* e 125 das *Glórias de Maria*. Quanto às edições mundiais em tantas e tantas línguas, a *Preparação* tem de longe o último lugar: as **Visitas**, 2.017 edições; as *Glórias*, mais de mil; a *Prática*, 535; e a *Preparação*, 319. Se acontece que redentoristas fazem de seu fundador um 'terrorista', isso só se pode dar por traição." **[RM, 527]**.

"Ao contrário, as obras que granjearam a Afonso - mas não oficialmente desta vez - o título de mestre do povo de Deus, foram *Glórias de Maria*, **Visitas ao Santíssimo Sacramento**, *Máximas eternas*, *Preparação para a morte*, *Prática do amor a Jesus Cristo*, *O grande meio da oração*, para citar apenas as mais significativas e mais populares. Ele soube adivinhar as necessidades religiosas do povo e dar-lhes resposta no diapasão da fé e da mentalidade populares." **[RM, 683]**.

8. 1746, Lettera... sopra l'abuso di maledire i morti.

Lettera ossia dissertazione sopra l'abuso di maledire i morti.

(Carta, ou seja, Dissertação sobre o abuso de amaldiçoar os mortos).

Est. BG, I 61-62 e n. 10, n. 33, n. 34; *Medulla*, 1029-32; Tan, II c. 26, 38; Tell, 405-409; [+RM 401-402 [453-454]]; A. Sampers, *Controversia quam S. Alfonsus sustinuit ann. 1746-48 "De maledictione mortuorum"*, em: SH. 14 (1966) 3-47.

"'Malditos sejam os teus mortos!' Essas eram umas das 'gentis' palavras com que se presenteavam, em suas discussões, os camponeses das Apúlias, o que era tido por 'um grande pecado mortal'. Blasfêmia tão horrível, que certos bispos reservavam a si a sua absolvição.

Tendo chegado a Deliceto em fins de 1744, não decorreu muito tempo até que Afonso se negasse a reconhecer tanta severidade. Essa dramatização iria apenas aumentar os pecados nas consciências falseadas do povo simples que, sem grande malícia, chegava a maldizer os animais, o vento, a chuva, as secas ou... os mortos. E eram afastados dos sacramentos por tão pouco. Quando a verdade era que, pensava o missionário, essas palavras malsoantes desabafavam a cólera contra as circunstâncias ou contra os vivos, sem nenhum significado de desprezo ou de ódio para com as almas do purgatório ou com os santos do céu.

Após haver inquirido alguns desses 'blasfemadores', o padre julgou de bom alvitre o dever de contestar essa pastoral do pior. Um de seus amigos, José Jorio, teve oportunidade de pedir a opinião de Bento XIV sobre esse assunto. 'Você tem o Ligório', respondeu-lhe o papa; 'discuta o assunto com ele.' Afonso submeteu, a esse respeito, um pequeno trabalho escrito a três grandes congregações missionárias da capital, assim como aos padres lazaristas e aos pios operários. Foram eles todos unânimes em renderem-se às suas razões. Daí haver ele publicado uma **Dissertação**, hoje perdida, **sobre o abuso da maldição dos mortos**. O opúsculo teve muita aceitação e em muitas dioceses esse pecado, de qualquer forma venial apenas, foi riscado da lista dos casos reservados.

Mas eis que em um libelo de 1746, o Pe. Gesualdo Dandolfo, fogoso dominicano, houve por bem atacar o 'laxista' solitário do carvalhal de Deliceto: 'Quem é o senhor, escrevia, que sai dos matos para legislar para outros e se arvorar em doutor?' Quanto ao homem do mato, vá lá, pensou Afonso, mas acontece que seu Instituto estava também sendo atacado com isso. Sob o pretexto de que a vida devota ensinava ao povo simples a oração mental e a visita silenciosa ao Santíssimo Sacramento, o filho de são Domingos censurava a Afonso e a seus companheiros o desprezo da oração vocal, do rosário, da oração dominical e do culto das imagens. A crer em suas palavras, Afonso e sua Congregação de vagabundos mais do que uma sociedade missionária, [453] eram uma seita herética. Além do mais, essa pretendida Congregação não tinha a aprovação de Roma.

Afonso julgou dever pôr os pontos nos ii em uma *Expiação*, publicada em apêndice, no seu Comentários ao livro de Busembaum (1748). Quanto à **maldição dos mortos**, ele se descarta facilmente da acusação de não ter fornecido as opiniões de Agostinho, Tomás de Aquino e Duns Scot: estes grandes doutores não trataram desse assunto peculiar às Apúlias. Descendo, em seguida, às acusações particulares, pulveriza-as uma a uma: (...)" **[+RM, 453-454]**.

9. 1748, Theologia Moralis (82).

(os negritos indicam letras em cor vermelha nos frontispícios).

1ª. Edição[2]*:* 1748. 1 volume *in-quarto* compreendendo 1032 colunas.

---

[2] *Compêndio de Teologia Moral do Reverendíssimo Padre Hermann Busenbaum, teólogo da Companhia de Jesus, com notas do Reverendo Padre Afonso de Liguori, Reitor-Mor da Congregação do Santíssimo Salvador, acrescentadas, por sua vez, depois das Dúvidas ou Artigos do referido autor* [Busenbaum], *onde foi considerado necessário, indicando-as com a inserção de letras em ordem alfabética. Constam no final do livro as Proposições Condenadas, além de todas as Cartas Encíclicas e Decretos Pontifícios do Santo Padre Bento XIV relativos às questões morais que, no interior da obra, foram citados oportunamente nos respectivos lugares, juntamente com dois índices completos. Para o uso dos jovens da referida Congregação. Obra dedicada ao Ilustríssimo e Reverendíssimo Senhor D. José Nicolai, Arcebispo de Conza, Prelado doméstico de Nosso Santo Padre, e Assistente ao Sólio Pontifício, Barão das cidades de Santo André e São Meno, e senhor legal do feudo de Palirotondo. Nápoles, 1748, por Aléssio Pellechio. Com permissão dos superiores. Às expensas do senhor João Olivieri. É vendido na Livraria do senhor Filippo Porcelli, em São Liguori, e pelo senhor Bartolomeu d'Auria, na praça de São Lourenço.* | |
Ainda trazia os seguintes anexos: *Resposta para algumas calúnias espalhadas contra mim por motivo de uma carta que publiquei a respeito da maldição dos mortos* [colunas 1029-1032]. *Prática sobre as perguntas mais comuns no atendimento das confissões dos rústicos* [colunas 89-94, s. n. depois do Índice de conteúdos e termos]. *Breve Dissertação sobre a Proposição 29, condenada por Alexandre VIII, que dizia: "É fútil, e tem sido tantas vezes contestada, a asserção a respeito da autoridade do Pontífice Romano sobre o Concílio Ecumênico e sua infalibilidade em definir as questões de fé"* [colunas 97-112].

MEDULLA | THEOLOGIAE MORALIS | **R. P. HERMANNI BUSEMBAUM** | SOCIETATIS JESU THEOLOGI; | **CUM ADNOTATIONIBUS** | PER REVERENDUM PATREM | **D. ALPHONSUM DE LIGORIO** | RECTOREM MAJOREM CONGREGATIONIS SANCTISSIMI SALVATORIS | Adjunctis post Dubia, seu Articulos praefati Authoris, ubi operae praetium | visum fuit, juxta literas alphabetico ordine ibi interjectas. | **ACCEDUNT IN CALCE LIBRI** | Propositiones damnatae; Necnon omnes Epistolae Encyclicae, et Pontificia Decreta | mores spectantia | **SS. D. N. BENEDICTI PAPAE XIV.** | Quae insuper omnia propriis in locis opportune adnotantur; una cum duobus uberrimis Indicibus. | AD USUM JUVENUM PRAEFATAE CONGREGATIONIS. | **OPUS DICATUM** | ILLUSTRISSIMO, ET REVERENDISSIMO DOMINO **| D. JOSEPHO NICOLAI** | ARCHIEPISCOPO COMSANO, SANCTISSIMI DOMINI NOSTRI | PRAELATO DOMESTICO, AC PONTIFICIO SOLIO ASSISTENTI, | BARONI OPPIDORUM SANCTI-ANDREAE, ET SANCTI- | MENNAE, ATQUE UTILI DOMINO FEUDI | PALIROTUNDI. | **NEAPOLI M.D.CC. XLVIII.** | APUD ALEXIUM PELLECHIUM | **SUPERIORUM PERMISSU.** | EXPENSIS D. JOANNIS OLIVERII. | Si vende nella Libraria del Signor D. Filippo Porcelli a S. Liguoro, e dal Signor Bartolomeo d'Auria | sotto il Campanaro di S. Lorenzo. | |

(Ainda trazia os seguintes anexos: *Expiatio a nonullis in me disseminatis calumniis ob Epistolam super Maledictionem in Defunctos editam* [col. 1029-32]. *Praxis interrogationum magis obviarum in excipiendis rusticorum confessionibus* [col. 89-94, s. n. post Index rerum et verborum]. *Brevis Dissertatio super Proposit. 29. damnata ab Alexandro VIII. quae dicebat: "Futilis et convulsa est assertio de Pontificis Romani supra Concilium Oecumenicum Authoritate, atque in Fidei quaestionibus decernendis infallibilitate"* [col. 97-112]).

2ª. Edição[3]: 1753.1755. 2 volumes *in-quarto*. O primeiro tomo (1753) compreende 714 páginas, além do título, carta de apresentação, prefácio, elenco de questões reformadas e índice analítico; o segundo tomo (1755) contém 760 páginas, além do título, elenco de questões reformadas e índice analítico.

THEOLOGIA MORALIS | CONCINNATA | **A R. P. ALPHONSO DE LIGORIO** | RECTORE MAJORE CONGREGATIONIS | **SS. REDEMPTORIS** | PER APPENDICES IN MEDULLAM | **R. P. HERMANNI BUSEMBAUM** | SOCIETATIS JESU. | Adjunctis in calce Tomi II. EPISTOLIS ENCYCLICIS, ET DECRETIS | ad mores spectantibus | **SS. D. N. BENEDICTI PP. XIV.** | Quae insuper propriis in locis opportune adnotantur; | Addita quoque perutili INSTRUCTIONE ad praxim confessariorum. | AD USUM STUDIOSAE JUVENTUTIS PRAEFATAE CONGREGATIONIS. | **EDITIO SECUNDA** | In pluribus melius explicata, uberius locupletata, utilibus adaucta quaestionibus, | ac quoad plures sententias reformata. | **DICATA** | SS. REGNANTI PAPAE D. N. | **BENEDICTO XIV.** | TOMUS PRIMUS | **NEAPOLI MDCCLIII.** | Ex Typographia Johannis de Simone. | **SUPERIORUM PERMISSU.** | |

---

3 *Teologia Moral preparada pelo Reverendo Padre Afonso de Liguori, Reitor-Mor da Congregação do Santíssimo Redentor, por meio de acréscimos ao Compêndio do Reverendo Padre Hermann Busenbaum, da Companhia de Jesus, acrescentadas, no final do segundo tomo, as Cartas Encíclicas e Decretos referentes às questões morais, do Nosso Santo Padre Bento XIV, referidas oportunamente nos lugares apropriados, acrescentada ainda a muito útil Instrução para a Prática dos Confessores, para o uso dos jovens estudantes da referida Congregação. – Segunda Edição, em muitos pontos melhor explicada, grandemente enriquecida, aumentada com questões úteis e também reformada em muitas sentenças, dedicada a Sua Santidade reinante, o Nosso Santo Padre Bento XIV. Em Nápoles 1753-1754. Pela tipografia de João de Simone. Com permissão dos superiores.*

3ª. Edição[4]: 1757. 3 volumes *in-folio*: O primeiro tomo contém as páginas LX-262, além do título, prefácio, carta de apresentação e índices; o segundo tomo compreende as páginas XVI-287; o terceiro tomo, as páginas VIII-223.

R. P. HERMANNI | **BUSEMBAUM** | SOCIETATIS JESU | **THEOLOGIA MORALIS** | Nunc pluribus partibus aucta a R. P. D. | **ALPHONSO DE LIGORIO** | RECTORE MAJORE CONGREGATIONIS SS. REDEMPTORIS; | Adjuncta in calce operis, praeter Indicem Rerum, & Verborum locupletissimum, perutili | Instructione ad praxim Confessariorum nunc primum latine reddita. | **EDITIO POST DUAS NEAPOLITANAS PRIMA VENETA** | Quae praeter reformationem quam includit in secunda editione plurium opinionum in prima | contentarum, accuratius est mendis expurgata, novisque doctrinis adaucta. | ACCEDIT ETIAM NUNC PRIMUM | R. P. FRANCISCI ANTONII ZACHARIAE | SOCIETATIS JESU | **BIBLIOTHECAE ESTENSI PRAEFECTI** | Dissertatio Prolegomena de Casuisticae Theologiae originibus, locis, | atque praestantia. | **TOMUS PRIMUS.** | **ROMAE,** | MDCCLVII. | **SUMPTIBUS REMONDINIANIS.** | SUPERIORUM PERMISSU, AC PRIVILEGIO. | |

---

4 *Do Reverendíssimo Padre Hermann Busenbaum, da Companhia de Jesus, Teologia Moral, agora com muitas partes anotadas pelo Reverendo Padre Afonso de Liguori, Reitor-Mor da Congregação do Santíssimo Redentor, com acréscimo, ao final da obra, além do índice completo das questões e dos termos, a muito útil Instrução para a Prática dos Confessores, agora traduzida em latim pela primeira vez. – Primeira edição veneziana depois de duas napolitanas que, além das questões reformadas presentes na segunda edição referentes à primeira edição, foi mais acuradamente expurgada de erros e atualizada com novas doutrinas. Também ainda, pela primeira vez, apresentando, do Reverendo Padre Francisco Antônio Zaccaria, S. J., prefeito da biblioteca de Este, a Dissertação introdutória sobre as origens, fontes e utilidade da teologia casuística. Tomo Primeiro. Em Roma, 1757. Aos cuidados de Remondini. Com permissão e privilégio dos superiores.*

4ª. Edição (a)[5]*:* 1760. 3 volumes *in-folio*: O primeiro tomo compreende LX-284 páginas, além do título e carta de apresentação; o tomo segundo, XVI-280; o tomo terceiro VIII-204.

R. P. HERMANNI | **BUSEMBAUM** | SOCIETATIS JESU | **THEOLOGIA MORALIS** | Nunc pluribus partibus aucta a R. P. D. | **ALPHONSO DE LIGORIO** | RECTORE MAJORE CONGREGATIONIS SS. REDEMPTORIS; | Adjuncta in calce operis, praeter Indicem Rerum, & Verborum locupletissimum, | perutili Instructione ad praxim Confessariorum | **EDITIO QUARTA** | Accuratius a mendis expurgata, novisque doctrinis, & nunquam antea editis tractatibus, nempe | de Dispensationibus S. Poenitentiariae, de Privilegiis, de Prohibitione Librorum, | ac Examine Ordinandorum ab Auctore ipso nunc primum locupletata. | ACCEDIT ETIAM | **R. P. FRANCISCI ANTONII ZACHARIAE | SOCIETATIS JESU** | BIBLIOTHECAE ESTENSI PRAEFECTI | Dissertatio Prolegomena de Casuisticae Theologiae originibus, locis, | atque praestantia; | **TOMUS PRIMUS** | **ROMAE,** | MDCCLX. | **SUMPTIBUS REMONDINIANIS.** | SUPERIORUM PERMISSU, AC PRIVILEGIO | |

5 *Do Reverendo Padre Hermann Busenbaum, da Companhia de Jesus, Teologia Moral, agora com muitas partes anotadas pelo Reverendíssimo Padre Afonso de Ligório, Reitor-Mor da Congregação do Santíssimo Redentor, acrescentados no final da obra, além do índice completo das questões e dos termos, a muito útil Instrução para a Prática dos confessores – Quarta Edição, mais acuradamente expurgada de erros, com novas doutrinas e com Tratados nunca antes publicados, ou seja, sobre as Dispensas da Sagrada Penitenciaria, sobre os Privilégios, sobre a Proibição dos Livros, sobre o Exame dos Ordenandos, pelo próprio autor agora pela primeira vez enriquecida. Apresenta também, do Reverendo Padre Francisco Antônio Zaccaria, da Companhia de Jesus, prefeito da Biblioteca de Este, a Dissertação introdutória sobre as origens, fontes e utilidade da teologia casuística. Primeiro Tomo. Em Roma, 1760. Aos cuidados de Remondini. Com permissão e privilégio dos superiores.*

4ª. Edição (b)[6]: 1760.

THEOLOGIA | MORALIS | R. P. D. | **ALPHONSI DE LIGORIO** | RECTORIS MAJORIS CONGREGATIONIS SS. REDEMPTORIS, | IUXTA METHODUM MEDULLAE | **R. P. HERMANNI BUSEMBAUM** | SOCIETATIS JESU, | **Cujus ideo Liber in hoc Opere praemittitur.** | ADJUNCTA IN CALCE PERUTILI INSTRUCTIONE | AD PRAXIM CONFESSARIORUM. | **EDITIO QUARTA** | Accuratius a mendis expurgata, novisque doctrinis, & nunquam antea editis tractatibus, nempe | de Dispensationibus S. Poenitentiariae, de Privilegiis, de Prohibitione Librorum, | atque Examine Ordinandorum ab Auctore ipso nunc primum locupletata. | ACCEDIT ETIAM | **FRANCISCI ANTONII ZACHARIAE S. J.** | Dissertatio Prolegomena de Casuisticae Theologiae originibus, locis, atque praestantia; | **NECNON JOANNIS DOMINICI MANSI CONGR. MATRIS DEI** |, EPITOME DOCTRINAE MORALIS, ET CANONICAE | EX OPERIBUS BENEDICTI XIV. | **TOMUS PRIMUS** | **BONONIAE,** | MDCCLX. | **SUMPTIBUS REMONDINIANIS.** | SUPERIORUM PERMISSU, AC PRIVILEGIO | |

6 *Teologia Moral do Reverendo Padre Dom Afonso de Ligório, Reitor-Mor da Congregação do Santíssimo Redentor, segundo o método do Compêndio do Reverendíssimo Padre Hermann Busenbaum da Companhia de Jesus, de quem o livro, na presente obra, é colocado em primeiro lugar, no final acrescentada a muito útil Instrução para a Prática dos Confessores. - Quarta Edição, mais acuradamente expurgada de erros, e com novas doutrinas e com Tratados nunca antes publicados, especialmente, sobre as Dispensas da Sagrada Penitenciaria, sobre os Privilégios, sobre a Proibição dos Livros, sobre o Exame dos Ordenandos, agora pela primeira vez enriquecida pelo próprio autor. Apresenta também, de Francisco Antônio Zacarias S. J., a Dissertação introdutória sobre as origens, fontes e utilidade da teologia casuística, e ainda, de João Domênico Mansi, da Congregação da Mãe de Deus, o Resumo da doutrina moral e canônica a partir das obras de Bento XIV. Em Bolonha 1760. Aos cuidados de Remondini. Com permissão e privilégio dos superiores.*

5ª. *Edição*[7]: 1763. 3 volumes *in-folio*. O primeiro tomo compreende as páginas LXXX-276, além do título e da carta de apresentação; o tomo segundo, as páginas XVI-270; o tomo terceiro, as páginas 207-XXXIX.

THEOLOGIA | MORALIS | ILLUSTRISSIMI ET REVERENDISSIMI | **D. ALPHONSI DE LIGORIO** | EPISCOPI S. AGATHAE GOTHORUM, | **ET RECTORIS MAJORIS CONGREGATIONIS SS. REDEMPTORIS,** | ADJUNCTA IN CALCE PERUTILI INSTRUCTIONE | AD PRAXIM CONFESSARIORUM. | **EDITIO QUINTA** | Nunc demum ab Auctore ipso accuratius a mendis expurgata, novisque doctrinis, & nunquam antea editis | Tractatibus, nempe de Dispensationibus S. Poenitentiariae, de Privilegiis, de Prohibitione | Librorum, Examine Ordinandorum, aliisque additionibus locupletata. | **ACCEDIT ETIAM** | PRAESTANTISSIMI THEOLOGI | **DISSERTATIO PROLEGOMENA** | De Casuisticae Theologiae originibus, locis atque praestantia; | NECNON JOANNIS DOMINICI MANSI CONGR. MATRIS DEI | **EPITOME DOCTRINAE MORALIS, ET CANONICAE** | EX OPERIBUS BENEDICTI XIV. | Nunc primum ab eodem Auctore plurimis additamentis illustrata, & non uno in loco correcta. | **TOMUS PRIMUS.** | **BONONIAE,** | MDCCLXIII. | **SUMPTIBUS REMONDINIANIS.** | SUPERIORUM PERMISSU. | |

---

7 *Teologia Moral do Ilustríssimo e Reverendíssimo Dom Afonso de Ligório, bispo de Santa Águeda dos Godos e Reitor-Mor da Congregação do Santíssimo Redentor, acrescentada, no final, a muito útil Instrução para a Prática dos Confessores. - Quinta Edição, agora, por fim, pelo próprio autor mais acuradamente expurgada de erros, e com novas doutrinas e com Tratados nunca antes publicados, sobretudo, sobre as Dispensas da Sagrada Penitenciaria, sobre os Privilégios, sobre a Proibição dos Livros, sobre o Exame dos ordenandos, e enriquecida com outras adições. Apresenta também, de um muito excelente teólogo, a Dissertação introdutória sobre as origens, lugares e utilidade da teologia casuística, e ainda, de João Domênico Mansi, da Congregação da Mãe de Deus, o Resumo da doutrina moral e canônica a partir das obras de Bento XIV, agora, pela primeira vez, explicada pelo mesmo autor com vários acréscimos e corrigida em alguns lugares. Em Bolonha, 1763. Aos cuidados de Remondini. Com permissão dos superiores.*

6ª. Edição[8]*:* 1767. 3 volumes *in-folio*. O tomo primeiro compreende as páginas LXXVI-276, além do título e da carta de apresentação; o tomo segundo, as páginas XVI-276; o tomo terceiro, as páginas 200-XXXV.

THEOLOGIA | MORALIS | ILLUSTRISSIMI AC REVERENDISSIMI | **D. ALPHONSO DE LIGORIO** | EPISCOPI S. AGATHAE GOTHORUM, | **ET RECTORIS MAJORIS CONGREGATIONIS SS. REDEMPTORIS,** | ADJUNCTA IN CALCE PERUTILI INSTRUCTIONE | AD PRAXIM CONFESSARIORUM, | **UNA CUM** | ILLUSTRISSIMI AC REVERENDISSIMI | JOANNIS DOMINICI MANSI ARCHIEPISCOPI LUCENCIS | **EPITOME DOCTRINAE MORALIS, ET CANONICAE** | EX OPERIBUS BENEDICTI XIV. | Nunc primum ab eodem Auctore plurimis additamentis illustrata, & pluribus in locis correcta | **ACCEDIT ETIAM** | PRAESTANTISSIMI THEOLOGI | **DISSERTATIO PROLEGOMENA** | De Casuisticae Theologiae originibus, locis, atque praestantia. | **EDITIO SEXTA NOVISSIMA,** | IN QUA PRAETER EA OMNIA, QUAE IN CAETERIS ADDITA FUERE | **NUNC PRIMUM** | Auctor ipse plura reformavit, aliquibus sententiis clarius explicatis, aliis de novo | additis, aliis re melius perpensa immutatis, pluresque Tractatus nunquam | antea editos, & novas animadversiones magni ponderis adjecit. | **TOMUS PRIMUS** | **ROMAE,** |

[8] *Teologia Moral do Ilustríssimo e Reverendíssimo Dom Afonso de Ligório, bispo de Santa Águeda dos Godos e Reitor-Mor da Congregação do Santíssimo Redentor, acrescentada, no final, a muito útil Instrução para a Prática dos Confessores, juntamente com, do Ilustríssimo e Reverendíssimo João Domênico Mansi, arcebispo de Lucen, o Resumo da doutrina moral e canônica a partir das obras de Bento XIV, agora pela primeira vez explicada com vários acréscimos e corrigida em muitos lugares. Acrescentada também, de muito excelente teólogo, a Dissertação introdutória, sobre as origens, lugares e importância da teologia casuística. Sexta edição novíssima, na qual, além de tudo o que foi acrescentado nas outras, agora pela primeira vez o próprio autor reformou muitas coisas, algumas sentenças mais claramente explicadas, outras novamente acrescentas, outras, julgadas melhor as questões, modificadas, muitos tratados nunca antes publicados e novas advertências de grande importância acrescentadas. Primeiro Tomo. Em Roma 1767. Aos cuidados de Remondini. Com privilégio e permissão dos superiores.*

MDCCLXVII. | **SUMPTIBUS REMONDINIANIS.** | SUPERIO-RUM PERMISSU, AC PRIVILEGIO. | |

7ª. Edição[9]*:* 1772. 3 volumes *in-folio,* dos quais o primeiro contém as páginas LXXVI-280, omitido o título e a carta de apresentação; o tomo segundo, as páginas XVI-276; o tomo terceiro, as páginas 204-XXXVI.

THEOLOGIA | MORALIS | ILLUSTRISSIMI AC REVERENDISSIMI | **D. ALPHONSO DE LIGORIO** | EPISCOPI S. AGATHAE GOTHORUM, | **ET RECTORIS MAJORIS CONGREGATIONIS SS. REDEMPTORIS,** | ADJUNCTA IN CALCE PERUTILI INSTRUCTIONE | AD PRAXIM CONFESSARIORUM, | **UNA CUM** | ILLUSTRISSIMI AC REVERENDISSIMI | JOANNIS DOMINICI MANSI ARCHIEPISCOPI LUCENCIS | **EPITOME DOCTRINAE MORALIS, ET CANONICAE** | EX OPERIBUS BENEDICTI XIV. | Nunc primum ab eodem Auctore plurimis additamentis illustrata, & pluribus in locis correcta | **ACCEDIT ETIAM** | PRAESTANTISSIMI THEOLOGI | **DISSERTATIO PROLEGOMENA** | De Casuisticae Theologiae originibus, locis, atque praestantia. | **EDITIO SEPTIMA ABSOLUTISSIMA** | **NUNC DEMUM** | Ab ipso Auctore novissimis curis recognita, in pluribus reformata, | multisque non solum novis animadversionibus, sed etiam integris | Tractatibus nunquam antea editis locupletata. | **TOMUS PRI-**

---

[9] *Teologia Moral do Ilustríssimo e Reverendíssimo Dom Afonso de Ligório, bispo de Santa Águeda dos Godos e Reitor-Mor da Congregação do Santíssimo Redentor, acrescentada, no final, a muito útil Instrução para a Prática dos Confessores, juntamente com, do Ilustríssimo e Reverendíssimo João Domênico Mansi, arcebispo de Lucen, o Resumo da doutrina moral e canônica a partir das obras de Bento XIV, agora pela primeira vez explicada com vários acréscimos e corrigida em muitos lugares. Acrescentada também, de muito excelente teólogo, a Dissertação introdutória, sobre as origens, lugares e importância da teologia casuística. Sétima edição absolutíssima, agora então revista pelo próprio autor com recentes cuidados, em muitos lugares reformada, e não somente enriquecida com muitas novas advertências, mas também com tratados completos nunca antes editados. Primeiro Tomo. Bassano, 1772; mas disponíveis em Veneza com Remondini. Com privilégio e permissão dos superiores.*

MUS | BASSANI, MDCCLXXII. | SED PROSTANT VENETIIS | APUD REMONDINI. | SUPERIORUM PERMISSU, AC PRIVILEGIO. | |

8ª. Edição[10]: 1779. 3 volumes *in-folio*, dos quais o primeiro compreende as páginas XLVIII-276; o segundo, as páginas XVI-276, e o terceiro, as páginas 204-XXXVI.

THEOLOGIA | MORALIS | ILLUSTRISSIMI AC REVERENDISSIMI | **D. ALPHONSO DE LIGORIO** | OLIM EPISCOPI S. AGATHAE GOTHORUM, | **ET RECTORIS MAJORIS CONGREGATIONIS SS. REDEMPTORIS,** | ADJUNCTA IN CALCE PERUTILI INSTRUCTIONE | AD PRAXIM CONFESSARIORUM, | **UNA CUM** | ILLUSTRISSIMI AC REVERENDISSIMI | JOANNIS DOMINICI MANSI ARCHIEPISCOPI LUCENCIS | **EPITOME DOCTRINAE MORALIS, ET CANONICAE** | EX OPERIBUS BENEDICTI XIV. | Nunc primum ab eodem Auctore plurimis additamentis illustrata, & pluribus in locis correcta. | **EDITIO OCTAVA ABSOLUTISSIMA** | IN QUA PRAETER EA OMNIA, QUAE IN CAETERIS ADDITA FUERE, | **NUNC PRIMUM** | Auctor ipse plura reformavit, aliquibus sententiis clarius explicatis, | aliis de novo additis, aliis re melius perpensa immutatis, & | novas animadversiones magni ponderis adjecit. | **TOMUS PRIMUS** | **BASSANI, MDCCLXXIX.** | SED PROSTANT |

10 *Teologia Moral do Ilustríssimo e Reverendíssimo Dom Afonso de Ligório, outrora bispo de Santa Águeda dos Godos e Reitor-Mor da Congregação do Santíssimo Redentor, acrescentadas no final a muito útil Instrução para a Prática dos Confessores, juntamente com, do Ilustríssimo e Reverendíssimo João Domênico Mansi, Arcebispo de Lucen, o Resumo da doutrina moral e canônica a partir das obras de Bento XIV, agora pela primeira vez, pelo mesmo autor, ilustrada com muitos acréscimos e corrigida em diversos lugares. – Oitava Edição absolutíssima, na qual, além de tudo o que nas outras foi adicionado, agora pela primeira vez o próprio autor muito reformou, umas sentenças explicadas mais claramente, outras novamente adicionadas, outras modificadas pelo melhor exame das questões, e acrescenta novas advertências de grande importância. Bassano 1779. Mas vendidas em Veneza com Remondini. Com permissão e privilégio dos superiores.*

VENETIIS APUD REMONDINI. | SUPERIORUM PERMISSU, AC PRIVILEGIO. | |

9ª. Edição[11]: 1785. 3 tomos *in-quarto*, dos quais o primeiro compreende as páginas LXXVI-518; o segundo as páginas XXVIII-512; e o terceiro, XVI-428. O *Elenco das questões reformadas* foi posto no final do terceiro tomo, antes da *Prática do Confessor*. O frontispício não apresenta letras vermelhas.

THEOLOGIA | MORALIS | ILLUSTRISSIMI AC REVERENDISSIMI | D. ALPHONSI DE LIGORIO | Olim Episcopi S. Agathae Gothorum, & Rectoris Majoris Congregationis | SS. Redemptoris, | ADJUNCTA IN CALCE PERUTILI INSTRUCTIONE AD PRAXIM CONFESSARIORUM, | UNA CUM ILLUSTRISSIMI AC REVERENDISSIMI | JOANNIS DOMINICI MANSI ARCHIEPISCOPI LUCENSIS | EPITOME DOCTRINAE MORALIS, ET CANONICAE | EX OPERIBUS BENEDICTI XIV. | EDITIO NONA ABSOLUTISSIMA, | IN QUA PRAETER EA OMNIA, QUAE IN CAETERIS ADDITA FUERE, | NUNC PRIMUM | Auctor ipse plura reformavit, aliquibus sententiis clarius explicatis, aliis de novo additis, aliis | re melius perpensa immutatis, & novas animadversiones magni ponderis adjecit. | TOMUS PRIMUS. | BASSANI MDCCLXXXV. | PROSTANT | VENETIIS APUD REMONDINI. | Superiorum Permissu, ac Privilegio. | |

[11] *Teologia Moral do Ilustríssimo e Reverendíssimo Dom Afonso de Ligório, outrora bispo de Santa Águeda dos Godos, e Reitor-Mor da Congregação do Santíssimo Redentor. – Nona Edição absolutíssima, na qual, além de tudo o que nas outras foi adicionado, agora pela primeira vez o próprio autor muito reformou, umas sentenças explicadas mais claramente, outras novamente adicionadas, outras modificadas pelo melhor exame das questões, e novas advertências de grande importância, acrescenta. Primeiro Tomo. Bassano 1785. Mas vendidas em Veneza com Remondini. Com permissão e privilégio dos superiores.*

Edição crítica:

Ed. S. Alphonsi Mariae de Ligorio, Doctoris Ecclesiae, *Opera Moralia. I. Theologia Moralis.* Editio nova cum antiquis diligenter collata, in singulis auctorum allegationibus recognita, notisque criticis et commentariis illustrata cura et studio P. Leonardi Gaudé, C.SS.R., Romae 1905-1912, 4 vol.

Est. BG, I 63-68; Tan, II c. 38, IV c. 16; Tell, I 557-568, 649-653, II, 309-314, 553-555, 592-594, 831-833, 873-888, 1017; RM, 7 [7], 8 [9], 137 [148-149], 382-383 [431-433], 433-434 [490-491], 438 [494-495], 446 [503], 452 [510], 466 [526], 511 [582], 536-539 [611-614], 572 [651], 598-600 [681-683]; R. Tellería, *Actividad moral de S. Alfonso,* em: *Moralia (1ª fase), 3 (1955) 89-126;* D. Capone, *Dissertazioni e note di* S. *Alfonso sulla probabilità e la coscienza (1748-1763), (1764-1769), (1769-1777),* em: *SM,* 1 (1963) 265-343, 2 (1964) 89-1555, 3 (1965) 82-149; F. Ferrero, *Gênesis de la doctrina moral alfonsiana,* em: SH. 23 (1975) 292-365; M. Vidal, *Frente al rigorismo moral, benignidad pastoral. Alfonso de Liguori (1696-1787),* Madri 1986; Th. Rey-Mermet, *La morale selon St. Alphonse de Liguori,* Paris 1987 = Th. Rey-Mermet, *A moral de Santo Afonso.* Aparecida: Santuário, 1991; F. Ferrero, *Génesis y condicionamientos de la actividad literaria de San Alfonso como moralista,* em: *Moralia,* 10 (1988) 125-156.

** *Compêndio de Theologia Moral de S. Affonso M. de Liguori, redigido pelo padre J. Frassinetti e traduzido sobre a quinta edição por ordem. do Exm. Sr. Antônio Ferreira Viçosa, conde de Conceição, Bispo de Marianna.* Rio de Janeiro, Garnier, in-8°.

[FRASSINETTI, Giuseppe. *Compêndio de Theologia Moral segundo Santo Afonso Maria de Ligório.* Rio de Janeiro: Garnier, 1872. Trad. da 5a. ed. italiana de 1865 por ordem de D. Antônio Ferreira Viçoso, bispo de Mariana. 420p. Tradução abreviada da edição italiana].

[FRASSINETTI, Pe. Giuseppe. *Compêndio de Teologia Moral de Santo Afonso Maria de Ligório*. São Paulo: Rumo à Santidade, 2021. Texto revisado da edição de 1872].

[LIGÓRIO, Afonso. *Teologia Moral*: Tomo I - da regra dos atos humanos. 2ª edição. Rio de Janeiro: Centro Dom Bosco, 2017. 328 p. Tradutores: *De Conscientia*: William Bottazzini. *De Legibus*: Tiago Gadotti].

[LIGÓRIO, Afonso. *Teologia Moral*: Tomo II – dos preceitos das virtudes teológicas e dos preceitos do decálogo. Rio de Janeiro: Centro Dom Bosco, 2018. 712 p. Tradutores: *Dos preceitos das virtudes teológicas*: Renato Romano. *Dos preceitos do decálogo*: Tiago Gadotti].

[LIGÓRIO, Afonso. *Teologia Moral*: Tomo III – dos preceitos do decálogo: preceitos sétimo, oitavo, nono e décimo. Rio de Janeiro: Centro Dom Bosco, 2020].

[LIGÓRIO, Afonso. *Teologia Moral:* Tomo IV – dos preceitos da Igreja, dos preceitos particulares e do método para discernir os pecados. Rio de Janeiro: Centro Dom Bosco, 2021].

[LIGÓRIO, Afonso. *Teologia Moral:* Tomo V. Rio de Janeiro: Centro Dom Bosco, 2022].

[LIGÓRIO, Afonso. *Teologia Moral:* Tomo VI. Rio de Janeiro: Centro Dom Bosco, 2022].

[LIGÓRIO, Afonso. *Teologia Moral:* Tomo VII. Rio de Janeiro: Centro Dom Bosco, 2022].

"Os números aqui estão, convincentes, espantosos: a **Teologia Moral** do fundador dos redentoristas teve nove edições quando ele ainda estava vivo e 73 depois de sua morte, e o resumo desta obra, o *Homo Apostolicus*, atingiu do século XVIII até nossos dias 118 tiragens." **[RM, 7]**.

"(...) Sua **Teologia Moral** foi proibida na Espanha e em Portugal." **[RM, 9]**.

"Com a Teologia Moral do avinhonês Francisco Genet (1640-1703), escrita por instigação do futuro cardeal Estêvão Le Camus, bispo de Grenoble, e publicada em 1676, somos transportados a outro planeta. Outro Deus, outro Evangelho, outra Igreja. O autor e os cinco bispos, que o apoiam, apresentam essa obra como enérgico revulsivo contra a 'moral relaxada'. Genet é probabiliorista.

Probabiliorista? Que estranha categoria de seres lembra esse estranho epíteto? Palavra técnica, sem dúvida, mas é necessário que nos acostumemos com ela. Em teologia moral, o probabiliorista pretende que, na dúvida de consciência, se tenha sempre de ir pelo mais seguro, de seguir a opinião 'mais provável' (em latim: *probabilior*); isto é, deve-se praticamente seguir a lei. A lei tem sempre a prioridade sobre a liberdade. O probabiliorista é, pois, um rigorista. Que ele adote esse princípio para sua própria conduta, é assunto pessoal seu. Mas um confessor, um manual tem o direito de impô-lo aos outros?

Ora, Genet em seu enorme manual de sete volumes ensina aos confessores o probabiliorismo. 'É preciso, diz ele, se surgir também uma opinião menos provável, seguir necessariamente a mais provável.' Suas soluções são, então, marcadas pelo cunho de uma severidade que nos leva a classificá-lo entre os autores mais rígidos.

Ora, é exatamente por isso que ele é encorajado, protegido, promovido. Um padre audacioso - mas não ao ponto de dizer seu nome! - toma o pseudônimo de [148] Tiago Remonde para denunciar em 1678 seu 'jansenismo' em dois volumes de *Remarques* ('reparos'). Saiu-se mal. O Santo Ofício coloca seus *Remarques* no *Index* e declara a *Teologia Moral* de Genet isenta de erro (1679). Pouco antes (20 de agosto de 1677), o Mestre do Sacro Palácio, Capizucchi, dera a posição do Palácio apostólico: 'Excelente, essa teologia. Doutrina sã, sólida, segura e necessária para a correção dos costumes.' Por que esperar ainda para meter o báculo nas mãos desse pastor incorruptível? Ele somente tem trinta e sete anos! Não importa! A juventude é um defeito que se corrige sem custo. Inocente XI nomeia Genet imediatamente cônego teologal de Avinhão; oito anos mais tarde (1685), ei-lo de posse da mitra de Vaison-la-Romaine. Finalmente, suprema honra, o grande Bossuet impõe Genet a seu seminário de Meaux, e é essa moral que inspira o clero da França em sua assembléia de 1700. Que se julgue o clima na França, em Roma e, logo mais, em Nápoles...

Ora, sabemos hoje que os volumes de Genet, enquanto iam sendo escritos, eram submetidos ao exame de Antônio Arnauld. Essa a razão porque os jansenistas só tinham incenso para esse santo livro. Nele o confessor era convidado sobretudo à severidade: severidade no exame do penitente, severidade no oferecimento - perdão! - na recusa da absolvição. Trinta páginas para levar o padre a recusar o perdão de um Deus que exige dos homens que perdoem setenta vezes sete vezes! E como chovem a cântaros as penitências, apesar do ensino do concílio de Trento a esse respeito! Quanto à comunhão, ela implica tais condições que é mais conveniente ao cristão dela afastar-se. Assim 'não se deve aconselhar a uma pessoa comungar logo após ter caído em pecado mortal, embora esteja contrita e humilhada' e, entenda-se bem, absolvida. Deve-se 'ao contrário dela abster-se durante algum tempo por causa do respeito devido a esse grande sacramento'. E ele prevê como normalíssimo o caso em que os confessores adiam assim a comunhão.

Tudo isso é acompanhado de textos dos padres e dos concílios, mas uma triagem dirigida que nos dá somente os textos mais severos. Quantas outras citações teria sido possível encontrar nos mesmos Padres e que teriam enfraquecido as suas!

Nada mais para fazer do que exportar, em benefício do mundo cristão, uma obra tão 'salutífera'. Daí ter sido ela traduzida para o latim e editada assim (1702-1703) em Paris e quatro vezes em Veneza, com uma dedicatória ao papa Clemente XI. Aprovada por mais de cento e sessenta concílios ou sínodos italianos, ela foi prontamente seguida em toda a Península e até na capital do catolicismo. E eis porque encontramos Genet nas mãos de Afonso e dos seminaristas napolitanos.

A importância desse fato escapa ainda ao leitor desavisado. Pode até ter a impressão de que nós nos comprazemos numa digressão. Que não se iluda! É preciso ter medido a ampliação e a força dessa 'maré negra' de rigorismo para compreender a primeira orientação moral de Afonso, os dramas de consciência em que ela vai atirá-lo, o rasgo de gênio que o levará a recusar essa corrente e a energia que deverá gastar durante toda a sua vida para fazê-la realmente retroceder de todos os cantos. **[RM, 148-149]**.

"(...) Naqueles tempos, o noviciado incluía uma parte de [431] trabalho intelectual. Com prioridade, talvez mesmo com exclusividade, um curso de teologia moral, ministrado por Afonso. Em todo o caso, desde 1743, começara, em Ciorani, o trabalho gigantesco que o levará a publicar, cinco anos mais tarde, a primeira edição de sua obra-prima. A obra que fará dele Doutor da Igreja e patrono dos moralistas e dos confessores de todo o mundo católico.

Não que houvesse negligenciado a dogmática. Após alguns anos em Deliceto, enviara Sanseverino a Pagani, para cuidar da saúde e preparar-se para ensinar a teologia de Louis Habert. Ao cabo de um ano, esse rapaz cheio de promessas - irá realizá-las em outro local - deixará a Congregação, por doença. Em seu lugar, o Pe. Cafaro preparou e ministrou as aulas de dogmática em Deliceto. (O santo homem de Deus sofria por ter 'o espírito distraído na oração, na missa, no ofício, pois ficava pensando na matéria das aulas'... Muito obrigado, Pe. Paulo!). Afonso em pessoa, no intervalo de suas missões, explica aos mais novos as *Instituições Filosóficas* de Pourchot e constrói, enquanto leciona aos mais velhos, a obra maior da Igreja do século XVIII.

Suas metas são bem humildes. Em 1756 responderá a um censor anônimo:

'Certamente que não mandei imprimir minha moral para conseguir fama e atrair louvores. Teria sido um insensato, se, após ter deixado o mundo e me retirado para chorar meus pecados em uma congregação, fosse malbaratar em seguida tantos anos de fadiga (porque esta obra custou-me dez anos de um trabalho excessivo e extremamente tedioso)... Não tive outro fim do que dar glória a Deus e ajudar os moços de nosso Instituto cuja missão é evangelizar, durante nove meses por ano, o povo abandonado do campo. A ciência mais necessária para missionários que passam seu tempo confessando é a ciência da moral. Escrevi essa obra para dar-lhes resumidamente as noções mais importantes... De resto, não sei de outros livros de moral que tivesse podido colocar nas mãos desses jovens: esses manuais, com efeito, ou são demasiadamente breves ou volumosos em demasia, muito rígidos ou muito benignos.'

Se ele não queria ditar seus cursos - não o permitiu jamais também a outros - era necessário recorrer a algum autor. Já havia muito tempo que vomitara o que lhe fora, vinte anos antes, imposto no seminário, o 'probabiliorista Genet'. Em contraposição escolheu o 'probabilista' que realizava mais de perto o ideal entrevisto. Um volume de 744 páginas, claro e ordenado, relativamente breve e, contudo, completo, de espírito benigno e ponderado: a *Medula da Teologia Moral* do jesuíta alemão Hermann Busembaum (1600-1668). Esse livro apresentava um enunciado sucinto dos princípios morais e um catálogo das soluções propostas pelos autores mais sólidos nos casos de consciência que apareciam no confessionário. Publicado em Münster, no ano de 1650, tornara-se o texto-base preferido pelas universidades e seminários que haviam resistido ao avanço rigorista da segunda metade do século XVII. De 1650 a 1770 houve mais de duzentas edições. Era, em suma, mais do que os outros, o mestre aceito na escola, cujo pensamento - cada vez mais malvisto pelo oficialismo - estava em consonância com o de Afonso. Humilde, mas rigorosamente dentro da tradição dos grandes mestres, ele pegou de empreitada o seu 'comentário': enriqueceu-o e o corrigiu com notas, às vezes longas, que triplicarão o seu volume; e, pensando prestar serviço a seus confrades e a outros confessores, impulsionado também pela generosidade de seu amigo Olivieri, entregou-o ao prelo. A 20 de setembro de 1748 escreverá a Dom José Muscari, abade do mosteiro de são Basílio, em Roma:

'Meu livro não veio ainda à luz... Creio que vai ser utilíssimo. Num volume, relativamente condensado, trata das questões mais substanciais da moral, sobretudo as relacionadas com a prática...

Custou-me anos e anos de trabalhos; especialmente, por fim, quase cinco anos contínuos, 8, 9 e 10 horas por dia; sinto-me arrepiar só de pensar nisso...'.

O volume apareceu - em latim naturalmente - em fins de 1748, sob o título de capa: **'R. P. D. Alfonsi de Ligorio Adnotationes in Busembaum**' (Comentários ao livro de Busembaum); e, como título interno: **'Medulla theologiae moralis do R. P. Hermann Busembaum s.j. com as Adnotationes do R. P. Afonso de Ligório... impresso por Aleixo Pellechia, com a permissão dos superiores e às custas de João Olivieri'**.

Os superiores são: da parte do Estado, a Câmara Real de S. Clara com a aprovação do capelão-mor Celestino Galiani, e, pela Igreja, o vigário-geral de Nápoles, após revisão de... Dom Júlio Torni, bispo de Arcadiópolis. Para seu discípulo e filho, tem ele esta palavra em que o coração é profeta: 'É preciso ser dito que o autor nasceu para o bem de todos, não somente por sua vida e sua ação, mas também por sua pena.' Todavia, apesar de imensa tarefa, cujos efeitos já aparecem, o **Comentários** não passa de um esboço. Em diálogo incessante com os homens, com os livros, com a vida e com Deus, na busca apaixonada da verdade, o autor se dedicará de corpo e alma à sua obra para dar-nos, progressivamente amadurecida, sua **Teologia Moral** que veio a ser a da Igreja. **[RM, 431-433]**.

"A moral - já que o nome de Ligório se identificou com a moral - alguns perguntam por que, em lugar de entrar pelas sendas batidas da casuística, não criou obra inovadora, digna dos grandes do Iluminismo?

A só idéia de fazer para si um nome entre as 'luzes' tê-lo-ia feito rir-se até as lágrimas. Se ele deixara Nápoles em dorso de burro, não foi para brilhar; foi para esclarecer, para aquecer o povo simples; para ensinar-lhes que Deus os amava, a eles que não eram amados dos homens. Ter-se-ia ele colocado o problema de fazer sacudir as estruturas feudais que os esmagavam? Ou seu realismo lhe tirou todas as ilusões? Tanucci, certamente mais bem colocado do que ele – foi secretário de Estado, regente, primeiro ministro – não chegou nem sequer a abalá-las um pouquinho em quarenta anos. Abalançar-se a uma obra de gênio? Esses pensadores e escritores de alto vôo são encontrados apenas pelas águias, que os podem olhar face a face. Imaginamos que Afonso tivesse escrito, em teologia moral, uma espécie de *Ciência Nova* de Vico: ele teria esperado, como Vico, cem anos antes de ser compreendido pela elite; e a massa dos pobres – padres e fiéis – teria permanecido nas trevas exteriores, sob o flagelo do rigorismo e do desespero.

Ora, ao passo que as visões reformistas dos eminentes regalistas, juristas e fisiocratas de seu tempo vão revelar-se incapazes de mudar a sociedade e a economia italianas, impotentes em aumentar os recursos na proporção do enorme crescimento demográfico, boas somente para expulsar os jesuítas, Afonso não morrerá sem ter, em seu campo, interpelado o Ocidente; e cinquenta anos após a sua morte, sua espiritualidade crística e mariana, sua teologia da graça e da oração, e, sobretudo, sua moral e sua pastoral serão oficialmente impostas à Igreja inteira. No fim do século XIX, o grande historiador alemão da Igreja, que foi o luterano Adolf von Harnack (1851-1930), constatará, sem despeito:

'Na época mesma em que a Companhia de Jesus foi supressa, Deus suscitou um novo campeão de probabilismo e lhe assegurou, para o futuro, um triunfo com o qual humanamente não se podia contar: o fundador dos redentoristas, Afonso de Ligório, o teólogo romano mais influente desde a contra-reforma. (Em nota: Ligório e Voltaire são exatamente contemporâneos e foram, na ocasião, os dois mentores de almas das nações romanas.) Beatificado (1816), canonizado (1839), Doutor da Igreja (1871), Ligório é a antítese exata de Lutero, e no catolicismo moderno, tomou o lugar de santo Agostinho... Se ele fica muito aquém das probabilidades desabusadas do século XVII, aceitou, contudo, plenamente o seu sitema e em um número incalculável de questões – entre as quais o divórcio, o falso juramento, o homicídio – soube mudar o inaceitável em faltas veniais. Nenhum Pascal levantou-se contra ele no século XIX; ao contrário, de ano em ano cresceu a autoridade de Ligório, o novo Agostinho. Ele reina hoje em todas as ordens, em todos os seminários, em todos os manuais de moral.'

Essa verificação apaixonada, densa demais para apresentar os matizes que se impõem, é de um mestre da história dos dogmas. Harnack não receia colocar Ligório na balança - até ele - com Lutero, do qual é exatamente o oposto; com Voltaire, outro chefe espiritual do século, mas no campo contrário; com Agostinho, pastor de almas, [490] pessimista e rigoroso, suplantado pelo otimismo e pelo 'laxismo' (?) de Afonso. Isso porque a balança pendeu para o lado do napolitano." **[RM, 490-491]**.

"Ora, bem depressa ele se deu conta de que missionários experimentados e homens de Deus, atentos ao Evangelho e às pessoas, agiam contrariamente às doutrinas oficiais - a história não cessa de repetir-se! - mas segundo que critérios? Praticamente era o reino da confusão.

Ligório, no trato com Cristo, com seu evangelho e com os pobres pecadores, confortado também pela obediência a Pagano, a Torni, a Falcoia, a Cafaro, criou para si convicções práticas benignas e otimistas. Sabemos que, como professor de moral, escolheu por texto a ser comentado, um mestre do probabilismo, o jesuíta H. Busembaum. Não que aprovasse todas as suas soluções: ele o ampliou e o contradisse com seus **Comentários** (1748); mas agradava-lhe o seu plano e método, sua concisão e moderação. Optara em consciência pelo probabilismo. Ele adotou, então, o melhor manual probabilista daquele tempo, certo de que, para avançar nas idéias e nas coisas, é preciso partir donde se está e daquilo que existe.

Após ao menos cinco anos de um trabalho que lhe repugnava até à náusea, tinha ele a consciência de estar quite com a moral, pela publicação de seus **Comentários** do livro de Busembaum? Não estava mais do que no início de uma carreira que retomará ininterruptamente durante mais de trinta anos.

Em dezembro de 1751, de Nocera dei Pagani, o Pe. Ligório escreve à Irmã Maria di Gesù, priora do carmelo de Ripacandida:

'É-me impossível ir ter com a senhora, ao menos agora. Minha saúde já não suporta semelhantes viagens. Além disso, estou trabalhando numa obra destinada aos confessores e não a posso colocá-la de lado um momento sequer durante esse ano. Assim, eu não saio jamais de casa.'

Está ele falando da refundição de sua moral, que deve aparecer em dois volumes, ou de sua Pastoral (*Prática do Confessor*) que ele juntará ao segundo tomo? Pouco [494] importa. Ei-lo a refundir de alto a baixo, conservando Busembaum como núcleo, o que vai tomar-se sua **Teologia Moral**." **[RM, 494-495]**.

"A passos miúdos e obstinados, que não importa refazer aqui, Afonso, em 1762, chegou a delimitar o que será o 'seu sistema', o equiprobabilismo. Lembremos que não se trata das situações em que o método prudencial indica claramente o caminho; mas de casos, muito mais raros, em que a consciência, indecisa, não sabe como decidir-se entre uma obrigação e a liberdade. Eis as três regras de Afonso:

1°. caso: a opinião em favor da lei parece certamente mais provável. Estamos então obrigados a segui-la e não podemos abraçar a opinião provável em favor da liberdade.

Assim o exige o primado da verdade, o respeito a Deus, a autenticidade evangélica. Afonso retorna assim ao que escrevia em 1758 a D. Roberto: ele renega o probabilismo puro.

2°. caso: a opinião em favor da liberdade é provável, sem mais; ou ela é também tão provável como a opinião em favor da lei. Não a podemos seguir pelo simples fato de ela ser provável.

Porque a prudência exige mais. Provável? Provável? Que é que colocamos nessa palavra? Uma probabilidade tênue, ou completamente externa, em favor da liberdade? Uma idéia corrente? Uma 'prática aceita na confissão', como se diz? Não. Não. A consciência tem de sair desse brejo e criar para si, pessoalmente, uma opinião certamente provável. Se ela não o consegue, recai no 3º caso:

3. ° caso: duas opiniões igualmente prováveis se encontram em concorrência... A opinião em favor da liberdade, já que ela é também tão provável quanto [502] a opinião em favor da lei, levanta uma dúvida grave sobre a existência da lei... Não se pode então dizer que a lei esteja suficientemente promulgada. Se ela não foi promulgada, ela não pode obrigar. Uma lei incerta não poderia impor uma obrigação certa.

Encontramos aqui, afinado, o segundo princípio reflexo invocado pela Dissertação de 1749: 'Quanto a lei é duvidosa, a liberdade está na posse.' Ligório frisa dessa maneira o valor do homem e de sua liberdade. Deus é que é por primeiro e infinitamente livre. Quis criar um homem à sua imagem, logo livre. Desde então, o homem é livre enquanto uma vontade determinada de Deus não se manifestou claramente à sua consciência individual. Em outros termos: a vontade geral de Deus é que o homem, seu filho, faça o que lhe pareça 'bom', salvo o caso em que ele lhe pede que faça isto ou que deixe aquilo. É necessário ainda que se faça a 'prova' disso: que essa lei seja verdadeiramente 'provável' no sentido forte do termo. Porque em primeiro lugar - Deus a quis - a liberdade... é livre; até prova em contrário.

Assim o equiprobabilismo de Afonso põe em evidência três primados que longe de se fazerem concorrência, se equilibram e se amparam: primado da verdade, isto é, em última linha, de Deus; primado da consciência pessoal, pela qual cada um será julgado; primado da liberdade, isto é, do homem. Em suma, diante da dignidade infinita das pessoas divinas, a eminente dignidade da pessoa humana, a última das quais vale tanto quanto Pascal: 'Eu derramei esta gota de sangue por você.'

Humanismo das Luzes, personalismo cristão - Afonso é bem de seu tempo, bem de nosso tempo.

Sucesso imprevisto: a **Teologia Moral** se espalha imediatamente por toda a Europa. Toma-se também necessário, desde a terceira edição (1757), traduzir para o latim sua Pastoral (*Prática do Confessor*), que passa a chamar-se *Praxis confessarii*. A obra monumental, retocada continuamente, conhecerá 9 edições em vida do autor e 73 após sua morte. Pensando sempre nos mais pobres - especialmente nos vigários que haviam perdido o seu latim - redige para eles um resumo em italiano, *Instrução e Prática para Confessores* (1757): três pequenos volumes que são reclamados também fora da Itália. Com Ferrara e Caione, ele os traduz em latim com o título de *Homo Apostolicus*. É esta sem dúvida a obra mais perfeita, mais pessoal do moralista. Totalizará 118 edições.

Deixemos a última palavra a um eminente dominicano perito do Vaticano II, especialista em moral:

'O probabilismo, de resto ainda mal diferenciado dos excessos laxistas e por eles comprometido, foi em seus princípios uma grave preocupação para o Magistério da Igreja; e assim permaneceu até ao dia em que, do seio mesmo das morais da consciência, se elevou este monumento que se chama a **Teologia Moral** de santo Afonso. Via-se estabelecer, no formigueiro de opiniões (prováveis, mais prováveis, menos prováveis, seguras, mais seguras, menos seguras, algumas manifestamente rigoristas, evidentemente relaxadas outras) uma compilação de opiniões morais verdadeiramente seguras, igualmente afastadas dos extremos, escrupulosamente pesadas pela consciência de um santo. [503] Isto prestava à Igreja um serviço luminoso. Muitas vezes louvado e recomendado pelos soberanos Pontífices, e recentemente ainda por Sua Santidade Pio XII, santo Afonso continua um mestre, *omni exceptione major*. Nenhum teólogo agora tem o direito de ignorar, na solução de um caso concreto, o que a esse respeito pensou santo Afonso. Sua autoridade é tão grande, tão autenticamente consagrada, que, para voltar às considerações expostas mais acima, ela continua sendo um daqueles 'princípios comuns' aos quais sempre será lícito a um confessor apelar para sair da dúvida.'"

Na mentalidade dá época, uma coisa era a moral, outra a santidade. Não para Afonso moralista. Ele não se satisfaz com navegar à vista entre os recifes dos pecados. Ao seu grande **comentário** de Busembaum ele acrescentou a *Prática do Confessor* sem a qual, escreve, sua **Moral** seria 'mutilada e inacabada'. Por que? Ele dá a explicação no item 121:

'O confessor não pode contentar-se com extirpar os vícios: ele tem também a missão sobre as nações para construir e plantar (Jr 1, 10) as virtudes... animar os espirituais a serem inteiramente de Deus. Uma alma perfeita é mais agradável ao Senhor do que mil medíocres. Sendo assim, quando o confessor percebe que um penitente vive sem faltas graves, deve envidar todos os seus esforços para levá-lo à perfeição do amor divino.

E Afonso põe-se a explicar como 'o confessor prudente' introduz e faz seus penitentes progredirem na oração, na transformação do coração, na aceitação da vontade divina, nos propósitos generosos. A terça parte desse 'manual dos confessores' é consagrado às ascensões em direção à santidade em passos sucessivos.

Simultaneamente, como contraponto de sua grande **Teologia Moral**, publica suculentos opúsculos para gente de cultura e bolsa minguadas. São pequenos tratados de moral com vistas à perfeição batismal." **[RM, 502-504]**.

"Com efeito, após a grande estafa do Jubileu de 1750-1751, estavam acabadas para ele as atividades missionárias. Apesar de uma coragem sobre-humana, ficara muito cansado, muito sem resistência ao inverno, sujeito a graves e frequentes infecções. Os anos de 1752-1755 tinham sido devorados em boa parte por sua **Teologia Moral**. A terceira edição e a quarta (1757 e 1760) fatigaram-no muito e acabaram por sua vez com o Pe. Pasqual Amendolara, que morreu também de tuberculose a 1° de maio de 1758, aos trinta e cinco anos, quase, três anos depois de Aniello Ruscigno. Além disso havia a sua Congregação em crescimento para amar, servir, governar, e isso era para ele a primeira vontade de Deus, a primeira tarefa de seu coração." **[RM, 510]**.

"(...) Se constatava, não sem tristeza, que sua voz não enchia a catedral de Nola, por outro lado não lhe escapava que seus livros, todos de substância e para o povo, enchiam a Itália e invadiam já a Europa.

'Ele teria querido atingir todas as almas do universo', escreve Tannoia. 'Ele entregou, então, à publicação diversas obras para a glória de Deus e salvação do próximo. Os lugares, em que trabalha pessoalmente, pareciam-lhe muito estreitos para seu zelo. Eis o pensamento de que era animado: na impossibilidade de fazer sua voz ouvida até aos extremos da terra, queria por seus escritos atingir aqueles aos quais sua pregação não podia chegar.'

A **Teologia Moral**, que tanto o 'devorou' de 1750-1758, permanece um campo aberto e sempre muito ativo: reedições, dissertações, ensino dos seus futuros missionários...". **[RM, 526]**.

"(...) Por ordem médica e do Pe. Villani, seu diretor de consciência, deve mudar de ares - era esse, então, o remédio soberano - e passar dois meses de convalescença em Pagani. Incorrigível, trabalha ali 'de oito a nove horas por dia', com três de seus padres, na refundição, em sua **Moral,** do tratado da 'Consciência.'" **[RM, 582]**.

"Sua primeira missão de Igreja é sua grande **Teologia Moral** a avançar sempre na aresta entre o laxismo e o rigorismo. Após as duas primeiras edições, em 1748 e 1753-1755, cinco outras se sucedem editadas por Remondini, em Veneza, de 1757 a 1772. Essas edições são constantemente revistas e aumentadas com novas instruções, dissertações e apologias. É que 'um moralista, em seus escritos, por mais que se esforce por guardar o justo meio, verá sempre surgir contestadores.'

A fonte das contestações vem-lhe principalmente por haver construído toda a sua imensa obra em torno da *Medula* de Busembaum, um daqueles jesuítas que a hostilidade das ordens concorrentes, o ciúme do clero secular, o ódio dos jansenistas e a colisão familiar dos Bourbons condenam às gemônias. Não lhe perdoam sua influência sobre os poderosos, seu domínio sobre a juventude, sua ação em favor dos oprimidos e sua indulgência moral. Daí, para Afonso, um enorme problema que expõe, a 12 de junho de 1763, a seu impressor-editor:

'Busembaum tornou-se odioso no mundo inteiro ou pouco falta para isso. Ora, para minha desgraça, é a esse bendito Busembaum que comentei através de toda a minha obra. Seu nome suscita o mesmo horror que o de Lutero! Meus confrades da Congregação aconselharam-me, então, a suprimir, em minha **Moral**, o texto do jesuíta e a fazer dela uma obra inteiramente pessoal... Eu fico me remoendo por ter tomado Busembaum como base para meus comentários; mas quem teria podido prever a tempestade que iria levantar-se contra esse pobre homem?'

Fará, pois, desaparecer esse autor tanto do título como do corpo da obra. 'Levar a cabo sozinho a refusão? Esse trabalho me esmagaria. Vou convocar dois padres de minha Congregação, e com eles espero lá chegar... Alijado Busembaum, a obra será mais bem vendida.' Argumento irresistível para qualquer editor!

É com essa tarefa que se atraca o autor, relegado a repouso forçado em Nocera, em agosto-setembro de 1763. Mas logo desiste da empreitada:

'Vim a Nocera para curar-me completamente de grave doença. Aí comecei com a reformulação completa da **Teologia Moral** e com a supressão do que pertence a Busembaum. Mas não decorreu muito tempo sem que me apercebesse que para executar essa reformulação de toda a obra..., não seriam suficientes seis meses, nem um ano. Empreguei com efeito três padres neste trabalho durante várias semanas; eu mesmo me apliquei a isso, apesar de doente; apesar de tudo, não chegamos nem mesmo a terminar o tratado da 'Consciência'; e para terminá-lo vinte dias não serão suficientes.

Daí concluo que para arranjar e pôr em ordem os outros tratados todos (alguns são mais longos do que o da 'Consciência'), dois anos mal darão para o trabalho...

De outra parte, estou avançado em anos, passando mal, onerado dos cuidados do episcopado, que não me deixam tempo nem de respirar. Se pude trabalhar um pouco aqui é por que estou fora de minha diocese. Enviar-lhe a obra acabada e feita verdadeiramente conforme o meu gosto parece-me coisa impossível.' [611]

É a hora em que, nos bastidores da edição, prepara-se para entrar em cena um sábio moralista dominicano, Vicente Patuzzi (1700-1769). Resolvido a arrasar com o 'laxismo', acumulou 200 páginas contra a *Breve Dissertação* ligoriana de 1762. Estamos lembrados. Afonso, de posse enfim de seu sistema moral, dava o acerto final no seu 'equiprobabilismo' com esta afirmação básica: tendo sido o homem criado livre, uma lei incerta não pode acarretar uma obrigação certa.

Escondido atrás de um pseudônimo - 'o reverendíssimo professor Adolfo Dositeo' - Patuzzi exalta o 'sábio' autor do recente *Tratado da Regra Próxima dos Atos Humanos* - que não é senão ele mesmo - e, 'Pascal italiano', investe com desdém contra as 'quatro folhas' do bispo de S. Ágata que pretendem contrabalançar os volumes maciços e invencíveis dos rigoristas. Ainda se aquelas páginas tivessem consistência. Mas não! Ligório não compreende, nem a questão, nem as objeções. Será que ele mesmo se compreende? E entretanto, ah! como é seguro de si mesmo! Certeza ilusória, Excelência! Ignorância culpável! Que repare, retratando-se, o escândalo que deu, que dá, que continuará a dar, se não houver retratação, até que caia na geena 'onde o verme não morre, nem o fogo se extingue'.

Seu argumento? Antes do homem, há o Legislador soberano. Logo, antes de nossa liberdade, há a lei. Daí, na dúvida entre a lei e a liberdade, deve-se ir sempre pelo mais seguro (tuciorismo), optando pela lei. Contrariamente, corre-se o perigo de infringi-la! E aí está o pecado!

O editor de Patuzzi era... Remondini. Os editores não se preocupam com o laxismo ou com o rigorismo; eles fazem livros, e para serem vendidos. Ao mesmo tempo em que ia tirando as provas, o impressor enviava secretamente suas folhas a Ligório que podia assim pesar, escolher, ou, já então, refutar seu oponente.

'Eu prometi (dissera Afonso com lealdade) retratar-me, e por escrito público, se vierem a demonstrar a verdade da opinião contrária à minha.

De resto, consultei sobre esse ponto diversos homens doutos e imparciais, pertencentes à ordem do Pe. Patuzzi ou à do Pe. Agostinho Lourenço Berti. Após haverem lido sem paixão minha *Dissertação*, responderam-me que aquilo que disse é claro, que nem mesmo é uma opinião, mas uma demonstração; e mais de um sábio, que anteriormente tinha opinião contrária, retratou-se após ter lido minha *Dissertação*, dizendo que a ela nada pode ser respondido.

De outro lado, quando algum escritor quiser responder só por responder, terá sempre o que dizer, prendendo-se a pontos acessórios.

Mas é sobre os pontos essenciais, conforme disse em minha *Dissertação*... que desejo ser convencido; senão, não posso certamente em consciência retratar-me; e se for necessário publicarei uma nova resposta.

Estimo muito o Pe. Patuzzi e o Pe. Berti porque são sábios; mas somente Deus e a Igreja é que são infalíveis.

Dizer depois disso que escrevi por paixão ou para seguir os jesuítas, é assacar-me uma enormidade; é pretender que eu conheça a verdade e que, para [612] não sacrificar os jesuítas ou meu próprio sentimento, obstino-me em defender uma opinião falsa.

Não. Se defendo essa opinião é porque estou convencido de que deve ser seguida em consciência; e estou convencido também que não está em bom estado de consciência aquele que quer obrigar um penitente a seguir a opinião mais segura, quando esse penitente confessou seus pecados e quando de resto as opiniões são igualmente prováveis.

Não creria poder, sem escrúpulo de consciência, conceder a faculdade de ouvir confissões àqueles que assim seguissem a opinião rígida. Eis a verdade que confesso perante Deus. De resto, digam lá os meus contestadores o que quiserem...'

O que dizem é decididamente 'débil'; mesmo a *Resposta à Breve Dissertação de Dom Ligório* (1764). Sem afastar-se da cortesia, onde reponta por vezes um sorriso divertido, Afonso não lhe deixará campo. A salvação das almas está por demais envolvida no debate. Pisando nos calcanhares de Patuzzi, se posso assim dizer, aí está, pois, Ligório com suas 199 páginas de *Apologia contra 'o reverendíssimo professor que se dá o nome de Adolfo Dositeu'* (1764). Este último responde à resposta; o que rende, em 1765, um Apêndice à *Apologia*, cujo interesse para nós, hoje, é esta afirmação solene:

'Que meus contestadores me acusem, se querem, de ceder à obstinação e à paixão; vá lá. Não sei verdadeiramente onde buscar essa paixão. Não posso esperar mais nada deste mundo. Minha idade bastante avançada e as doenças que constantemente me assaltam mostram-me a morte bem próxima. Por isso seria de minha parte loucura desmesurada se me recusasse a renunciar a minhas opiniões para mendigar, talvez, os aplausos de alguns com o fito de criar fama. O que escrevi, eu o escrevi diante de Deus, que muito breve deve julgar-me.'

O duelo se prolonga com algumas escaramuças. Ainda em 1765, o Pai refunde suas três últimas publicações em uma síntese 'acabada e estruturada' de 360 páginas sobre *O bom uso da opinião provável*. Ela é precedida de uma dedicatória a seu amigo Clemente XIII. Dá assim a formulação definitiva, enriquecida e aguçada pela controvérsia, de sua posição equiprobabilista de 1762: filho e imagem de Deus o homem é livre; perante uma obrigação duvidosa, sua liberdade continua, porque é certa; somente uma vontade de Deus que se apresente à sua consciência como notavelmente mais provável é que se impõe à sua vontade. É nesse último ponto que, desde 1762, ele se separa dos jesuítas, probabilistas, aos quais os rigoristas o querem identificar, para perdê-lo com eles, a ele e a seu Instituto.

Imediatamente, na Sicília, um certo Diodato Targianni, conselheiro do vice-rei de Palermo, acusa os redentoristas de professarem a moral jesuítica e de darem a absolvição com muita facilidade. Em Portugal começa a caça às bruxas. É de 30 de junho esta carta a Remondini:

'Li nos Avisos de Nápoles que em Portugal, encarregaram um eclesiástico de proibir as Morais que ensinam uma doutrina corrompida. [613]

Por essas Morais de doutrina corrompida entenderão todas as Morais dos jesuítas. Mas em verdade, todas as Morais dos jesuítas não são de doutrina corrompida. As obras de Lugo, Suarez, Laymam, Lessius, Castropalaus, etc, não ensinam uma doutrina corrompida...

Por outro lado, meu sistema de probabilismo não é o dos jesuítas; isso porque não admito que se abrace uma opinião reconhecida como menos provável, como o afirmam Busembaum, Croix e quase todos os jesuítas.

Quis dizer-lhe isso para que o senhor possa comunicá-lo a outros, se necessário; tanto mais que, se na França queimaram grande quantidade de obras jesuítas, não queimaram a minha.

Quem teria jamais podido imaginar que os jesuítas devessem um dia passar em toda a parte por assassinos e rebeldes!'

Mais um ano e será a vez de Ligório: em outono de 1769, sua **Moral** é proibida em Portugal. 'Ele sofre muito com isso. Mas que fazer? Paciência!' Sua Congregação não está estabelecida naquela região." **[RM 611-614]**.

"Mas não, seria conhecer mal o 'cabeça dura' e esquecer seu voto de não perder um minuto sequer de tempo, que será mantido até o fim. Além dos *opúsculos sobre a missa, a moral, a graça, as missões, a vocação, a revelação*, é em 1769 que Afonso publica sua *Obra dogmática*; em 1771 seus *Esboços de Sermões*; em 1772, seu *Triunfo da Igreja*, dedicado a Tanucci, e a **sétima edição**, "revista, corrigida e aumentada", de sua **grande Moral**; em 1773, as *Reflexões*, em seguida *Meditações sobre a Paixão* e finalmente um volume de *Reflexões sobre diversos pontos de espiritualidade* onde jorra a paz do homem que já bate às portas da eternidade." **[RM, 651]**.

"Não publicará mais nada, salvo aperfeiçoar com acréscimos de todos os dias, e purificar de todo o probabilismo mal compreendido a oitava edição de sua **Teologia Moral**. Ao aparecer em 1779, ele escreve a Remondini: 'Experimentei uma alegria indizível ao receber seis exemplares de minha nova **Moral**. Essa última edição me faz morrer de alegria, como ao contrário, estaria morto de desgosto, se não tivesse [680] podido ver essa reimpressão.' A 9° edição, em 1785, praticamente não sofrerá mudanças, a não ser que abandonará finalmente o pesado in-fólio para aparecer sob o formato de in-quarto que o autor reclamava havia já muito tempo.

Essa grande **Moral** latina de Afonso de Ligório, e seu resumo, o *Homo Apostolicus*, tornaram-se conhecidos, já em vida do autor, não somente nos Estados da Itália, mas na Espanha e Portugal - onde foram até condenados: na Alemanha, na França e na Bélgica; na Áustria, na Polônia, na Sérvia e na Boêmia; nas duas Américas, nas índias e até na China.

Diz-se correntemente, com a *Bibliografia* do Pe. Maurício De Meulemeester, que Afonso publicou 111 obras. Isso é verdade, em se falando do apêndice de 5 páginas até os in-quarto de 1.500. Digamos que a edição crítica em curso - ou emperrada? - somente de suas Obras ascéticas deve atingir 18 tomos in-quarto de 400 a 500 páginas cada um. Então, seria Afonso um escritor prolixo, suficientemente rico para imprimir por conta do autor? Muito ao contrário: um homem conciso e sempre endividado. E, contudo, é um dos grandes sucessos de livraria da história. Ele pode contar, até os nossos dias, cerca de 20.000 edições em pelo menos 70 línguas. Shakespeare, mais velho por uma alentada geração, traduzido, é verdade, em 77 línguas, totalizava em 1961 somente 10.602 edições.

São conhecidos, durante sua vida, 53 impressores-editores. Os maiores e de longe foram os Remondini de Veneza e Bassano: João Batista (1713-1773) e seu filho José (1747-1811). Com 18 prensas e mais de mil operários, faziam concorrência a toda a Europa, especialmente a Paris e Augsburgo. Começou com eles, por ocasião da 3° edição de sua **Moral** em 1757 e não teve sossego enquanto não tomaram nas mãos suas obras espirituais: Veneza era o púlpito donde podia pregar ao mundo inteiro, o maior centro mundial do livro depois de Antuérpia. E os Remondini acharão o negócio tão bom que lhe escreverão: 'Ainda que o senhor tenha apenas uma página para imprimir, pode mandá-la.'

Mas Veneza estava longe de Nápoles e o percurso, por terra (Roma) ou por mar (Manfredônia), era longo e aleatório. Era necessário que seus manuscritos não corressem risco. Afonso elaborava então suas obras, tirava uma primeira impressão em Nápoles, em número suficiente para que o tipógrafo tivesse seu lucro na venda; depois corrigia fartamente esse texto impresso, providenciava habitualmente cópia dessas correções e enviava a obra pronta a Remondini 'Empregue papel bom, mesmo com risco de aumentar um pouco o preço', implorava muitas vezes o autor. E as edições iam saindo, de 2.000 a 3.000 exemplares - era difícil ir mais além com a prensa de mão; mas as tiragens iam-se sucedendo. E os napolitanos, para desespero de Remondini e a despeito de Afonso, continuavam a imprimir obras não reelaboradas e repletas de erros. Outros editores, em Turim, Milão, Florença, Roma, Benevento, Siracusa, apoderavam-se de um 'Ligório', dele tirando seus lucros. O *Copyright*, inventado em 1710 pela rainha Ana Stuart, não tinha ainda aterrizado nos países do sol. Somente a chegada da

Revolução é que forçou para o Continente um estatuto firme dos autores e de seus direitos. O editor fazia com que o autor principiante pagasse os seus riscos; testemunhava sua gratidão para com o escritor tarimbado presenteando-o com alguns exemplares; e os galerianos da pena tinham de dar-se por satisfeitos por serem lidos por alguns de seus pares: '50 leitores para um livro sério, 500 para um livro agradável', dizia Voltaire. [681]

Fiel a seu carisma popular e a seu Deus, Afonso busca outro público e a glória de um outro. A Remondini, que pede e insiste para que lhe mande seu retrato para colocá-lo no frontispício de suas obras, como fazem os autores importantes, diz um não obstinado. 'Seria uma vergonha! diz. E esta múmia egípcia faria uma estranha propaganda do livro!' Verzella viu-se obrigado a fazer um orifício na porta do refeitório e a colocar um pintor de tocaia durante as refeições do bispo.

Sejam quais forem a ciência e o rigor de suas demonstrações morais e teológicas, ele reduziu ao mínimo o aparato científico. Assim, em 1759, edita uma *Dissertação sobre a justa proibição e destruição dos maus livros pela autoridade da Igreja*. Tanucci, para quem somente o rei tem autoridade, condena ao exílio o revisor real, o impressor às galeras e o opúsculo ao fogo. Ligório consegue acalmá-lo e a obra torna-se um belo sucesso de livraria. Mas isso é uma outra história. O Pe. Alexandre Di Meo tinha colaborado nesse trabalho com toda a sorte de notas eruditas... que Afonso não publicou. Foi censurado por isso. 'Ora! respondeu, você quer então que eu passe aos olhos do mundo como um sábio?'

Eis-nos devidamente advertidos de uma escolha deliberada, a mesma do cavaleiro de estirpe e cultura que, em 1732, deixara Nápoles em lombo de burro para ir ao encontro da ralé, que são os pobres. Por um esforço de pensamento e de expressão de que os homens 'esclarecidos' se demonstraram incapazes, ele chega a exprimir-se num italiano tão simples que os cabreiros do Sul nele se reconhecem. E, no entanto, somente tardiamente Afonso lançou mão da pena. Mas de que pena?

Um napolitano, o Pe. Francisco Chiovaro, dá-nos esta explicação:

'Para Afonso, a imprensa nada mais é do que um meio de difusão do Evangelho entre os pobres. Como a música, a pintura, a poesia. Se não houvesse a imprensa para difundir seus escritos, Afonso não se teria ocupado com nenhuma de suas obras de vulgarização, gênero em que é um mestre incontestável. Escreveu sem nenhuma preocupação literária. Ele mesmo nos esclarece: sua meta é multiplicar o eco de sua palavra, atingir o maior número possível de pessoas. Não ao nível da elite: ele quer ser 'educador' da massa; escreveu para o homem da rua. Paradoxalmente, aliás, esse desprezo pela literatura é a origem de seu sucesso: é em seu livro que se pode encontrar a melhor prosa religiosa do século XVIII italiano.

É mais do que certo que jamais sonhou em ser um dia Doutor da Igreja! Isso não o atraía. Sentia-se apenas catequista. E professor primário não espera ser *doutor honoris causa* de qualquer universidade famosa. Quando lhe foram concedidas as honras do Doutorado e, extraordinariamente, mais depressa do que a qualquer outro Doutor da Igreja, o bom do santo, lá no céu, terá sido sem dúvida o primeiro a não se importar com isso.

O título que oficialmente lhe valeu essa honra foi sua **Teologia Moral**, obra não diretamente destinada às pessoas do povo, mas menos ainda aos professores ou aos sutis destrinchadores de casos de consciência. Escreveu-a para servir de manual dos confessores - de seus confrades primeiro - que, longe das discussões das escolas de teologia, como ele tinham-se dedicado à tarefa de levar [682] até ao povo os princípios evangélicos. Como em todas as tentativas de mudança a partir do exterior aqui também surgiu uma moda cultural: os especialistas da moral se apoderaram da obra e com ela fizeram tal polêmica que até o autor viu-se nela envolvido e que ardeu com mais vivacidade ainda após a sua morte.

Ao contrário, as obras que granjearam a Afonso - mas não oficialmente desta vez - o título de mestre do povo de Deus, foram *Glórias de Maria, Visitas ao Santíssimo Sacramento, Máximas Eternas,*

Preparação para a Morte, Prática do Amor a Jesus Cristo, O Grande Meio da Oração, para citar apenas as mais significativas e mais populares. Ele soube adivinhar as necessidades religiosas do povo e dar-lhes resposta no diapasão da fé e da mentalidade populares.'" **[RM, 680-683]**.

10. 1748, Expiatio a calumniis.

Expiatio a nonnullis in me disseminatis calumniis ob Epistolam super maledictionem in Defunctos editam.

(Resposta a algumas calúnias espalhadas contra mim por causa da Carta publicada a respeito do costume de amaldiçoar os mortos).

Ed. S. Alfonso, *Medulla Theologiae Moralis,* Napoli 1748, col. 1029-32; *Theologia Moralis,* 1760, vol. I, pp. 114-119; cfr. n. 8, n. 33, n. 34.

Est. BG, I 68; Tan, II c. 26, 38; Tell, I 405-409; [+RM, 401-402 [453-454]]. A. Sampers, *Controversia "De maledictione mortuorum",* em: SH. 14 (1966) 3-47.

"(...) Daí haver ele publicado uma Dissertação, hoje perdida, sobre o abuso da maldição dos mortos. O opúsculo teve muita aceitação e em muitas dioceses esse pecado, de qualquer forma venial apenas, foi riscado da lista dos casos reservados.

Mas eis que em um libelo de 1746, o Pe. Gesualdo Dandolfo, fogoso dominicano, houve por bem atacar o 'laxista' solitário do carvalhal de Deliceto: 'Quem é o senhor, escrevia, que sai dos matos para legislar para outros e se arvorar em doutor?' Quanto ao homem do mato, vá lá, pensou Afonso, mas acontece que seu Instituto estava também sendo atacado com isso. Sob o pretexto de que a vida devota ensinava ao povo simples a oração mental e a visita silenciosa ao Santíssimo Sacramento, o filho de são Domingos censurava a Afonso e a seus companheiros o desprezo da oração vocal, do rosário, da oração dominical e do culto das imagens. A crer em suas palavras, Afonso e sua Congregação de vagabundos mais do que uma sociedade missionária, [453] eram uma seita herética. Além do mais, essa pretendida Congregação não tinha a aprovação de Roma.

Afonso julgou dever pôr os pontos nos ii em uma **Expiação**, publicada em apêndice, no seu Comentários ao livro de Busembaum (1748). Quanto à **maldição dos mortos**, ele se descarta facilmente da acusação de não ter fornecido as opiniões de Agostinho, Tomás de Aquino e Duns Scot: estes grandes doutores não trataram desse assunto peculiar às Apúlias. Descendo, em seguida, às acusações particulares, pulveriza-as uma a uma." **[+RM, 453-454]**.

*** **1748, Praxis interrogationum.**

Praxis interrogationum magis obviarum in excipiendis rusticorum confessionibus.

(Prática para as perguntas mais recorrentes no atendimento das confissões das pessoas simples).

Ed. Medulla Theologiae Moralis, col. 89-94, s. n. post *Index rerum et verborum,* cfr. n. 9.

*** **1748, Brevis Dissertatio.**

Brevis Dissertatio super Proposit. 29. damnata ab Alexandro VIII. quae dicebat: "Futilis et convulsa est assertio de pontificis Romani supra Concilium Oecumenicum Authoritate, atque in Fidei quaestionibus decernendis infallibilitate".

(Breve dissertação sobre a proposição 29 condenada por Alexandre VIII que dizia: "É fútil, e tem sido tantas vezes contestada, a asserção a respeito da autoridade do Pontífice Romano sobre o Concílio Ecumênico e sua infalibilidade em definir as questões de fé").

Ed. Medulla Theologiae Moralis, col. 97-112 s. n., cfr. n. 9.

[+RM, 418 [473]].

"Era atingir Afonso no âmago mesmo de sua fé. Seu conhecimento incomparável da Tradição o havia levado, paradoxalmente, às posições de vanguarda na Igreja. Já em 1748, em seu Comentários ao livro de Busembaum, inserira duas dissertações provando, numa, a Conceição Imaculada da Virgem, noutra, a **infalibilidade do papa quando se pronuncia *ex cathedra* em matéria de fé ou de costumes**: os dois dogmas definidos por Pio IX e pelo Vaticano I." **[+RM, 473]**.

*** **1748, Supplex Libellus.**

(Libelo de Súplica de Santo Afonso para solicitar a aprovação do Instituto e das Regras).

Libellus supplex S. Alfonsi ad Instituti et Regularum approbationem impetrandam, 1748. Ed. A. Sampers, *Duo libelli supplices,* em: SH. 17 (1969) 220-224.

Est. Ibid., 215-224. [+RM, 402-404 [454-456]].

[LIGÓRIO, Afonso. Supplex Libellus. In: *Espiritualidade Redentorista 9*. Textos fundacionais dos redentoristas. Goiânia: Scala, 2002, p. 281-285].

"Teria ido a Roma, nesse verão de 1748, um requerimento com o pedido da aprovação para a sua 'Congregação de vagabundos'? Afonso há pouco escrevera que era viável pretendê-la, prescindindo da autorização real. Mas alguém bem colocado o havia desenganado. Dom José Maria Puoti, ontem bibliotecário do cardeal Lambertini, hoje colaborador íntimo de Bento XIV, achava-se em Nápoles em fins de fevereiro de 1748. [454]

– 'Redija-me um memorial, disse ao fundador, que eu o remeterei pessoalmente ao papa.'

Bento XIV não morria de amores pelos religiosos, mas era, em primeiro lugar, pastor, e plenamente pastor. Exatamente nessa corda missionária é que iria tocar a súplica confiada por Afonso a Dom Puoti:

'Santíssimo Padre,

O sacerdote napolitano Afonso de Ligório com seus demais companheiros missionários, reunidos sob o título do Santíssimo Salvador, em humilde súplica expõem o seguinte a Vossa Santidade:

Após muitos anos de exercício das santas missões como membro da Congregação das Missões Apostólicas, com sede na catedral de Nápoles, conhecendo o grande abandono em que jazem os pobres e principalmente os camponeses em vastas regiões deste Reino, desde 1732 uniu-se aos acima mencionados sacerdotes seus companheiros, sob a direção de Dom Falcoia, bispo de Castellamare, para atender aos pobres camponeses espiritualmente mais abandonados, com missões, instruções e outros exercícios. Pois é frequente não terem quem lhes administre os santos sacramentos e lhes anuncie a palavra de Deus, ao ponto de muitos deles morrerem na ignorância dos próprios mistérios da fé necessários para a salvação, por serem poucos os sacerdotes que de modo especial se dedicam aos pobres camponeses, seja por causa dos gastos necessários, seja por causa dos incômodos que tal tarefa acarreta.

Por isso, os autores deste pedido, desde então, entregaram-se às missões ajudando essa pobre gente, percorrendo a região rural e os lugares mais abandonados das seis províncias do reino de Nápoles com tal fruto que o próprio augusto soberano, informado disso, sobretudo em relação aos trabalhos em benefício dos pastores da Apúlia, concedeu, por diversos decretos, uma subvenção anual para manter esta Obra, recomendando-a como extremamente proveitosa para o bem do seu Reino.

E o próprio arcebispo de Nápoles, que com tanto zelo rege a sua Igreja, dignou-se chamar-nos em seu auxílio; o que foi feito nos vilarejos de sua diocese, por meio das missões.

Para tal fim, os mesmos autores do presente pedido, com a aprovação canônica dos bispos e com a autorização régia, reuniram-se para viver em algumas casas ou retiros, fora das povoações, em diversas regiões do Reino, isto é, nas dioceses de Salemo, Bovino, Nocera e ultimamente em Conza.

Estas casas têm sido centros de onde os impetrantes sempre saíram em missões, mas também centros dos quais os camponeses puderam vir facilmente, de suas aldeias onde tinham tido a missão, para renovar a confissão e para se fortalecer com as santas pregações. Além disso, nas mesmas casas, mais vezes ao ano, realizaram-se exercícios espirituais fechados quer para ordinandos, quer para párocos e sacerdotes enviados pelos seus bispos e também para leigos. Isso foi de suma vantagem para eles, mas também para os outros: pois os sacerdotes, saindo transformados desses exercícios, se tornaram dignos ministros do santuário com vantagens para as populações. [455]

Tudo isso continua sem interrupção, aumentando dia-a-dia a afluência e o proveito das pessoas. Também o Senhor derramou abundante bênção sobre essa Obra não somente pela conversão de muitas almas abandonadas e pelo progresso ocorrido nas regiões onde nos afadigamos, mas também pelo aumento do número dos confrades, que se associaram ao nosso grupo, chegando atualmente a quarenta, mais ou menos. Esse, Santíssimo Padre, é o estado em que se encontra a mencionada Obra. Mas sem a benigna aprovação apostólica não poderá conseguir feliz continuação. Por isso, prostrados aos pés de Vossa Santidade, suplicamos pelo amor que dedica à glória de Jesus Cristo e à salvação espiritual de tantos pobres camponeses que são os filhos mais abandonados da Igreja de Deus, que se digne dar o consentimento apostólico para a ereção e constituição do mencionado grupo como Congregação de sacerdotes seculares sob o título do Santíssimo Salvador, ficando ela sujeita à jurisdição dos ordinários do lugar, do mesmo modo que a Congregação dos Padres da Missão e dos Pios Operários, com esta diferença: as casas dos congregados estejam sempre fora das povoações e no meio das dioceses mais necessitadas, para assim melhor se dedicarem aos que moram na zona rural, e melhor ajudá-los.

Digne-se também V. Santidade aprovar as Regras que a seu tempo serão apresentadas. Esperamos que V. Santidade, impelido por tão grande zelo pela salvação das almas, principalmente daqueles pobres camponeses, (como demonstrou em sua encíclica aos bispos do reino de Nápoles, procurando na medida do possível ajudá-los por meio das santas missões) queira dar estabilidade com a sua suprema autoridade apostólica e uma Obra não só útil como necessária a tantas almas abandonadas que vivem nas regiões rurais deste vastíssimo Reino, destituídas do amparo espiritual.

E pela concessão, etc...'." **[+RM 454-456]**.

***** 1748-1749 (?), Rettitudine d'intenzione.**

Istruzione ai Sacerdoti sulla purità d'intenzione.

(Instrução aos sacerdotes sobre a pureza de intenção).

Ed. SH. 28 (1980) 456-468.

11. 1749, Dissertatio scholastico-moralis.

Dissertatio scholastico-moralis pro usu moderato opinionis probabilis in concursu probabilioris. Napoli 1749. Apud Alexium Pellechium. AGHR, S. Alf. X 9.

(Dissertação escolástico-moral em favor do uso moderado da opinião provável na presença da mais provável).

Ed. OMM, 28, pp. 5-79; *Dissertationes quattuor,* Torino, Marietti, 1829.

Est. BG, I 68; Tell. I 423-424; D. Capone, *Dissertazioni e note di S. Alfonso sulla probabilità e la coscienza dal 1748 al 1763,* em: *SM,* 1 (1963) 270-271.

12. 1749, Costituzioni e Regole della Congregazione del SS. Redentore.

(Constituições e Regras da Congregação do Santíssimo Redentor).

Ed. O. Gregorio - A. Sampers, *Documenti intorno alla Regola della Congregazione del SS. Redentore (1725-1749)*, em: SH. 16 (1968) 3-441 (= Bibliotheca Historica C.SS.R., 4, Roma 1969).

Est. BG, I 69; Bibliografia em: S. Raponi, *Formazione storica delle costituzioni rinnovate della Congregazione del SS. Redentore (1967-1982)*, em: SH. 22 (1984) 397-400. [+RM, 409-410 [462-463]].

* 12. Regras da Congregação do Santíssimo Redentor. Cfr. III Parte: Publications anonymes officielles.

[LIGÓRIO, Afonso. Objetivo e Regras para a Congregação de Sacerdotes Seculares sob o título do Santíssimo Salvador. In: *Espiritualidade Redentorista 9*. Textos fundacionais dos redentoristas. Goiânia: Scala, 2002, p. 287-297].

"(...) A 18 de janeiro de 1749, o cardeal Besozzi apunha sua assinatura ao relatório à Sagrada Congregação do Concílio. Um relatório muito elogioso no qual, após Spinelli, frisava a originalidade e a importância da renovação das missões. Mas o Instituto não terá mais o título de Santíssimo Salvador, para não haver confusão com os cônegos regulares do Santíssimo Salvador; o Instituto será a 'Congregação do Santíssimo Redentor'. E assim teremos os 'redentoristas'.

'A substância da Regra permanece intacta' escrevera Villani em 17 de dezembro de 1748; somente a ordem foi mudada. Há aí um pouco de otimismo. De fato, as estruturadas doze virtudes - pobre Falcoia! - desaparecem, com os capítulos relativos [462] às três virtudes teologais. Não confundamos a ordem mística e a ordem canônica! O apostolado missionário sobe para o primeiro plano, felizmente. Desde então temos três partes: I) - As missões e outros ministérios; II) - As obrigações particulares: votos de pobreza, castidade, obediência e perseverança, vida de oração e de humildade, de silêncio e de mortificação, de cultura espiritual e apostólica; III) - O governo da Congregação.

Os poderes do reitor-mor - cargo vitalício - são ampliados; suprimiram-se algumas práticas reputadas pueris (por exemplo, a mudança de quarto todos os anos); foi riscado também, segundo o desejo de Spinelli, o voto de ir às missões dos infiéis. (Simples questão de enfoque, é verdade - o voto de obediência pode ser suficiente - mas é importante esse enfoque). Finalmente, a conferência bíblica semanal é substituída pela obrigação, para todos, de ter em seu quarto a Sagrada Escritura. Infelizmente, recaía-se na dualidade falcoiana rejeitada pelo fundador:

'A finalidade do Instituto do Santíssimo Redentor não é outra que reunir padres seculares, que vivam juntos e se apliquem a imitar as virtudes e os exemplos de Nosso Redentor Jesus Cristo, especialmente empenhando-se em pregar aos pobres a palavra de Deus.'

Primeira finalidade: a imitação das virtudes de Jesus Cristo. A evangelização dos pobres torna-se uma 'especialização' dessa imitação do Redentor e até aparece, no capítulo das missões, como outra finalidade: 'A dedicação às missões é um dos fins principais do Instituto.' Também, as casas serão construídas fora das aglomerações, não já 'para estarem mais perto dos camponeses e mais acessíveis aos pobres', mas 'a fim de que, menos distraídos e desembaraçados, tendam os redentoristas a adquirir esse espírito' - espírito de imitação, suponho - 'que é necessário aos obreiros evangélicos e à pastoral das populações mais abandonadas.'

A rotina mental do tempo continuava matraqueando: 'Todos os Institutos têm dois fins: a santificação pessoal e uma ação apostólica ou caritativa.' 'Não, dissera Ligório: nada de vida mista, contemplativo-ativa, mas uma única vida cristã, à moda de são Paulo: 'Eu vivo... é o Cristo que vive em mim', o Cristo Redentor, se eu sou redentorista.' Trata-se de integração, não de imitação. Os reflexos burocráticos não puderam compreender a visão simples e original que foi suscitada pelo Espírito. Afonso inclinar-se-á perante esse texto emanado da autoridade papal, muito feliz com a aprovação recebida; mas não será encontrada a palavra 'imitação' em nenhuma das cartas dirigidas a seus filhos." **[+RM, 462-463]**.

13. 1750, Le Glorie di Maria (736).

Le Glorie di Maria. Opera [...] utile per leggere e predicare. Divisa in due parti: Nella Prima si ragiona delle molte e copiose grazie che la Madre di Dio dispensa a' suoi divoti, dichiarate in diversi punti sopra la Salve Regina. *Nella seconda Parte poi si ragiona delle sue* Feste *principali, e de' suoi* Dolori, *così in generale come in particolare. Indi si tratta delle sue eroiche* Virtù. *E poi degli* Ossequi *da praticarsi in suo onore. In fine v'è una* Aggiunta *di* Esempi *scelti.* Bassano 1784.

(As Glórias de Maria. Obra [...] útil para ler e pregar. Dividida em duas partes: a Primeira, trata das muitas e copiosas graças que a Mãe de Deus concede aos seus devotos, declaradas em diversos pontos sobre a Salve Rainha; a Segunda Parte trata das suas principais Festas e das suas Dores, tanto em geral, quanto em particular. Trata-se, então, de suas heroicas Virtudes. E, depois, dos Obséquios a praticar em sua honra. No final há uma coleção de Exemplos escolhidos).

AGHR, S. Alf. X 16.

Ed. OA, VI-VII; G. Roschini, *Le Glorie di Maria.* Edizione critica, Roma 1944.

Est. BG, I 69-72, III 207; Tan, II c. 34-41; Tell, I 234-235, 541-554, 571-572, II 732-733;

RM, 7 [7], 83-84 [88-89], 293 [330], 416-422 [470-476], 424 [479], 467 [527], 572 [651], 600 [683], 623 [712].

* 13. As Glórias de Maria. ITÁLIA: 1836, Rome, Salviucci. | PORTUGAL: 1863, Lisbonne, (Louvores e glorias de Maria Santissima: obra muito útil a fim de excitar a devoção da mesma senhora). s. d. Porto. | BRASIL: 1907, Rio de Janeiro. | Extrait: 1922, Bello Horizonte, Imprensa Official.

** 13. Glórias de Maria Santissima, trad. par Gérard Pires de Souza. Petrópolis, Typ. "Vozes", 1935, in 8°, p. 432 (11e. éd.). | *Reflexões sobre cada uma das 7 dores de Maria SS. por* S. *Affonso* (trad. de F. Severens). Bello-Horizonte, Imprensa official, 1922, in-12°, p. 47.

[LIGÓRIO, Santo Afonso. *Louvores de Maria Santissima.* Santo Afonso Maria de Ligorio. Traduzida do Italiano por B.C.S.B. Lisboa: Regia Off. Typografica, 1786. - (8 fl.), XVII, 441 p. 15 cm. Exemplares na Biblioteca Nacional de Portugal].

[LIGÓRIO, Afonso. *Glórias de Maria.* Aparecida: Santuário, 2019. 34ª edição. Tradução: Pe. Geraldo Pires de Sousa. 504 p].

[LIGÓRIO, Santo Afonso Maria de. *Glórias de Maria.* In: Obras Espirituais Selecionadas. Aparecida: Santuário, 2021. Tradução: Pe. Geraldo Pires de Sousa].

"Os números aqui estão, convincentes, espantosos: a *Teologia Moral* do fundador dos redentoristas teve nove edições quando ele ainda estava vivo e 73 depois de sua morte, e o resumo desta obra, o *Homo Apostolicus*, atingiu do século XVIII até nossos dias 118 tiragens. As Visitas ao Santíssimo Sacramento mereceram 2017 edições, as **Glórias de Maria** mais de mil." **[RM, 7]**.

"Ainda em sua juventude, o pincel do brilhante advogado esboça uma Madonna do Espírito Santo, confiando seu acabamento a De Mura, outro amigo; pinta também uma Divina Pastora, Virgem com Menino, que De Maio aperfeiçoará. 'Sua Virgem', ele a desenhará novamente ele próprio com uma feliz ternura para o frontispício de suas **Glórias de Maria**." **[RM, 88]**.

"(...) Em particular, ele gravará, com o coração e com a mão, duas versões de sua admirável Madonna (1750 e 1756), como primeiro testemunho de perfeito amor, no início de suas **Glórias de Maria**: a obra-prima do filho, do artista, o cavaleiro, inspirada por sua Mãe, por sua Senhora, e, para ela, realizada 'da forma melhor que pôde.'" **[RM, 89]**.

"As **Glórias de Maria**. Esse será o título da primeira grande obra espiritual do futuro Doutor da Igreja. Ele a publicará em 1750. Mas é aqui, na Vila, em 1734, que essa obra tem a sua fonte. A Anunciação é a primeira igreja da Congregação. (Scala não o é, e nunca o será.) Ave Gratia Plena é seu título, seu atrativo, seu mistério: Maria, cumulada da graça em plenitude, transbordante de graça a conceder... Afonso se inflama com ela e ao visitá-la, celebrá-la, anunciá-la, vai descobrindo os seus esplendores e seu coração transborda. Começa a escrever um livro em seu louvor. Em junho de 1734 escreve sobre isso ao jesuíta Francisco Pepe e a Dom Falcoia; e - coincidência eloquente - lê-se na página 56 de seu diário:

'29 de junho de 1734. Fiz o voto de jejuar a pão e água todos os sábados.' Todos os sábados, então, dia consagrado a Nossa Senhora, Afonso e a Vila se alimentam e se encantam com as glórias de Maria." **[RM, 330]**.

"Durante vinte anos seguidos, Afonso vinha pregando todos os sábados as glórias de Maria. Suas glórias? Queremos dizer, sobretudo sua misericórdia. A glória do amor não é, porventura, amar? Nutria de leituras e de meditação uma pregação que, digamo-lo de uma vez para sempre, devia ser inesgotável. Desde 1734, na Vila, começara um livro em que pretendia condensar o melhor da tradição teológica e espiritual referente a Maria. E após dezesseis anos de um trabalho de joalheiro que procura, escolhe, talha e engasta pedras preciosas, As Glórias de Maria eram publicadas em começos de outubro de 1750, com dedicatória a seu Divino Filho: 'Amantíssimo Redentor e Senhor Jesus Cristo... aceitai com agrado este meu pequenino obséquio de amor, que tenho para convosco e com vossa dileta Mãe. Acompanhai-o com vossa proteção, fazendo chover sobre todos os que o lerem luzes de confiança e chamas de amor para com esta Virgem Imaculada, em que colocastes a esperança e o refúgio de todos os homens. Em recompensa de minhas pobres fadigas concedei-me, vo-lo imploro, aquele amor para com Maria, que eu desejei, por esta obra, acender nos corações de todos os meus leitores.'

Dirigindo-se, em seguida, a Maria, dá testemunho de longa experiência de sua vida - tudo lhe veio por Maria - experiência que criou a convicção central de sua pregação e dessas páginas: Nossa Senhora é medianeira de todas as graças.

'Dirijo-me em seguida, a Vós, ó Maria, minha terna Mãe e Senhora. Vós bem o sabeis, é em vós depois de Jesus que eu ponho toda a esperança de minha salvação eterna; porque tudo o que há em mim de bem, minha conversão, minha vocação para deixar o mundo e todas as outras graças recebidas de Deus, reconheço que me foram dadas por vossa mediação. Já sabeis que para ver-vos amada de todos como mereceis e como demonstração de gratidão por tantos benefícios feitos a mim, tenho procurado sempre proclamar por toda a parte os vossos louvores, tanto em público como em particular, infundindo em todos vossa doce e salutar devoção. Espero continuar a fazê-lo até o último suspiro da vida que me resta. Mas a idade avançada e minha saúde abalada já me estão dizendo que está chegando o fim de minha peregrinação e a minha passagem para a eternidade. Por isso pensei em deixar antes de morrer este meu livro, que continuará em meu lugar a louvar-vos e a estimular também [470] outros na publicação de vossa glória e de vossa grande bondade em favor de vossos devotos. Numa 'Introdução' o autor dirige-se a seguir afetuosamente a seu leitor: 'Meu caro leitor, você é meu irmão em Maria, já que a devoção que me levou a escrever e move você a ler este livro, nos torna a ambos filhos ditosos dessa boa Mãe' – e lhe revela seu método:

'Eu mesmo tenho examinado muitos livros, grandes e pequenos, que tratam das glórias de Maria. Mas, por considerá-los, ou raros, ou volumosos, ou menos correspondentes à minha intenção, apliquei-me em compor este trabalho. Tirei de todos os autores ao meu alcance as mais notáveis e inspiradas sentenças dos Santos Padres e dos teólogos, para condensá-las nesta obra.

O que ele escutou e perscrutou foi o mar imenso da Tradição – Santos padres e teólogos, a bíblia e a liturgia, escritores espirituais e o povo de Deus, a Antiguidade, a Idade Média e os tempos Modernos – durante dezesseis anos, com a curiosidade de um amor de fogo, com a honestidade de um santo, com a experiência de um místico, com o senso pastoral de um missionário excepcional e, enfim, com o rigor de um teólogo ao qual Pio IX outorgará o título de Doutor da Igreja. Suas fontes diretas são, em geral, de segunda mão. Autores e compilações dos duzentos anos anteriores a ele – mas que ele se serve com precisão, quando se trata de estabelecer uma doutrina, com a liberdade inteligente do coração, quando se trata de exprimir a piedade.

Quero com isso facilitar aos fiéis, com pouca fadiga e despesa, a posse de um livro cuja leitura os abrase no amor de Maria. Especialmente há de oferecer, aos sacerdotes, material conveniente para suas pregações sobre a Mãe de Deus.

Era a época dos grossos in-fólio, cujo manejo somente punha à prova a força física daquele que iria empregar semanas em sua leitura. Aparecendo em dois volumes in-12 de 360 e 408 páginas, as **Glórias**, ao contrário, oferecem uma leitura, 'nem longa, nem cara'. Tudo é relativo.

Eis o objetivo e o plano da obra:

'A outros autores remeto o cuidado de escrever sobre as demais prerrogativas de Maria. Neste pequeno livro quero falar principalmente de sua grande misericórdia e poderosa intercessão... É o tema por inteiro da salve rainha, sublime e comovedora prece aprovada pela Igreja e por ela introduzida na liturgia das Horas: resolvi, pois, explicar em vários capítulos essa devota antífona. Em seguida apresento algumas leituras sobre as principais festas e virtudes de nossa divina Mãe... Finalmente enumero as práticas de devoção mais recomendadas pela Igreja...'

Por fim, Afonso despede-se amavelmente de seu leitor: 'Adeus! até à vista no paraíso.'

'**As Glórias de Maria** é o último grande livro europeu escrito em louvor de Maria.' É a opinião do Pe. José de Luca (1898-1962), mestre da história da espiritualidade e fundador, em Roma, das Edições de história e literatura, e da revista Arquivo italiano para a história da piedade. Ele escreve: [471]

'Afonso não receou amar a Madonna. Amou-a com tal espontaneidade, arroubo e ardor, que escandalizou os tíbios. Venceu, em nossos corações, a batalha que os protestantes primeiro e os jansenistas em seguida, haviam provocado. Protestantes e jansenistas tinham instilado em nós mil escrúpulos e mil hesitações que, para nosso azar, não conseguíamos vencer... Santo Afonso, com sua ciência de teólogo e de formidável teólogo; com sua chamejante e ardente alma de devoto incomparável; com seu gênio de escritor popular varreu grande parte dessas hesitações, reconduziu a alma cristã à presença de Maria, àquela feliz liberdade do amor, que era apanágio de nossos irmãos de fé da Idade Média.

Sem dúvida, muitos pretensos intelectuais, profundamente marcados pelo protestantismo e pelo jansenismo, continuaram a resmungar, encontrando novo pretexto para suas críticas no próprio Afonso. (J. de Luca pensa nas diatribes de Doellinger e Reusch (1889), Meffert (1901), Heiler (1923) na Alemanha; nos pequenos panfletos de Amsterdam (por volta de 1900); em Meyrick e Littledale, na Inglaterra (1854), etc.).

E o que puderam atacar nessa obra prodigiosa! Tacharam-na de exagerada por não compreenderem que o sentimento do exagero deriva neles de seu escasso amor, de sua frieza. Que se passem pelo crivo do exame todas as afirmações do santo: nenhuma há que possa ser desaprovada numa consideração estritamente teológica. O exagero, pois, não está na doutrina. Está no tom, replicam os censores. E o tom é que faz a música. Certíssimo: o tom do livro é quentíssimo; é dum calor insustentável. Mas é fogo do amor, nem mais, nem menos. Mas desde quando o amor deve ser julgado por aquele que não ama?'

O povo de Deus, porém - humildes e sábios - encontra-se a si próprio na luz e no fervor das **Glórias de Maria**. Essa obra conhecerá 'a mais alta tiragem das obras mariais de todos os tempos: mais ou menos mil edições desde 1750.'

Entretanto, o nascimento do livro não se deu sem dor. Em 12 de outubro de 1750, o autor escrevia ao cônego Fontana:

Envio-lhe o meu pobre e contestado livro sobre Nossa Senhora, saído finalmente após muitos dissabores e muitos anos de fadiga gastos em resumir o que aí está.'

Contestações? Aborrecimentos? Não nos perderemos em conjeturas. O manuscrito chegava aos censores e ao impressor em janeiro de 1750, no momento mesmo em que desaparecia o famoso Ludovico Antônio Muratori (1672-1750). As disputas suscitadas nos últimos 30 anos pelas posições mariais (ou antes, antimariais) assumidas pelo temível controversista, transformavam-se agora, sobre a tumba fresca, em guerra aberta. Assim o Pe. Francisco Pepe, provocando sem já ter de temer as garras do leão morto, descarregava sobre o defunto suas diatribes oratórias. Essas disputas públicas assumiram proporções de escândalo; o núncio se mostrava alarmado em seus relatórios à Secretaria de Estado. Não iria o livro de Afonso atirar óleo nesse fogo? Basta! Basta! Veio ele a cair, sem dúvida, nas mãos de um daqueles censores eclesiásticos saturados dessas controvérsias, ou até - quem sabe? - partidário de Muratori? Ser-lhe-iam necessários oito meses para desembaraçar-se dessa crítica feroz e obter, [472] finalmente, que seu amigo, cônego Savastano, fosse o juiz teológico. Felizmente, porque ele era praticamente o único em condições de enfrentar nobremente, afetuosamente e com armas iguais, o genial bibliotecário de Modena. Ele o fez, de fato, com o respeito e moderação dos fortes.

Para ele, Muratori não era o perigoso jansenista imaginado por certos opositores seus ou por alguns biógrafos de Afonso. Ele sabia que esse espírito universal, grande dominador da história, era um padre fervoroso e zeloso. Foi precisamente 'o zelo da casa de Deus' que o levara a pôr-se em campanha de purificação de uma religião que se tornara frequentemente um jardim de ervas daninhas, que são as superstições: mas o ardente reformador vibrava seus golpes de enxadão com demasiado vigor nos canteiros da teologia marial, arrancando também algumas roseiras com a tiririca.

O Pe. Muratori, escreverá Afonso em 1775, foi sempre venerado por mim; era um nome de fama na Europa .... Mas em diversas partes de seus escritos, ele não demonstrou para com a Mãe de Deus toda a piedade que se poderia esperar de seu talento.

Para ficarmos apenas com os pontos vitais, o desacordo versava sobre a Imaculada Conceição e sobre a mediação universal de Maria.

Era atingir Afonso no âmago mesmo de sua fé. Seu conhecimento incomparável da Tradição o havia levado, paradoxalmente, às posições de vanguarda na Igreja. Já em 1748, em seu Comentários ao livro de Busembaum, inserira duas dissertações provando, numa, a Conceição Imaculada da Virgem, noutra, a infalibilidade do papa quando se pronuncia *ex cathedra* em matéria de fé ou de costumes: os dois dogmas definidos por Pio IX e pelo Vaticano I.

Pessoalmente, Muratori acreditava na Imaculada Conceição da Mãe de Deus, mas ele a tinha por uma simples opinião e não por uma verdade de fé. O 'voto de sangue', isto é, o voto de dar eventualmente sua vida por essa crença, parecia-lhe então, inválido, supersticioso e suicida: não se dá a vida por uma opinião!

– A Igreja não vai celebrar uma festa litúrgica universal baseada somente numa opinião. *Lex orandi, lex credendi*: 'sua oração oficial exprime sua própria fé'. É o último argumento de Ligório ao cabo de um longo raciocínio em que dá a conhecer a fé do povo de Deus desde o concílio de Éfeso (431); apesar de algumas gritantes notas falsas de um são Bernardo, de um são Boaventura, de um são Alberto Magno e de um são Tomás.

Para nosso 'Doutor zelosíssimo', a fé na Imaculada não é uma flor de luxo incrustrada na coroa de sua Mãe. Redentorista, que é, vê nisso um dogma vital para o mundo resgatado. Pela graça poderosa da salvação em Jesus Cristo, essa Inocência total é colhida de nossa humanidade como um sinal e promessa: a família humana emerge progressivamente do pecado; dia virá em que, salvo obstinada recusa, ela será inteiramente sem mancha. Essa fé na Imaculada Conceição é o contraponto luminoso da crença do pecado original, uma atenuação do negror de que protestantes e jansenistas pretendiam dar-se conta: a natureza humana não está corrompida a tal ponto que Deus não possa fazer brotar dela essa flor de total inocência. E aí está um primeiro sentido do *Spes nostra, salve* 'Esperança nossa, salve' - inscrito por Afonso no [473] frontispício do livro **As Glórias de Maria**, sob a gravura expressiva, que ele mesmo desenhou, daquela que é, num só tempo, a Toda Bela e a Toda Bondosa. É a partir dessa visão dogmática da 'Redenção' que o fundador deu a Imaculada como padroeira a seus 'redentoristas'.

Essa esperança, com efeito, é mais do que uma promessa: é uma força ativa no coração do mundo pecador. Desde o seu 'sim' na Encarnação, desde, principalmente, sua Compaixão no Calvário, a Imaculada é nossa Mãe, nossa vida; ela é, no dia a dia, para com todos e para com cada um, Medianeira do perdão, da graça, de todas as graças.

É o segundo ponto em que Muratori restringia indevidamente o coração de Deus e a esperança dos homens. Em 1747, sob o pseudônimo de Lamindo Pritanio, publicou seu livro *A ordenada devoção dos cristãos*: vigoroso requisitório contra a prática de uma piedade muitas vezes aberrante. Mas aí também, atracando-se muito acertadamente com o que denomina 'a devoção indiscreta', arranca pedras do muro do qual está apenas removendo o reboco. Devoção indiscreta, escreve ele, é a que, esquecendo-se de que 'Maria não é Deus', ousa afirmar que 'ela comanda no céu'. Devoção indiscreta é também aquela que pretende que 'nenhuma graça vem de Deus a não ser pelas mãos de Maria'. Devoção indiscreta, finalmente, é a que exalta o alcance do recurso à Santa Virgem até ao ponto de sustentar que 'o servidor de Maria não pode condenar-se'. Com são Paulo (1Tm 2, 5), 'não reconhecemos senão um Mediador entre Deus e os homens, Jesus Cristo.'

Afonso lhe dá a resposta ponto por ponto. Falando em sentido estrito, 'Maria não pode dar ordens a seu Filho, mas suas preces são preces de Mãe'. Quanto ao único mediador, 'uma coisa é a mediação de justiça, por via de mérito, outra a mediação de graça, por via de intercessão; uma coisa é dizer que Deus não pode, outra dizer que Deus não quer conceder suas graças sem a intervenção de Maria'. Graças de proteção, de santidade; mas antes de tudo, graças de misericórdia: 'Um pecador pode, porventura, perder-se, quando a própria mãe do Juiz se oferece a ele como advogada?... Vá, recorra a Maria e você será salvo.'

É nesse sentido que é preciso ser entendido o título de co-redentora. Nas **Glórias**, Afonso evita de todo esse título para não excitar a bílis de Muratori, vivo ainda quando, em fins de 1749, termina o seu manuscrito. Mas irá empregá-lo mais de vinte vezes posteriormente. De pé junto da Árvore de que pende o Fruto da Vida, a Nova Eva coopera para o resgate como a mulher das origens concorreu para a falta. Imaculada, 'ela esmaga a cabeça da serpente' e torna-se 'a vivente, porque ela é a mãe de todos os viventes' (Gn 3,15.20). É essa maternidade universal que é exercida na sua mediação universal: Maria, Mãe de Deus, gera todos os 'membros do Cristo' e, como verdadeira mãe, ela os nutre, deles cuida, os sustenta e os 'educa'. Até e sobretudo os mais atrasados, os mais infelizes, os mais pecadores.

Se ele, Muratori, fosse ainda vivo, não se renderia, por acaso, às razões de Afonso? Seu sobrinho Francisco Soli, e bem mais tarde, um certo Pe. Leoluca Rolli julgarão dever responder em seu lugar. O que fizeram de fato foi provocar cada um deles, em 1756 e em 1775, uma Resposta tão comedida quanto irrefutável.

Com as **Glórias de Maria**, escreveu Romeo de Maio, Afonso fazia de Nápoles o centro europeu mais importante de pensamentos e de debates espirituais. [474]

De todas as devoções a Nossa Senhora, a que teve maior expansão e que assumiu maior significado foi a relativa à Imaculada Conceição. Mais do que os escritos populares ou eruditos... ela foi difundida e expressa pelas telas de Solimena e de sua escola e, sobretudo, pelas quatorze canções de santo Afonso. Os versos de *Dulcíssima esperança, Meu doce amor, Maria* (1737) estão em todos os lábios; ao passo que os trinta versos do *És pura e tão pia, tão bela, ó Maria* (1750) são de uma beleza ligeira e contudo solene, que nos enleva num santo arrebatamento.

Acusaram o autor das **Glórias** de falta de senso crítico na escolha dos cerca de cento e trinta 'exemplos' que encerram suas explanações ou que reuniu em apêndice. O uso dos 'exemplos' era, conforme nos lembramos, um procedimento caro a são Filipe Neri. E ele florescia à vontade na exuberância do barroco. Não se duvida que o Pe. Malebranche, os Bolandistas, Tillemont, Dom Mabillon e seus 'mauristas' - sem falar de Muratori - os teriam passado pelo crivo de severo expurgo. Mas essa trilha do futuro abrira-se recentemente para que fosse conhecida e se impusesse aos escritores espirituais. Afonso, de sua parte, está inclinado a dar crédito à autenticidade dos exemplos que apresenta:

'É fraqueza de espírito', escreve, 'dar crédito a todas as coisas, mas rejeitar milagres atestados por homens sérios e piedosos é dar prova, ou de falta de fé - como se Deus não pudesse fazer milagres - ou de temeridade, recusando todo o crédito a tais autores. Podemos acreditar num Tácito ou num Suetônio e poderíamos, sem temeridade, recusar escritores cristãos sábios e honestos?'

Todavia, quando ele haure esses exemplos, como de resto a maioria de suas citações patrísticas, nos autores 'cristãos sábios e honestos' dos séculos XVII e XVIII, Afonso não pretende fazer obra de historiador, mas de teólogo e de escritor espiritual. Vamos censurá-lo por não os ter passado pelo crivo da crítica moderna? Ou rejeitá-los como se estivéssemos podando protuberâncias mortas ou decorativas? Seria isso demonstrar desconhecimento de seu alcance teológico e pastoral. Que, no evangelho, a narração do Bom Samaritano seja histórica, como a maioria dos Padres da Igreja pareciam crer, ou que seja simples parábola como nos parece ser evidente, a lição da Sabedoria divina permanece a mesma. Assim também, históricas ou legendárias, as narrações das **Glórias de Maria** encerram toda a verdade que, ali, Afonso leu com a Igreja que as transmitia. Não uma verdade dogmática. A verdade que através de toda a Idade Média, pelo teatro, pelos sermonários, pelos tratados espirituais, pelos vitrais e pelos baixos relevos das catedrais, a Tradição cristã perpetuou, como por exemplo, no Milagre de Teófilo arrebatado por Maria ao poder de Satã. Essas 'lendas douradas' mariais, mesmo não sendo históricas - e muitas vezes elas o são - ilustram, como parábolas, uma verdade que desafia a crítica: a crença comum dos fiéis, logo a fé da Igreja, em Maria advogada todo-poderosa das causas desesperadas.

O amor de Afonso pela Virgem levou-o a sustentar com fervor, em seus Discursos sobre as festas de Maria, teses então em relativa voga:

- A Imaculada ultrapassou em santidade, desde seu primeiro instante, a todos os homens e todos os anjos reunidos? Esse 'reunidos' dá vertigem. [475] Mas podemos ficar com a fórmula que será adotada por Pio IX na bula Ineffabilis: 'Maria, cumulada de graças, sobrepassa em santidade, desde sua conceição, até os anjos e os serafins.'

- Recebeu a Virgem essas riquezas espirituais com plena consciência desde a sua concepção? No século XIII, santo Tomás faz dessa prerrogativa o apanágio - mas apanágio exclusivo - de Cristo. A partir do século XIV, essa opinião se espalha, para em seguida predominar, em favor também de Maria. Em seu Discurso sobre a Natividade de Nossa Senhora, sustenta suas razões de conveniência.

Em nosso tempo em que o ecumenismo e a leitura objetiva dos evangelhos levaram a Igreja a tomar mais consciência que 'o Cristo viveu nossa condição humana em tudo, menos no pecado', podemos pensar que nosso Doutor marial teria percebido com felicidade a 'conveniência' de uma visão plenamente realista da encarnação.

Na introdução à primeira edição de suas **Glórias de Maria**, o Pe. Ligório anunciava uma segunda obra:

'Após este livro sobre a Esperança em Maria, espero dar-lhes outro sobre o Amor para com Jesus, seu Filho. Talvez ele lhes agrade tanto quanto o presente.'

Por felicidade possuímos o esboço, nas primeiras setenta páginas de um caderninho, de formato 10 x 7 cm, que substitui suas Coisas de consciência. O título do projeto: JESUS CRISTO deve ser a nossa ESPERANÇA e o nosso AMOR. Eis seu plano em três capítulos: I. O amor do Pai eterno ao dar-nos seu Filho. - II. A esperança que devemos ter em Jesus Cristo. - III. O amor que nos tem Jesus Cristo em sua encarnação; em seu nascimento; em sua paixão; no Santíssimo Sacramento.

Esses títulos são desenvolvidos em 239 textos, tirados em sua maior parte das Sagradas Escrituras. Os outros - 72 - são pensamentos dos Padres ou de outros autores espirituais de que nos dá quase sempre o nome sem outras referências: não são tanto citações como verdades que o impressionaram e que ele vai desfiando, como pérolas, misturadas com as palavras bíblicas. Nós aprendemos aí o segredo da composição literária de suas obras espirituais. De suas inúmeras leituras - em que a Bíblia tem o primeiro lugar - ele tira esses 'rosários' de pensamentos, que volve e revolve cem vezes em suas meditações e em sua oração, e que ele prega com inesgotáveis variações e que ele resolve, por fim, cristalizar em um volume: *Amar a Jesus Cristo*.

Ora, o opúsculo de cerca de cem páginas que apareceu em 1751, editado por Pellechia, representa só um elemento do projeto: Jesus, amor dos homens (Reflexões e sentimentos sobre a Paixão de Jesus Cristo). Dezesseis capítulos, entrecortados de orações, que seguem o desenrolar da Paixão. O autor se explica, no final, num "Aviso ao Leitor":

Meu caro leitor, prometi-lhe em meu livro sobre as **Glórias de Maria** outro livro sobre o Amor a Jesus Cristo. Mas em seguida, por causa de minha enfermidade corporal, meu diretor, Paulo Cafaro, não me permitiu escrevê-lo. Apenas autorizou-me a publicar estas curtas reflexões sobre a Paixão. Aí condensei a flor do que eu tinha sobre o assunto." **[RM, 470-476]**.

"Tudo pareceu ir bem durante o ano de 1750. Após uma broncopneumonia que o deixou na cama por três semanas e da aparição - finalmente! - do livro **As Glórias de Maria**, Afonso reserva a si o grande sermão do Espírito Santo em Nápoles. - Como recusar para o Ano Santo as Missões Apostólicas das quais ele era membro ativo? - E depois a missão na diocese de Lettere, encabeçando vinte e um confrades. Como no ano precedente em Samo, os missionários vêem serem empilhados aos pés da Virgem, não braçadas de flores, nem maus livros para um auto-de-fé, mas punhais e pistolas, baionetas e estiletes." **[RM, 479]**.

"(...) As pesquisas atuais manifestam que a partir dos anos do decênio de 1760, os livros do Pe. Ligório estão em todas as bibliotecas dos padres do Mezzogiorno e que a *Preparação* quase nunca falta. Entretanto, é mais interessante interrogar os antigos: o povo é o primeiro arquivo. Ora os antigos dizem-me que a *Preparação para a morte* se encontrava também em quase todas as famílias, mas não só: com as *Visitas ao Santíssimo Sacramento*, com as **Glórias de Maria** e com *A prática do amor a Jesus Cristo*. Logo, a *Preparação*, 'O livro das verdades eternas', terríveis e maravilhosas - livro indispensável; mas com ele, os da prece ardente (*Visitas*), da confiança total (**Glórias**) e da moral do amor (*A prática do amor a Jesus Cristo*). É o conjunto desses quatro livros que constitui o 'cardápio' de quase todas as famílias cristãs. E, no concurso, a *Preparação para a morte* não era 'medalha de ouro': citam-se 253 edições das *Visitas ao Santíssimo Sacramento*, 167 da *Prática*, 139 da *Preparação* e 125 das **Glórias de Maria**. Quanto às edições mundiais em tantas e tantas línguas, a *Preparação* tem de longe o último lugar: as *Visitas*, 2.017 edições; as **Glórias**, mais de mil; a *Prática*, 535; e a *Preparação*, 319. Se acontece que redentoristas fazem de seu fundador um 'terrorista', isso só se pode dar por traição." **[RM, 527]**.

"O leitor poderá pensar que o bispo, em 1768, com a dupla 'fratura' de sua coluna vertebral, embora mantivesse ainda firme o timão de sua diocese, teria, contudo, de depor a sua pena de escritor. Teria assim coroado a sua obra por aquilo que permanecia, com efeito, a par das **Glórias de Maria**, sua obra-prima espiritual: *A arte de amar a Jesus Cristo*, cujas últimas folhas estavam sendo editadas por Paci em Nápoles." **[RM, 651]**.

"Ao contrário, as obras que granjearam a Afonso - mas não oficialmente desta vez - o título de mestre do povo de Deus, foram **Glórias de Maria**, *Visitas ao Santíssimo Sacramento, Máximas eternas, Preparação para a morte, Prática do amor a Jesus Cristo, O grande meio da oração*, para citar apenas as mais significativas e mais populares. Ele soube adivinhar as necessidades religiosas do povo e dar-lhes resposta no diapasão da fé e da mentalidade populares.

(...)

Então eles lêem Ligório. Lêem-no em particular: lêem-no em comunidade; ou na igreja, nos exercícios da Vida devota de que participam de manhã e à tarde, lá onde a missão passou. O povo ouve então as *Visitas*, as **Glórias de Maria**, as *Meditações sobre a Paixão*. Ouve Ligório e gosta; e o introduz em seus serões." **[RM, 683]**.

"Mais do que nunca Nossa Senhora era depois de Deus seu primeiro amor. Mandava que lhe lessem a vida de seus santos preferidos: Teresa de Jesus, Gregório de Nazianzeno, Francisco de Sales, José Calazans que provara de sua mesma agonia de fundador; mas principalmente saboreava as leituras sobre Maria Santíssima.

- 'Leiam-me alguma coisa sobre Nossa Senhora', pede certo dia ao irmão. Francisco Antônio Romito toma um livro e lê. Afonso escuta, enche-se de entusiasmo:

- 'Como é belo!' exclamou. 'Que livro é este? Quem escreveu tão belas páginas?'

- 'Mas foi o senhor, Excelência! São as suas **Glórias de Maria**.'

- 'Meu Jesus', continuou então Afonso todo comovido, 'muito obrigado por ter-me concedido escrever sobre tua mãe!'

O irmão anotou o fato e a data. Era o dia 25 de outubro de 1784." **[RM, 712]**.

14. 1750, Avvisi spettanti alla vocazione religiosa (124).

Avvisi spettanti alla vocazione religiosa (= § 2, Il vero Redentorista). *Considerazioni per coloro che sono chiamati allo stato religioso. Conforto ai novizi per la perseveranza nella loro vocazione.* AGHR, S. Alf. X 34 e X 35.

(Avisos referentes à vocação religiosa (= § 2, O verdadeiro redentorista). Considerações para aqueles que são chamados ao estado religioso. Conforto aos noviços para a perseverança em sua vocação).

Ed. OT, IV 396-444.

Est. BG, I 73-74; Tan, II c. 34; Tell, I 391,486-488; RM, 414-415 [467;469-470].

** O *Genuíno Redemptorista,* traduzido por un Padre Redemptorista. Apparecida, C.SS.R., in-16, p. 32.

[LIGÓRIO, Afonso. *Avisos sobre a Vocação Religiosa*. São Paulo: Ave Maria, 1935. Tradução: Pe. Clemente Serrat, CMF. 160 p].

[LIGÓRIO, Afonso. *O genuíno redeptorista descrito por Santo Affonso Maria de Ligório*. Traduzido do original italiano por um padre redentorista. Aparecida: Off. Graph. Santuario d'Apparecida, 1933, 32p.].

[LIGÓRIO, Afonso. *O genuíno redentorista*. A vocação redentorista segundo o próprio fundador da CSSR. Goiânia: Scala, s.d.].

"É papel dos capítulos adaptar os textos de aplicação prática à diversidade dos tempos e dos lugares. Mas a fonte onde é preciso sempre beber e mergulhar permanece inalterável: o fundador, sua vida, seus escritos. Em particular, aqueles três opúsculos escritos, no embalo da aprovação e do capítulo, para seus jovens redentoristas e publicados em Nápoles em 1749 e 1750: **Conselhos relativos à vocação religiosa; Considerações para aqueles que são chamados ao estado religioso; Encorajamento aos noviços para a perseverança na vocação.** Se também eles são marcados pelo momento então vivido - a miséria das casas exigia heróis de abnegação, as famílias eram o grande inimigo das vocações, etc. - em nenhum outro lugar o carisma fundador se encontra mais bem expresso:

'Quem é chamado à Congregação do Santíssimo Redentor, jamais será verdadeiro seguidor de Jesus Cristo, nem será jamais santo, se não cumprir com a finalidade de sua vocação e se não tiver o espírito do Instituto, que é o de salvar as almas, e as almas mais destituídas de recursos espirituais, como é a pobre gente dos campos. Essa já foi a intenção da vinda do Redentor, o qual proclamou: "O Espírito do Senhor... me consagrou para levar aos pobres a Boa-Nova (Lc 4, 18).'" **[RM, 467]**.

"Por essa mesma época - 1749 - o fundador escrevia para seus noviços redentoristas, esta décima quinta **Consideração para aqueles que são chamados ao estado religioso**: [469]

'A Divina Mãe, Maria, ama a cada um dos homens com afeição tal, que, após Deus, é impossível alguém igualá-la nesse amor... Quanto devemos pensar que essa grande rainha ame os religiosos que consagraram toda a sua liberdade, a sua vida, tudo enfim, ao amor de Jesus Cristo?... Ela os vê constantemente a seus pés, empenhados em invocá-la e em pedir-lhe graças, e graças inteiramente de acordo com os seus santos desejos, isto é, graças de perseverança no serviço divino, de força contra as tentações, de desapego da terra, de amor para com Deus. Ah! como poderíamos duvidar que ela não interponha todo o seu poder e toda a sua misericórdia em beneficio dos religiosos? E especialmente em benefício nosso, que nos achamos nesta Congregação do Santíssimo Redentor, em que se faz (como é conhecido) especial profissão de honrar a Virgem Mãe com visitas, com jejuns aos sábados, com mortificações especiais em suas novenas, etc, e com a promoção por toda a parte de sua devoção através de pregações e novenas em sua honra?'" **[RM 469-470]**.

15. 1750 (?), Avvertimenti per la Lingua Toscana. Regole principali dell'Aritmetica.

Alcuni brevi Avvertimenti per la Lingua Toscana ricavati dal Salviati, dal Buommattei, dal Facciolati, dal Majello, dal Cinonio, e da altri. Si aggiungono in fine le Quattro Regole principali dell'Aritmetica. AGHR, S. Alf. X 34.

(Algumas breves Advertências sobre a Língua Toscana (italiano) pesquisadas nos autores Salviati, Buommattei, Facciolati, Majello, Cinonio e outros. Acrescentadas, no final, as Quatro Regras principais da Aritmética).

Ed. OA, *Introduzione Generale,* 105-115; R. Librandi (ed.). S. Alfonso M. de Liguori, *Brevi avvertimenti di Grammatica e Aritmetica,* M. D'Auria, Napoli 1984.

Est. BG, I 74; Tell, I 846; RM, 600 [683].

"O povo italiano dos séculos XVIII e XIX não falava italiano. Falava piemontês ou lombardo, veneziano ou romanhol, napolitano ou calabrês. Se na Itália havia uma língua literária - o toscano - compreendida entre os intelectuais, escrita por eles e para eles, os italianos mesmos falavam cada qual o seu dialeto regional. 'O toscano, dizia Ugo Foscolo (1778-1827), é para os italianos uma língua estrangeira. O italiano é uma língua escrita e que não pode ser falada.'

A principal razão disso é que o toscano se formou, na Renascença, dentro do solene período latino, longo e artificial, à moda de Cícero. A vivacidade do Gênio italiano, que crepita nos dialetos, encontrava-se aprisionada. Januário Sarnelli daquela época, Gabriele D'Annunzio (1863-1938), Benedeto Croce (1866-1958) e tantos outros de nossa época, que somente podem escrever envoltos na toga romana, são por essa razão 'fastidiosos e muitas vezes insuportáveis.'

Afonso sem dúvida embocava essa trombeta solene em suas defesas da juventude no tribunal de Nápoles. Sem isso, teria parecido indigente aos olhos de seus pares e seria desastroso para seus clientes. Mas ele deixou esse estilo nos vestiários do Palácio de Justiça, falou napolitano nas Capelas da noite, e criou - é a palavra - criou um toscano escrito vivo e popular. Não um italiano vulgar e incorreto: em 1750, compôs para seus estudantes uma pequena gramática italiana em 9 capítulos: **Apontamentos para a língua toscana**. Bem ao contrário: um italiano tomado 'clássico' e que o povo compreende ainda hoje muito bem. É que Afonso, na língua de então em vias de elaboração, teve o faro de escolher as palavras mais simples, as formas mais agradáveis, as palavras e formas que ficam, em virtude mesmo das leis da evolução das línguas.

Mas quem é que vai ler, em meio a esse povo de analfabetos, o toscano que ele fala, que ele escreve para os 'abandonados' da cultura e não para escritores? Ora, ele é lido, já que as edições e traduções se multiplicam durante a sua vida.

Primeiro os padres, as religiosas, os religiosos - numerosos, muito numerosos - não são 'grandes cabeças'. Então eles lêem Ligório. Lêem-no em particular: lêem-no em comunidade; ou na igreja, nos exercícios da Vida devota de que participam de manhã e à tarde, lá onde a missão passou. O povo ouve então as Visitas, as Glórias de Maria, as Meditações sobre a Paixão. Ouve Ligório e gosta; e o introduz em seus serões." **[RM 683]**.

16. 1751, L'amore delle anime (339).

L'amore dell'anime, cioè Riflessioni ed Affetti sulla Passione di Gesù Cristo. Da meditarsi avanti al SS. Sacramento, che perciò i capitoli sono divisi con numeri acciocché ogni numero possa servire per un punto di meditazione. Operetta divota del P. D. Alfonso de Liguori, Rettor Maggiore della Congregazione del SS. Redentore. In Napoli 1751, presso Alessio Pellecchia. [Contiene]: *Orologio della Passione. Riflessioni. Gradi della Passione. Coronella delle Sante Piaghe di Gesù Crocifisso. Orazione per ottenere il suo santo amore. Canzoncine* (n. 2). *Massime eterne* (n. 1). *Quiete per l'anime scrupolose nell'ubbidire al lor Direttore* (n. 17).

(O amor das almas, ou seja, Reflexões e Afetos sobre a Paixão de Jesus Cristo. Para serem meditadas diante do Santíssimo Sacramento, motivo pelo qual os capítulos são divididos com números a fim de que cada número possa servir como um ponto de meditação. Pequena obra devota do Padre Afonso de Liguori, Reitor-Mor da Congregação do Santíssimo Redentor. Nápoles, 1751, editor Aleixo Pellechia. [Contém]: Relógio da Paixão. Reflexões. Degraus da Paixão. Pequena coroa das Santas Chagas de Jesus Crucificado. Oração para alcançar o seu santo amor. Cançõezinhas (n. 2). Máximas Eternas (n. 1). Conforto para as almas escrupulosas na obediência ao seu Diretor (n. 17)).

Ed. OA, V 7-131.

Est. BG, I 74-76; Tan, II c. 26; Tell, I 572, 768, II 833; RM, 421 [476].

* 16. Relógio da Paixão. PORTUGAL: 1885, Porto, tr. Pereira de Azevedo, 3ª. ed.

[LIGÓRIO, Afonso. Reflexões sobre a Paixão de Jesus Cristo, expostas às almas devotas. In: *A Paixão de Nosso Senhor Jesus Cristo*. Volume II. Petrópolis: Vozes, 1950. Tradução: Pe. José Lopes Ferreira, CSsR. p. 5-128 (Esta obra é um compêndio dos escritos de Santo Afonso de Ligório sobre a Paixão de Jesus Cristo. Os textos foram reunidos na *Opere Ascetiche di S. Alfonso Maria de Liguori*, Vol. V, Roma, 1934)].

[LIGÓRIO, Afonso. Pequena Coroa em honra das cinco chagas de Jesus Crucificado. (*Coronella delle Sante Piaghe di Gesù Crocifisso*). In: *As mais belas orações de Santo Afonso*. Tournai: Castermann, 1878. p. 512-513].

"Na introdução à primeira edição de suas Glórias de Maria, O Pe. Ligório anunciava uma segunda obra:

'Após este livro sobre a Esperança em Maria, espero dar-lhes outro sobre o Amor para com Jesus, seu Filho. Talvez ele lhes agrade tanto quanto o presente.'

Por felicidade possuímos o esboço, nas primeiras setenta páginas de um caderninho, de formato 10 x 7 cm, que substitui suas Coisas de consciência. O título do projeto: JESUS CRISTO deve ser a nossa ESPERANÇA e o nosso AMOR. Eis seu plano em três capítulos: I. O amor do Pai eterno ao dar-nos seu Filho. - II. A esperança que devemos ter em Jesus Cristo. - III. O amor que nos tem Jesus Cristo em sua encarnação; em seu nascimento; em sua paixão; no Santíssimo Sacramento.

Esses títulos são desenvolvidos em 239 textos, tirados em sua maior parte das Sagradas Escrituras. Os outros - 72 - são pensamentos dos Padres ou de outros autores espirituais de que nos dá quase sempre o nome sem outras referências: não são tanto citações como verdades que o impressionaram e que ele vai desfiando, como pérolas, misturadas com as palavras bíblicas. Nós aprendemos aí o segredo da composição literária de suas obras espirituais.

De suas inúmeras leituras - em que a Bíblia tem o primeiro lugar - ele tira esses 'rosários' de pensamentos, que volve e revolve cem vezes em suas meditações e em sua oração, e que ele prega com inesgotáveis variações e que ele resolve, por fim, cristalizar em um volume: *Amar a Jesus Cristo.*

Ora, o opúsculo de cerca de cem páginas que apareceu em 1751, editado por Pellechia, representa só um elemento do projeto: **Jesus, amor dos homens** (Reflexões e sentimentos sobre a Paixão de Jesus Cristo). Dezesseis capítulos, entrecortados de orações, que seguem o desenrolar da Paixão. O autor se explica, no final, num 'Aviso ao Leitor':

'Meu caro leitor, prometi-lhe em meu livro sobre as Glórias de Maria outro livro sobre o Amor a Jesus Cristo. Mas em seguida, por causa de minha enfermidade corporal, meu diretor, Paulo Cafaro, não me permitiu escrevê-lo. Apenas autorizou-me a publicar estas curtas reflexões sobre a Paixão. Aí condensei a flor do que eu tinha sobre o assunto. Guardo em minhas pastas o que se refere à [476] Encarnação e ao Nascimento do Senhor, com o desígnio de publicar um opúsculo para a novena do Natal, se para isso tiver licença." **[RM, 476]**.

17. 1751, Quiete per le anime scrupolose (161).

Quiete per l'anime scrupolose nell'ubbidire al lor Direttore.

(Conforto para as almas escrupulosas na obediência ao seu Diretor).

Ed. OT, I 499-503.

Est. BG, I 76; Tell, I 571.

18. 1751, Dissertatio de absolutione deneganda clerico habituato.

Dissertatio de absolutione deneganda clerico habituato in vitio turpi, cupienti statim initiari in sacris.

(Dissertação sobre a negação da absolvição ao clérigo habituado em vício torpe que deseja imediatamente receber as ordens sacras).

Ed. OM, III 48-59.

Est. BG, I 77; Tell, I 555-560.

***** 1751, Opere spirituali.**

Operette (opere) spirituali del R. P. D. Alfonso de Liguori, Rettor Maggiore della Congregazione del SS. Redentore. Decimasesta edizione, nuovamente riveduta e recorretta dall'Autore. Bassano, 1784, a spese Remondini di Venezia.

Parte Prima, che contiene: *La Visita al SS. Sacramento ed a Maria SS. per ciascun giorno del mese* [1748, n. 7], *Gli Atti d'Apparecchio e Ringraziamento per la S. Comunione* [1748, n. 7], *con altri Affetti divoti verso Gesù Sacramentato [= Aspirazioni amorose a Gesù Sacramentato,* 1748, n. 7; *Sospiri d'amore verso Dio,* 1748, n. 7]. Di più le *Massime Eterne* [1728 (?), n. 1], *[Gli atti da farsi ogni mattina,* 1758, n. 35]. *La quiete per gli scrupolosi* [1751, n. 17]. *Il modo di conversare familiarmente con Dio* [1754, n. 20]. *La protesta della morte* [1758, n. 35]. *Le preghiere a Maria per ciascun giorno della settimana* [1734 (?), n. 3]. *[Pratiche divote per suffragar giornalmente le anime del Purgatorio, per tutti i giorni della settimana,* 1775, n. 102]. *Le Canzoncine a Gesù e Maria* [1732 (?), n. 2]. Parte Seconda che contiene: *L'Amore dell'Anime, cioè Riflessioni ed Affetti sulla Passione di Gesù Cristo* [1751, n. 16], [e i seguenti opuscoli]: *Gradi della Passione* [cfr. n. 16]. *Coronella delle sante Piaghe di Gesù Crocefisso* [cfr. n. 16], *Orazioni da dirsi ogni giorno a Gesù Cristo per ottenere il suo santo amore* [cfr. n. 16]. *Uniformità alla volontà di Dio* [1755 (?), n. 22]. *Breve Trattato della necessità della preghiera* [1757, n. 32]. *Preghiera per ottenere la perseveranza finale, e la grazia di sempre pregare* [1759, n. 42], *Orazione per ottener le sante virtù. Regole per ben vivere* [1754 (?), n. 21]. *Atti da farsi nella giornata da ogni cristiano* [1758, n. 35]. *Modo pratico di fare l'orazione mentale* [1759, n. 29]. *Massime per la direzione di un'anima, che vuole amare perfettamente Gesù Cristo* [1754, n. 7]. *Applicazione della Messa. Esercizio divoto per impetrare i sette doni dello Spirito Santo.*

Divotissimi esercizi da praticarsi avanti la Confessione. Canzoncine spirituali [1732 (?), n. 2].

(Pequenas obras (obras) espirituais do Reverendo Pe. Afonso de Liguori, Reitor-mor da Congregação do Santíssimo Redentor. 17ª edição, novamente revista e corrigida pelo autor. Bassano, 1784, sob responsabilidade de Remondini de Veneza.

A primeira parte contém: *Visita ao Santíssimo Sacramento e a Maria Santíssima para cada dia do mês* [1748, n. 7], *Atos de preparação e de ação de graças para a Santíssima Comunhão* [1748, n. 7], *com outros afetos devotos a Jesus Sacramentado* [= *Aspirações amorosas a Jesus Sacramentado*, 1748, n. 7; *Suspiros de amor a Deus*, 1748, n. 7]. Ainda, *Máximas Eternas* [1728 (?), n. 1], [*Atos a serem feitos todas as manhãs*, 1758, n. 35]. *Consolo para os escrupulosos* [1751, n. 17]. *Maneira de conversar familiarmente com Deus* [1754, n. 20]. *Protestação para a morte* [1758, n. 35]. *Orações a Maria para cada dia da semana* [1734 (?), n. 3]. [*Práticas devotas para sufragar todos os dias as almas do Purgatório, para todos os dias da semana, 1775, n. 102*]. *Cançõezinhas a Jesus e Maria* [1732 (?), n. 2].

A segunda parte contém: *O Amor das almas, ou seja, Reflexões e afetos sobre a Paixão de Jesus Cristo* [1751, n. 16], [e os seguintes opúsculos]: *Degraus da Paixão* [cfr. n. 16]. *Pequena coroa das santas chagas de Jesus Crucificado* [cfr. n. 16], *Orações a serem recitadas todos os dias a Jesus Cristo para obter o seu santo amor* [cfr. n. 16]. *Uniformidade com a vontade de Deus* [1755 (?), n. 22]. *Breve tratado sobre a necessidade da oração* [1757, n. 32]. *Oração para alcançar a perseverança final e a graça de rezar sempre* [1759, n. 42], *Oração para alcançar as santas virtudes. Regras para bem viver* [1754 (?), n. 21]. *Atos a serem feitos durante o dia por todos os cristãos* [1758, n. 35]. *Maneira prática de fazer a oração mental* [1759, n. 29]. *Máximas para a direção de uma alma que deseja amar perfeitamente a Jesus Cristo* [1754, n. 7]. *Aplicação da Missa. Exercício devoto para alcançar os setes dons do Espírito Santo. Devotíssimos exercícios para serem praticados antes da Confissão. Cançõezinhas espirituais* [1732 (?), n. 2]).

AGHR, S. Alf. X 29.

Est. BG, I 188-191; O. Gregorio, *Restituzione del testo,* em: *Introduzione generale,* 20 ss.

[LIGÓRIO, Afonso. Práticas e resoluções de uma alma que quer amar perfeitamente a Jesus Cristo (*Massime per la direzione di un'anima, che vuole amare perfettamente Gesù Cristo*). In: *As mais belas orações de Santo Afonso.* Tournai: Castermann, 1878. p. 458-460].

19. 1752, Vita del P. G. M. Sarnelli..., e del Fr. Vito Curzio (35).

Compendio della Vita del Servo di Dio P. Gennaro Maria Sarnelli, Sacerdote Missionario della Congregazione del SS. Redentore e della Congregazione delle Apostoliche Missioni eretta nell'Arcivescovato di Napoli. Brevi Notizie della Vita di Fr. Vito Curzio, Fratello laico della Congregazione del SS. Redentore.

(Resumo da vida do Servo de Deus, Pe. Gennaro Maria Sarnelli, Sacerdote Missionário da Congregação do Santíssimo Redentor e da Congregação das Missões Apostólicas, eregida no Arcebispado de Nápoles. Breves Notícias sobre a Vida do Irmão Vito Curzio, Irmão leigo da Congregação do Santíssimo Redentor).

Ed. G. M. Sarnelli, *Il mondo santificato,* I, Napoli 1888, pp. 9-31, 31-42.

Est. BG, I 77-79; Tell, I 202, 362, 577.

[LIGÓRIO, Afonso. *Bem-aventurado Januário Maria Sarnelli (1702-1744).* Missionário das mais abandonadas. Goiânia: Gráfica e editora redentorista, 1996. Tradução: Pe. Marcos Piatek, CSsR].

[LIGÓRIO, Afonso. Vito Curzio, 1706-1745, o primeiro irmão redentorista. In: *Gerardus.* n. 3. Páscoa de 1995. Tradutor: Pe. Geraldo Rodrigues, CSsR].

[LIGÓRIO, Santo Afonso Maria de. *As quatro biografias escritas por Santo Afonso:* Vítor Curzio, Januário Sarnelli, Paulo Cáfaro, Teresa de Ligório. São Paulo: Amazon, 2023. Tradução: Claudiberto Fagundes].

***** 1753, Theologia Moralis, vol. I, 2ª ed. Cfr. n. 9.**

20. 1754, Modo di conversare continuamente con Dio (536).

Modo di conversare continuamente ed alla familiare con Dio. Ricavato da un'operetta francese ed accresciuto con altri santi pensieri, affetti e pratiche dell'autore.

(Maneira de conversar continuamente e de modo familiar com Deus. Retirada de uma pequena obra francesa e acrescida pelo autor com outros santos pensamentos, afetos e práticas).

Ed. OA, I 313-334.

Est. BG, I 79-80, III 207; Tell, I 222-223, 574-575, 797; RM, 285 [320-321], [+RM, 446-447 [504]].

Trata-se de escrito atribuído ao jesuíta Michel Boutauld, *Méthode de converser avec Dieu* (Paris, 1684). Outros acreditam que Afonso se refira ao escrito *Saint Exercice de la Présence de Dieu* (Paris, 1750) do, também jesuíta, Vaubert.

* 20. Maneira de conversar continuamente com Deus. BÉLGICA: 1906, Tournai, Casterman: *Mais bellas Orações de S. A.*

[LIGÓRIO, Afonso. In: *As mais belas orações de Santo Afonso.* Coordenadas pelo Pe. Saint-Omer, Redentorista e vertidas para o vernáculo por D. Joaquim Silvério de Sousa. Petrópolis: Vozes, 1906].

[LIGÓRIO, Afonso. *Como conversar com Deus.* Aparecida: Santuário, 1984. Tradutor: Pe. João Ribeiro de Carvalho, CSsR. 31p].

[LIGÓRIO, Afonso. Conversa com Deus. In: *De bem com Deus* – Vontade de Deus, Conversa com Deus, Amor de Deus. Aparecida: Santuário, 2001. p. 93-134. Tradução e adaptação: Pe. João Ribeiro de Carvalho, CSsR. Coleção Escritos de Santo Afonso, vol. 1].

[LIGÓRIO, Santo Afonso Maria de. Maneira de conversar contínua e familiarmente com Deus. In: *Obras Espirituais Selecionadas.* Aparecida: Santuário, 2021. Tradução: Flávio Cavalca de Castro].

"Scala, para Afonso e seus irmãos, é antes de tudo o tabernáculo da parte baixa e o 'grande Crucificado do oratório, tão dilacerado, que provocava as lágrimas de todos'. E também aquele balcão sobre o mar, ninho de águias entre o céu e a terra – e que rude e bela terra! Ele alimentou em Afonso a chama interior da contemplação e do amor. Onde, melhor do que em Scala, fez a experiência que transmitirá, vinte anos mais tarde, em sua **Maneira de conversar familiarmente com Deus**?

'Um mar tranquilo ou revolto pela tempestade lhe recordará a diferença que vai entre uma alma na graça de Deus e uma alma na sua desgraça...

Quando você contemplar campos, flores e frutas, que o alegram com sua vista e com seu odor, diga: 'Que criaturas tão belas, criadas por Deus para mim já aqui nesta terra. Não é necessário que eu o ame? Quantas outras delícias ele me reserva no paraíso!'

Um rio, um simples regato, cujas águas correm sem cessar para o mar sem que nada as detenha, lembrar-lhe-ão que sua alma deve sempre tender para Deus, seu único bem...

Você está ouvindo pássaros cantando? Minha alma, você dirá, escute [320] como essas criaturas louvam seu Criador: e você? Ponha-se, então, a louvá-lo com atos de amor...

Quando seu olhar se detiver sobre o mar, reflita na grandeza e imensidade de Deus...

Quando você contemplar o céu estrelado, exclame com S. André Avelino: Ó pés meus, vocês pisarão um dia aquelas estrelas." **[RM, 320-321]**.

"Simultaneamente, como contraponto de sua grande Teologia Moral, publica suculentos opúsculos para gente de cultura e bolsa minguadas. São pequenos tratados de moral com vistas à perfeição batismal.

Em 1754, a **Maneira de conversar com Deus**: 'Deus ama você? Ame-o... Ele está sempre perto de você... dentro de você... Pela manhã ele está perto de você para colher de seus lábios uma palavra de afeição ou de confiança, para receber... a oferenda de seu dia: atos de virtude e boas obras às quais você promete dedicar-se para agradar-lhe; sofrimento que você lhe declara pronto a suportar voluntariamente por sua glória e seu amor... Neste preciso momento, ele lhe dita seu doce preceito - 'Amarás o Senhor teu Deus de todo o teu coração'... No decorrer do dia, renove frequentemente a oferenda de você mesmo a Deus: Senhor, eis-me aqui: faça de mim o que bem lhe parecer; dê-me a conhecer a sua vontade, porque quero cumpri-la inteiramente." **[+RM, 504]**.

21. 1754, Regole per ben vivere (486).

Regole per ben vivere (= Regolamento di vita di un cristiano in compendio).

(Regras para bem viver =Regulamento de vida de um cristão em compêndio).

Ed. OT, I 887-904.

Est. BG, I 80; Tell, I 600, II 366; RM, 447 [504].

** *Meditações sobre as máximas eternas e paixão de Jesus Christo para todos os dias da semana do Beato Affonso M. de Liguori, acompanhadas de preparação para a confissão e communhão, regras para bem viver e diversos outros actos úteis a todo o christão, Traduzidas do Italiano pelo Cônego Manuel da Silva Serzedo e reimpressas por Joaquim Salvador Fernandes.* Nova Goa, Na Imprensa Nacional, 1860, in-8°, 90 p.

[LIGÓRIO, Afonso. Regulamento de vida. In: *As mais belas orações de Santo Afonso*. Tournai: Castermann, 1878. p. 456-458].

"Do mesmo ano, as **Regras para bem viver** (1754), desenvolvidas em seguida no **Regulamento de vida** (1759). Elas levam o fiel a avançar através das tentações, dos sacramentos, da vida de prece, até às virtudes da humildade, da mortificação, da caridade fraterna, da paciência, da adesão à vontade de Deus, porque 'toda a santidade está em amar a Deus, e amar a Deus é fazer a sua vontade'". **[RM, 504]**.

22. 1755, Uniformità alla volontà di Dio (384).

(Uniformidade com a vontade de Deus).

Ed. OA, I 282-312.

Est. BG, I 80-81, III 207; Tan, III, c. 52; Tell, I 575-576. [+RM, 447 [504-505]].

[LIGÓRIO, Afonso. Vontade de Deus. In: *De bem com Deus* - Vontade de Deus, Conversa com Deus, Amor de Deus. Aparecida: Santuário, 2001. Tradução e adaptação: José Dutra. Coleção Escritos de Santo Afonso, vol. 1. p. 35-92].

[LIGÓRIO, Afonso. *Tratado da conformidade com a vontade de Deus.* Niterói: Salesiana, 1913. 48 p. Tradutor: Thomaz Hurst].

[LIGÓRIO, Afonso. *Tratado da conformidade com a vontade de Deus.* Itapevi: NEBLI, 2017].

[LIGÓRIO, Santo Afonso Maria de. Conformidade à vontade de Deus. In: *Obras Espirituais Selecionadas.* Aparecida: Santuário, 2021. Tradução: Flávio Cavalca de Castro].

"'Essa **Uniformidade de vontade com Deus** (1755) é explicada em trinta páginas de uma brochura de ouro, inspirada nos jesuítas Rodrigues e Saint-Jure. O ápice da moral cristã é o 'tudo para Deus'. 'Porque quem dá a Deus sua vontade, dá-lhe tudo. Que lhe seja dado um bem próprio através de esmola, seu sangue pela flagelação e pelos jejuns seu alimento, é-lhe cedido com isso aquilo que se tem; mas ceder-lhe sua [504] vontade, é dar-lhe tudo. Tem-se, desde então, o direito de dizer a Deus: Senhor, eu sou pobre, mas dou-lhe tudo o que posso: minha vontade é sua, nada mais tenho a oferecer.'

Cada um desses três opúsculos conheceu mais de 500 edições. Eles prepararam aquela obra-prima de moral popular da santidade que será *A arte de amar a Jesus Cristo* (1768)." **[+RM, 504-505]**.

***** 1755, Theologia Moralis, vol. II, 2ª ed. Cfr. nn. 9 e 23.**

23. 1755, Pratica del confessore (= Praxis confessarii, 1757) (105).

Pratica del confessore per ben esercitare il suo ministero.

(Prática do confessor para bem exercitar o seu ministério).

Napoli, De Simone, 1755. Cfr. T. II de la *Theologia Moralis* (2ª ed.), n. 9.

Ed. G. Pistoni, S. Alfonso M. de Liguori, *Pratica del confessore per ben esercitare il suo ministero.* Edizione critico-pratica, Modena 1948. Nuova edizione, Frigento 1987; OM, IV 521-647 (= *Praxis confessarii*, 1757).

Est. BG, I 81-84; Tan, II c. 43; Tell, I 565-568, 650-652, 703-704, II 515-516. Cfr. n. 9.

[LIGÓRIO, Afonso. *Prática dos Confessores*. Rio de Janeiro: Centro Dom Bosco, 2019. Tradução da versão latina].

24. 1755, Dissertatio pro usu moderato opinionis probabilis.

Dissertatio scolastico-moralis pro usu moderato opinionis probabilis in concursu probabilioris, Neapoli, Ex Tipographia Benedicti Gessari, 1755, in 12, pp. 144.

(Dissertação escolástico-moral em favor do uso moderado da opinião provável em presença da opinião mais provável).

AGHR, S. Alf. X 9.

Ed. OMM, 28, pp. 81-258; *Dissertationes quattuor,* Torino, Marietti, 1829.

Est. BG, I 84-85; Tell, I 649-651, II 986; D. Capone, *Dissertazioni e note di S. Alfonso sulla probabilità e la coscienza (1748-1763)*, em: *SM*, 1 (1963) 265-343; M. Vidal, *Frente al rigorismo moral*, 15, 39-40.

25. 1756 (?), Avvertimenti ai confessori novelli.

(Advertências aos confessores novos).

Ed. OT, IX 868-871. Cfr. AGHR, S. Alf. X 34.

Est. BG, I 85.

26. 1756, Breve dissertazione contro gli errori dei moderni increduli (19).

Breve dissertazione contro gli errori de' moderni increduli oggidì nominati materialisti e deisti. Napoli, Gessari, 1756, in 12, pp. 144.

(Breve dissertação contra os erros dos incrédulos modernos, hoje em dia chamados de materialistas e deístas).

Ed. OD, I 1-38; OED, I 389-471.

Est. BG, I 86; Tan, II c. 42; Tell, I 632-633: RM, 542 [616-617].

"Na sociedade cristã do século XVIII, onde a fé era, em princípio, unânime, a controvérsia (viva contra os protestantes) parecia inútil contra os incrédulos. Qual é o [616] seminário, nos anos de 1750, que estudava e criticava autores recentes ou contemporâneos como Spinoza, Hobbes, Locke, Leibniz, Berkeley, Wolff, Rousseau, Voltaire e Montesquieu? Havia um, o seminário dos jovens redentoristas de Pagani, para quem Afonso condensara sobre esses filósofos exposições precisas, respostas claras e curtas, demonstrações vigorosas. Para não as ditarem em aula e para a formação permanente do clero, publicara pela editora Pellechia de Nápoles, em 1756, a **Breve dissertação contra os erros dos materialistas e deístas de hoje**. Obra contrabalançada por um opúsculo positivo sobre *A verdade da fé evidenciada pelos sinais de credibilidade* (1762). É um pequeno tratado sobre 'A verdadeira religião': santa na doutrina, ela conquistou o mundo; estável em seus dogmas, anunciado pelos profetas, foi confirmada por milagres e pelo testemunho dos mártires." **[RM, 616-617]**.

27. 1756, Risposta ad un anonimo (140).

Risposta ad un'anonimo che ha censurato il libro del P. D. Alfonso de' Liguori della B. Vergine (nel Cap. V. al § I. della Prima Parte); ed insieme l'Opera morale del medesimo.

(Resposta a um anônimo que censurou o livro do Pe. Afonso de Liguori sobre a Bem-Aventurada Virgem (no cap. V, parágrafo I, da Primeira Parte) e também a obra moral do mesmo autor).

AGHR, S. Alf. X 16.

Ed. OMM, 30, pp. 73-93; *Cinque apologie,* Torino, Marietti, 1830.

Est. BG, I 87; Tan, II c. 41; Tell, I 551-552; [+RM, 383 [432]]; D. Capone, *Dissertazioni e note di S. Alfonso sulla probabilità e la coscienza (1748-1763),* em: *SM,* 1 (1963) 265-343.

"(...) Afonso em pessoa, no intervalo de suas missões, explica aos mais novos as *Instituições Filosóficas* de Pourchot e constrói, enquanto leciona aos mais velhos, a obra maior da Igreja do século XVIII.

Suas metas são bem humildes. Em 1756 responderá a um **censor anônimo**:

'Certamente que não mandei imprimir minha *Moral* para conseguir fama e atrair louvores. Teria sido um insensato, se, após ter deixado o mundo e me retirado para chorar meus pecados em uma congregação, fosse malbaratar em seguida tantos anos de fadiga (porque esta obra custou-me dez anos de um trabalho excessivo e extremamente tedioso) ... Não tive outro fim do que dar glória a Deus e ajudar os moços de nosso Instituto cuja missão é evangelizar, durante nove meses por ano, o povo abandonado do campo. A ciência mais necessária para missionários que passam seu tempo confessando é a ciência da moral. Escrevi essa obra para dar-lhes resumidamente as noções mais importantes... De resto não sei de outros livros de moral que tivesse podido colocar nas mãos desses jovens: esses manuais, com efeito, ou são demasiadamente breves ou volumosos em demasia, muito rígidos ou muito benignos." **[+RM, 432]**.

28. 1757, Regolamento per li Seminari (18).

(Regulamento para os seminários).

Ed. OT, III 878-886; SH. 27 (1979) 34-51.

Est. BG, I 88; Tan, II c. 44, III c. 11; Tell, I 610-611, II 72-73, 74-77; RM, 374 [422-423]; cfr. n. 6.

"Doze anos mais tarde (1756), publicará um **Regulamento para os seminários**, 'Presentearei com ele todos os bispos, e espero que o leiam, porque é curto', escreverá a seu amigo, cônego Fontana, superior do seminário 'urbano' de Nápoles. Esse [422] **Regulamento** de 43 pequenas páginas chocar-nos-ia atualmente por causa de seu fechamento quanto ao mundo exterior, por certa fixação sobre a 'modéstia' e por certo abuso da vigilância e da correção, embora esta seja 'afonsiana', isto é, oportuna, secreta e cheia de amor. Mas é espantosamente prático; ele permite ótimo controle sobre a seleção dos candidatos, sobre os estudos e sobre a piedade; e, sobretudo, realiza uma revolução copernicana: contra cinco páginas, pelo fim, sobre as obrigações dos seminaristas, terá antes dezessete sobre os deveres do bispo, dez sobre os do reitor, oito sobre os do prefeito. Quando um aluno vai mal, pode ser sua falta; quando um seminário vai mal, é preciso incriminar o quadro de educadores. O crescimento bem-sucedido de um homem, de um padre, de uma flor, é problema de clima e de terreno. Donde, para Afonso a responsabilidade... dos responsáveis.'

Daí não se mostrar muito seguro da salvação eterna dos primeiros responsáveis, que são os bispos. E cita a palavra do dominicano Antônio Ghislieri, ao tomar-se papa (Pio V), quando lhe perguntaram:

'- Por que estais tão pálido e trêmulo?

- Como religioso, eu tinha grande esperança de salvar-me; nomeado bispo, comecei a duvidar um pouco; agora que me vejo papa, quase que me desespero! ...'

Muitos prelados agradeceram. Nem todos se apavoraram. O autor conservou-nos a carta de Dom Fabrício Salemo, bispo de Molfetta, que lhe escreveu:

'A grande bondade, que você tem, sempre andará unida à benevolente compaixão, porque após vinte anos de missões, sua experiência dos bispos e dos fiéis lhe terá ensinado também que à medida que a teoria é fácil, a prática é árdua.'

Era um modo gentil de dizer: 'Gostaríamos de vê-lo no nosso lugar!' E nós o veremos exatamente lá. E leremos, então, com ele no campo da prática, suas *Reflexões úteis para os bispos.*" **[RM 422-423]**.

***** 1757, Theologia Moralis, 3ª ed. Cfr. n. 9.**

***** 1757, Praxis confessarii (= Pratica del confessore, n. 23).**

PRAXIS | CONFESSARII | AD BENE EXCIPIENDAS CONFESSIONES | AD INSTRUCTIONEM TYRONUM CONFESSARIORUM | AUCTORE R. P. | D. ALPHONSO DE LIGORIO | RECTORE MAJORE CONGREGATIONIS | SS. REDEMPTORIS; | Opus Parochis, Confessariis, caeterisque ecclesiasti- | cis Viris apprime utile. | VENETIIS, | MDCCLVII. | EX TYPOGRAPHIA REMONDINIANA. | SUPERIORUM PERMISSU AC PRIVIL.

(Prática do confessor para bem atender as confissões. Para intrução dos confessores jovens, de autoria do Reverendo Padre Afonso de

Ligório, Reitor-Mor da Congregação do Santíssimo Redentor; obra especialmente útil aos párocos, confessores e demais eclesiásticos. Veneza, 1757. Tiprografia de Remondini. Com permissão dos superiores e privilégio).

Cfr. *Theologia Moralis*, T. III, 3ª ed. (1757), 4ª ed. (1760), 5ª ed. (1763), 6ª ed. (1767), 7ª ed. (1772-1773), 8ª ed. (1779), 9ª ed. (1785).

Cfr. AGHR, S. Alf. X 23.

Ed. OM, IV 521-647. Cfr. nn. 9 e 23.

Est. BG, I 81-84. Cfr. n. 23.

29. 1757, Istruzione e pratica per li confessori (= Trad. latina: Homo Apostolicus, 1759) (118).

Istruzione e pratica per (un) li confessori. Opera del [...]. Colle Avvertenze delle Dottrine più notabili sopra tutti i Trattati della Teologia Morale, ricavate e ristrette dall'Opera grande dello stesso Autore. In fine si aggiungono quattro Appendici: *I. Della Guida delle anime spirituali. II. Dell'assistenza a' moribondi. III. Dell'Esame degli Ordinandi. IV. Degli Avvertimenti più importanti a' Confessori e Parochi colla pratica dell'Orazione mentale.*

Tomo Primo, in cui si contengono *le Avvertenze intorno a' Trattati della Coscienza, delle Leggi, degli Atti umani e de' Peccati, ed intorno a' Precetti del Decalogo, e della Chiesa, e degli Stati particolari, cioè Religioso, Ecclesiastico, e Laicale.* Tomo Secondo, in cui si contengono *le Avvertenze intorno a' Sagramenti, ed alle Censure, ed Irregolarità.* Tomo Terzo, in cui si contiene *la notizia di tutti i Privilegi e Facoltà che hanno gli Ecclesiastici, e specialmente i Vescovi, ed i Regolari; e la Pratica come debba portarsi il Confessore co' Peccatori, e co' diversi generi di Persone.* In fine si aggiungono quattro Appendici [...].

(Instrução e Prática para (um) os confessores. Obra do [...]. Com a advertência para as Doutrinas mais notáveis sobre todos os Tratados da Teologia Moral, retiradas e resumidas da Obra Grande do mesmo autor. No final são acrescentados quatro Apêndices: 1. Sobre a direção das almas espirituais. 2. Sobre a assistência aos moribundos. 3. Sobre o exame dos ordenandos. 4. Sobre as advertências mais importantes para os Confessores e Párocos, e ainda a prática da Oração Mental.

O primeiro tomo contém: Advertências referentes aos Tratados sobre a Consciência, Sobre as Leis, Sobre os Atos Humanos e Sobre os Pecados, Sobre os Dez Mandamentos, Mandamentos da Igreja e dos Estados Particulares, ou seja, Religioso, Eclesiástico e Leigo. O segundo tomo contém: Advertências sobre os Sacramentos, Censuras e Irregularidade. O terceiro tomo contém: Informação sobre todos os Privilégios e Faculdades que os Eclesiásticos possuem e, especialmente, os Bispos e os Religiosos; e a Prática de como deve se comportar o Confessor com os Pecadores e com os diferentes gêneros de Pessoas. No final, são acrescentados quatro Apêndices...).

AGHR, S. Alf. X 5-7.

Ed. OT, IX 5-640.

Est. BG, I 89-92; Tan. IV c. 16; Tell, I 645, 652-654, II 216-217, 924, 929: RM, 446 [503], 506 [573], 513 [583], 598 [681], 625 [714].

R. Theberge, *Liguori et la formation morale de la conscience* (Quebec, 1987).

"Sucesso imprevisto: a Teologia Moral se espalha imediatamente por toda a Europa. Torna-se também necessário, desde a terceira edição (1757), traduzir para o latim sua Pastoral (*Prática do Confessor*), que passa a chamar-se *Praxis confessarii.* A obra monumental, retocada continuamente, conhecerá 9 edições em vida do autor e 73 após sua morte. Pensando sempre nos mais pobres - especialmente nos vigários que haviam perdido o seu latim - redige para eles um resumo em italiano, **Instrução e Prática para Confessores** (1757): três pequenos volumes que são reclamados também fora da Itália. Com Ferrara e Caione, ele os traduz em latim com o título de *Homo Apostolicus*. É esta sem dúvida a obra mais perfeita, mais pessoal do moralista. Totalizará 118 edições." **[RM, 503]**.

"'Tenho necessidade de bons confessores...' Ora os cursos de moral eram desconhecidos no seminário. Introduziu-se nele o seu 'manual' (resumo da sua grande *Moral*), a **Instrução e prática dos Confessores**, mas em sua tradução latina - *Homo Apostolicus* - pois queria também formar latinistas." **[RM, 573]**.

"Escrevera em suas Reflexões: 'Que o bispo compreenda bem: a Igreja não o provê de bens para usá-los conforme seus caprichos, mas para socorrer os pobres' e em sua **Instrução e prática**: 'Em caso de extrema necessidade, os bens pertencem a todos... então os pobres têm o direito de tomá-los aos ricos.'" **[RM, 583]**.

"Essa grande *Moral* latina de Afonso de Ligório, e seu resumo, o **Homo Apostolicus**, tornaram-se conhecidos, já em vida do autor, não somente nos Estados da Itália, mas na Espanha e Portugal - onde foram até condenados: na Alemanha, na França e na Bélgica; na Áustria, na Polônia, na Sérvia e na Boêmia; nas duas Américas, nas Índias e até na China." **[RM, 681]**.

"(...) Além disso, a experiência pessoal das almas tinha-no feito muito desconfiado quanto às doenças espirituais e mentais que são tomadas como união passiva com Deus. Finalmente, a Igreja, que condenara seus 'amigos' Fénelon e Petrucci, só podia incitá-lo ao silêncio. Mas, além dos capítulos didáticos de suas obras pastorais - **Prática do Confessor, Homem Apostólico** - onde afloram sua experiência interior, é preciso ler seus longos poemas em que a mística se lhe escapa, penetra na 'floresta solitária e escura' das rupturas últimas para o encontro intuitivo do Amor." **[RM, 714]**.

30. 1757, Il Sacerdote provveduto per l'assistenza ai moribondi (26).

Il Sacerdote provveduto per l'assistenza a' moribondi, o sia la Pratica d'aiutare a ben morire, del Padre Alfonso de' Liguori, Rettor Maggiore della Congregazione del SS. Redentore. In Venezia 1760, nella Stamperia Remondini.

(O Sacerdote preparado para a assistência aos moribundos, ou seja, Prática para ajudar a bem morrer, do Padre Afonso de Liguori, Reitor-Mor da Congregação do Santíssimo Redentor. Em Veneza, 1760, na Editora Remondini).

AGHR, S. Alf. X 31.

Ed. OT, IX 843-857.

Est. BG, I 92; Tell, I 653; [+RM, 566 [644]]; Cfr. n. 29.

"Parece desvanecerem todas as esperanças de conservá-lo. A 26 de agosto prepara-se para os últimos sacramentos através de atos de amor e de confiança que previamente escrevera e que entrega aos circunstantes para que lhas sugerissem durante a agonia. São provavelmente os **Sentimentos a sugerir aos moribundos** que reunira nas páginas 107 e 108 de seu segundo vade-mécum de bolso. Lê-se ali este grito de impaciência: 'Que eu morra, Senhor, para enfim te ver!' e esta última linha que já é o encontro: 'Maria, nossa vida, nossa doçura e nossa esperança, bom-dia.'" **[+RM, 644]**.

31. 1757, Examen Ordinandorum.

Examen Ordinandorum, ab eodem Auctore breviter concinnatum ex eadem sua Theologia Morali res scitu magis necessarias continens.

(Exame dos ordenandos, resumido pelo mesmo autor a partir de sua Teologia Moral, contendo as coisas mais necessárias de se saber).

AGHR, S. Alf. X 7.

Ed. OM, IV 649-698.

Est. BG, I 93; Tell, I 652-653.

32. 1757, Breve trattato sulla necessità della preghiera (100).

Breve trattato della necessità della preghiera, della sua efficacia e delle condizioni con cui deve esser fatta.

(Breve tratado sobre a necessidade da oração, sua eficácia e as condições com que deve ser feita).

AGHR, S. Alf. X 29.

Ed. OA, II 181-196.

Est. BG, I 93-94, III 207; Tell, I 655-656; J. F. Colón, *La oración de petición en la doctrina de S. Alfonso M. de Ligorio.* Estudio histórico-teológico, Roma 1986.

33. 1757, Avvertenza circa la maledizione dei morti.

Avvertenza o sia aggiunta circa la maledizione de' morti.

(Advertência ou elementos a respeito da maldição dos mortos).

Ed. Istruzione e pratica (cfr. n. 29), I, Avvertenza.

Est. BG, I 94. Cfr. nn. 8, 10, 34.

34. 1758, Lettera di risposta... sopra l'abuso di maledire i morti.

Lettera di risposta contro la Lettera apologetica in difesa della Dissertazione sopra l'abuso di maledire i morti.

(Carta de resposta contra a Carta apologética em defesa da Dissertação sobre o abuso de amaldiçoar os mortos).

Ed. OT, IX 93-113; OM, I 447-459.

Est. BG, I 95; Tell, I 645-646. Cfr. nn. 8, 10, 33.

35. 1758, Apparecchio alla morte (308).

Apparecchio alla morte, cioè Considerazioni sulle Massime Eterne. Utile a tutti per meditare, ed a' Sacerdoti per predicare. Opera del [...]. In fine vi sono aggiunti nove Discorsi per predicare in occasione di Flagelli [cfr.

n. 36, e anche]: *Atti da farsi ogni giorno; Protesta per ben morire; Regolamento di vita d'un Cristiano* [cfr. n. 21]. Terza edizione corretta ed accresciuta dall'Autore. In Napoli 1762. Nella Stamperia di Giuseppe di Domenico ed a spese di Michele Stasi.

(Preparação para a morte, ou seja, Considerações sobre as Máximas Eternas. Útil a todos para meditar, e aos sacerdotes, para pregar. Obra do (...). No final foram acrescentados nove Discursos para pregar em ocasião de catástrofes (cfr. n. 36, e também): Atos para serem feitos todos os dias; Protestação para bem morrer; Regulamento de vida de um Cristão (cfr. n. 21). Terceira edição, corrigida e acrescentada pelo Autor. Em Nápoles, 1762. Na Editora de Giuseppe di Domenico e às custas de Michele Stasi).

AGHR, S. Alf. X 19.

Ed. OA, IX 1-376.

Est. BG, I 96-97, III 207; Tan, II c. 46; Tell, I 665-667; RM, 466-467 [526-527].

* 35. Preparação para a morte. PORTUGAL: s. d. Lisbonne, 2ª. ed. | BRASIL: 1890, S. Paulo, tip. Salesiana. 1929, Paris-Rio de Janeiro, Garnier: *Sermones Abbreviados.*

* 36. Discursos para os tempos de calamidade pública. PORTUGAL: 1907, Vizeu, tr. Ferreira de Almeida: *Sermones abbreviados.*

[LIGÓRIO, Afonso. *Preparação para a morte*: ou, considerações sobre as verdades eternas por Santo Afonso Maria de Ligório. Petrópolis: Vozes, 1938. Trad.: Celso de Alencar].

[LIGÓRIO, Afonso. *Preparação para a morte*: ou, considerações sobre as verdades eternas. Itapevi: Nebli, 2017]. - Nova edição da tradução de 1938.

[LIGÓRIO, Afonso. *Tempo e Eternidade: vida, morte, futuro*. Orações e pensamentos para a jornada final. Aparecida: Santuário, 2002. Tradução da adaptação inglesa: Celso de Alencar. Revista e confrontada com e edição crítica por Pe. Flávio Cavalca de Castro, CSsR. Coleção Escritos de Santo Afonso, vol. 3. 144 p].

[LIGÓRIO, Afonso. *Sermões de esperança para tempos de calamidade.* São Paulo: Art Book, 2006. 94 p. (publicado originalmente como apêndice ao livro *Preparação para a Morte*)].

[*Avisos da Providência*, por S. Afonso Liguori, 1 vol. in-8].

[LIGÓRIO, Afonso. Protestação para a boa morte. In: *As mais belas orações de Santo Afonso*. Tournai: Castermann, 1878. p. 436-438].

[LIGÓRIO, Santo Afonso Maria de. Preparação para a morte. In: *Obras Espirituais Selecionadas*. Aparecida: Santuário, 2021. Tradução: Celso de Alencar. Versão reduzida e condensada].

"Sua **Preparação para a Morte** (1758) não é o 'livro do medo', como é encarado por aqueles que não o leram. Contém, é verdade, uma meditação macabra, uma só em trinta e seis: a primeira. Ao contrário, a brevidade da vida, a morte, o preço do tempo, o [526] pecado, o julgamento, o inferno são realidades que os homens sérios gostam de lembrar e que infelizmente já não são pregadas. Finalmente, a morte do justo, a misericórdia de Deus, o estado de graça, o céu, a oração, a confiança em Nossa Senhora, o amor de Deus, a conformidade com a vontade de Deus, a Eucaristia são também meditações dessa 'missão escrita'. Aí só falta a Paixão de Cristo. A razão disso é que Afonso prepara ativamente suas *Considerações e sentimentos sobre a Paixão* que publica em 1761. Gostava de dizer:

'Nas missões, os sermões do julgamento, do inferno, etc, são bons para incutir medo e abalar; mas as conversões que vêm do medo duram pouco; são esquecidas, dá-se de ombros e tudo está terminado... Mas conversão que provém do amor a Jesus Cristo é mais forte e mais duradoura. O que não faz o amor, o medo não o fará; e quando alguém se afeiçoa a Cristo crucificado não tem mais medo.'

Tannoia assevera que o aparecimento da **Preparação para a Morte** foi de fato, para o reino de Nápoles, como que uma missão geral. As pesquisas atuais manifestam que a partir dos anos do decênio de 1760, os livros do Pe. Ligório estão em todas as bibliotecas dos padres do *Mezzogiorno* e que a **Preparação** quase nunca falta. Entretanto, é mais interessante interrogar os antigos: o povo é o primeiro arquivo. Ora os antigos dizem-me que a **Preparação para a Morte** se encontrava também em quase todas as famílias, mas não só: com as *Visitas ao Santíssimo Sacramento*, com as *Glórias de Maria* e com *A prática do amor a Jesus Cristo*. Logo, a **Preparação**, 'o livro das verdades eternas', terríveis e maravilhosas - livro indispensável; mas com ele, os da prece ardente (*Visitas*), da confiança total (*Glórias*) e da moral do amor (*A prática do amor a Jesus Cristo*). É o conjunto desses quatro livros que constitui o 'cardápio' de quase todas as famílias cristãs. E, no concurso, a **Preparação para a Morte** não era 'medalha de ouro': citam-se 253 edições das *Visitas ao Santíssimo Sacramento*, 167 da *Prática*, 139 da **Preparação** e 125 das *Glórias de Maria*. Quanto às edições mundiais em tantas e tantas línguas, a **Preparação** tem de longe o último lugar: as *Visitas*, 2.017 edições; as *Glórias*, mais de mil; a *Prática*, 535; e a **Preparação**, 319. Se acontece que redentoristas fazem de seu fundador um 'terrorista', isso só se pode dar por traição.

A **Preparação para a Morte** era destinada aos fiéis e aos padres. A estes últimos, para suas meditações e para a pregação." **[RM, 526-527]**.

36. 1758. Nove discorsi da farsi [nel] tempo di Flagelli (101).

(Nove Discursos para serem pregados em tempo de catástrofes).

Ed. OT, III 618-666. Cfr. AGHR, S. Alf. X 19.

Est. BG, I 97-98; Tell, I 666-668.

[LIGÓRIO, Afonso. *Sermões de esperança para tempos de calamidade*. São Paulo: Art Book, 2006. 94 p.].

37. 1758, Novena del Santo Natale (130).

Novena del Santo Natale. Colle Meditazioni per tutti i giorni dell'Avvento, sino all'Ottava dell'Epifania. Opera del [...]. Si aggiungono in fine: I. La Novena al SS. Cuore di Gesù. II. Il Settenario in onore di S. Giuseppe. III. L'Apparecchio e Ringraziamento alla Messa per i Sacerdoti. In Napoli 1773.

(Novena do Santo Natal. Com Meditações para todos os dias do Advento, até a Oitava da Epifania. Obra do (...). Acrescentados ao final: 1. A Novena ao Sagrado Coração de Jesus. 2. O Setenário em honra de São José. 3. Preparação e Ação de Graças na Missa para os Sacerdotes. Em Nápoles, 1773).

AGHR, S. Alf. X 38.

Ed. OA, IV 9-251.

Est. BG, I 99, III 207; Tell, I 668-670; RM, 156-157 [171], 422 [476-477], 484 [549].

* 37. Discursos para a Novena do SSmo Natal e do SSmo Nome de Jesus. PORTUGAL: 1907, Vizeu, tr. Ferreira de Almeida: *Sermones abbreviados.*

[LIGÓRIO, Afonso. As sete dores e os sete gozos de S. José. In: *Manual do Devoto de Nossa Senhora do Perpétuo Socorro por um redentorista.* Einsiedein: Benzinger, 1899 Tradução da edição castelhana pelo Dr. P. José Rodrigues Cosgaya. – A tradução atribui a obra ao Ven. Pe. Sarnelli, CSsR.].

[LIGÓRIO, Afonso. Meditações para os dias da Novena de Natal. In: *Encarnação, nascimento e infância de Jesus Cristo.* Campinas: Livre, 2016. Tradutor: Pe. Oscar Chagas Azeredo, CSsR. p. 103-115].

[LIGÓRIO, Afonso. Meditações para a oitava de Natal e os dias seguintes até a Epifania. In: *Encarnação, nascimento e infância de Jesus Cristo.* Campinas: Livre, 2016. Tradutor: Pe. Oscar Chagas Azeredo, CSsR. p. 116-131].

[LIGÓRIO, Santo Afonso Maria de. Novena do Santo Natal. In: *Obras Espirituais Selecionadas.* Aparecida: Santuário, 2021. Tradução: Pe. Oscar das Chagas Azeredo].

"Todas as igrejas da capital passam a ouvir o célebre advogado de ontem. A primeira a ouvi-lo é a paróquia de São João da Porta. E é na adoração das Quarenta Horas, sua velha paixão. Ele comenta esta apóstrofe de Isaías (63,19):

'Ah! se rasgasses os céus e descesses... como fogo que inflama os gravetos, como fogo que faz ferver a água!'

Perante a encarnação de um Deus e sua presença eucarística, esse tema lhe virá mil vezes aos lábios. Cremos ouvi-lo ainda ao lermos o primeiro discurso de sua **Novena de Natal** (1758):

'Antes da vinda do Filho de Deus à terra, subia este grito do profeta: Se tu te dignasses, meu Deus! Se tu te dignasses deixar os céus e descer para o meio de nós! Fazer-te homem entre os homens!... De que chamas abrasarias todos os corações dos homens! Os mais congelados seriam consumidos por teu amor. E de fato, após a encarnação do Filho de Deus, e que estupendo amor divino vimos incendiar numerosas almas generosas! Desde que Jesus Cristo passou a habitar conosco, Deus foi amado em um século - sem dúvida - mais do que na totalidade dos tempos que precederam a sua vinda. Quantos jovens, nobres personalidades e até monarcas desprezaram riquezas, honras e diademas e se retiraram para um deserto ou para um convento, vivendo ali pobres e desprezados para amar mais a este Salvador feito homem! Quantos mártires marcharam, alegres e sorridentes, ao encontro dos tormentos e da morte; quantas virgens recusaram a mão dos grandes, a fim de morrerem por Jesus Cristo e retribuírem assim amor a um Deus feito homem e morto por amá-los!

É verdade, sim ou não? Entretanto - e isto é digno de lágrimas - todos os homens se deixaram comover? Todos se empenharam em corresponder a tanto amor?'" **[RM, 171]**.

"Ora, o opúsculo de cerca de cem páginas que apareceu em 1751, editado por Pellechia, representa só um elemento do projeto: Jesus, amor dos homens (*Reflexões e sentimentos sobre a Paixão de Jesus Cristo*). Dezesseis capítulos, entrecortados de orações, que seguem o desenrolar da Paixão. O autor se explica, no final, num 'Aviso ao Leitor':

'Meu caro leitor, prometi-lhe em meu livro sobre as *Glórias de Maria* outro livro sobre o *Amor a Jesus Cristo*. Mas em seguida, por causa de minha enfermidade corporal, meu diretor, Paulo Cafaro, não me permitiu escrevê-lo. Apenas autorizou-me a publicar estas curtas *reflexões sobre a Paixão*. Aí condensei a flor do que eu tinha sobre o assunto. Guardo em minhas pastas o que se refere à [476] Encarnação e ao Nascimento do Senhor, com o desígnio de publicar um opúsculo para a **Novena do Natal**, se para isso tiver licença.'

A **Novena de Natal**, um in-12 de 570 páginas, aparecerá em 1758: dez discursos acompanhados de meditações para todos os dias, desde o Advento até a oitava da Epifania. Afonso gastará bastante tempo para aí desenvolver todo o seu pensamento e derramar todo o seu coração. Mas começa, em 1751, pela *Paixão de Jesus Cristo*, ainda que tenha de limitar-se, de momento, a um opúsculo - voltará ao assunto em outras nove publicações! - porque

'... o apóstolo são Paulo não queria saber de outra coisa do que de Jesus Cristo, e de Jesus Cristo crucificado' (1 Cor 2,2). E, em verdade, que livro pode ensinar-nos melhor a ciência de amar a Deus do que Jesus crucificado? O grande servidor de Deus, irmão Bernardo de Corlione, capuchinho, não sabia ler. Seus confrades queriam alfabetizá-lo. Ele foi consultar seu crucifixo. 'Livros! respondeu-lhe o Senhor na cruz, leituras! Não sou eu o seu livro, onde você pode ler sempre o amor que lhe tenho?' Oh! o grande tema a ser meditado durante a vida inteira e por toda a eternidade: um Deus morto por nosso amor! um Deus morto por nosso amor! ó grande tema!'

Logo, antes de tudo a Paixão. E depois, o mistério do Natal. Mas encontram-se, nas duas obras, como fonte das explanações, citações que estavam no seu caderninho. Os autores do tempo não se preocupavam com referências precisas. Ele foi anotando as citações como iam sendo encontradas. E as utiliza tais quais. E que importa? Elas se tornaram verdades pessoais, longamente assimiladas em sua experiência de Deus e dos homens. Elas não nos remetem a um autor, mas a um mistério delicioso que Afonso convida a partilhar. É preciso acrescentar, ao contrário, que suas exposições dogmáticas e morais participam de outro gênero literário: como advogado rigoroso, manifesta aí o cuidado de referências precisas como o de argumentos sólidos." **[RM, 476-477]**.

"Após sua peregrinação a São Pedro, o primeiro cuidado de Afonso foi o de apresentar as suas homenagens a seu sucessor e tentar defender a sua causa. Mas no mesmo dia em que chegava a Roma pelo sul, Clemente XIII a deixava pelo norte para ir respirar os ares marinhos de Civitavecchia. 'Não percamos tempo, disse a si mesmo Ligório, vamos a Loreto para venerar Nossa Senhora.' Era uma expedição mais longa do que a viagem Nápoles-Roma; e por estradas mais montanhosas, mais sinuosas, menos conservadas. Ela exigia quatro dias.

- 'Você acaba de chegar', observará Villani. 'Não junte fadiga à fadiga'.

- 'Minha mãe me ajudará. Quando é que encontrarei outra ocasião tão boa? Nada conta diante da alegria de visitar essa Casa em que o Verbo Eterno se fez homem por mim.'

Quatro anos antes, em sua **Novena de Natal**, Afonso escrevia:

'Ó feliz Casa de Nazaré! eu te saúdo e te venero. Virá um tempo em que serás visitada pelas maiores personagens da terra; e quando os piedosos peregrinos se virem entre tuas pobres paredes, não poderão conter as lágrimas de enternecimento pensando que o Rei do céu aí viveu quase toda a sua vida.

Nessa Casa, pois, o Verbo encarnado passou a sua infância e toda a sua mocidade. E como viveu ali? Viveu pobre e desprezado dos homens, exercendo o oficio de um simples aprendiz e obedecendo a José e Maria. Ó Deus, que ternos sentimentos provamos pensando que nessa Casa o Filho de Deus levou uma vida de trabalho! Ora vai buscar água, ora abre e fecha a oficina, agora varre a casa, mais além ajunta os pedaços de lenha para o fogo, para logo mais ajudar a são José no trabalho. Ó prodígio! Um Deus que varre! Um Deus, simples operário! Ó pensamentos que deveriam abrasar-nos de amor para com um Redentor que se reduziu a tais aviltamentos para se fazer amar dos homens! Adoremos todos os atos de trabalho manual que em Jesus não eram nada menos do que ações divinas. Adoremos sobretudo a vida escondida e desprezada do mundo que levou Jesus Cristo nessa casa de Nazaré. Ó homens orgulhosos, como vocês podem querer aparecer e receber honras, vendo seu Deus que passa trinta anos de sua vida na pobreza, obscuridade e esquecimento, para ensinar-nos o amor da obscuridade e da vida humilde e escondida?" **[RM, 549]**.

38. 1758, Novena al SS. Cuore di Gesù (800).

(Novena ao Sagrado Coração de Jesus).

Ed. OA, IV 449-524.

Est. BG, I 100-101; Tan, II c. 46; Tell, 670-674. Cfr. n. 37.

[SAINT-OMER. *O Sagrado Coração de Jesus segundo Santo Afonso de Ligorio ou meditações para o mez do Sagrado Coração a hora Santa e a primeira sexta feira do mez.* Ratisbona: Frederic Pustet, 1906. Tradução: Joaquim Silvério de Sousa].

[LIGÓRIO, Afonso. *Novena do Sagrado Coração de Jesus.* São Caetano do Sul: Santa Cruz, 2019].

***** 1758 (?), Novena del SS. Nome di Gesù.**

(Novena do Santíssimo Nome de Jesus).

Ed. OEA, IV 495.

Est. BG, I 177.

39. 1758, Meditazione in onore di S. Giuseppe (314).

Meditazione in onore di S. Giuseppe per li sette mercoledì precedenti alla sua Festa.

(Meditações em honra de São José para as sete quartas-feiras que precedem a sua Festa).

AGHR, S. Alf. X 38.

Ed. OT, II 423-433; OA, X 328-349.

Est. BG, I 102-103; Tell, I 673-674; A. L. Iglesias, "*Teologia de San José", en San Alfonso Mª de Ligorio,* em: Id, *Reina y Madre. Grandes temas marianos,* II, Madri 1988, 475-495. Cfr. n. 37.

[LIGÓRIO, Afonso. *7 Meditações sobre São José.* Aparecida: Santuário, 2021. Tradução: Pe. Flávio Cavalca de Castro].

40. 1758, Apparecchio e ringraziamento (74).

Apparecchio e ringraziamento per li Sacerdoti nel celebrare la Messa. AGHR, S. Alf. X 38.

(Preparação e Ação de Graças para os Sacerdotes ao celebrarem a Missa).

Ed. OT, III 808-831.

Est. BG, I 102-103; Tell, 674; RM, 522 [594]. Cfr. n. 37.

"Seu primeiro cuidado é examinar os padres a respeito de sua aptidão para a celebração dos sacramentos. Manda erigir um altar na antecâmara de sua residência e examina cada um sobre as cerimônias da missa. Logo toma consciência do que deve fazer; confia os menos afiados a um mestre de liturgia; suspende por vários meses a faculdade de celebrar àqueles que massacram o essencial. Em 1758, imprimira um saboroso opúsculo sobre a **Preparação e ação de graças** para os padres celebrantes." **[RM, 594]**.

41. 1759, Dissertatio de justa prohibitione librorum.

Dissertatio de justa prohibitione et abolitione librorum nocuae lectionis, brevi calamo plura continens, quae diffuse ab Auctoribus tradita sunt. Edita a Rev. P. D. Alphonso de Ligorio, Rectore Majori Congregationis SS. Redemptoris. Neapoli 1759. Excudebat Josephus de Dominici, publica auctoritate.

(Dissertação sobre a justa proibição e abolição dos livros de leituras nocivas, com muito conteúdo resumido em poucas páginas, que são divulgadas em toda a parte pelos autores. Publicada pelo Reverendo Padre Afonso de Ligório, Reitor-Mor da Congregação do Santíssimo Redentor. Em Nápoles, 1759. Às expensas de Giuseppe de Domenico, com autorização).

AGHR, S. Alf. X 8.

Ed. OED, 9, pp. 381-542; OM, I 253-291.

Est. BG, I 103-104; Tan, II c. 48; Tell, I 446, 469, II 8, 10; [+RM, 599 [682]].

"(...) Assim, em 1759, edita uma **Dissertação sobre a justa proibição e destruição dos maus livros pela autoridade da Igreja.** Tanucci, para quem somente o rei tem autoridade, condena ao exílio o revisor real, o impressor às galeras e o opúsculo ao fogo. Ligório consegue acalmá-lo e a obra torna-se um belo sucesso de livraria. Mas isso é uma outra história. O Pe. Alexandre Di Meo tinha colaborado nesse trabalho com toda a sorte de notas eruditas... que Afonso não publicou. Foi censurado por isso. 'Ora! respondeu, você quer então que eu passe aos olhos do mundo como um sábio?'" **[+RM, 682]**.

42. 1759, Del gran mezzo della preghiera (231).

Del gran mezzo della preghiera per conseguire la salute eterna e tutte le grazie che desideriamo da Dio. Opera teologico-ascetica del Rev. Padre D. Alfonso de' Liguori, Rettor Maggiore della Congregazione del SS. Redentore, utilissima per ogni genere di persone, divisa in due parti: Nella I. Parte trattasi della necessita, valore e condizioni della preghiera. Nella II. Parte dimostrasi che la grazia di pregare è data a tutti; ed ivi si tratterà del modo ordinario col quale opera la grazia. In Venezia, 1759, nella Stamperia Remondini. [Em apêndice]: 1. *Preghiere per ottenere la perseveranza finale, il santo amore, la confidenza nei meriti di G. C. e nell'intercessione di Maria, la grazia di sempre pregare, e le grazie necessarie alla salute. 2. Pensieri e giaculatorie. 3. Atti divoti da farsi nella Visita al SS. Sagramento e alla Beatissima Vergine Maria. 4. Regolamento di vita d'un cristiano* [cfr. n. 21]. *5. Virtù in cui deve esercitarsi un'anima per far vita perfetta.*

(Sobre o grande meio que é a oração para alcançar a salvação eterna e todas as graças que desejamos de Deus. Obra teológico-ascética do Reverendo Padre Afonso de Liguori, Reitor-Mor da Congregação do Santíssimo Redentor, utilíssima para todos os gêneros de pessoas, dividida em duas partes: Na 1ª parte é tratada a necessidade, valor e condições da oração. Na 2ª parte demonstra-se que a graça de orar é concedida a todos; e no mesmo lugar será tratado o modo ordinário como opera a graça. Em Veneza, 1759, na Editora de Remondini. [Em Apêndice:] 1. Oração para conseguir a perseverança final, o santo amor, a confiança nos méritos de Jesus Cristo e na intercessão de Maria, a graça de sempre orar e as graças necessárias para a salvação. 2. Pensamentos e jaculatórias. 3. Atos devotos para serem feitos na Visita ao Santíssimo Sacramento e à Beatíssima Virgem Maria. 4. Regulamento de vida de um cristão [cfr. n. 21]. 5. Virtudes em que deve se exercitar uma alma para ter uma vida perfeita).

AGHR, S. Alf. X 31.

Ed. OA, II 1-178.

Est. BG, I 104-107, III 207; Tan, II c. 48; Tell, I 655-661, II 341-342; RM, 448 [505-507], 600 [683]. Cfr. n. 32.

[LIGÓRIO, Afonso. *O grande meio da oração para alcançarmos de Deus a salvação e qualquer outra graça.* São Paulo: Pia Sociedade de São Paulo, 1936. Tradução: Henrique Barros].

[LIGÓRIO, Afonso. *A Oração:* o grande meio para alcançarmos de Deus a salvação e todas as graças que desejamos. Aparecida: Santuário, 2016. 30ª edição. 110 p. Tradução: Pe. Henrique Barros, CSsR].

[LIGÓRIO, Santo Afonso Maria de. A Oração. In: *Obras Espirituais Selecionadas.* Aparecida: Santuário, 2021. Tradução: Henrique Barros].

"Familiarizado com o Evangelho, íntimo de Jesus e de Maria, servidor das massas humanas, Ligório não se deixou prender pelas redes das ideologias da teologia natural, saída arrumadinha do cérebro dos filósofos. Sua doutrina da graça, como seu [505] sistema moral não derivam de raciocínios abstratos: eles nascem de sua longa familiaridade com Deus, com sua Palavra, com o seu Povo. Ele dá sua explicação em um Breve tratado da oração - umas quase vinte páginas aparecidas em 1757 - e com mais amplidão numa obra espiritual e dogmática muito importante: **O grande meio da oração para obter a salvação eterna e as graças que desejamos de Deus** (1759). Deus é amor, diz ele citando são João. Por amor ele criou o homem à sua imagem... 'E Deus viu que era bom' (Gn 1, 26-31). Mas sobreveio o pecado! Ele não destruiu, nem o amor de Deus, nem a natureza do homem. O pecado e suas devastações, Afonso passa a vida a sondá-los e a curá-los. Exatamente porque eles não apagaram em nenhum homem a imagem de Deus. E porque Deus transcende nossos pobres pecados. Seu projeto de amor não mudou: 'Deus quer a salvação de todos os homens' (1Tm 2,4). 'Assim o Cristo morreu por todos' (2Cor 5,14-15), mesmo por aqueles, que sendo homens livres, recusariam a sua Redenção.

Todos os homens têm, pois, as graças - os auxílios de Deus - necessárias a sua Salvação; mas porque Deus os quer livres, para os adultos requer-se que eles as peçam. Santo Agostinho, que os jansenistas leram mal, escreve: 'Deus não ordena nada de impossível; mas quando ele ordena alguma coisa, ao mesmo tempo exorta-nos a fazer o que podemos e a pedir o que não podemos.' 'E ele ajuda para que o possamos', acrescenta o concílio de Trento. O que nós podemos, explica Afonso, nós o podemos pela 'graça eficaz' do Senhor sem o qual 'nada se pode fazer' (Jo 15,5) mas que, 'no seu desígnio de bondade, dá o querer e o agir' (Fl 2,13) a quem livremente os aceita. E aquilo que nós não podemos? Nós podemos sempre ao menos... pedir para que possamos. A prece elementar, o grito em direção a Deus e a Maria, é um ato fácil. Se Deus não desse sempre e a todos a 'graça suficiente' para esse ato fácil, ele estaria mandando o impossível, paralisaria a liberdade, destruiria a esperança cristã. Não seria já Pai, mas tirano. Renegaria sua palavra que disse: 'É preciso rezar sempre e nunca deixar de rezar' (Lc 18, 1), e ainda: 'Pedi e recebereis' (Mt 7,7; Lc 11,9; Jo 16,24).

- Mas não é Afonso mesmo que afirma que ultrapassado certo número de pecados, malbaratada uma certa medida de graças, acontece, da parte de Deus, o abandono do obstinado?

- Afonso não fala, da parte de Deus, de uma medida de graças; porque Deus é amor; e 'a medida de amar, é amar sem medida'. Ele fala, da parte do pecador, de um acúmulo de pecados. E ele explica:

'Se você comprou um terreno e o cercou com uma cerca e o cultivou por mais dois anos, fazendo com ele muitas despesas e reparo. E você acaba constatando que o terreno com tudo isso não rende fruto, que é que você faz? Tira a cerca e abandona o campo.'

É a lei do respeito: não se assedia indefinidamente a quem não quer ouvir nada. É a lei do amor: não se insiste com suas visitas, quando por muito tempo se foi repelido. Afonso o disse após Basílio, Jerônimo, Ambrósio, Cirilo de Alexandria, Crisóstomo, Agostinho e tantos outros. Ultrapassado certo limite de ingratidão, deve temer-se que Deus retire toda a graça especial e 'eficaz' para se limitar à outorga somente das graças comuns e 'suficientes'. Mas mesmo aos endurecidos ele dá sempre a graça de poder atualmente rezar. Mas quem resiste por muito tempo às graças especiais, cederá ele às graças simplesmente comuns, ao menos à da prece? A balança enferrujada, [506] que não se inclina com o chumbo, vai inclinar-se com a pena? Mas de quem é a falta?

Quem reza se salva; quem não reza se condena. (É o slogan afonsiano, escrito dez vezes e pregado milhares de vezes.) Todos os santos se salvaram e se santificaram pela oração. Todos os condenados se condenaram por falta de oração; se eles tivessem rezado, é certo que não se teriam perdido. Nisso é que estará o cúmulo de seu desespero: ter tido tanta facilidade de salvar-se chamando a

Deus em seu socorro, e agora o tempo para isso se passou... Quem elevou a sua voz a Deus, e Deus ficou surdo?" **[RM, 505-507]**.

"Ao contrário, as obras que granjearam a Afonso - mas não oficialmente desta vez - o título de mestre do povo de Deus, foram *Glórias de Maria, Visitas ao Santíssimo Sacramento, Máximas Eternas, Preparação para a Morte, Prática do amor a Jesus Cristo,* **O grande meio da oração**, para citar apenas as mais significativas e mais populares. Ele soube adivinhar as necessidades religiosas do povo e dar-lhes resposta no diapasão da fé e da mentalidade populares." **[RM, 683]**.

***** 1759, Homo Apostolicus (= Istruzione e pratica per li confessori, n. 29).**

Homo Apostolicus instructus in sua vocatione ad audiendas confessiones, sive Praxis et Instructio Confessariorum, Auctore [...]. Cum notabilioribus doctrinis super omnibus tractatibus Theologiae Moralis, erutis et in compendium redactis ex alio opere eiusdem Auctoris, in quo uberiori calamo quaestiones morales fusius expositae inveniuntur. Editio tertia denuo ab Auctore recognita, pluribus aucta, et notatu dignissimis illustrata, nec non mendis omnibus expurgata, quae in aliis irrepserant. Ad usum Seminarii Sanctagatensis. Bassani 1770. In fine Tomi Tertii quatuor adjiciuntur valde utiles Appendices: *I. De directione animarum, quae spirituali vitae vacant; II. De assistentia erga morientes; III. De examine ordinandorum; IV. De pluribus animadversionibus spectantibus ad confessarios et parochos.*

(O Homem Apostólico instruído em sua vocação de ouvir as confissões, ou, Prática e Instrução dos Confessores, do autor [...]. Com as doutrinas mais importantes sobre todos os tratados da Teologia Moral, retiradas e redigidas em compêndio a partir de outra obra do mesmo autor onde, com mais desenvolvimento, as questões morais podem ser encontradas longamente expostas. Terceira edição, novamente revista pelo autor, modificada em vários pontos, e ilustrada com notas muito importantes, além de corrigida de todos os erros presentes nas outras edições. Para uso do Seminário de Santa Águeda. Em Bassano, 1770. No final do terceiro tomo foram acrescentados quatro Apêndices: 1. Sobre a direção das almas que levam vida espiritual; 2. Sobre a assistência aos moribundos; 3. Sobre o exame dos ordenandos; 4. Sobre várias advertências relativas aos confessores e párocos).

AGHR, S. Alf. X 4.

Ed. OT, VII 1-753.

Est. BG, I 89-92; Tan, IV c. 16; Tell, I 652-653, II 216-217, 924, 929; RM, 446 [504], 506 [573], 513 [584], 598 [681], 625 [714]. Cfr. n. 29. R. Theberge, *Liguori et la formation morale de la conscience.* Thèse présentée à l'École des gradués de l'Université Laval pour l'obtention du grade de Philosophiae Doctor (Ph. D). Faculté de Théologie, Université Laval, Quebec 1987.

[RM: ver a obra n. 29].

***** 1760, Theologia Moralis, 4ª ed. Cfr. n. 9.**

43. 1760-1761, La vera sposa di Gesù Cristo (251).

La vera sposa di Gesù-Cristo, cioè la monaca santa per mezzo delle virtù proprie d'una religiosa. Opera [...] utile non solo per le Religiose e Religiosi ma anche per li Secolari, mentre in essa trattasi della pratica delle virtù cristiane, che spettano ad ogni stato di persone. In fine del Secondo Tomo vi saranno di più le Meditazioni per otto giorni degl'Esercizi spirituali, che sogliono fare molte religiose privatamente in solitudine; in oltre vi saranno alcune divote riflessioni ed affetti sull'istoria della Passione di Gesù-Cristo. Divisa in due tomi. In Napoli 1768, nella Stamperia di Giuseppe di Domenico a spese di Michele Stasi. [Em apêndice]: *1. Meditazioni per otto giorni di esercizi spirituali in privato* (cfr. n. 47). 2. *Riflessioni ed affetti divoti sopra la Passione di Gesù-Cristo, esposta semplicemente secondo la descrivono i sagri Vangelisti* (cfr. n. 48). *3. Ristretto delle virtù in cui dee esercitarsi una religiosa che vuol farsi santa. 4. Massime spirituali che dee tener una religiosa. 5. Aspirazioni d'amore a Gesù Cristo.*

(A verdadeira esposa de Jesus Cristo, ou seja, a monja santa por meio das virtudes próprias de uma religiosa. Obra [...] útil não apenas para as Religiosas e Religiosos, mas também para os Seculares, na medida em que nela se trata da prática das virtudes cristãs referentes a pessoas de qualquer estado. No final do segundo tomo ainda se encontram as Meditações para os oito dias de Exercícios espirituais que muitas religiosas constumam fazer privadamente em solidão; além disso, algumas reflexões devotas e afetos sobre a história da Paixão de Jesus Cristo. Dividida em dois tomos. Em Nápoles, 1768, na Editora de Giuseppe di Domenico, às expensas de Michele Stasi. [Em apêndice]: 1. Meditações para oito dias de exercícios espirituais em privado (cfr. n. 47). 2. Reflexões e afetos devotos sobre a Paixão de Jesus Cristo, exposta com simplicidade conforme a descrevem os santos Evangelistas (cfr. n. 48). 3. Resumo das virtudes em que deve se exercitar uma religiosa que deseja se tornar santa. 4. Máximas espirituais que uma religiosa deve ter. 5. Aspirações de amor a Jesus Cristo).

AGHR, S. Alf. X 26-27.

Ed. OA, XIV-XV.

Est. BG, I 107-108, III 207; Tell, I 674-677; RM, 341 [382], 468 [528-529], 489 [554-555].

* 43. Verdadeira Esposa de Christo. BRASIL: 1922, Apparecida, Santuario d'Apparecida, tr. Mgr. Alves Ferreira dos Santos.

[LIGÓRIO, Afonso. *A verdadeira esposa de Jesus Cristo ou A Religiosa santificada por meio das virtudes próprias do seu estado por Sto. Affonso Maria de Ligório. Doutor da Igreja.* Aparecida: Officinas do Santuário d'Apparecida, 1922. Tradução: Antônio Alves Ferreira dos Santos].

[LIGÓRIO, Santo Afonso Maria de. *A verdade esposa de Jesus Cristo.* São Paulo: Rumo à Santidade, 2022, 540p. Tradutor: Antônio Alves Ferreira dos Santos].

"(...) foi naquelas semanas do verão de 1742, em S. Aniello, que dava os últimos retoques à sua primeira obra de espiritualidade: *Considerações sobre as virtudes e as qualidades de S. Teresa de Jesus*. Ela aparecerá em 1743, impressa às custas de seu velho amigo Domingos Letizia, e será dedicada à ... duquesa dell'Isola, Maria Caraciollo.

Esse opúsculo de uma centena de páginas é o primeiro ex--voto do filho àquela que ele denomina 'minha Santa Teresa'. Essa obra corre o perigo de passar despercebida, esmagada pelas grandes obras que serão publicadas a partir de 1750. E é pena; após as nove 'considerações' surge uma Breve prática da perfeição extraída da doutrina de S. Teresa em que já se manifesta totalmente seu pensamento e sua conduta quanto à ascese. Esse 'já' é aliás normal: Afonso aos quarenta e seis anos é um homem 'feito'. Sua grande obra para religiosas, **A verdadeira esposa** (1760), nada mais será do que a ampliação daquelas vinte páginas, cujo plano conservará o mesmo; sua obra-prima, *Prática de amar a Jesus Cristo* (1768), as suas admiráveis *Reflexões devotas* (1763) não dirão coisas diferentes." **[RM, 382]**.

"Pouco seguro da salvação das mulheres casadas de seu tempo, Afonso enviava as moças para o convento às dezenas. Não qualquer moça, nem para qualquer convento. Em suas cartas, na grande obra em dois tomos que está publicando - **A verdadeira esposa de Jesus Cristo ou a religiosa santificada** (1760-1761) - não é mais lisonjeiro para com o estado da religiosa que para o da mulher casada:

'Minha irmã Clara, não pense absolutamente em mudar de convento... Fique sabendo que, salvo raras exceções, e pelo que eu sei, todos os conventos são como o seu: pouco fiéis à observância, cheios de perturbações e dissensões.'

E esta confidência a uma superiora: [528]

'Choro ao ver tantos conventos, tão fervorosos no princípio, caídos em seguida no relaxamento... Eles se tornaram supermercados onde não há mais nem fervor, nem amor de Deus. Assim, no dia do julgamento, veremos muitas religiosas condenadas, em particular as que introduziram abusos, ou negligenciaram remediá-los quando o podiam fazer.'

Afonso costumava dizer: a perdição dos conventos eram as enclausuradas à força. Mas estava convencido de que as vocações autênticas eram numerosas. É a elas que dedica **A religiosa santificada**: obra fora de moda pelo contexto por ela evocado; obra poderosa e sempre reeditada porque é o rico desenvolvimento de sua espiritualidade teresiana, esboçado vinte anos antes em seu opúsculo sobre a Doutora de Ávila.

Escrever um livro dessa densidade pareceu-lhe muito mais importante do que perder-se em cartas quilométricas. Umas doze freiras conservaram-nos suas cartas desse tempo. Ele lhes dizia 'Escreva-me em poucas palavras. - Prenda-se ao essencial. - Eu não tenho tempo de responder. - É-me impossível dirigir-lhe de longe; aliás, não tenho tempo, etc.'" **[RM, 528-529]**.

"O Pe. Ligório retornava feito bispo a essa Nápoles que tentava arrancar um pedaço de seus molambos para fazer dele relíquia. Durante essa semana de permanência forçada ali, foi convidado a celebrar a missa 'episcopal' em todos os principais conventos de mulheres de uma metrópole que possuía 41 conventos femininos. Ele pregara e confessara muito nesses conventos, para aproveitar plenamente suas estadias napolitanas, a que os negócios de sua Congregação o condenavam. Além disso, [554] para todas essas religiosas era ele, havia dois anos, o prestigioso autor de **A religiosa santificada** (1760). 'Essa obra, escreve' Romeu De Maio, 'obteve grande sucesso e suscitou imenso entusiasmo. Foi um acontecimento extraordinário na história das enclausuradas, não somente de Nápoles, mas de toda a Igreja.' A única saída possível para o novo bispo foi recusar todos os convites amavelmente." **[RM, 554-555]**.

44. 1760, Selva di materie predicabili (100).

Selva di materie predicabili ed istruttive per dare gli Esercizi a' Preti, ed anche per uso di Lezione privata a proprio profitto, con una piena Istruzione pratica in fine degli esercizi di Missione. Data in luce [...] per uso de' Giovani della medesima Congregazione. Parte Prima: *delle Materie predicabili.* Parte Seconda: *delle Istruzioni.* Parte Terza: *degli Esercizi della Missione.* In Napoli 1769-1770, nella Stamperia di Donato Campo. [Ap.]: *1. Regolamento di vita per un sacerdote secolare. 2. Regolamento per un sacerdote che attende alla perfezione. 3. Massime di spirito per un sacerdote.* [Ed. 3ª ss.]: *Riflessioni utili ai Vescovi* (cfr. n. 6); *Regolamento per li Seminari* (cfr. n. 28).

(Selva de matérias de pregação e de instrução para pregar o Retiro aos Padres, e também para o uso na Leitura privada com o mesmo proveito, com uma completa Instrução prática no final sobre os exercícios da Missão. Publicada [...] para uso dos jovens da mesma Congregação. Primeira Parte: sobre as matérias de pregação. Segunda Parte: sobre as Instruções. Terceira Parte: sobre os exercícios da Missão. Em Nápoles 1769-1770, na Editora de Donato Campo. (Apêndices): 1. Regulamento de vida para um sacerdote secular. 2. Regulamento para um sacerdote que procura a perfeição. 3. Máxima espirituais para um sacerdote. (Ed. 3ª e seg.): Reflexões úteis aos bispos (cfr. n. 6); Regulamento para os Seminários (cfr. n. 28)).

AGHR, S. Alf. X 36-37.

Ed. OT, III 5-297; 856-859; 859-863; 863-864.

Est. BG, I 108-110; Tell, I 752-754, II 833; RM, 107 [115], 327 [367], 467 [527-528], 506 [574]. Cfr. nn. 6, 28.

[LIGÓRIO, Afonso. *A Selva.* Sobre o Sacerdócio. Campinas: Livre, 2016. Tradução: Pe. Marinho. 266 p].

[LIGÓRIO, Afonso. *Tratado da Castidade*: bem-aventurados os puros. Itapevi: NEBLI, 2016. 50p. - In: SAINT-OMER. Escola da Perfeição Cristã. Compilação de textos do Santo Doutor pelo padre

Saint-Omer, CSSR. Trad.: José Lopes, CSSR. 4ª ed. 1955, p. 186-204 e 338-343 - tradução da ISTRUZ. III. *Circa la castità del sacerdote*].

[LIGÓRIO, Santo Afonso Maria de. *A Selva* (textos selecionados). In: LIGÓRIO, Santo Afonso Maria de. *Obras Espirituais Selecionadas*. Aparecida: Santuário, 2021. Tradutor: Victor Hugo Silveira Lapenta (8 páginas)].

"Em sua **Selva**, o padre Ligório esboçará, para as missões, um sermão a ser feito aos homens 'sobre o bem trazido pela frequência a uma confraria'. Começará por este texto do livro da Sabedoria (7,11): 'Com ela me vieram todos os bens'. É sua experiência de vinte anos e seu reconhecimento vivo que explodirão neste clamor: pela Palavra de Deus ouvida, pela assiduidade aos sacramentos, sobretudo à Eucaristia, pela devoção filial para com Nossa Senhora. Serão os três pontos de sua exortação. Os três agradecimentos do congregado do Oratório [filipino]." **[RM, 115]**.

"Na sua **Selva**, Afonso exige a mais, antes da série das verdades eternas, um sermão sobre a confissão; e indica outros assuntos para as missões mais longas: a misericórdia de Deus, os castigos espirituais e temporais do pecado, a vaidade dos bens e dos males temporais, o número dos pecados, ou por outra, o abandono de Deus, a impenitência final, o escândalo." **[RM, 367]**.

"(...) É só nos padres que pensa ao coletar e dispor, na **Selva** o que lhes vem pregando pelo espaço de 30 anos: **Selva de material para a pregação de retiros aos padres** (1760). Não são discursos, mas uma seleção de materiais, como que uma floresta. 'O mais poderoso e o mais fiel eco da tradição nos tempos modernos', escreveu o cardeal Dechamps. Mas uma tradição escolhida e organizada por um pensamento vivo e que faz viver.

A terceira parte encerra o método afonsiano das missões e um tratado de retórica pastoral. Não vamos repetir que ele bania os pregadores floridos, empolados, planando nas alturas. A eloquência barroca não morrera com o Pe. Giacco que Afonso pôs no purgatório até ao fim do mundo. É celebre a história do jovem Pe. Alexandre Di Meo, erudito a mais não poder, e que teve de substituir num sábado o Pai doente no sermão de Nossa Senhora. O infeliz pregador entrou pela história antiga, pelos druidas e argonautas, pelos egípcios e sibilas. Afonso, que por amor a Nossa Senhora arrastara a sua febre até a igreja, julgou, a princípio, tratar-se de uma digressão passageira. Mas, vendo que Alexandre dali não saía, mandou-lhe um irmão com a ordem de descer do [527] púlpito e infligiu-lhe três dias de retiro e de privação da missa. Di Meo aceitou tudo com edificante humildade; tornou-se em seguida um dos maiores missionários da Congregação sem que tivesse com isso perdido sua vocação de historiador.

Na Selva, o capítulo sobre a pregação encerra uma oração que fala mais do que muitas páginas de citações:

> Senhor Jesus, que para salvar as almas destes vossa vida, concedei vossas luzes e vosso amor a tantos padres que poderiam converter multidões de pecadores e santificar toda a terra, se pregassem a vossa Palavra sem vaidade e com simplicidade, como vós mesmo a pregastes, e como pregaram-na os vossos discípulos. Mas, em lugar de vos pregar, eles se pregam a si mesmos; e porque assim é, o mundo está cheio de pregadores sem que as almas cessem de ir encher o inferno. Senhor, remediai esse grande mal que pesa sobre vossa Igreja por culpa dos pregadores." **[RM, 527-528]**.

"Para estimular e valorizar o trabalho do seminário, instituiu academias de belas-letras, de temas mensais de filosofia e de teologia. Levava para elas cônegos, leigos cultos e animava-as com sua viva participação. Dava grande importância à academia de pregação para os maiores e para todos os padres da cidade. Comentava sua Retórica (terceira parte de sua **Selva**) e organizava exercícios práticos de sermões, exortações e catecismos. Sua língua era certamente o italiano, isto é, o toscano popular, com toda a riqueza que lhe acrescentava o dialeto napolitano. Afonso condenava o toscano purista dos escritores e dos salões literários." **[RM, 574]**.

45. 1760, Breve Istruzione degli Esercizi di Missione (45).

Breve Istruzione degli Esercizi di Missione colle regole e pratiche [= *Selva di materie predicabili,* III, n. 44].

(Breve Instrução dos Exercícios da Missão com regras e práticas (= Selva de matérias para pregação, III, n. 44)).

Ed. OT, III 185-288.

Est. BG, III 110-111; Tell, I 697-702, 709-726; RM, 506 [574].

[LIGÓRIO, Afonso. *Os exercícios da Missão*. Petrópolis: Vozes, 1944. Tradução: Pe. Nestor Tomás de Sousa. 228 p].

[LIGÓRIO, Santo Afonso. *Exercícios da Missão.* Anápolis: Magnificat, 2020].

"(...) Dava grande importância à academia de pregação para os maiores e para todos os padres da cidade. Comentava sua Retórica (terceira parte de sua **Selva**) e organizava exercícios práticos de sermões, exortações e catecismos. Sua língua era certamente o italiano, isto é, o toscano popular, com toda a riqueza que lhe acrescentava o dialeto napolitano. Afonso condenava o toscano purista dos escritores e dos salões literários." **[RM, 574]**.

46. 1760, La Messa e l'Officio strapazzati (51).

La Messa e l'Officio strapazzati, ovvero avvertimenti a' sacerdoti per non rendersi rei di un tanto delitto qual è il vilipendere il sacrificio dell'altare e le lodi dovute a Dio.

(A Missa e o Ofício massacrados, ou seja, advertências aos sacerdotes para não se tornarem réus de um tão grande delito, qual seja, vilipendiar o sacrifício do altar e os louvores devidos a Deus).

Ed. OT, III 832-856.

Est. BG, I 111-112, III 207; Tell, I 754, RM, 468 [528].

[LIGÓRIO, Afonso de. *A missa e o ofício atropelados.* Itapevi: Nebli, 2022. Tradução: Pe. Claudiberto Fagundes].

"Afonso completa essa obra destinada aos padres [*Selva*] com uma admirável *Carta sobre a pregação à maneira dos Apóstolos* (1761) e por um opúsculo sobre **A missa e o ofício massacrados** (1760): uma pintura impiedosa das irreverências de certo clero assim como ricas exposições sobre a excelência e necessidade da oração litúrgica." **[RM, 528]**.

*** **1760, Duetto tra l'Anima e Gesù-Cristo.**

(Dueto entre a Alma e Jesus Cristo).

Ed. A. Di Coste, *Le melodie di S. A. M. de Liguori in alcuni suoi canti popolari e Duetto tra l'Anima e Gesù Cristo,* Roma 1932.

Est. BG, I 176, III 206; Tan, I c. 3; Tell, I 765-767, II 41, 525; RM, 490 [556], [+RM, 87 [91]]; W. Lueger (hrsg.von), *Recitativo e duetto tra l'anima e Gesù Cristo,* Düsseldorf 1962: SH. 12 (1964) 433-444. Cfr. n. 2.

[FERREIRA, João José (org.). Cantata da Paixão (ou Dueto entre a Alma e Jesus Cristo). In: *Santo, poeta e músico.* Aparecida: Santuário, 2014. p. 103-140].

"Em outra ocasião, narra o estudante José Messina, "entrou na sala de recreio, onde me encontrava por acaso, e assentou-se ao cravo. Fui buscar-lhe seu **Dueto entre a alma e Jesus Cristo** e a Salve-Rainha. Após havê-los tocado, perguntei-lhe se levaria o cravo para S. Ágata.

– Que está dizendo? respondeu-me. Um bispo tem outras coisas que fazer. Você já imaginou as pessoas dizendo: Vejam nosso bispo tocando música! Quando se pergunta o que é que está fazendo o bispo, é preciso que se possa responder: ele está rezando, ou dando audiência, ou confessando, ou pregando." **[RM, 556]**.

"Pintor amador, desenhista seguro do ofício, Afonso de Ligório terá, em música, a classe de um mestre reconhecido. Deixou seu nome na história da música italiana: é encontrado em certas obras especializadas e atentas. Melhor: ele semeou seus poemas e suas melodias no folclore do povo mais cantante do mundo. Gravadas por ele no coração e na memória das multidões analfabetas, serão, depois de sua morte, recolhidas, anotadas, publicadas e republicadas. Ele até comporá, com mais de sessenta anos, um **Dueto para vozes e cordas** que será editado em Londres, Viena, Paris e Roma; voltaremos a falar disso. Será gravado em discos, programado em concertos; passa pelas ondas do rádio e inesperadamente surge como fundo musical de certo filme. Discretamente, às vezes sem 'assinatura', como fez propositadamente com suas estampas. Mas é ele. Os conhecedores... o reconhecem." **[+RM, 91]**.

47. 1761, Meditazioni per otto giorni d'esercizi spirituali (88).

Meditazioni per otto giorni d'esercizi spirituali in privato. [Cfr. *La vera sposa,* n. 43. Publicada como obra separada, traz os seguintes apêndices]: 1. *Riflessioni ed affetti sopra la Passione,* nn. 43 e 48. 2. *Esercizio della Via Crucis,* n. 49. 3. *Preghiere a Gesù per il merito di ogni pena particolare che soffri nella sua Passione.* 4. *Virtù in cui deve esercitarsi un'anima per fare vita perfetta.* 5. *Massime di spirito.* 6. *Aspirazioni d'amore a Gesù Cristo.*

(Meditações para oito dias de exercícios espirituais em privado. [Cfr. A verdadeira esposa, n. 43. Publicada como obra separada, traz os seguintes apêndices]: 1. Reflexões e afetos sobre a Paixão, n. 43 e 48. 2. Exercício da Via-sacra, n. 49. 3. Orações a Jesus pelo mérito de cada pena particular que sofreu na sua Paixão. 4. Virtudes em que deve se exercitar uma alma para se tornar perfeita. 5. Máximas espirituais. 6. Aspirações de amor a Jesus Cristo).

Ed. OA, IX 397-437; OA, V 443-444 *(Preghiere);* OT, I 849 *(Virtù);* OT, IV 377 *(Massime);* OA, I 393-394 (*Aspirazioni*). Cfr. nn. 43, 48, 49.

Est. BG, I 113; Tell, I 676, 751.

48. 1761, Considerazioni ed affetti sopra la Passione (103).

Considerazioni ed affetti sopra la Passione di Gesù Cristo esposta semplicemente secondo la descrivono i sagri Vangelisti. [Cfr. *La vera sposa,* n. 43, e *Pratica di amar Gesù Cristo,* n. 73].

(Considerações e afetos sobre a Paixão de Jesus Cristo exposta de forma simples como a descrevem os sagrados Evangelistas. (Cfr. A verdadeira esposa, n. 43, e Prática de amar a Jesus Cristo, n. 73)).

AGHR, S. Alf. X 20.

Ed. OA, V 133-179.

Est. BG, I 114; Tan, II c. 48; Tell, I 676, 751; RM, 421-422 [476-477], 466 [526-527], 572 [651].

[LIGÓRIO, Afonso. Reflexões sobre a Paixão de Jesus Cristo, exposta com a simplicidade com que a descrevem os santos evangelistas. In: *A Paixão de Nosso Senhor Jesus Cristo*. Campinas: Ecclesiae, 2018. Tradução: Pe. José Lopes Ferreira, CSsR. p. 137-196 (Esta obra é um compêndio dos escritos de Santo Afonso de Ligório sobre a Paixão de Jesus Cristo. Os textos foram reunidos na *Opere Ascetiche di S. Alfonso Maria de Liguori,* Vol. V, Roma, 1934)].

"Ora, o opúsculo de cerca de cem páginas que apareceu em 1751, editado por Pellechia, representa só um elemento do projeto: Jesus, amor dos homens (*Reflexões e sentimentos sobre a Paixão de Jesus Cristo*). Dezesseis capítulos, entrecortados de orações, que seguem o desenrolar da Paixão. O autor se explica, no final, num 'Aviso ao Leitor':

'Meu caro leitor, prometi-lhe em meu livro sobre as *Glórias de Maria* outro livro sobre o *Amor a Jesus Cristo*. Mas em seguida, por causa de minha enfermidade corporal, meu diretor, Paulo Cafaro, não me permitiu escrevê-lo. Apenas autorizou-me a publicar estas curtas **Reflexões sobre a Paixão**. Aí condensei a flor do que eu tinha sobre o assunto. Guardo em minhas pastas o que se refere à [476] Encarnação e ao Nascimento do Senhor, com o desígnio de publicar um opúsculo para a *Novena do Natal*, se para isso tiver licença.'

A *Novena de Natal*, um in-12 de 570 páginas, aparecerá em 1758: dez discursos acompanhados de meditações para todos os dias, desde o Advento até a oitava da Epifania. Afonso gastará bastante tempo para aí desenvolver todo o seu pensamento e derramar todo o seu coração. Mas começa, em 1751, pela **Paixão de Jesus Cristo**, ainda que tenha de limitar-se, de momento, a um opúsculo - voltará ao assunto em outras nove publicações! - porque

'... o apóstolo são Paulo não queria saber de outra coisa do que de Jesus Cristo, e de Jesus Cristo crucificado' (1 Cor 2,2). E, em verdade, que livro pode ensinar-nos melhor a ciência de amar a Deus do que Jesus crucificado? O grande servidor de Deus, irmão Bernardo de Corlione, capuchinho, não sabia ler. Seus confrades queriam alfabetizá-lo. Ele foi consultar seu crucifixo. 'Livros! respondeu-lhe o Senhor na cruz, leituras! Não sou eu o seu livro, onde você pode ler sempre o amor que lhe tenho?' Oh! o grande tema a ser meditado durante a vida inteira e por toda a eternidade: um Deus morto por nosso amor! um Deus morto por nosso amor! ó grande tema!'

Logo, antes de tudo a Paixão. E depois, o mistério do Natal. Mas encontram-se, nas duas obras, como fonte das explanações, citações que estavam no seu caderninho. Os autores do tempo não se preocupavam com referências precisas. Ele foi anotando as citações como iam sendo encontradas. E as utiliza tais quais. E que importa? Elas se tornaram verdades pessoais, longamente assimiladas em sua experiência de Deus e dos homens. Elas não nos remetem a um autor, mas a um mistério delicioso que Afonso convida a partilhar. É preciso acrescentar, ao contrário, que suas exposições dogmáticas e morais participam de outro gênero literário: como advogado rigoroso, manifesta aí o cuidado de referências precisas como o de argumentos sólidos." **[RM, 476-477]**.

"Sua *Preparação para a Morte* (1758) não é o 'livro do medo', como é encarado por aqueles que não o leram. Contém, é verdade, uma meditação macabra, uma só em trinta e seis: a primeira. Ao contrário, a brevidade da vida, a morte, o preço do tempo, o [526] pecado, o julgamento, o inferno são realidades que os homens sérios gostam de lembrar e que infelizmente já não são pregadas. Finalmente, a morte do justo, a misericórdia de Deus, o estado de graça, o céu, a oração, a confiança em Nossa Senhora, o amor de Deus, a conformidade com a vontade de Deus, a Eucaristia são também meditações dessa 'missão escrita'. Aí só falta a Paixão de Cristo. A razão disso é que Afonso prepara ativamente suas **Considerações e sentimentos sobre a Paixão** que publica em 1761. Gostava de dizer:

'Nas missões, os sermões do julgamento, do inferno, etc. são bons para incutir medo e abalar; mas as conversões que vêm do medo duram pouco; são esquecidas, dá-se de ombros e tudo está terminado .... Mas conversão que provém do amor a Jesus Cristo é mais forte e mais duradoura. O que não faz o amor, o medo não o fará; e quando alguém se afeiçoa a Cristo crucificado não tem mais medo.'" **[RM, 526-527]**.

"Mas não, seria conhecer mal o 'cabeça dura' e esquecer seu voto de não perder um minuto sequer de tempo, que será mantido até o fim. Além dos *opúsculos sobre a missa, a moral, a graça, as missões, a vocação, a Revelação,* é em 1769 que Afonso publica sua *Obra dogmática*; em 1771 seus *Esboços de sermões;* em 1772, seu *Triunfo da Igreja,* dedicado a Tanucci, e a sétima edição, 'revista, corrigida e aumentada', de sua grande *Moral*; em 1773, as *Reflexões*, em seguida **Meditações sobre a Paixão** e finalmente um volume de *Reflexões sobre diversos pontos de espiritualidade* onde jorra a paz do homem que já bate às portas da eternidade." **[RM, 651]**.

49. 1761, Esercizio della Via Crucis (890).

(Exercício da Via-Sacra).

AGHR, S. Alf. X 20.

Ed. OA, V 437-442. Cfr. *La vera sposa,* n. 43; *Pratica di amar Gesù Cristo,* n. 73.

Est. BG, I 115-116; Tan, II c. 13, IV c. 2, 30, 34; Tell, I 571.

* 49. Caminho da Cruz. BÉLGICA: 1906, Tournai, Casterman: *Mais bellas Orações de S. A.*

[LIGÓRIO, Afonso. Via Sacra. In: *Manual do Devoto de Nossa Senhora do Perpétuo Socorro por um redentorista.* Einsiedein: Benzinger, 1899, p. 221-232. Tradução da edição castelhana pelo Dr. P. José Rodrigues Cosgaya].

[LIGÓRIO, Afonso. *Via Sacra.* Bom Jesus da Lapa. Tip. Bom Jesus, s. d., 28 p].

[LIGÓRIO, Afonso. *Via-sacra o caminho da cruz e da ressurreição.* Aparecida: Santuário/Scala, 2018. Seleção de textos: Pe. Ferdinando Mancilio, CSsR. 48 p].

50. 1761, Lettera sul modo di predicare all'apostolica (55).

Lettera ad un Religioso amico. Ove si tratta del modo di predicare all'apostolica con semplicità evitando lo stile alto e fiorito. AGHR, S. Alf. X 35. (= *Lettera apologetica ad un religioso amico intorno al modo di predicare colla semplicità evangelica evitando lo stile alto e fiorito.* Prima edizione veneta. In Venezia, 1771. Presso Giovanni Vitto. AGHR, S. Alf. X 8).

(Carta a um Religioso amigo. Onde se trata do modo de pregar à maneira apostólica com simplicidade, evitando o estilo elevado e floreado. AGHR, S. Alf. X 35. (= Carta apologética a um religioso amigo em torno do modo de pregar com a simplicidade evangélica evitando o estilo elevado e floreado. Primeira edição veneziana. Em Veneza, 1771. Imprensa de Giovanni Vitto. AGHR, S. Alf. X 8).

Ed. OT, III 298-326. Cfr. *Sermoni compendiati,* n. 83.

Est. BG, I, 116-117; Tan, II c. 5; Tell, I 727-736; RM, 468 [528].

* 50. Carta a um religioso sobre o modo de pregar com singeleza apostólica. PORTUGAL: 1907, Vizeu, tr. Ferreira de Almeida: *Sermones abbreviados.*

[LIGÓRIO, Afonso. Carta. Dirigida pelo auctor a um religioso seu amigo, em que se trata do modo de pregar com singelleza apostólica, evitando o estylo florido e empollado. In: *Sermões Abbreviados-para todas as domingas do anno.* Vizeu: Revista Catholica,1907. Trad. Miguel Ferreira de Almeida. 2 v. p. 27-72].

"Afonso completa essa obra destinada aos padres [*Selva*] com uma admirável **Carta sobre a pregação à maneira dos Apóstolos** (1761) e por um opúsculo sobre *A missa e o ofício massacrados* (1760): uma pintura impiedosa das irreverências de certo clero assim como ricas exposições sobre a excelência e necessidade da oração litúrgica." **[RM, 528]**.

51. 1761, Vita e morte della S. di D. Sr. Teresa M. de' Liguori (39).

Vita e morte della Serva di Dio Suor Teresa Maria de Liguori, Monaca nel venerando Monastero del SS. Sacramento in Napoli, dell'Ordine di S. Maria Maddalena de' Pazzi, e defunta nell'anno 1724.

(Vida e morte da Serva de Deus, Irmã Teresa Maria de Liguori, religiosa do venerando Mosteiro do Santíssimo Sacramento em Nápoles, da Ordem de Santa Maria Madalena de Pazzi, e falecida no ano de 1724).

Ed. OT, IV 669-689.

Est. BG, I 117-118; Tan, I c. 4; Tell, I 72-73; RM, 103-104 [111-113], 635 [124-nota].

[LIGÓRIO, Santo Afonso Maria de. *As quatro biografias escritas por Santo Afonso:* Vítor Curzio, Januário Sarnelli, Paulo Cáfaro, Teresa de Ligório. São Paulo: Amazon, 2023. Tradução: Claudiberto Fagundes].

"Ela era filha do senhor Francisco de Ligório e de dona Virgínia Raitano, príncipes de Presiccio... Seu nome: Teresa. Generosamente dotada de qualidades naturais que a tornavam agradável ao mundo, era, por acréscimo, rica herdeira.

É o próprio Afonso quem, em 1761, evocará nesses termos discretos, mas sugestivos, sua prima afastada, Teresinha. Afastada no parentesco, mas próxima pela idade, nascera em 1704 - e sobretudo pela amizade que ligava as duas famílias. Eram vizinhos no bairro das Virgens; continuaram a se frequentar depois da instalação dos Ligório-Cavalieri no bairro do Purgatório.

E que fazem os pais, senão fazer grandes e belos projetos para seus filhos? Muito cedo portanto - antes de 1710 - José e Ana de um lado, Francisco e Virgínia do outro, haviam sonhado, depois discretamente falado e finalmente decidido - mas psiu! que as crianças não saibam de nada! - um casamento Afonso-Teresinha. Os dois inocentes - no máximo com treze e cinco anos - estavam, ele em seus estudos de direito, ela em seus brinquedos infantis no colégio interno das carmelitas do SS. Sacramento. Quando ficou ela sabendo? E o menino, não é sua própria experiência que estará evocando quando, mais tarde, repreenderá seu irmão Hércules, tratando, ele também, do noivado prematuro de seu primogênito José. 'Zezinho ainda é tão pequeno!' - o pobrezinho tinha exatamente treze anos - 'a menina também é pequena demais para que já se pense em casá-los. É horrível planejar desde já uma união que só poderá se efetuar pelo menos dentro de uns seis ou sete anos... Por favor! Não digam nada sobre esse casamento ao Zé!' De fato, o Zé, no tempo devido, se casará com outra. E 'eles não terão muitos filhos'.

Em todo caso, o projeto de casamento Afonso-Teresinha, tramado desde 1709 e durante muito tempo acariciado por seus pais, impor-se-á tanto à tradição familiar e redentorista que cristalizará uma versão legendária à qual Tannoia dará crédito... e longa vida. Ei-la em poucas palavras, a fim de destruí-la melhor.

A todos seus dons, títulos e ducados, a princezinha acrescenta um zero à direita que multiplica o total por dez: aos cinco anos, ela é filha única! E o senhor José se apressa; e as delicadezas prosseguem maravilhosamente entre as duas famílias; a [111] temperatura subindo calorosamente, de ambas as partes, entre os pais. Pois esse jurista em botão é também um partido encantador... até o dia em que, desgraça! dona Virgínia está manifestamente grávida - e as relações passam para um clima de outono! - em seguida, maldição! ela dá à luz um filho, um maldito pequeno de nome César. Adeus terras, dinheiro, casamento! Adeus um José arruinado que agora só frequenta... sua galera. Um frio de inverno gelou a amizade e cortou as pontes entre os dois palácios...

Neutralidade indiferente de Afonso. Surpresa desapontada de sua terra prometida. Irritação dos príncipes de Presiccio, desprezados em seu orgulho senhorial e feridos em suas esperanças para com Teresinha...

Durante alguns meses somente. Pois o herdeiro morre oportunamente, restituindo a sua irmã todos os seus 'encantos'. O capitão reaparece; mostra-se pressuroso:

- Em que pé está esse casamento?

A primavera volta a florescer porque os Presiccio, sofrendo dentro deles, mas felizes por sua filha, abrem-se a esse novo sol. Mas é a florzinha que se fecha, altiva:

- 'Então era a minha herança que queriam e não a herdeira!' diz. 'Que o mundo fique para lá! Meu esposo será Jesus Cristo!'

E ela volta para o seu carmelo onde falece aos vinte anos, 'em odor de santidade', no dia 30 de outubro de 1724.

Um libreto de ópera-cômica em três atos por N. Piccinni! Mas a verdadeira história vem esclarecer muito melhor o papel do próprio Afonso nesse episódio. E mostra-se menos cruel para o senhor José, assim como muitíssimo mais graciosa para Teresinha... e para Jesus Cristo.

Na realidade, Virgínia Raitano tinha um filho de um primeiro casamento: Vicente Bartilotti, era ele o príncipe de Presiccio, duque de Puzzomauro e único herdeiro dos feudos e da fortuna de seu pai defunto e de sua mãe. No ano seguinte ao de seu casamento com o senhor Francisco de Ligório, nascia nossa Teresa (3 de abril de 1704), depois uma Antônia (1707), e finalmente o famoso César (1711). Quem morre então é Vicente Bartilotti, em 1709 precisamente, deixando títulos, domínios e dinheiro para Teresinha de Ligório.

Que importa o nascimento de Antônia e de César?! A primogenitura napolitana daquele tempo – o maggiorasco semplice – não é antifeminista: os direitos de Vicente vêm para Teresa. E continuarão sendo seus, mesmo se lhe nascesse um regimento de irmãos. Ela será, pois, aos dez anos, princesa e duquesa dourada.

O senhor José, cujo olhar marujo vê longe no horizonte, singra com todos os remos na direção do 'cabo da Boa Esperança' e, com a autoridade paterna da época, 'conclui' o futuro casamento. É o termo empregado por quatro testemunhas no processo apostólico. [112]

Mas os mesmos relatarão 'a constante recusa' de Afonso. E a testemunha mais bem situada entre elas, Alessio Pollio (1742-1813), que durante vinte e cinco anos será empregado doméstico do bispo, afirmará ter ouvido 'dos próprios lábios do Servo de Deus' que foi ele quem levou sua noivazinha a 'escolher' se dedicar também a um Amor Maior. De fato, como Teresa de Lisieux, Teresinha de Ligório entra para o carmelo aos quinze anos, depois de haver renunciado, por ato de 21 de abril de 1719, a seus feudos em favor de seu irmão César, 'a fim de que ele possa realizar um casamento digno da nobreza de sua família.'

O ano de 1719 é o ano em que, jovem advogado de vinte e três anos, em pleno êxito profissional, Afonso arranca de seu coração e de seus pincéis o impressionante quadro de seu Cristo na cruz e o rosto de pura beleza da 'Mulher de sua vida', a Madonna. Quarenta e dois anos mais tarde, o padre Ligório escreverá, em treze pequenos capítulos, **A vida e a morte da serva de Deus, soror Maria Teresa de Ligório**, monja do venerável mosteiro do Santíssimo Sacramento em Nápoles, da Ordem de S. Maria Madalena de Pazzi, e falecida em 1724. Com vinte anos e sete meses. De tuberculose como Teresa de Lisieux. Como ela, na paz e no amor. Após cinco anos ardentes de oração, de pobreza e de humildade, de obediência e de provações, de amor ao próximo e de união com Deus. 'Tenho um grande desejo de morrer', dirá ela em seu entusiasmo, para se juntar plenamente àquele que Afonso lhe ensinara a amar." **[RM, 111-113]**.

"Nota 1. **Vita e morte della Suor Teresa M. de Liguori**, Ed. Marietti, IV, p. 669." **[RM, 124]**.

52. 1762, Risposta apologetica a... D. Cipriano Aristasio.

Risposta apologetica del Rev. Padre D. Alfonso de Liguori, Rettor Maggiore della Congregazione del Smo. Redentore e Vescovo Eletto di S. Agata de' Goti, ad una Lettera stampata inviatagli dal Rev. Sacerdote D. Cipriano Aristasio, Prete Missionario della Chiesa di Napoli. In Roma, Appresso li Fratelli Salvioni, 1762. Con licenza de' Superiori. AGHR, S. Alf. X 9, onde continua a *Replica... di D. Cipriano Aristasio,* com a seguinte "*Nota:* Sequens *Replica alla Risposta Apologetica dell'Illustrissimo, e Reverendissimo Monsignor D. Alfonso de' Liguori, Vescovo di S. Agata de' Goti, su quanto è stato da Lui scritto intorno alla Frequenza della Santa Comunione di D. Cipriano Aristasio, Prete Missionario della Santa Chiesa di Napoli,* uti clare apparet, *non est Sancti Alphonsi,* sed ejus Adversarii, Cypriani Aristasii; ac proin, per errorem unita fuit Operibus Sancti, et in Catalogum Operum et Mss. a

Sacra Rituum Congre. anno 1803 confectum, inserta. Haec *Replica* doctissime confutata fuit a P. De Meo, et postea ab ipso S. Alphonso". Cfr. AGHR, S. Alf. X 9. Cfr. n. 58.

(Resposta apologética do Reverendo Padre Afonso de Liguori, Reitor-Mor da Congregação do Santíssimo Redentor e Bispo Eleito de Santa Águeda dos Godos, a uma Carta publicada que lhe foi enviada pelo Reverendo Sacerdote Cipriano Aristásio, Padre Missionário da Igreja de Nápoles. Em Roma, Impressão dos Irmãos Salvioni, 1762. Com licença dos Superiores. AGHR, S. Alf. X 9, onde continua a Réplica... de Cipriano Aristásio, com a seguinte "Nota: A seguinte Réplica à Resposta Apologética do Ilustríssimo e Reverendíssimo Monsenhor Afonso de Liguori, Bispo de Santa Águeda dos Godos, sobre quanto foi escrito por ele em relação à Frequência da Santa Comunhão, de Cipriano Aristásio, Padre Missionário da Santa Igreja de Nápoles, como claramente se mostra, não é de Santo Afonso, mas de seu Adversário, Cipriano Aristásio; e então, por erro foi anexada às Obras do Santo e inserida no Catálogo das Obras e Manuscritos elaborado pela Sagrada Congregação dos Ritos no ano de 1803. Esta Réplica foi confutada muito doutamente pelo Padre De Meo, e depois, pelo próprio Santo Afonso. Cfr. AGHR, S. Alf. X 9. Cfr. n. 58.").

Ed. OT, IX 883-892; OMM, 31, pp. 133-163.

Est. BG, I 118-119; Tan, III c. 5; Tell, II 30, 90, 325.

53. 1762, Breve dissertazione sull'uso moderato dell'opinione probabile.

Breve dissertazione dell'uso moderato dell'opinione probabile. Opera dell'Illustriss, e Reverendiss. D. Alfonso de Liguori, Vescovo di Santagata de' Goti, e Rettor Maggiore della Congregazione del SS. Redentore. In Napoli, 1762, nella Stamperia di Giuseppe di Domenico.

(Breve dissertação sobre o uso moderado da opinião provável. Obra do Ilustríssimo e Reverendíssimo Dom Afonso de Liguori,

Bispo de Santa Águeda dos Godos, e Reitor-Mor da Congregação do Santíssimo Redentor. Em Nápoles, 1762, na Imprensa de Giuseppe di Domenico).

AGHR, S. Alf. X 9.

Ed. OMM, 29, pp. 365-429.

Est. BG, I 119-120; Tell. I 287-290, 293, 295, 309. Cfr. n. 9.

54. 1762, Evidenza della fede, o sia Verità della Fede (24).

Verità della Fede, fatta evidente per li contrassegni della sua credibilità. Opera dell'[...]. Coll'aggiunta in fine di un Dialogo per convertire un Infedele alla nostra santa Fede. In Napoli, 1762, nella Stamperia di Giuseppe di Domenico.

(Verdade da Fé, tornada evidente pelas comprovações de sua credibilidade. Obra do [...] com anexo, no final, de um Diálogo para converter um Infiel à nossa santa Fé. Em Nápoles, 1762, na Imprensa de Giuseppe di Domenico).

AGHR, S. Alf. X 8.

Ed. OT, VIII 490-535; OD, I 39-93.

Est. BG, I 120; Tan, IV c. 43; Tell, II 332; RM, 536 [610], 542-543 [617-619].

[LIGÓRIO, Afonso. *A Verdade da Fé.* Rio de Janeiro: Centro Dom Bosco, 2019. Tradução: Andréia de Faria].

"É paradoxal que Clemente XIII, que o obrigou, havia três anos, a governar sua diocese da cama, lhe escreva, a 4 de agosto de 1767, em resposta à dedicatória de seu livro **Verdade da fé**: 'Nós o amamos muito, venerável irmão, porque o senhor não se contenta em governar a sua Igreja: sem perder nada do tempo que lhe resta, consagra-se a trabalhos cuja utilidade não se detém nos limites de sua diocese, mas se estende à Igreja Universal." **[RM, 610]**.

"Em todo o caso o bispo de S. Ágata pode ao menos combater os incrédulos com armas iguais! Ele também tem uma pena e editores. Não cessa de estar à escuta, de ler e de analisar os venenos destilados por Collins, Tolannd, Tindall, Saint-Evremont, etc. Seus troféus de caça se enriquecem. A seus dois opúsculos já publicados, acrescenta capítulos sucessivos que explica e dita a seus seminaristas por intermédio do Pe. Caputo.

Ditar? É contra todos os seus princípios. 'Se seu curso é melhor do que o manual, publique-o.' É o que faz em 1767. Editou, e mais do que dobrado, seus dois pequenos tratados precedentes para fazer deles aquilo que será seu monumento de apologética completa: **A verdade da Fé**: 1) Fé em Deus e na imortalidade, contra os materialistas; 2) Fé cristã, contra os deistas; 3) Fé católica, contra os crentes não-cristãos e os 'reformados'. Ele é muito moderno, quando, nessa terceira parte, reúne todos os crentes não-católicos - judeus, muçulmanos, reformados - herdeiros da fé de Abraão. Consagra, ainda, três capítulos para demonstrar a perpetuidade, na Igreja, do ministério de Pedro e da infalibilidade do papa quando define um dogma *ex cathedra*, isto é, enquanto boca da Igreja infalível. [618]

Esse livro, diz ele, custou-lhe suores de sangue. Mas eis que a dupla aprovação, eclesiástica e real, demora a chegar. Naqueles tempos de regalismo meticuloso, é quase tão difícil compor uma obra quanto conseguir a sua aprovação. A Corte que se recusou a cortar as asas de Jean Gravier, pode podar suas páginas de alto a baixo. 'Receio bastante', escreve a Remondini, 'que a terceira parte de minha obra me traga dificuldade da parte dos revisores napolitanos, porque há nela dois capítulos em que defendo a superioridade do papa sobre os concílios e sua infalibilidade em matéria de fé. Ora, com as máximas francesas hoje em moda, poderia alguém, amigo do partido, com muita facilidade suscitar contradições...

Tempos infelizes estes em que não é mais permitido defender nosso pai comum, vigário de Jesus Cristo. Que Deus tenha piedade de nós!'

Mas não, os dois revisores se espraiam em elogios na medida em que ocorreu a demora; e um breve caloroso de Clemente XIII responde à dedicatória de que é objeto." **[RM, 618-619]**.

55. 1762, Breve dottrina cristiana.

(Breve Doutrina Cristã).

Ed. OT, IX 853-859.

Est. BG, I 121; Tell, II 150. Cfr. n. 5.

[LIGÓRIO, Afonso Maria. *Breve Compêndio da Doutrina Cristã*. Aparecida: Oficinas Gráficas, 1952].

56. 1762 (?), Istruzione per l'orazione mentale.

Istruzione per l'orazione mentale de' figliuoli la mattina nel tempo della messa.

(Instrução para a oração mental dos fiéis, de manhã, na hora da missa).

Ed. Lettere, III 560-562.

Est. BG, I 121.

** *Fácil methodo para se meditar, segundo Santo Affonso. Por um Redemptorista.* Apparecida, Santuario, 1930, in-16°, 8 p.

***** 1762, Regole per lo Seminario di S. Agata de' Goti.**

(Regras para o Seminário de Santa Águeda dos Godos).

Ed. A. Sampers, *Tre testi di S. Alfonso de Liguori sul buon ordinamento dei Seminari,* em: SH. 27 (1979) 52-63.

Est. Ibid., 14-63.

*** **1763, Theologia Moralis, 5ª ed. Cfr. n. 9.**

57. 1764, Il Confessore diretto (44).

Il Confessore diretto per le confessioni della gente di campagna. Opera composta dall'Illustris. e Reverendis. Mons. de' Liguori, Vescovo di Santagata de' Goti, per istruzione de' Preti della sua Diocesi e d'altri che vivono ne' villaggi. Con una Risposta Apologetica in fine in difesa del Sistema che tiene l'Autore circa la Questione del Probabile. In Benevento, 1764, per Bartolomeo Pignatelli. Con Licenza de' Superiori.

(O Confessor dirigido para as confissões do povo do campo. Obra composta pelo Ilustríssimo e Reverendíssimo Monsenhor de Liguori, Bispo de Santa Águeda dos Godos, para a instrução dos Padres de sua Diocese e de outros que vivem nos povoados. Com uma Resposta Apologética, no final, em defesa do Sistema que sustenta o Autor a respeito da Questão do Provável. Em Benevento, 1764, por Bartolomeo Pignatelli. Com Licença dos Superiores).

AGHR, S. Alf. X 10.

Ed. OT, IX 641-782.

Est. BG, I 122-123; Tell, II 201, 216, 220, 223, 309-310; RM, 522 [595]. Cfr. *Istruzione e pratica,* n. 29.

* 57. Guia dos confessores da gente do campo. PORTUGAL: 1855, Mariana, tr. "por ordem do Exmo. Bispo de Mariana."

[LIGÓRIO, Afonso. *Guia dos Confessores da Gente do Campo.* Obra de S. Afonso Maria de Ligório, traduzida do italiano por ordem do Exmo. bispo atual de Mariana. Da edição de Roma de 1837. Edição manuscrita disponível na Biblioteca Nacional - Rio de Janeiro].

"Pensando nos confessores pobres de latim e de carlinos, Ligório resumira sua grande *Moral* latina em 3 pequenos volumes italianos: a *Instrução e Prática.* Era ainda demais para as necessidades e capacidade de certos cooperadores. Simplificou ainda mais e resumiu esse resumo em 400 páginas in-oitavo: **O Confessor da gente do campo** (1764). Ele o anuncia nesses termos a Remondini em 26 de agosto de 1763: 'Incluí aí, brevemente e em língua vulgar, noções suficientes de todos os pontos da moral. Quem domina esse pequeno livrinho pode tranquilamente atender confissões nas pequenas localidades. Foi para isso que o escrevi, com sacrifício de tempo, para a utilidade da minha diocese.'" **[RM, 595]**.

58. 1764, Risposta apologetica circa l'uso della comunione.

Risposta apologetica dell'Illustriss. e Reverendiss. Mons. de' Liguori circa l'uso della Comunione. Contra le opposizioni fattegli dal Rev. Sacerdote D. Cipriano Aristasio. In Napoli, 1764, presso Giuseppe di Domenico.

(Resposta apologética do Ilustríssimo e Reverendíssimo Monsenhor de Liguori, a respeito do uso da Comunhão. Contra as oposições que lhe foram feitas pelo Reverendíssimo Sacerdote Cipriano Aristásio. Em Nápoles, 1764, junto a Giuseppe di Domenico).

AGHR, S. Alf. X 7.

Ed. OT, IX 892-896; OMM, 31, pp. 165-182.

Est. BG, I 123; Tell, II 326-327. Cfr. nn. 52, 65.

59. 1764 (?), Dimande per l'Esame de' Confessori.

Dimande per l'Esame de' Confessori sovra i Trattati e le Dottrine più necessarie a sapersi.

(Perguntas para o Exame dos Confessores sobre os Tratados e Doutrinas mais necessárias de se saber).

AGHR, S. Alf. X 9.

Ed. OT, IX 861-868.

Est. BG, I 124; Tell, II 190.

60. 1764 (?), Dimande ai Sacerdoti.

Dimande che possono farsi a' Sacerdoti, che vogliono prender le confessioni, di varie cose che più si appartengono alla pratica.

(Perguntas que podem ser feitas aos Sacerdotes que querem atender as confissões sobre várias coisas que mais se referem à prática).

AGHR, S. Alf. X 34.

Ed. OT, IX 859-861.

Est. BG, I 124; Tell, II 190.

61. 1764 (?), Regole per il V. Monastero di S. M[a]. Regina Coeli (33).

Regole per il Ven. Monastero di S. Maria Regina Coeli nella Città di Airola sotto l'Istituto di S. Lisabetta, del Terzo Ordine di S. Francesco. Rivedute e ridotte in miglior ordine dall'Illustrissimo e Reverendissimo Monsignor de Liguori, Vescovo di Sant'Agata de' Goti.

(Regras para o Venerável Mosteiro de Santa Maria Regina Coeli, da cidade de Airola, sob o Instituto de S. Lisabetta, da Ordem Terceira de São Francisco. Revistas e redigidas em ordem melhor pelo Ilustríssimo e Reverendíssimo Monsenhor de Liguori, Bispo de Santa Águeda dos Godos).

Ed. OT, IV 677-689.

Est. BG, I 125; Tan, III c. 14; Tell, I 228-229.

62. 1764, Risposta apologetica.

Risposta apologetica dell'Illustriss. Mons. de' Liguori ad una Lettera d'un Religioso circa l'uso dell'opinione egualmente probabile.

(Resposta apologética do Ilustríssimo Monsenhor de Liguori a uma Carta de um Religioso acerca do uso da opinião igualmente provável).

AGHR, S. Alf. X 10.

Ed. Il Confessore diretto, (Veneza) 1764, n. 57; OMM, 30, pp. 95-131.

Est. BG, I 125-126; Tan, III c. 21; Tell, II 291-292. Cfr. n. 9.

63. 1764, Apologia contro Adelfo Dositeo.

Apologia dell'Illustriss. e Reverendiss. Mons. D. Alfonso de' Liguori, Vescovo di Santagata de' Goti, in cui si difende la Dissertazione del medesimo prima data in luce circa l'uso dell'opinione probabile, dalle opposizioni da un molto Rev. P. Lettore, che si nomina Adelfo Dositeo. [Appendice di Monsignor de Liguori alla sua *Apologia* in risposta all'Autore della *Regola de' costumi].* In Bassano, 1765, nella Stamperia Remondini.

(Apologia do Ilustríssimo e Reverendíssimo Monsenhor Dom Afonso de Liguori, Bispo de Santa Águeda dos Godos, onde é defendida a Dissertação publicada pelo mesmo autor acerca do uso da opinião provável, das oposições do muito Reverendo Padre Leitor que se chama Adelfo Dositeo. (Apêndice do Monsenhor Liguori à sua Apologia em resposta ao Autor da Regra dos Costumes). Em Bassao, 1765, na Imprensa Remondini).

AGHR, S. Alf. X 13.

Ed. OMM, 30, pp. 133-342.

Est. BG, I 127-128; Tell, II 299-300, 303; [+RM, 537-539 [612-613]]. Cfr. n. 9.

"É a hora em que, nos bastidores da edição, prepara-se para entrar em cena um sábio moralista dominicano, Vicente Patuzzi (1700-1769). Resolvido a arrasar com o 'laxismo', acumulou 200 páginas contra a *Breve Dissertação* ligoriana de 1762. Estamos lembrados. Afonso, de posse enfim de seu sistema moral, dava o acerto final no seu 'equiprobabilismo' com esta afirmação básica: tendo sido o homem criado livre, uma lei incerta não pode acarretar uma obrigação certa.

Escondido atrás de um pseudônimo - 'o reverendíssimo professor Adolfo Dositeo' - Patuzzi exalta o 'sábio' autor do recente *Tratado da Regra Próxima dos Atos Humanos* - que não é senão ele mesmo - e, 'Pascal italiano', investe com desdém contra as 'quatro folhas' do bispo de S. Ágata que pretendem contrabalançar os volumes maciços e invencíveis dos rigoristas. Ainda se aquelas páginas tivessem consistência. Mas não! Ligório não compreende, nem a questão, nem as objeções. Será que ele mesmo se compreende? E entretanto, ah! como é seguro de si mesmo! Certeza ilusória, Excelência! Ignorância culpável! Que repare, retratando-se, o escândalo que deu, que dá, que continuará a dar, se não houver retratação, até que caia na geena 'onde o verme não morre, nem o fogo se extingue'.

Seu argumento? Antes do homem, há o Legislador soberano. Logo, antes de nossa liberdade, há a lei. Daí, na dúvida entre a lei e a liberdade, deve-se ir sempre pelo mais seguro (tuciorismo), optando pela lei. Contrariamente, corre-se o perigo de infringi-la! E aí está o pecado!

O editor de Patuzzi era... Remondini. Os editores não se preocupam com o laxismo ou com o rigorismo; eles fazem livros, e para serem vendidos. Ao mesmo tempo em que ia tirando as provas, o impressor enviava secretamente suas folhas a Ligório que podia assim pesar, escolher, ou, já então, refutar seu oponente.

'Eu prometi' (dissera Afonso com lealdade) 'retratar-me, e por escrito público, se vierem a demonstrar a verdade da opinião contrária à minha.

De resto, consultei sobre esse ponto diversos homens doutos e imparciais, pertencentes à ordem do Pe. Patuzzi ou à do Pe. Agostinho Lourenço Berti. Após haverem lido sem paixão minha *Dissertação*, responderam-me que aquilo que disse é claro, que nem mesmo é uma opinião, mas uma demonstração; e mais de um sábio, que anteriormente tinha opinião contrária, retratou-se após ter lido minha *Dissertação*, dizendo que a ela nada pode ser respondido.

De outro lado, quando algum escritor quiser responder só por responder, terá sempre o que dizer, prendendo-se a pontos acessórios.

Mas é sobre os pontos essenciais, conforme disse em minha *Dissertação...* que desejo ser convencido; senão, não posso certamente em consciência retratar-me; e se for necessário publicarei uma nova resposta.

Estimo muito o Pe. Patuzzi e o Pe. Berti porque são sábios; mas somente Deus e a Igreja é que são infalíveis.

Dizer, depois disso, que escrevi por paixão ou para seguir os jesuítas, é assacar-me uma enormidade; é pretender que eu conheça a verdade e que, para [612] não sacrificar os jesuítas ou meu próprio sentimento, obstino-me em defender uma opinião falsa.

Não. Se defendo essa opinião é porque estou convencido de que deve ser seguida em consciência; e estou convencido também que não está em bom estado de consciência aquele que quer obrigar um penitente a seguir a opinião mais segura, quando esse penitente confessou seus pecados e quando de resto as opiniões são igualmente prováveis.

Não creria poder, sem escrúpulo de consciência, conceder a faculdade de ouvir confissões àqueles que assim seguissem a opinião rígida. Eis a verdade que confesso perante Deus. De resto, digam lá os meus contestadores o que quiserem...'

O que dizem é decididamente 'débil'; mesmo a *Resposta à Breve Dissertação de Dom Ligório* (1764). Sem afastar-se da cortesia, onde reponta por vezes um sorriso divertido, Afonso não lhe deixará campo. A salvação das almas está por demais envolvida no debate. Pisando nos calcanhares de Patuzzi, se posso assim dizer, aí está, pois, Ligório com suas 199 páginas de **Apologia contra 'o reverendíssimo professor que se dá o nome de Adolfo Dositeu'** (1764). Este último responde à resposta; o que rende, em 1765, um Apêndice à *Apologia*, cujo interesse para nós, hoje, é esta afirmação solene:

'Que meus contestadores me acusem, se querem, de ceder à obstinação e à paixão; vá lá. Não sei verdadeiramente onde buscar essa paixão. Não posso esperar mais nada deste mundo. Minha idade bastante avançada e as doenças que constantemente me assaltam mostram-me a morte bem próxima. Por isso seria de minha parte loucura desmesurada se me recusasse a renunciar a minhas opiniões para mendigar, talvez, os aplausos de alguns com o fito de criar fama. O que escrevi, eu o escrevi diante de Deus, que muito breve deve julgar-me.'

O duelo se prolonga com algumas escaramuças. Ainda em 1765, o Pai refunde suas três últimas publicações em uma síntese 'acabada e estruturada' de 360 páginas sobre *O bom uso da opinião provável.*" **[+RM, 612-613]**.

64. 1765, Dell'uso moderato dell'opinione probabile.

Dell'uso moderato dell'opinione probabile [...]. In fine vi sono le Lettere di molti Prelati e d'altri Uomini dotti concernenti alla stessa materia. In Napoli, 1765, presso Giuseppe di Domenico.

(Sobre o uso moderado da opinião provável [...]. No final, estão as Cartas de muitos Prelados e de outros Homens doutos concernentes à mesma matéria. Em Nápoles, 1765, por Giuseppe di Domenico).

AGHR, S. Alf. X 11.

Ed. OMM, 29, pp. 3-364.

Est. BG, I 128-129; Tell, II 294, 303-305; RM, 539-540 [613-616]. Cfr. n. 9.

"(...) Ainda em 1765, o Pai refunde suas três últimas publicações em uma síntese 'acabada e estruturada' de 360 páginas sobre **O bom uso da opinião provável**. Ela é precedida de uma dedicatória a seu amigo Clemente XIII. Dá assim a formulação definitiva, enriquecida e aguçada pela controvérsia, de sua posição equiprobabilista de 1762: filho e imagem de Deus, o homem é livre; perante uma obrigação duvidosa, sua liberdade continua, porque é certa;

somente uma vontade de Deus que se apresente à sua consciência como notavelmente mais provável é que se impõe à sua vontade. É nesse último ponto que, desde 1762, ele se separa dos jesuítas, probabilistas, aos quais os rigoristas o querem identificar, para perdê-lo com eles, a ele e a seu Instituto. Imediatamente, na Sicília, um certo Diodato Targianni, conselheiro do vice-rei de Palermo, acusa os redentoristas de professarem a moral jesuítica e de darem a absolvição com muita facilidade. Em Portugal começa a caça às bruxas. É de 30 de junho esta carta a Remondini:

'Li nos Avisos de Nápoles que, em Portugal, encarregaram um eclesiástico de proibir as *Morais* que ensinam uma doutrina corrompida. [613]

Por essas *Morais* de doutrina corrompida entenderão todas as *Morais* dos jesuítas. Mas em verdade, todas as *Morais* dos jesuítas não são de doutrina corrompida. As obras de Lugo, Suarez, Laymam, Lessius, Castropalaus, etc, não ensinam uma doutrina corrompida...

Por outro lado, meu sistema de probabilismo não é o dos jesuítas; isso porque não admito que se abrace uma opinião reconhecida como menos provável, como o afirmam Busembaum, Croix e quase todos os jesuítas.

Quis dizer-lhe isso para que o senhor possa comunicá-lo a outros, se necessário; tanto mais que, se na França queimaram grande quantidade de obras jesuítas, não queimaram a minha.

Quem teria jamais podido imaginar que os jesuítas devessem um dia passar em toda a parte por assassinos e rebeldes!'

Mais um ano e será a vez de Ligório: em outono de 1769, sua *Moral* é proibida em Portugal. 'Ele sofre muito com isso. Mas que fazer? Paciência!' Sua Congregação não está estabelecida naquela região.

Entretanto, a febre antijesuíta é característica dos bourbons... A Companhia é sucessivamente expulsa de todos os Estados dominados pelos Bourbons na Europa, na América e na Ásia. Portugal, que não lhes perdoava ter defendido os Guaranis, começou em 1759; a França, em 1764; depois a Espanha, em 1767. Ora, é Carlos III de Bourbon que reina em Madri... e que governa ainda as Duas Sicílias por intermédio de Tanucci. A menos que o Regente sugira habilmente ao rei católico decisões que ele posteriormente julgará serem decisões suas. Eles se correspondem cada semana. Mas isso não nos garante nada. É difícil imaginar até que ponto o fantasma jesuíta sobressalta as noites e os dias e as orações deste homem tão contraditório que é Bernardo Tanucci. Esse oblato da Companhia, que se confessa com um jesuíta, cujas mulher e filha têm um jesuíta como confessor, escreve a 29 de abril de 1767, a seu amigo Luís Viviani della Robbia:

'Feliz quem pode como você, durante a Semana Santa, deixar o mundo por Deus, único bem, único amigo, refúgio seguro, luz única de nosso espírito. O desprezo da fortuna, a indiferença para com as honras - é fácil dizer quando se tem tudo! - eu os tenho dele que é meu Mestre, minha garantia e meu repouso...'

Ora, 14 linhas mais a frente, essa tirada mística nos leva a estas invectivas:

'Os jesuítas, assassinos a soldo de Roma, sediciosos, intrigantes, corruptores da moral e da religião, são a peste dos Estados. Pregam máximas infernais contra as finanças dos Soberanos, contra a Regalia, contra o episcopado, contra o evangelho. Eles, finalmente, foram desmascarados na Espanha após os atentados de Portugal e após as devassas e processos da França.'

A 20 de novembro seguinte, ao cair da noite, as tropas invadem as residências e estabelecimentos da Ordem de Santo Inácio em todo o Reino e embarcam seus religiosos nos portos mais próximos. [614]

O Pe. Pedro Paulo Blasucci, superior de Agrigento, naquela Sicília onde os poderes civis e religiosos estão nas mãos dos rigoristas, vê-se já expulso com seus padres, por motivo do probabilismo laxista. Uma longa correspondência se entabula entre ele e seu superior. Desejaria ele que Afonso mudasse de sistema, se mostrasse probabiliorista e se desinfetasse de todo o mofo do probabilismo jesuíta. Para o reitor-mor há dois domínios: o da verdade teológica, em que já se fixou e não mais mudará; e o das relações com um Estado, insuportável em setores que estão fora de sua esfera de competência, nos quais nada entende. Aí ele é advogado, é diplomata disposto a fazer concessões verbais e a bancar o vivo até aos limites da honestidade. Vimos isso quando das negociações com Mannarini por uma fusão fictícia de suas duas Congregações. Em novembro de 1768 escreve, pois, a Blasucci:

'Pela graça de Deus, creio ter demonstrado o princípio de que uma lei duvidosa não obriga... Quando, pois, as duas opiniões são igualmente duvidosas, a lei não obriga, já que é duvidosa.

Antes da publicação de meu livro do **Bom uso da opinião provável**, esse ponto não estava esclarecido; mas hoje ele é claro como o dia, todo o mundo o reconhece, o senhor pode convencer-se pelas cartas que fiz publicar no fim do volume...

Que importa depois disso que alguns sábios da moda digam o contrário? Eles não vêem o nó da questão e falam a esmo. O Pe. Patuzzi somente conseguiu confirmar-me em meus sentimentos: é que as numerosas respostas que me opôs, nenhuma toca o ponto do debate. Seus próprios amigos o reconheceram...'

Aí está quanto à verdade teológica e pastoral. Para o senhor não ser expulso da Sicília, eu devo me 'etiquetar' de probabiliorista? Então, eu passo por probabiliorista. Não é a etiqueta que conta, mas o conteúdo. De resto, ela não é mentirosa:

'Minha regra me parece muito clara e certa a mim mesmo. Quando a opinião que favorece a lei é certamente provável, digo que não se pode seguir a opinião menos provável, e sou dessa maneira, não tuciorista, mas verdadeiro probabiliorista... Nesse ponto, eu estou em oposição ao sistema dos jesuítas.'

A 5 de agosto de 1772, Afonso escreverá ainda a Blasucci:

'Targianni é daqueles que vociferam contra o probabilismo sem mesmo saber o que significa a expressão opinião provável, mais provável e probabilíssima.

Continue a dizer que sou, que todos nós somos probabilioristas. E é verdade, pois que sustento que a opinião provável não pode ser seguida por sua única qualidade de provável: para agir bem é de necessidade a certeza moral; a probabilidade por si só não dá o fundamento suficiente para a retidão da ação. Embora não tenha escrito isso com essas palavras, expressei-me, contudo, de maneira equivalente...

É verdade que em Agrigento (sua carta testemunha) não se pode ter essa linguagem, pois que aí são partidários do tuciorismo. O que me entristece é que as pobres almas se perdem. Meu Deus, que tempo infeliz é este em que vivemos!' [615] Ainda em 1773, certo Pe. Magli, cônego de Martina Franca, na região de Taranto, vai secar seu tinteiro para envenenar com seu fanatismo a Afonso e seu Instituto. Villani teme pela ruína da Congregação. Afonso, que julga esse libelo 'cheio de extravagâncias insustentáveis', teme antes pela ruína das almas. Em 74, publica então uma *Declaração de seu sistema.*

'Declaro de novo que não sou probabilista, que reprovo o probabilismo (n. 1) ... Equiprobabilista então? Recentemente, vi-me classificado por alguns entre os equiprobabilistas, que são tratados como libertinos, licenciosos, gente que quer viver a seu modo e sem lei para se entregarem a seus apetites carnais e a todos os vícios. E então somos considerados como maniqueus, epicuristas, seguidores de Hobbes e de Spinoza (n. 7)... Não! uma coisa é a libertinagem... outra, a legítima liberdade que não está ligada por nenhuma lei, enquanto esta não se manifesta (n. 44)... Ninguém me persuadirá a retratar-me de meu sistema cujo silogismo eu invoco:

Uma lei não suficientemente promulgada não obriga.

Ora uma lei duvidosa não está suficientemente promulgada.

Logo uma lei duvidosa não obriga (n. 55).'

Sem usar a palavra, aí está o equiprobabilismo afonsiano de 1762.

Pobre cônego Magli! Seria necessário ser bem ignorante quanto às obras apologéticas de Afonso para enfileirá-lo, a ele e aos equiprobabilistas, com os seguidores de Hobbes, Spinoza, Epicuro e outros." **[RM, 613-616]**.

65. 1765, Breve aggiunta sulla comunione frequente.

Breve aggiunta sulla materia della comunione frequente contro D. Cipriano Aristasio.

(Breve resumo sobre a matéria da comunhão frequente, contra o Padre Cipriano Aristásio).

Ed. Istruzione e pratica, (Nápoles, 1765), n. 29; OT, IX 892-896.

Est. BG, I 129-130. Cfr. nn. 52, 58.

66. 1765 (?), La legge incerta non può indurre una obligazione certa.

(A lei incerta não pode levar a uma obrigação certa).

Ed. Opere Morali, V, Torino, Marietti, 1830.

Est. BG, I 130-131. Cfr. n. 9.

***** 1765, Trattato della Confidenza cristiana.**

(Tratado sobre a Confiança cristã).

Ed. OD, II 725-735.

Est. BG, I 173-174.

***** 1765, Relazione "ad limina".**

Le relazioni "ad limina" della Diocesi di Sant'Agata dei Goti nel secolo XVIII: S. Alfonso Maria de Liguori (1762-1775).

(Os relatórios "ad limina" da Diocese de Santa Águeda dos Godos no século XVIII: Santo Afonso Maria de Liguori (1762-1775)).

Ed. G. Orlandi, em: SH. 17 (1969) 189-214: 1762-1765 (p. 190-206), 1765-1768 (p. 206-211); 1768-1771 (p. 211-214).

67. 1766, Via della salute (631).

Via della salute. Meditazioni e pratiche spirituali per acquistare la salute eterna. Opera [...] divisa in tre parti: Nella I. Parte vi sono le Meditazioni per ogni tempo dell'anno. Nella II. Parte vi son le Meditazioni per diversi tempi particolari. Nella III. Parte vi è il Regolamento di vita d'un cristiano colla pratica delle virtù. Appresso vi sono le Considerazioni sopra l'amore di Gesù Cristo, chiamate Saette di fuoco. *Ed in fine vi è la* Vita *del Padre D. Paolo Cafaro.* In Napoli, 1781, presso Michele Stasi, e dal medesimo si vende a grana 25.

(Estrada da Salvação. Meditações e práticas espirituais para alcançar a salvação eterna. Obra [...] dividida em três partes: Na 1ª parte, as Meditações para todos os períodos do ano. Na 2ª parte, as Meditações para os diversos tempos particulares. Na 3ª parte, o Regulamento de vida de um cristão com a prática das virtudes. Em anexo, as Considerações sobre o amor de Jesus Cristo, chamadas de Setas de Fogo. E, no final, a Vida do Padre Paolo Cafaro. Em Nápoles, 1781, por Michele Stasi, e vendida pelo mesmo a 25 dinheiros).

AGHR, S. Alf. X 23.

Ed. OA, X 1-322; OT, I 853-904 *(Regolamento);* OA, I 335-370 (*Saette*); OT, IV 651-669 *(Vita).*

Est. BG, I 131-133, III 208; Tan, III c. 41; Tell, II 365-367, 382; RM, 533 [606-607].

* 67. Chamas de amor. PORTUGAL: s. d. Porto, tr. J. M. | Novena do Espírito Santo. BÉLGICA: 1906, Tournai, Casterman: *Mais bellas Orações de S. A.*

[LIGÓRIO, Afonso. Novena do Divino Espírito Santo. Petrópolis: Vozes, 2013. 35ª ed].

[LIGÓRIO, Afonso. *Uma estrada de salvação*. Aparecida: Santuário, 2002. Tradução: Pe. Afonso Paschotte, CSsR. Coleção Escritos de Santo Afonso, vol. 2. 176 p].

[LIGÓRIO, *Afonso de. Caminho da Salvação e da Perfeição*. Braga: Caminhos Romanos, 2021. Reedição da tradução de 1948. 448 p.].

[LIGÓRIO, Santo Afonso Maria de. Uma estrada de Salvação. Para quem quer progredir no amor de Deus (textos selecionados). In: *Obras Espirituais Selecionadas*. Aparecida: Santuário, 2021. Tradutor: Afonso Paschotte].

"Em 1776, publica para o uso, pensa ele, de seu clero, uma grossa coleção de meditações por ele intitulada **O caminho da salvação**. Ora, de entrada, essa obra-prima como que estoura além de sua diocese. Apareceu em 1766 em Bassano e em Nápoles, foi impressa quatro vezes em menos de dois anos, sete vezes durante a vida do autor, 35 vezes somente na Itália, após a sua morte. Terá 639 edições em 44 línguas, sendo que 304 em francês.

A primeira parte da obra compreende 97 meditações, em três pontos breves e incisivos, sobre as virtudes essenciais. Nessas meditações Afonso põe as bases sobre as quais se poderá fixar a fraqueza humana. Essas máximas de sabedoria não continuam sendo sempre atuais? Ali está subjacente algo do Pascal com a doçura da Virgem Maria, além do Ministério de Jesus. Comprove a partir de alguns fragmentos:

'Aos olhos dos homens, um grande negócio é ganhar um processo, obter uma colocação, adquirir uma propriedade; mas nada do que cedo ou tarde termina merece o nome de grande. Todos os bens deste mundo devem terminar um dia para nós: ou somos nós que os vamos deixar, ou são eles que nos deixarão. Grande deve então ser chamado somente o negócio de nossa salvação, donde depende uma felicidade ou uma desgraça sem fim.

Sofreu uma casa algum estrago? Depressa se remedia. Uma jóia se perdeu? Coloca-se tudo de pernas para o ar para achá-la.

Perde-se a amizade de Deus? Continua-se a dormir e a rir-se como se nada tivesse acontecido. [606]

Como pode acontecer que entre os homens o tempo seja a coisa mais desprezada? Este diverte-se em jogar cinco, seis horas por dia; aquele, debruçado na janela ou na rua, perde uma boa parte do dia a olhar os transeuntes. Pergunte-lhes o que fazem? Eles respondem infalivelmente: 'Estamos matando o tempo.' Ó tempo tão desprezado, é a você que mais desejarão quando estiverem prestes a morrer!

É possível que se creia no mistério de um Deus, livre e consentidamente esbofeteado, flagelado, coroado de espinhos, moribundo, enfim, sobre a cruz, por nosso amor, sem retribuir-lhe amor por amor? Entretanto, qual não é a nossa ingratidão para com ele? Como compreendemos que S. Francisco tenha percorrido os campos chorando e repetindo: 'O amor não é amado! O amor não é amado!

Jesus é mediador de justiça; Maria é mediadora de graça. Eis o plano, a vontade formal de Deus: todas as graças que ele conceder aos homens, todas sem exceção, passarão pelas mãos de Maria. Aos olhos de Deus, as preces dos santos são preces de amigos; mas as preces de Maria são preces de mãe. Felizes aqueles que recorrerem sempre com confiança a essa divina Mãe!'

Sempre em parágrafos incisivos e inolvidáveis, a segunda parte de **O caminho da salvação** percorre as etapas do ano litúrgico: advento e tempo de Natal, Quaresma e Paixão de Jesus Cristo, Páscoa e novena do Espírito Santo, eucaristia, festas da Virgem e de alguns santos. A terceira e quarta partes desenvolvem um *Regulamento de Vida para Todo o Cristão*, padre ou leigo, e *38 Tratados de fogo sobre a caridade do Senhor para conosco.*

Os livreiros de Nápoles já reimprimiram meu **O caminho da salvação**, escreve Afonso a 14 de setembro de 1767. Em minha opinião é um livro muito útil para todas as classes de pessoas: padres, religiosos e seculares. Eu mesmo faço uso contínuo dele e o tenho sempre em mãos." **[RM, 606-607]**.

68. 1766, Vita del P. Paolo Cafaro.

Brevi notizie della vita del Rev. P. D. Paolo Cafaro, Sacerdote della Congregazione del SS. Redentore.

(Breve notícia da vida do Reverendíssimo Padre Paolo Cafaro, Sacerdote da Congregação do Santíssimo Redentor).

Ed. Via della salute, (Basano, 1766), n. 67; OT, IV 651-669.

Est. BG, I 133-134; Tan, II c. 39; Tell, I 577, II 366.

[LIGÓRIO, Santo Afonso Maria de. *Vida do Padre Paolo Cafaro.* São Paulo: Amazon, 2021. Tradução: Claudiberto Fagundes].

[LIGÓRIO, Santo Afonso Maria de. *As quatro biografias escritas por Santo Afonso*: Vítor Curzio, Januário Sarnelli, Paulo Cáfaro, Teresa de Ligório. São Paulo: Amazon, 2023. Tradução: Claudiberto Fagundes].

***** 1767, Theologia Moralis, 6ª ed., cfr. n. 9.**

69. 1767, Verità della Fede (27).

Verità della Fede. Opera data fuori dall'Ill.mo [...]. Nella Parte I. si parla contra i Materialisti, che negano l'esistenza di Dio. Nella Parte II. si parla contra i Deisti, che negano la religione rivelata. Nella Parte III. si parla contra i Settari, *che negano esser la Chiesa Cattolica l'unica vera. Terza edizione.* In Napoli, 1777, nella Stamperia de' Fratelli di Paci e dai medesimi si vendono a grana 32. AGHR, S. Alf. X 25. [In fine vi sono due appendici]: *1. Confutazione del libro francese intitolato* dello Spirito (cfr. n. 70); 2. *Confutazione di un altro libro francese intitolato:* De la prédication par l'auteur du Dictionnaire philosophique (cfr. n. 71).

(Verdade da Fé. Obra opublicada pelo Ilustríssimo [...]. Na 1ª parte se fala contra os Materialistas, que negam a existência de Deus. Na 2ª parte se fala contra os Deístas, que negam a religião revelada. Na 3ª parte se fala contra os Sectários, que negam a Igreja Católica ser a única verdadeira. Terceira edição. Em Nápoles, 1777, na Imprensa dos Irmãos di Paci e pelos mesmos vendida a 32 dinheiros. AGHR, S. Alf. X 25. [No final há dois apêndices]. 1. Confutação do livro francês intitulado do Espírito (cfr. n. 70); 2. Confutação de um outro livro francês intitulado: De la prédication par l'auteur du Dictionnaire philosophique (cfr. n. 71)).

Ed. Cfr. *Breve dissertazione contro gli errori de' moderni increduli* (= Parte I e II, cfr. n. 26); *La verità della Fede* (= Parte II, cfr. n. 54); OT, VIII, 536-786; OD, I 95-379.

Est. BG, I 134-135; Tan, III c. 38; Tell, II 328-336.

Esta obra é um desenvolvimento de dois tratados precendentes: *Breve dissertazione contro gli errori de' moderni increduli* (1756) e *Verità della Fede fatta evidente* (1762).

[LIGÓRIO, Afonso. *A Verdade da Fé.* Rio de Janeiro: Centro Dom Bosco, 2019. Tradução: Andréia de Faria].

70. 1767, Confutazione del libro francese intitolato "Dello Spirito" (24).

Confutazione del libro francese intitolato dello Spirito (de l'Esprit) *condannato nell'anno 1769. dal Regnante Pontefice Clemente XIII.*

(Confutação do livro francês intitulado do Espírito (de l'Esprit) condenado no ano de 1769 pelo Reinante Pontífice Clemente XIII).

AGHR, S. Alf. X 25.

Ed. Verità della Fede, (Nápoles, 1767), apêndice. n. 69.

Est. BG, I 135; Tell. II 327-328.

Trata-se do livro de Helvétius, *De l'Esprit.*

71. 1767, Confutazione del libro... De la prédication.

Confutazione di un altro libro francese intitolato De la Prédication par l'Auteur du Dictionnaire Philosophique.

(Confutação de um outro livro francês intitulado: De la prédication par l'Auteur du Dictionnaire Philosophique).

AGHR, S. Alf. X 25.

Ed. Verità della Fede, (Nápoles, 1767), apêndice. n. 69.

Est. BG, I 138-139; Tell, II 334-335.

Trata-se de um opúsculo anônimo surgido em Paris em 1766, obra do abade Coyer. O referido *Dictionnaire philosophique* não é o de Voltaire.

72. 1767, Istruzione al popolo (81).

Istruzione al popolo sovra i precetti del Decalogo per ben osservarli, e sovra i Sagramenti per ben riceverli. Data alla luce dal [...] per uso de' Parrochi della sua Diocesi, ed anche de' Sacerdoti Missionari ne' Catechismi, che fanno nelle loro Missioni, [e di tutti gli Ecclesiastici che s'impegnano ad insegnare la dottrina cristiana]. In Napoli, 1777, a spese di Michele Stasi.

(Instrução ao povo sobre os preceitos do Décalogo para que sejam bem observados, e sobre os Sacramentos para que sejam bem recebidos. Publicada pelo (...) para o uso dos Párocos de sua diocese e também dos Sacerdotes Missionários nas Catequeses que realizam em suas Missões, (e de todos os Eclesiásticos que se dedicam ao ensino da doutrina cristã). Em Nápoles, 1777, às expensas de Michele Stasi).

AGHR, S. Alf. X 14.

Ed. OT, IX 897-976.

Est. BG, I 136-137; Tell. II 319-320, 355; RM, 534 [607].

[LIGÓRIO, Afonso. *Instrução aos católicos*. Rio de Janeiro: Centro Dom Bosco, 2020, 321 p. Tradução: Igor Andrade].

"Santificador de seus padres e de seus fiéis, o bispo é o primeiro catequista da diocese, dissemos. Na linha de Vicente de Paulo, Ligório dava tanta importância à instrução quanto ao grande sermão. Em 1767, publica sua **'Instrução ao povo sobre os mandamentos e sacramentos, para o uso dos vigários, missionários e catequistas'**. Típico de Afonso: condensado, simples, preciso, substancial. Uma introdução pedagógica transmite-nos a experiência do grande missionário. Remondini entusiasmou-se tanto que exigiu uma tradução latina para exportação [próxima obra abaixo]. Ela aparecerá em 1768 em Bassano, e dois anos depois, em Viena." **[RM, 607]**.

***** 1768, Institutio catechistica ad populum in Praecepta Decalogi et Sacramenta.**

(Instrução catequética ao povo sobre os Preceitos do Decálogo e os Sacramentos).

Ed. Bassano, Remondini, 1768, in 12°; Viena, Wolff, 1770, in 8°.

Est. BG, I 136-137. Cfr. n. 72.

73. 1768, Pratica di amar Gesù Cristo (516).

Pratica di amar Gesù Cristo, tratta dalle parole di S. Paolo: Caritas patiens est, benigna est &c. Epist. I Cor., Cap. XIII. *Data fuori dal [...] per utile delle anime che desiderano procurarsi la salute eterna, e di camminare per la via della perfezione.* Vi sono aggiunte le *Considerazioni sulla Passione di Gesù Cristo,* con più altri esercizi divoti verso esso amantissimo Redentore. In Napoli, 1768, presso Gianfrancesco Paci; In Bassano, 1768, a spese Remondini di Venezia. In fine vi è *La via Crucis, Le preghiere a Gesù per ciascuna pena della sua Passione, I gradi della Passione, La coronella delle cinque Piaghe, La coronella de' Sette Dolori di Maria.* In Napoli, 1780, a spese di Michele Stasi.

(Prática de amar Jesus Cristo, tirada das palavras de São Paulo: A Caridade é paciente, é benigna, etc. 1 Cor, 13. Publicada pelo [...] para utilidade das almas que desejam alcançar sua salvação eterna e caminhar pela estrada da perfeição. Foram acrescentadas as Considerações sobre a Paixão de Jesus Cristo, com ainda outros exercícios devotos dirigidos a este amantíssimo Redentor. Em Nápoles, 1768, por Gianfrancesco Paci; em Bassano, 1768, às expensas de Remondini de Veneza. No final há: A Via-Sacra, As orações a Jesus por cada uma das penas de sua Paixão, Os degraus da Paixão, A pequena coroa das cinco Chagas, A pequena coroa das Sete Dores de Maria. Em Nápoles, 1780, às expensas de Michele Stasi).

AGHR, S. Alf. X 20.

Ed. OA, I XV-243; OA, V 135 *(Considerazioni sulla Passione);* OA, V 437 *(La Via Crucis);* OA, V 443 *(Le preghiere);* OA, V 445-46 *(I gradi della Passione);* OA, V 444 *(La coronella delle cinque piaghe);* OA, VII 477 *(La coronella de' Sette Dolori).*

Est. BG, I 138-139, III 208; Tan, III c. 41-42; Tell, II 355, 367-369, 381, 386, 879; RM, 341-343 [382-384].

* Prática do Amor a Jesus Christo. PORTUGAL: 1902, Porto, tr. "uma senhora". | FRANÇA- BRASIL: 1902, Paris - Rio de Janeiro, Garnier. 1928 id.

[LIGÓRIO, Afonso. *A prática do amor a Jesus Cristo.* Aparecida: Santuário, 2002. Tradução e adaptação: Pe. Flávio Cavalca de Castro, CSsR. Coleção Escritos de Santo Afonso, vol. 4. 128 p].

[LIGÓRIO, Afonso. *A prática do amor a Jesus Cristo.* Rio de Janeiro: Centro Dom Bosco, 2021. Tradução: Tiago Veronesi Giacone].

[LIGÓRIO, Afonso. *A prática do amor a Jesus Cristo.* Aparecida: Santuário, 2019. 28ª Edição. 256 p. Tradução: Gervásio Fabri dos Anjos].

[LIGÓRIO, Santo Afonso Maria de. A prática do amor a Jesus Cristo. In: *Obras Espirituais Selecionadas.* Aparecida: Santuário, 2021. Tradução: Gervásio Fabri dos Anjos].

"(...) dava os últimos retoques à sua primeira obra de espiritualidade: *Considerações sobre as virtudes e as qualidades de S. Teresa de Jesus*. Ela aparecerá em 1743, impressa às custas de seu velho amigo Domingos Letizia, e será dedicada à ... duquesa dell'Isola, à Maria Caraciollo.

Esse opúsculo de uma centena de páginas é o primeiro ex-voto do filho àquela que ele denomina 'minha Santa Teresa'. Essa obra corre o perigo de passar despercebida, esmagada pelas grandes obras que serão publicadas a partir de 1750. E é pena; após as nove 'considerações' surge uma Breve prática da perfeição extraída da doutrina de S. Teresa em que já se manifesta totalmente seu pensamento e sua conduta quanto à ascese. Esse 'já' é, aliás, normal: Afonso, aos 46 anos, é um homem 'feito'. Sua grande obra para religiosas, *A verdadeira esposa* (1760), nada mais será do que a ampliação daquelas vinte páginas, cujo plano conservará o mesmo; sua obra-prima, **Prática de amar a Jesus Cristo** (1768), as suas admiráveis Reflexões devotas (1763) não dirão coisas diferentes. Essa Breve prática abre-se com a fórmula-chave, cuja sequência nada mais é do que seu desenvolvimento concreto:

'Toda a perfeição consiste em pôr em prática estas duas coisas: o desapego das criaturas e a união com Deus. Tudo está dito na grande máxima que Jesus Cristo nos legou: 'Se alguém quer vir após mim, negue-se a si mesmo, tome a sua cruz e siga-me' (Mt 16,24).

Esse ensinamento é velho como o Evangelho; é inteiramente tirado da mestra de Ávila; mas a fórmula, simples e vigorosa, sublinhada por ele no texto, é de cunho afonsiano. Ela encerra a síntese definitiva de sua doutrina ascética. [382]

Aí está em evidência o famoso *distacco*, o desapego de espírito e de coração. Mais do que a 'purificação do espírito', cara aos intelectuais do século XIII, ele arrebata o homem inteiro - pensamentos e sentimentos - das realidades caducas. Dentro de um respeito pleno e admirativo da criação - homem e mundo - ele não despreza nem a felicidade, nem a beleza, nem a riqueza, nem a grandeza, como era de praxe no século XIV. Mas em tudo isso não reconhece valor a não ser em Deus e para Deus.

Logo, desapego dos prazeres, dos bens, da estima própria, isto é, das três concupiscências postas em evidência por são João (1Jo 2, 15-17). Usar delas conscientemente, sim; amá-las, não. É preciso não errar no amor. E ele pormenoriza:

- desapego dos prazeres, consequentemente, dos humores e do mau humor; desapego das amizades sensíveis e da família; desapego da vontade própria e das alegrias dos sentidos (contemplar um livro de preferência à bela duquesa, comer escassamente e coisas amargas, dormir pouco e no duro, acariciar-se com cilícios e disciplinas; fechar a boca às fanfarronadas, os ouvidos às tagarelices);

- o desapego da estima, com ressalva do escândalo: fazer pouco dela, fugir dos louvores, das honras (a mitra!); saborear as acusações e os desprezos; 'suplicar a Deus a graça de ser desprezado por seu amor'.

Por seu amor, precisamente: para unir-se a ele: *unione*. Ter somente um temor: o do pecado que nos separa dele (daí a consciência de Afonso, desde cedo, ter-se tomado *timorata*). Ter somente uma vontade: a vontade de Deus. Inflamar e reavivar sem cessar a união na meditação; alimentá-la na comunhão; suplicá-la na prece; vivê-la conscientemente pelo exercício de sua presença; buscá-la com insistência nos exercícios espirituais e na celebração das festas de Natal, da Paixão, de Pentecostes, de Nossa Senhora (a Páscoa-Ressurreição seria hoje mais sublinhada); concretizá-la, por fim, no amor do próximo.

Desapego-apego: corresponde à 'esquerda-direita' que os psicólogos modernos analisam em todo progredir do homem. É a sabedoria dos hindus, a via de Buda: desligar-se do mundo em que nada há de consistente para ir à descoberta de uma plenitude. Mas que plenitude? A essa questão Buda somente tem seu enigmático sorriso. Claude Lévi-Strauss, no final de sua viagem aos *Tristes trópicos* onde, finalmente, todas as sociedades lhe fizeram aprender que nada tem sentido, deseja 'desprender-se' de tudo – é ele que sublinha – para apanhar a essência daquilo que é o homem 'na contemplação de um mineral mais belo que todas as nossas obras, no perfume respirado no cálice de um lírio, ou no piscar de olhos que uma cumplicidade involuntária permite às vezes trocar com um gato'. Se, na perspectiva das sabedorias terrestres, consistir nisso a única contrapartida do desapego voluntário, ele é tão triste como os trópicos; com uma clarividência desiludida, ele somente troca um contra-senso por outro. E é assim que compreendemos melhor o frenesi daqueles que se obstinam em gozar de tudo antes de naufragar na lata de lixo do contra-senso universal. Em santa Teresa de Ávila e em santo Afonso, o desapego é um salto para a frente em direção daquele que é, pessoalmente, a Plenitude. *Unione*: união a Deus, diz Afonso. É por isso que sua Breve prática termina com este aforisma de Teresa: 'Que teu desejo seja de ver a Deus, teu temor, de perdê-lo; tua alegria, tudo o que pode conduzir a ele.' E ele comentará trinta anos mais tarde: [383]

'Para chegarmos a amar a Deus de todo o coração, necessário se faz desapegarmo-nos de tudo o que não é Deus e somente a ele tender...

Amar a Deus de todo o coração comporta duas coisas: a primeira é o rompimento com todo apego que não é para Deus e conforme Deus... O segundo é a oração, pela qual o santo amor invade o coração. Mas se o coração não se esvazia na terra, o amor não pode entrar, porque o lugar está tomado. Ao contrário, um coração desapegado de todas as criaturas imediatamente se inflama dum amor divino que cresce a qualquer sopro da graça.'

E temos, então, a santidade. Para os cocheiros de Nápoles, para os cabreiros de Scala, para os vaqueiros das pastagens salernitanas como para os 'redentoristas' ou para as religiosas.

'E a senhora', escreve à irmã M. Joana da Cruz, 'empregue todo o tempo de que dispõe, absolutamente todo, na meditação, isto é, em suplicar incessantemente a Jesus que a faça cumprir perfeitamente sua vontade para que seja toda dele. Oh! Como é belo ver uma alma inteiramente entregue a Deus, que só quer a Deus, que só pensa em Deus, que não procura nada além de Deus'". **[RM, 382-384]**.

74. 1768, Vindiciae pro suprema Pontificis potestate (17).

Vindiciae pro suprema Pontificis potestate adversus Justinum Febronium. Opera ab Honorio de Honoriis elucubrata.

(Defesa da suprema autoridade do Pontífice contra Justino Febrônio. Obra composta por Honório de Honoriis).

AGHR, S. Alf. X 21.

Ed. OD, I 381-459.

Est. BG, I 140-141; Tan, III c. 41; Tell, II 335-338; RM, 544 [619]: SH. 11 (1963) 252-256.

"Quatro anos antes, um bispo alemão, Niklaus von Hontheim, publicara, sob o pseudônimo de Febronius, 5 volumes de um tratado tornado logo célebre: *A situação atual da Igreja.* Certamente que era preciso reagir na obra contra o monarquismo romano; reencontrar a colegialidade episcopal. O Vaticano II nos pôs nesse caminho. Mas Febronius reforçou por demais as tintas. E assim acontecia que colocava os bispos e os reis acima do papa. Prato saboroso para os regalistas! Traduzido do latim para o alemão, francês, português e italiano, serve na medida exata, ao 'complexo anti-romano' dos jansenistas da península.

Mas alguém está de alerta em Arienzo. Sob o pseudônimo um tanto cáustico de Honório de Honoriis (para que seu Instituto não seja aniquilado por Tanucci) e em latim (para ser lido além dos Alpes), Afonso 'dá-lhe em cima' com 161 páginas de Defesa (1768) em que, sem invectivas, prostrou-o com golpes secos da primeira à última linha. Ignora-se qual tenha sido o sucesso desse pequeno livro. Mas sabe-se que **A supremacia do pontífice Romano defendida dos ataques de Justino Febronius** foi sem dúvida o opúsculo mais lido no Concílio Vaticano." **[RM, 619]**.

75. 1768 (?), Foglietto in cui si tratta di cinque punti (39).

Foglietto in cui brevemente si tratta di cinque punti su de' quali nelle missioni deve il predicatore avvertire il popolo di più cose necessarie al comun profitto.

Punto I. Dell'amore verso Gesù Crocifisso. Punto II. Della divozione verso la Divina Madre. Punto III. Della necessità di pregare per salvarsi. Punto IV. Della fuga delle occasioni cattive. Punto V. Della rovina di que'anime che per rossore lasciano di confessare i loro peccati.

(Folheto em que se trata brevemente dos cinco pontos sobre os quais o pregador nas Missões deve advertir o povo a respeito de várias coisas necessárias ao proveito comum. Ponto I. Sobre o amor a Jesus Crucificado. Ponto II. Sobre a devoção à Divina Mãe. Ponto III. Sobre a necessidade de orar para se salvar. Ponto IV. Sobre a fuga das más ocasiões. Ponto V. Sobre a ruína das almas que, por vergonha, deixam de confessar seus pecados).

AGHR, S. Alf. X 9.

Ed. OT, III 288-297.

Est. BG, I 141.-142; Tan. IV c. 18.

[LIGÓRIO, Afonso. Apêndice: os cinco pontos. In: *Os exercícios da Missão*. Petrópolis: Vozes, 1944. Tradução: Pe. Nestor Tomás de Sousa. p. 213-225].

***** 1768, Relazione "ad limina", cfr. Relazione del 1765.**

(Relatório "ad limina", cf. Relatório de 1765).

***** 1768, Dissertatio super abusum duelli.**

(Dissertação sobre o abuso do duelo).

Ed. Lettere, III 637-639.

Est. BG, I 142, n. 75.

76. 1769, Delle cerimonie della messa (49).

Delle cerimonie della messa. Operetta data fuori dal [...] per utile de' Preti della sua Diocesi. Nella Parte I. *si tratta delle cerimonie della messa.* Nella Parte II. *si tratta della riverenza con cui dee celebrarsi la messa, e dell'apparecchio e ringraziamento che debbono farsi da' celebranti.* Nella Parte III. *si tratta degli abusi nel prender messe, e si risponde al libro anonimo su gli Onorari delle messe.* In fine vi è aggiunta l'*Apologia dell'Autore in difesa della sua Morale, tacciata come seguace del lasso Probabilismo.* Nella Stamperia di Bassano, 1769, a spese di Remondini di Venezia.

(Sobre as cerimônias da missa. Pequena obra publicada pelo [...] para utilidade dos Padres de sua Diocese. A 1ª parte trata das cerimônias da missa. A 2ª parte trata da reverência com que deve ser celebrada a missa e da preparação e ação de graças que devem ser feitas pelos celebrantes. A 3ª parte trata dos abusos ao dizer as missas e reponde-se ao livro anônimo sobre os honorários das missas. No final, foi acrescentada a Apologia do Autor em defesa da sua Moral, tachada como seguidora do laxo Probabilismo. Na Impressora de Bassano, 1769, às expensas de Remondini de Veneza).

AGHR, S. Alf. X 31.

Ed. OT, III 756-808.

Est. BG, I 142-143; Tan, II c. 50; Tell, II 343, 355. RM, 522 [594].

"Em 1769, 'para a utilidade dos padres de sua diocese', o bispo publicará um tratado, **Cerimônias da Santa Missa**: trabalho científico, mas simples, sobre os ritos da eucaristia, e uma 'semana' de preparações e ações de graças inspiradas no Sacrifício da Cruz. Os ritos, certamente; mas, igualmente, o fervor. Porque Afonso estava longe de ser um rubricista tacanho. A respeito do Pe. Ferrara, que, de passagem por S. Ágata, advertia Villani de que seu 'dirigido' omitia na missa o Glória e o Credo, escreve: 'Sobre o Glória e o Credo, diga ao Pe. Ferrara que não estou obrigado a fazer 'o que convém'. A Congregação dos Ritos pensou certamente naqueles que celebram em público e diante de uma multidão. Quanto a mim, celebro em meu quarto; ali não sou obrigado, porque não tenho ninguém para escandalizar. Mas quando celebro na igreja, então digo a missa habitual.'" **[RM, 594]**.

77. 1769, Degli abusi nel prender le Messe (20).

Risposta al libro di un autore anonimo col titolo: Dissertazione su l'onorario delle messe.

(Resposta ao livro de um autor anônimo com o título: Dissertação sobre os honorários das missas).

Ed. Delle cerimonie della messa, III, n. 76; OT, IX 874-833.

Est. BG, I 143-144; Tan, III c. 42; Tell, II 343-344, 355.

78. 1769, Apologia della Teologia Morale.

Apologia della Teologia Morale del [...] tacciata da taluni per lassa, come seguace del sistema probabilistico e specialmente dall'opinione meno probabile.

(Apologia da Teologia Moral do [...], tachada por alguns como laxa pois seguiria o sistema probabilístico e especialmente a opinião menos provável).

Ed. Delle cerimonie della messa, (Nápoles, 1769), n. 76; *Homo Apostolicus* (1759, n. 29), 3ª edição (1770); OMM, 30, pp. 5-71.

Est. BG, I 144-145; Tan, III c. 43; Tell, II 316-318, 355, 459. Cfr. n. 9.

79. 1769, Opera dogmatica (69).

Opera dogmatica contra gli eretici pretesi riformati [...]. In questa si espongono tutti i punti di fede discussi e definiti dal Sagro Concilio di Trento, si confutano gli errori di essi Novatori, e si risponde alle opposizioni loro e di Pietro Soave che lo censura. Vi sono poi aggiunti due Trattati, o siano Appendici: uno Del modo come opera la grazia nella giustificazione del peccatore; l'altro Dell'ubbidienza dovuta alle definizioni della Chiesa, le quali son le regole della vera fede. Dedicata alla Santità di N. S. papa Regnante Clemente XIV. Nella stamperia di Bassano, 1770. A spese Remondini di Venezia.

(Obra dogmática contra os heréticos pretensamente reformados (...). Nesta obra são expostos todos os pontos de fé discutidos e definidos pelo Sagrado Concílio de Trento, confutados os erros dos Inovadores, e respondidas suas oposições e as de Pedro Soave que censura o Concílio. Em seguida, acrescentados dois Tratados, ou seja, Apêndices: um sobre o modo como opera a graça na justificação do pecador; o outro, sobre a obediência devida às definições da Igreja, que são as regras da verdadeira fé. Dedicada à Sua Santidade o Nosso Papa Reinante Clemente XIV. Na Impressora de Bassano, 1770. Às expensas de Remondini de Veneza).

Ed. OT, VIII 841-1018; OD, I 461-717.

Est. BG, I 145-146; Tan, III c. 43; Tell, II 338-343, 346, 355; RM, 544-545 [619-621].

Obra dirigida contra a *Storia del Concilio Tridentino,* publicada em Londres, sob o pseudônimo de Pietro Soave, por Paolo Sarpi (de Veneza) em 1619.

"'O Concílio' no tempo de Afonso, era, havia dois séculos, o concílio de Trento. Em face das contestações protestantes, ele fora levado a reformular quase que todo o dogma cristão. Dele havia duas histórias: a de Pedro Soave (1619), pseudônimo de Paulo Sarpi (1552-1623), servita veneziano, teólogo e canonista oficial, largamente remunerado, do grupo da Sereníssima, consequentemente anti-romano, mau espírito, mas muito bem informado; e a do cardeal jesuíta Pedro Sforza Pallavicini (1607-1667) em resposta à de Sarpi: dois in-fólio aparecidos em 1656 e 1657. Para Ligório a primeira destila um veneno sutil, a segunda é um oceano próprio para se afogar. Afonso, contudo, quer transmitir a doutrina de Trento para a cabeça e para a vida de seus padres e de seu povo.

Pôs-se a trabalhar em 1764. A urgência de combates apologéticos diretos afastam-no, bem depressa, dessa obra. Mas apenas ficou quites com Febronius e já se atira a esta **Obra dogmática con-**

tra os hereges denominados reformados (1769). É uma obra, sem dúvida, apologética assim como o foi o Concílio mesmo no confronto [619] com os reformadores; ela o é também quando aponta o seu lugar a Paulo Sarpi. Mas ela constitui principalmente, ao lado de seu manual de moral (*Homo Apostolicus*), um manual de dogmática elaborado em torno das definições conciliares.

Não iria deixar passar essas ocasiões sem pôr em evidência duas verdades, tão contestadas pelos jansenistas de então, que corroboram a fé e a esperança. Acrescenta, pois, **duas Discussões: uma sobre a infalibilidade da Igreja; a outra sobre a graça e a oração**. Nessa última, expõe seis teorias da graça - tomista, molinista, etc. - as quais refuta; ao mesmo tempo reafirma a sua própria teoria com o apoio da Escritura, dos Padres, dos teólogos e... do bom senso:

'Deus quer que todos os homens se salvem' (1Tim.2,4). Ele lhes dá, pois, os meios para isso, isto é, ao menos uma graça verdadeiramente suficiente para rezar. Senão, como os pregadores poderiam chamá-los à conversão? O povo estaria com o direito de retorquir-lhes: 'O que os senhores nos pregam, vão pregar a Deus, Ele que o realize!' Poderia dizer a Deus: 'Por que impor a nós vossos mandamentos? Vós sois quem deve agir; bem sabeis que nós, nós não temos nem mesmo a graça de pedir o auxílio necessário para corresponder a vossos desejos.'

É o tema apaixonante de Afonso: 'Tanta gente se condena, quando a salvação é fácil... Rezem... Rezem... Rezem!'

Mas onde é que esse bispo em exercício encontra tempo vago para produzir tanto? Ele dá a explicação em 13 de março de 1769 ao pio operário Estêvão Longobardi:

'Estou para publicar uma obra muito útil: um resumo da **História do Concílio de Trento**, do cardeal Pallavicini, pois ele é muito confuso! O camaldulense Morelli já publicou um resumo dela, mas o que fez foi condensar a confusão. De resto, eles falam de todos os acontecimentos do Concílio, eu, porém, atenho-me aos pontos de fé definidos por ele. Minha obra constitui, pois, uma boa dogmática... Grande número de folhas já foram impressas...

Meus sofrimentos habituais condenam-me sempre a ficar acamado; mas estou sem febre e com a cabeça livre; disponho agora de mais tempo para trabalhar num ou noutro escrito para a glória de Deus e para o bem da Igreja. Imprime-se muito pouco hoje para sustentar a Igreja, em comparação com o que se imprime para derrubá-la.' Para esta **Obra dogmática**, os censores - Júlio Selvaggi pelo arcebispo, e o cônego José Simioli pelo rei - deram um salvo-conduto franco e desvanecedor, que foi confirmado pela Câmara Real a 2 de setembro de 1769. O boato dela chegou aos ouvidos de Tanucci. Apesar de sua amizade por Simioli, conhecia por demais a influência de Ligório para não temê-la. Tanto mais que... esse Honório de Honoriis que vingara o papa contra Febronius, tinha tido sua identidade questionada nos altos escalões. Alguém, então, conseguiu tirar cópia, para enviar ao núncio, do despacho secreto que Tanucci dirigiu a seu homem de confiança, cavaleiro Francisco Vargas Maciucca:

'Dom Ligório é, no mais alto grau, suspeito de amizade com a seita jesuítica. Cada um de seus livros corre o risco de estar infestado de idéias falsas, [620] contrárias ao verdadeiro espírito da Igreja e à soberania real. O rei quer, por isso, que o senhor examine com desconfiada atenção um livro que acaba de escrever sobre o **concílio de Trento**..., que dê o seu parecer a respeito e que, entrementes, disponha as coisas habilmente para impelir ou retardar a sua publicação e venda. Transmito-lhe essa ordem em nome do rei para execução. - Prócida, do dia 17 de setembro de 1769. - Bernardo Tanucci.'

Mas, não, a Corte nada achou para contraditar a teologia do bispo e o volume apareceu em 1769, dedicado ao novo papa, o franciscano Ganganelli, tornado Clemente XIV." **[RM, 619-621]**.

80. 1769, Del modo come opera la grazia (69).

Del modo come opera la grazia nella giustificazione del peccatore.

(Sobre o modo como opera a graça na justificação do pecador).

Ed. Opera dommatica, 1769, n. 79 apêndice de 32 páginas; OT, VIII 876-890; OD, I 517-535.

Est. BG, I 146; Tell, II 340-342; RM, 544 [620].

Afonso diz, em carta de 13 de março de 1769: "Nessa obra, trato brevemente de quase todos os diversos sistemas escolásticos sobre a graça eficaz e suficiente e, de modo especial, escrevo contra o sistema do Pe. Berti".

"Não iria deixar passar essas ocasiões sem pôr em evidência duas verdades, tão contestadas pelos jansenistas de então, que corroboram a fé e a esperança. Acrescenta, pois, **duas Discussões: uma sobre a infalibilidade da Igreja; a outra sobre a graça e a oração**. Nessa última, expõe seis teorias da graça - tomista, molinista, etc. - as quais refuta; ao mesmo tempo reafirma a sua própria teoria com o apoio da Escritura, dos Padres, dos teólogos e ... do bom senso:

'Deus quer que todos os homens se salvem' (1Tim 2,4). Ele lhes dá, pois, os meios para isso, isto é, ao menos uma graça verdadeiramente suficiente para rezar. Senão, como os pregadores poderiam chamá-los à conversão? O povo estaria com o direito de retorquir-lhes: 'O que os senhores nos pregam, vão pregar a Deus, Ele que o realize!' Poderia dizer a Deus: 'Por que impor a nós vossos mandamentos? Vós sois quem deve agir; bem sabeis que nós, nós não temos nem mesmo a graça de pedir o auxílio necessário para corresponder a vossos desejos.'

É o tema apaixonante de Afonso: 'Tanta gente se condena, quando a salvação é fácil... Rezem... Rezem... Rezem!'" **[RM, 620]**.

81. 1769, Dell'ubbidienza dovuta alle definizioni del Concilio (69).

Dell'ubbidienza dovuta alle definizioni del Concilio e per conseguenza alla Chiesa Cattolica Romana, fuori di cui non vi è salute.

(Sobre a obediência devida às definições do Concílio e, consequentemente, à Igreja Católica Romana, fora da qual não há salvação).

Ed. Opera dommatica, 1769, n. 79 apêndice de umas vinte páginas; OT, VIII 1009-1018; OD, I 703-715.

Est. BG, I 146. Cfr. n. 79.

82. 1770 (?), Quando l'opinione che sta per la legge non è convincente.

Si prova che, quando l'opinione che sta con la legge non è convincente o non è almeno più probabile della contraria, ella non obbliga.

(Comprovação de que, quando a opinião que está com a lei não é convincente, ou ao menos não é mais provável que a contrária, não obriga).

AGHR, S. Alf. X 2.

Ed. Opere Morali, VII, Torino, Marietti, 1830, 236-242.

Est. BG, I 147.

Trata-se de uma breve dissertação de oito páginas, impressa sem indicação de data, de lugar, de edição e de nome do editor. Existe um exemplar anexado à *Apologia della Teologia Morale* de 1769, no volume de obras impressas submetidas à Congregação dos Ritos para a beatificação de Afonso.

83. 1771, Sermoni compendiati (84).

Sermoni compendiati per tutte le domeniche dell'anno composti dal [...]. Opera utile per gli Parochi e Predicatori annuali. Vi sono aggiunti appresso quattro Opuscoli: *I. Del modo di predicare all'apostolica [= Lettera I. Ad'un religioso amico,* 1761, n. 50]. *II. Del grand'utile che recano a' popoli le Sante Missioni [= Lettera II. Ad un Vescovo novello,* n. 84]. *III. Del profitto che si ricava dagli Esercizi spirituali fatti in solitudine [= Lettera III. Ad un Giovine studioso,* n. 85]. *IV. Avvisi spettanti alla Vocazione religiosa* [1751, cfr. n. 14]. *V. In fine vi sono tre altri Sermoni aggiunti: I. Nella Festa di S. Giuseppe. II. Nella Festa di Maria Annunziata. III. De' Dolori di Maria* [cfr. n. 86]. Napoli, 1771, nella Stamperia di Gianfrancesco Paci. AGHR, S. Alf. X 35. *Discorsi sacri morali, ossia Sermoni compendiati [...],* Bassano, Remondini, 1772. [Dal 1774]: *Sermone del Rosario; Predica della Passione di Gesù* (cfr. n. 86).

(Sermões compendiados para todos os domingos do ano, compostos pelo (...). Obra útil para os Párocos e Pregadores anuais. Foram acrescentados ainda quatro pequenas obras: 1. Sobre o modo de pregar à maneira apostólica (= Carta 1. A um religioso amigo, 1761, n. 50). 2. Sobre a grande utilidade das Santas Missões para os povoados (=Carta 2. A um bispo novo, n. 84). 3. Do proveito que se tira dos exercícios espirituais feitos em solidão (Carta 3. A um jovem estudioso, n. 85). 4. Avisos relativos à Vocação religiosa (1751, cfr. n. 14). 5. No final, foram acrescentados três outros sermões: 1. Para a Festa de São José. 2. Para a Festa da Assunção de Maria. 3. Sobre as Dores de Maria (cfr. n. 86). Nápoles, 1771, na Impressora de Gianfrancesco Paci. AGHR, S. Alf. X 35. Discursos sagrados e morais, ou, Sermões compendiados (...), Bassano, Remondini, 1772. (Na edição de 1774): Sermão do Rosário; Pregação sobre a Paixão de Jesus (cfr. n. 86)).

Ed. OT, III 344-609.

Est. BG, I 147-149; Tan, IV c. 17; Teil, II 419, 429-431, 833-834; RM, 545 [621], 572 [651].

* 83. Sermões abbreviados. PORTUGAL: 1907, Vizeu, tr. Ferreira de Almeida.

[LIGÓRIO, Afonso. *Sermões Abbreviados para todas as domingas do anno.* Vizeu: Revista Catholica, 1907. Trad. Miguel Ferreira de Almeida. 2 v. Volume 1: Advertência aos pregadores (p. 15-26); Carta dirigida pelo autor a um religioso seu amigo em que trata do modo de pregar com singeleza apostólica, evitando o estilo florido e empolado (p. 27-72); Sermões 1-37 (p. 73-476). Volume 2: Sermões 38-53 (p. 5-202); Sermões para diversas matérias: Sobre a utilidade das Santas Missões - Carta (p. 203-224); Sobre a utilidade de praticar os exercícios espirituais no recolhimento - Carta (p. 225-241); Discursos próprios para os tempos de calamidades públicas - nove discursos (p. 243-347); Sermão para a festividade do glorioso Patriarca São José (p. 349-362); Sermão para a festa da anunciação de

Nossa Senhora (p. 363-373); Sermão das dores de Maria Santíssima (p. 375-386); Discurso familiar a uma jovem que toma o véu de religiosa (p. 387-395); Discurso aos irmãos de uma congregação (p. 397-402); Discurso dirigido às donzelas piedosas (p. 403-417); Alguns textos da Sagrada Escritura e dos Santos Padres aplicáveis a certas calamidades públicas (p. 419-423). Discursos sobre as festas principais de Maria Santíssima e para a Novena do Santo Natal e do Santíssimo Nome de Jesus (p. 425-468)].

[SOUZA, Geraldo Pires de. *Esquemas Missionários dos Sermões Abreviados de Santo Afonso Maria de Ligório.* Petrópolis: Vozes, 1957, 316 p.].

"Mesma comédia, por parte de um poder obcecado, contra os **Esboços de sermões para todos os domingos do ano**. Impressos em março de 1771, esperam sete meses pelo direito de aparecer: acusam o autor de alusões ofensivas ao Governo." **[RM, 621]**.

"Mas não, seria conhecer mal o 'cabeça dura' e esquecer seu voto de não perder um minuto sequer de tempo, que será mantido até o fim. Além dos *opúsculos sobre a missa, a moral, a graça, as missões, a vocação, a Revelação,* é em 1769 que Afonso publica sua *Obra dogmática*; em 1771 seus **Esboços de sermões**; em 1772, seu *Triunfo da Igreja,* dedicado a Tanucci, e a sétima edição, 'revista, corrigida e aumentada', de sua grande *Moral;* em 1773, as *Reflexões,* em seguida *Meditações sobre a Paixão* e finalmente um volume de *Reflexões sobre diversos pontos de espiritualidade* onde jorra a paz do homem que já bate às portas da eternidade." **[RM, 651]**.

84. 1771, Lettera ad un Vescovo novello (60).

Lettera ad un Vescovo novello, ove si tratta del grand'utile spirituale che recano a' popoli le Sante Missioni.

(Carta a um bispo novo, onde se trata da grande utilidade espiritual das Santas Missões para os povoados).

Ed. Sermoni compendiati, n. 83, (Nápoles, 1771), apêndice; OT, III 326-336.

Est. BG, I 149; Teil, I 710, 725, II 919; RM, 195 [215].

* 84. Carta sobre a utilidade das missões. In: Sermões abbreviados. PORTUGAL: 1907, Vizeu, tr. Ferreira de Almeida.

[LIGÓRIO, Afonso. Sobre a utilidade das Santas Missões. In: *Sermões Abbreviados para todas as domingas do anno*. Vizeu: Revista Catholica, 1907. Trad. Miguel Ferreira de Almeida. Volume 2. p. 203-224].

"As missões. Intercaladas em seus estudos, Afonso tinha-se dedicado a elas em algumas campanhas, nas quais tomara parte como seminarista: catecismo às crianças, visitas, animação. Mas após sua ordenação, o antigo advogado tinha-se rapidamente tornado um dos membros mais considerados e mais ativos da Congregação dos Padres da Catedral. As missões populares se apoderavam cada vez mais dele: tempo, coração e forças. Sem que ainda o soubesse, estava às vésperas de se entregar a elas inteiramente e por toda a vida, como um rio se lança no mar.

Torna-se, pois, indispensável situar esse apostolado no mistério e na história da Igreja.

Comecemos de cima, mas não sem motivo, como vamos ver.

'Após haver, no Antigo Testamento, enviado os profetas a pregarem a Lei, no Novo, o Senhor envia seu próprio Filho para ensinar a lei nova, a lei da graça, aperfeiçoamento e acabamento da antiga. Deus, diz São Paulo, 'no período final em que nos encontramos, falou-nos por seu Filho' (Hb 1, 2). Após sua morte, Jesus Cristo, enviado a pregar somente aos judeus, encarregou, por sua vez, os Apóstolos de pregarem o Evangelho a todas as nações. 'Ide, disse-lhes, pelo mundo inteiro e anunciai o Evangelho a toda a criatura' (Mc 16,15). É assim que, pela missão dos Apóstolos, o Evangelho começou a frutificar em todo o universo, como são Paulo o atesta de seu tempo: 'Espalhado no mundo todo, o Evangelho frutifica e cresce' (Cl 1, 6). Em seguida, os Apóstolos enviaram seus discípulos para levarem a fé a todas às regiões que não puderam ser atingidas pessoalmente por eles. Enfim, na sequência dos tempos, os soberanos pontífices e os bispos encarregaram santos missionários de irem a todas as paragens do mundo, pregando o Evangelho, como vemos na História da Igreja.'

De que documento do Vaticano II tiramos essa citação? Da *Lumen Gentium*, 17? Da *Ad Gentes*, 5? Pura e simplesmente da **Carta** que o Pe. Ligório dirigirá **a um bispo novo** sobre a importância das missões. Vê-se que ele não as tinha absolutamente como um acessório da pastoral, como um luxo para paróquias em clima de cristandade. Tanto quanto o ministério ordinário, ele as relaciona com a missão dos Apóstolos, e até com a de Jesus Cristo, enviado que envia. Cruzando em seguida, propositadamente, numa mesma trama, missões entre os pagãos e missões em terras cristãs, sobrevoa doze séculos de histórias para chegar a 'nossos tempos'." **[RM, 215]**.

85. 1771, Lettera ad un giovane studioso (51).

Lettera ad un giovane studioso, che sta deliberando sovra l'elezione dello stato. E qui si parla del gran profitto che si ricava degli Esercizi spirituali in solitudine.

(Carta a um jovem estudioso que está deliberando sobre a eleição de seu estado. Aqui se fala do grande proveito tirado dos Exercícios espirituais em solidão).

Ed. Sermoni compendiati, n. 83, (Nápoles, 1771), apêndice; OT, III 609-617.

Est. BG, I 149-150; Teil, I 739, 750.

* 85. Carta sobre a utilidade de praticar os exercícios espirituaes. In: Sermões abbreviados. PORTUGAL: 1907, Vizeu, tr. Ferreira de Almeida.

[LIGÓRIO, Afonso. Sobre a utilidade de praticar os exercícios espirituaes em recolhimento. In: *Sermões Abbreviados para todas as domingas do anno*. Vizeu: Revista Catholica, 1907. Trad. Miguel Ferreira de Almeida. Volume 2. p. 225-242].

[LIGÓRIO, Santo Afonso Maria de. *O Retiro Espiritual*. Sobre a utilidade do retiro espiritual em recolhimento. Aparecida: Santuário, 2023. Tradução: Claudiberto Fagundes].

86. 1771, Sermoni vari (53).

Sermone nella Festa di S. Giuseppe. Sermone nella Festa di Maria Annunziata. Sermone nel giorno di Venerdi di Passione de' Dolori di Maria. Sermone del Rosario. Predica della Passione di Gesù.

(Sermão na Festa de São José. Sermão na Festa da Anunciação de Maria. Sermão no dia de Sexta-feira da Paixão sobre as Dores de Maria. Sermão do Rosário. Pregação sobre a Paixão de Jesus).

Ed. Sermoni compendiati, n. 83, (Nápoles, 1771), apêndice; OT, III 597-607, OA, V 401-417 *(Predica della Passione)*.

Est. BG, I 150-151.

* 86. Sermão para a festa de S. José, da Annunciação de Maria SSma., das dores de Maria SSma. In: Sermões abbreviados. PORTUGAL: 1907, Vizeu, tr. Ferreira de Almeida.

[LIGÓRIO, Afonso. Sermão para a festividade do glorioso Patriarcha São José. In: *Sermões Abbreviados para todas as domingas do anno*. Vizeu: Revista Catholica, 1907. Trad. Miguel Ferreira de Almeida. Volume 2. p. 349-362].

[LIGÓRIO. Afonso. Sermão para a festa da Annunciação de Nossa Senhora. In: *Sermões Abbreviados para todas as domingas do anno*. Vizeu: Revista Catholica, 1907. Trad. Miguel Ferreira de Almeida. Volume 2. p. 363-374].

[LIGÓRIO. Afonso. Sermão das Dores de Maria Santíssima. In: *Sermões Abbreviados para todas as domingas do anno*. Vizeu: Revista Catholica, 1907. Trad. Miguel Ferreira de Almeida. Volume 2. p. 375-396].

***** 1771, Relazione "ad limina", cfr. Relazione del 1765.**

(Relatório "ad limina", cfr. Relatório de 1765).

87. 1772, Discorso familiare ad una fanciulla (65).

Discorso familiare ad una fanciulla, che prende l'abito di monaca.

(Discurso familiar a uma moça que toma o hábito de monja).

Ed. Discorsi sacri morali, ossia Sermoni compendiati, n. 83, (Bassano, 1772) 196-299; OT, IV 392-396.

Est. BG, I 151.

* 87. Discurso familiar a uma jovem que toma o véu de religiosa. In: Sermões abbreviados. PORTUGAL: 1907, Vizeu, tr. Ferreira de Almeida.

[LIGÓRIO, Afonso. Discurso familiar a uma jovem que toma o véu de religiosa. In: *Sermões Abbreviados para todas as domingas do anno.* Vizeu: Revista Catholica, 1907. Trad. Miguel Ferreira de Almeida. Volume 2. p. 387-396].

88. 1772, Trionfo della Chiesa cioè Istoria dell'Eresie (42).

Trionfo della Chiesa cioè Istoria dell'Eresie colle loro confutazioni. Opera dell'Illustriss. e Reverendiss. Monsignor Alfonso Maria de Liguori, Vescovo di S. Agata de' Goti, e Rettor Maggiore della Congregazione del SS. Redentore. Divisa in tre tomi: nel Primo e Secondo si scrive l'Istoria; nel Terzo poi si pongono le Confutazioni dell'Eresie più principali. Dedicata all'Eccellentiss. Signor Marchese D. Bernardo Tanucci, Cavaliere dell'Insigne Real'Ordine di S. Gennaro, Consigliero di Stato, e Primo Segretario di Stato di Sua Maestà, e suo Gentiluomo di Camera, e Segretario di S. M. la Regina. In Napoli, 1772, presso Gianfrancesco Paci.

(Triunfo da Igreja, ou seja, História das Heresias com sua confutação. Obra do Ilustríssimo e Reverendíssimo Monsenhor Afonso Maria de Ligório, Bispo de Santa Águeda dos Godos e Reitor-Mor da Congregação do Santíssimo Redentor. Dividida em três tomos:

no Primeiro e Segundo, é escrita a História; no Terceiro, então, são apresentadas as Confutações das principais Heresias. Dedicada ao Excelentíssimo Senhor Marquês Bernardo Tanucci, Cavaleiro da Insigne Real Ordem de São Gennaro, conselheiro de Estado e Primeiro Secretário de Estado de Sua Majestade, seu Fidalgo Particular e Secretário de Sua Majestade a Rainha. Em Nápoles, 1772, com Gianfrancesco Paci).

Ed. OT, VIII 5-440; OD, II 1-503.

Est. BG, I 152-153; Tan, III c. 50; Tell, II, 16, 466, 483-488; RM, 143 [155], 545-546 [621-622]; SH. 11 (1963) 143-181.

[LIGÓRIO, Afonso. *História das Heresias e suas Refutações*. Rio de Janeiro: Centro Dom Bosco, 2020. Tradução: Roberto Leal Ferreira].

"Os Padres, como aliás os concílios, se entrecruzam continuamente na trama do ensinamento teológico do tempo – em segundo plano, sem dúvida: depois da Escritura – mas nem a patrística, nem a história da Igreja eram disciplinas no programa dos seminários. A história estava até sujeita a uma aura de injusto desprezo que soprava de além-Alpes. 'Que há de mais inútil do que deter-se alguém naquilo que já não existe?' escrevera Bossuet; e os cartesianos aborreciam as narrativas e testemunhas do passado, porque não eram deduzíveis do 'Penso, logo existo': 'Adão no paraíso terrestre possuía a ciência perfeita... e ele ignorava a história!'

Filho espiritual de Filipe Néri, e consequentemente, um pouco de Barônio, Afonso se nutriu, ao contrário, dos anais da grande família cristã, durante as tardes dominicais dos jerônimos. Ele lhe consagrará duas obras volumosas: a **História das heresias** (1772) e a *Histórias dos mártires* (1775). Lerá e admirará o pai da história italiana, Ludovico Antônio Muratori (1672-1750); os 28 volumes do livro desse autor, *Rerum italicarum scriptores*, começam a aparecer exatamente em 1723. Esperando que os seminários venham compreender que há mais teologia na história vivida do povo de Deus do que em toda a *Suma* de santo Tomás, Afonso devora os Padres da Igreja, as vidas e os escritos dos santos, na fome que o queima de conhecer a Deus e de aprender a viver concretamente o Evangelho. 'Os santos, eis o Evangelho vivo' gosta ele de dizer.

É assim que após o encontro com a Palavra de Deus, seus maiores encontros e suas mais profundas amizades se travam com Teresa de Ávila e com Francisco de Sales." **[RM, 155]**.

"Por essa ocasião, habituado a pegar o touro pelos chifres, mas com a desenvoltura do toureiro, Afonso dedica **O Triunfo da Igreja** a ... advinhem... Não, não acertarão. 'A Bernardo Tanucci, cavaleiro da Ordem real de S. Januário, primeiro Secretário de estado, etc.'. [621]

'Excelência', escreve ele, 'estando para publicar a presente **História das heresias**, não saberia a quem pudesse dedicá-la melhor do que a Vossa Excelência. De acordo com nosso augustíssimo Soberano, a quem V. Excia. assiste constantemente com seus conselhos, V. Excia defendeu sem tréguas os interesses de nossa santa Religião contra os incrédulos e contra os erros espalhados por eles em suas inumeráveis obras. Todo o mundo conhece as altas qualidades que o distinguem: seu conhecimento aprofundado da verdadeira jurisprudência e da maneira de bem governar um Estado, sua habilidade em todas as ciências que constituem o verdadeiro letrado; acima de tudo, a integridade de que deu provas em seu cargo de primeiro-ministro do Rei, nosso Soberano, cargo eminente, em que nem as questões de pessoas, nem seu próprio interesse, nem as considerações humanas tiveram influência sobre suas decisões. Todos, enfim, conhecem os outros títulos que o recomendam: eles o fizeram e farão digno de todo o louvor de todas as nações presentes e futuras. Será guardado, principalmente, uma eterna recordação do zelo admirável que V. Excia. desfraldou sem cessar para preservar de todo o ataque nossa santa Religião em todo o Reino e notadamente nesta capital tão orgulhosa de seu título de Cidade Fidelíssima. Desse zelo V. Excia. deu prova esplêndida ao proibir com a mais viva solicitude, sob as penas mais severas, a importação de livros infestados de erros contra a fé, e ao castigar os homens que, com desprezo das sagradas leis, introduziam nesta cidade esses escritos perniciosos e aí os vendiam. Todos esses motivos (passo os outros sob silêncio para não lhe ser pesado e para não continuar ferindo sua modéstia), todos esses motivos, digo, unidos à veneração que professo por sua pessoa, me levaram a dedicar-lhe a presente obra. Vossa Excelência, espero, dignar-se-á, em sua bondade, aceitar esta homenagem e protegerá a obra e o autor contra os que se unirão para desacreditar este trabalho por ódio de nossa santa fé. Peço neste momento a Deus digne-se a conceder ainda longos anos a Vossa Excelência e prodigalize-lhe suas bênçãos espirituais e temporais; essa será a justa recompensa de seus méritos e ao mesmo tempo que uma imensa vantagem para todo o Reino.'

Essa dedicatória, sem dúvida muito inesperada, constituiu a felicidade dos panegiristas de Tanucci e a alegria dos detratores de Afonso ('vil oportunista', ou 'velhote decrépito'); ela foi a cruz de seus biógrafos. E, no entanto, longe de ter sido um desvio, está bem na linha de Afonso.

Ligório e Tanucci são dois grandes homens; cada qual mede o outro pela sua verdadeira estatura. Tanucci mesmo venera Afonso como um santo, mas sabe que um santo é 'perigoso', sobretudo se ele é influente; ora enorme é a autoridade do bispo de S. Ágata." **[RM, 621-622]**.

*** **1772, Theologia Moralis, 7a. ed., cfr. n. 9.**

89. 1773, Riflessioni sulla Passione di Gesù Cristo (102).

Riflessioni sulla Passione di Gesù Cristo, ed altri soggetti spirituali, esposte all'anime divote dal [...] ed in tre separate parti distribuite, cioè: La prima è delle Riflessioni *sulla Passione di Gesù Cristo. La seconda è delle* Riflessioni *su diversi punti di spirito per le anime che desiderano avanzarsi nel Divino Amore [= Riflessioni divote,* n. 90]. *La terza è delle* Riflessioni *sulla Divina Rivelazione contra i Deisti che la negano [= Riflessioni sulla verità della Fede,* n. 91]. *In fine della quale vi è il Ragguaglio di un portentoso miracolo appartenente al* SS. Sacramento dell'Altare [= *Raguaglio del miracoloso ritrovamento,* n. 92]. In Bassano, 1784, a spese Remondini di Venezia. AGHR, S. Alf. X 24. [Nell'edizioni antiche sono anche]: *Forza che ha la Passione di Gesù Cristo per accendere il divino amore in ogni cuore. Dolce trattenimento delle anime amanti di Dio a vista di Gesù Crocifisso. Aspirazioni divote. Meditazioni sulla Passione di Gesù Cristo per ciascun giorno della settimana* (cfr. n. 93). *Pie riflessioni per eccitarsi all'amor di Dio, e alla divozione di Maria. Contrassegni sicuri da riconoscere in noi il santo amor di Dio. Dodici brevi giaculatorie per ciascun giorno delle dodici maggiori solennità dell'anno.*

(Reflexões sobre a Paixão de Jesus Cristo, e outros assuntos espirituais, expostas às almas devotas, pelo [...] e distribuídas em três partes separadas, ou seja: A primeira, Reflexões sobre a Paixão de Jesus Cristo. A segunda, Reflexões sobre diversos pontos espirituais para as almas que desejam avançar no Amor Divino (=Reflexões Devotas, n. 90). A terceira, Reflexões sobre a Divina Revelação contra os Deístas que a negam (=Reflexões sobre a Verdade da Fé, n. 91). No final da qual consta o Relato de um portentoso milagre referente ao Santíssimo Sacramento do Altar (=Relato do milagroso reencontro, n. 92). Em Bassano, 1784, sob a responsabilidade de Remondini de Veneza. AGHR, S. Alf. X 24. [Nas edições antigas também constam:] Força que tem a Paixão de Jesus Cristo para acender o amor divino em qualquer coração. Doce entretenimento das almas amantes de Deus à vista de Jesus Crucificado. Aspirações devotas. Meditações sobre a Paixão de Jesus Cristo para cada dia da semana (cfr. n. 93). Reflexões piedosas para exercitar-se no amor de Deus e na devoção a Maria. Comprovações seguras para reconhecer em nós o santo amor de Deus. Doze breves jaculatórias para cada dia das doze maiores solenidades do ano).

Ed. OA, V 181-340; cfr. nn. 90-93.

Est. BG, I 153-154; Tan, III c. 50; Tell, II 370-371; RM, 572 [651], 600 [683]. Cfr. nn. 16, 48.

** *Meditações sobre as máximas eternas e paixão de Jesus Christo para todos os dias da semana do Beato Affonso M. de Liguori, acompanhadas de preparação para a confissão e communhão, regras para bem viver e diversos outros actos úteis a todo o christão, Traduzidas do Italiano pelo Cônego Manuel da Silva Serzedo e reimpressas por Joaquim Salvador Fernandes.* Nova Goa, Na Imprensa Nacional, 1860, in-8°, p. 90.

[LIGÓRIO, Afonso. Reflexões sobre a Paixão de Jesus Cristo expostas às almas devotas. In: *A Paixão de Nosso Senhor Jesus Cristo*. Campinas: Ecclesiae. Tradução: Pe. José Lopes Ferreira, CSsR. p. 197-307 (Esta obra é um compêndio dos escritos de Santo Afonso de Ligório sobre a Paixão de Jesus Cristo. Os textos foram reunidos na *Opere Ascetiche di S. Alfonso Maria de Liguori*, Vol. V, Roma, 1934)].

"Mas não, seria conhecer mal o 'cabeça dura' e esquecer seu voto de não perder um minuto sequer de tempo, que será mantido até o fim. Além dos *opúsculos sobre a missa, a moral, a graça, as missões, a vocação, a Revelação,* é em 1769 que Afonso publica sua *Obra dogmática;* em 1771 seus *Esboços de sermões;* em 1772, seu *Triunfo da Igreja,* dedicado a Tanucci, e a sétima edição, 'revista, corrigida e aumentada', de sua grande *Moral;* em 1773, as **Reflexões**, em seguida **Meditações sobre a Paixão** e finalmente um volume de *Reflexões sobre diversos pontos de espiritualidade* onde jorra a paz do homem que já bate às portas da eternidade." **[RM, 651]**.

"Primeiro os padres, as religiosas, os religiosos - numerosos, muito numerosos - não são 'grandes cabeças'. Então eles lêem Ligório. Lêem-no em particular: lêem-no em comunidade; ou na igreja, nos exercícios da Vida devota de que participam de manhã e à tarde, lá onde a missão passou. O povo ouve então as *Visitas*, as *Glórias de Maria*, as **Meditações sobre a Paixão**. Ouve Ligório e gosta; e o introduz em seus serões." **[RM, 683]**.

90. 1773, Riflessioni divote (91).

Riflessioni divote sovra diversi punti di spirito a pro delle anime che desiderano avanzare nel Divino Amore.

(Reflexões devotas sobre diversos pontos espirituais para as almas que desejam avançar no Amor Divino).

Ed. Riflessioni sulla Passione, n. 89; OT, II 249-316.

Est. BG, I 155; Tell, II 372, 428; [+RM, 341 [382]].

[LIGÓRIO, Afonso. *Uma estrada de salvação*. Aparecida: Santuário, 2002. Tradução: Pe. Afonso Paschotte, CSsR. Coleção Escritos de Santo Afonso, vol. 2. 176 p].

"Esse opúsculo de uma centena de páginas [*Considerações sobre as virtudes e as qualidades de S. Teresa de Jesus*] é o primeiro ex-voto do filho àquela que ele denomina 'minha Santa Teresa'. Essa obra corre o perigo de passar despercebida, esmagada pelas grandes obras que serão publicadas a partir de 1750. E é pena; após as nove 'considerações' surge uma Breve prática da perfeição extraída da doutrina de S. Teresa em que já se manifesta totalmente seu pensamento e sua conduta quanto à ascese. Esse 'já' é, aliás, normal: Afonso aos quarenta e seis anos é um homem 'feito'. Sua grande obra para religiosas, *A verdadeira esposa* (1760), nada mais será do que a ampliação daquelas vinte páginas, cujo plano conservará o mesmo; sua obra-prima, *Prática de amar a Jesus Cristo* (1768), as suas admiráveis **Reflexões devotas** (1763) não dirão coisas diferentes." **[+RM, 382]**.

91. 1773, Riflessioni sulla verità della Divina Rivelazione (22).

Riflessioni sulla verità della Divina Rivelazione contro le principali opposizioni de' Deisti.

(Reflexões sobre a verdade da Revelação Divina contra as principais oposições dos deístas).

Ed. Riflessioni sulla Passione, n. 89; OT, VIII 470-489; OD, II 505-531.

Est. BG, I 156; Tan. III c. 49; Tell, II 428-429.

92. 1773, Ragguaglio del miracoloso ritrovamento delle sagre particole (28).

Ragguaglio dato alle stampe dall'Autore del miracoloso ritrovamento delle sagre particole rapite nella Parrocchia di una Terra della Diocesi di Napoli dello scorso anno 1772.

(Relato dado à publicação pelo Autor sobre o milagroso reencontro das sagradas partículas retiradas da Paróquia de um povoado da Diocese de Nápoles no ano de 1772).

Ed. Riflessioni sulla Passione, 1773, n. 89; *Riflessioni sulla verità della Divina Rivelazione,* 1774, n. 91, (Nápoles, 1773) 59-71; OT, IV 647-651.

Est. BG, I 156-157; Tell, II 429.

93. 1773, Meditazioni sulla Passione (347).

Meditazioni sulla Passione di Gesù Cristo per ciascun giorno della settimana.

(Meditações sobre a Paixão de Jesus Cristo para cada dia da semana).

Ed. Riflessioni sulla Passione, (Nápoles, 1773), n. 89; OA, V 381-398.

Est. BG, I 157; Tell, II 370-371.

[LIGÓRIO, Afonso. Meditações sobre a Paixão de N. S. Jesus Cristo. In: *Máximas Eternas de S. Afonso de Ligório e práticas revotas do cristão.* São Paulo: Pia Sociedade de São Paulo, 1934. p. 34-58].

[LIGÓRIO, Afonso. Meditações sobre a Paixão de Jesus Cristo para cada dia da semana. In: *A Paixão de Nosso Senhor Jesus Cristo.* Volume II. Petrópolis: Vozes, 1950. Tradução: Pe. José Lopes Ferreira, CSsR. p. 167-184 (Esta obra é um compêndio dos escritos de Santo Afonso de Ligório sobre a Paixão de Jesus Cristo. Os textos foram reunidos na *Opere Ascetiche di S. Alfonso Maria de Liguori,* Vol. V, Roma, 1934)].

94. 1773, Monitum de usu probabilium opinionum.

Monitum pertinens ad quaestionem an usus probabilium opinionum sit vel ne licitus aliquando.

(Advertência relativa à questão se o uso das opiniões prováveis é ou não é lícito em algumas situações).

Ed. Theologia Moralis, III, (Bassano, 1773), 3ª ed., pp. 201-204; OM, I 67-70.

Est. BG, I 158-159; Tell, II 305, 434-436, 553, 555; Cfr. n. 9.

95. 1774, Traduzione de' Salmi (30).

Traduzione de' Salmi e de' Cantici che si contengono nell'Officio Divino. Data fuori dal [...]. Nella fine vi sta posta un'Apologia dell'Autore, in cui si risponde ad alcune nuove opposizioni fatte contra il sistema ch'egli tiene dintorno alle azioni morali [cfr. n. 96]. Dedicata alla Santità di N. S. Papa Regnante Clemente XIV. Napoli, 1774, presso i Fratelli di Paci.

(Tradução dos Salmos e dos Cânticos contidos no Ofício Divino. Publicada pelo [...]. No final se encontra uma Apologia do Autor onde responde a algumas novas oposições levantadas conta o sistema que ele sustenta quanto às ações morais (cfr. n. 96). Dedicada a Sua Santidade Papa Reinante Clemente XIV. Nápoles, 1774, junto aos Irmãos di Paci).

AGHR, S. Alf. X 15.

Ed. OT, II 619-869.

Est. BG, I 159-160; Tan, III c. 53; Tell, II 432-433, 592-594; RM, 572-573 [652].

Obra dedicada ao Papa Clemente XIV.

"Aí está. O indomável bispo entrega-se a um trabalho de vulgarização científica. Adiantando-se de muito a seu tempo, tem a consciência de que o latim é um obstáculo à oração de muitos padres e fiéis. A versão Vulgata da Escritura, com a qual sempre se alinha, porque garantida pelo concílio de Trento, não é para ele um fetiche. A 27 de maio de 73, ele pressiona e alicia seu editor:

'Comecei outra bela obra - muito útil e cuja venda está assegurada - para padres, religiosos e religiosas. É a **Tradução dos Salmos** do breviário em língua vulgar, com notas para as passagens mais difíceis. Se Deus conceder-me vida suficiente para acabá-la, será, conforme espero, uma obra muito útil a todos os que estão obrigados ao oficio divino.'

Mas que obra! 'Ela me custa um trabalho enorme que me faz perder a vontade de imprimir seja já o que for doravante. E, também, precisarei bastante tempo para terminá-la' (2 de dezembro de 1773).

Dez meses mais tarde, 28 de setembro de 1774: 'Envio-lhe minha **Tradução dos Salmos**... quase me fez perder a cabeça de tanto que me custou a leitura de uma infinidade de comentaristas' - mais de 40 'discordantes entre si.'

Afonso dedica essa obra ao papa. Fiel às leis desse gênero literário, incensa-o generosamente; louva em especial sua 'gloriosa prudência' em acalmar as oposições que dilaceram a Igreja. Em seu *St. Alphonse de Liguori*, J. Angót des Rotours mostra-se 'um tanto surpreso, embora se trate de uma dedicatória.' A 21 de julho de 1773, com efeito, o infeliz Clemente XIV, cabeça mais fraca do que dura, assediado pelas Cortes da Europa e pelos jansenistas, assina o breve *Dominus ac Redemptor* que será publicado no dia 16 de agosto. Com um traço de pena, suprime a Companhia de Jesus, atirando assim por terra uma das mais sólidas colunas da Igreja. Dão-lhe como paga Avinhão e Benevento. Essa imolação e o encarniçamento que seguiu daí não levarão a paz a ninguém, muito menos ao pobre Ganganelli, e lançarão Afonso na mais amarga desolação. Na segunda edição (1777), Afonso omitirá essa dedicatória.

O bispo de S. Ágata receara a dissolução da Companhia como um desastre para a Igreja." **[RM, 652]**.

96. 1774, Dichiarazione del sistema.

Dichiarazione del Sistema che tiene l'Autore dintorno alla regola delle azioni morali. E si risponde ad alcune nuove opposizioni che gli vengono fatte. [In] Appendice: *Conclusione di tutto quel che si è detto in quest'operetta.*

(Declaração do Sistema que o Autor sustenta quanto à regra das ações morais. E resposta a algumas novas oposições que lhe foram feitas. (Em) Apêndice: conclusão de tudo o que foi dito nesta obra).

Ed. Traduzione de' Salmi, n. 95; OMM, 31, pp. 5-71, 72-95.

Est. BG, I 160; Tell, II 436-437. [+RM, 540 [616]].

Cfr. n. 9.

Edição: *Traduzioni de' Salmi* (Nápoles, 1774) p. LXIV.

"Ainda em 1773, certo Pe. Magli, cônego de Martina Franca, na região de Taranto, vai secar seu tinteiro para envenenar com seu fanatismo a Afonso e seu Instituto. Villani teme a ruína da Congregação. Afonso, que julga esse libelo 'cheio de extravagâncias insustentáveis', teme antes a ruína das almas. Em 74, publica então uma **Declaração de seu sistema.**

'Declaro de novo que não sou probabilista, que reprovo o probabilismo (n. 1) ... Equiprobabilista então? Recentemente, vi-me classificado por alguns entre os equiprobabilistas, que são tratados como libertinos, licenciosos, gente que quer viver a seu modo e sem lei para se entregarem a seus apetites carnais e a todos os vícios. E então somos considerados como maniqueus, epicuristas, seguidores de Hobbes e de Spinoza (n. 7)... Não! uma coisa é a libertinagem... outra, a legítima liberdade que não está ligada por nenhuma lei, enquanto esta não se manifesta (n. 44)... Ninguém me persuadirá a retratar-me de meu sistema cujo silogismo eu invoco:

Uma lei não suficientemente promulgada não obriga.

Ora uma lei duvidosa não está suficientemente promulgada.

Logo uma lei duvidosa não obriga (n. 55).'

Sem usar a palavra, aí está o equiprobabilismo afonsiano de 1762.

Pobre cônego Magli! Seria necessário ser bem ignorante quanto às obras apologéticas de Afonso para enfileirá-lo, a ele e aos equiprobabilistas, com os seguidores de Hobbes, Spinoza, Epicuro e outros." **[+RM, 616]**.

***** 1774 X 24, Lettera al Conclave.**

(Carta ao Conclave).

Ed. Lettere, II 306-310.

Est. Tell, II 508-510.

Edição: *Lettere,* II, 306-310.

[+RM, 574-575 [653-655]].

"Com a morte de Clemente XIV, o cardeal Castelli pediu a seu santo amigo de Arienzo uma carta que ajudasse na escolha de um sucessor. Afonso ficou confuso com essa solicitação, mas não se esquivou. Foram suas páginas lidas no conclave que elegeu Pio VI? Não o sabemos. Mas elas nos permanecem como um testemunho importante da visão da Igreja que Afonso tinha naquela época dolorosa:

'Desejam conhecer meus sentimentos quanto aos interesses presentes da Igreja e à eleição do novo Papa; mas que conselhos podem esperar de um pobre ignorante como eu, de um homem cujas luzes são tão limitadas?

Eu diria somente: é preciso rezar; rezar porque todas as classes da sociedade sem exceção caíram em tal relaxamento, em tal desordem, que nenhuma ciência, nenhuma prudência humana pode remediar os males que assolam a Igreja! necessitamos do braço onipotente de Deus.

Entre os bispos, há apenas poucos que são animados de um verdadeiro zelo pela salvação das almas. [653]

Quanto às comunidades religiosas, quase todas, e até, digamos a palavra, todas estão relaxadas: a desordem geral, hoje reinante, trouxe a decadência da observância ao seio das ordens religiosas e arruinou sua obediência.

Quanto ao clero secular, é pior ainda. Sendo assim, necessitamos uma reforma geral em todos os setores da Igreja. Somente, então, é que se poderá curar a apavoradora corrupção de costumes que reina entre os seculares.

Por todas essas razões, é preciso pedir a Jesus Cristo dar como chefe de sua Igreja um homem menos notável pela ciência e pela prudência humana do que por seu fervor e seu zelo pela honra de Deus, um homem absolutamente inacessível a toda a intriga, acima de toda a consideração humana: porque se, para nossa desgraça, o papa eleito não for um homem em busca unicamente da glória de Deus, o Senhor pouco o ajudará; e no estado atual das coisas, tudo ficará pior.

A oração, eis pois o único remédio que pode curar tão grandes males, obtendo que Deus intervenha e feche nossas chagas...

Ainda algumas palavras. Tanto quanto os senhores, também eu desejaria ver desaparecer os inúmeros abusos hoje reinantes; vêm-me mesmo ao espírito mil pensamentos sobre essa matéria, que desejaria comunicar a todos: mas quando considero o meu nada, não tenho coragem de enunciá-los, para não assumir ares de quem quer reformar o mundo. Eu lhes falarei, todavia, em plena confiança; e para descarregar meu coração, lhes direi meus desejos.

Quereria, primeiramente, que o papa futuro escolhesse entre os elementos propostos para o cardinalato (e as vagas são numerosas no momento presente), que escolhesse, digo, os que são os mais doutos e ao mesmo tempo os mais zelosos dos interesses da Igreja. Deveria mesmo, desde a primeira carta que escrevesse aos Príncipes para anunciar sua elevação ao trono pontifício, preveni-los com antecedência de que não deverão propor para o cardinalato senão pessoas de comprovada piedade e doutrina. Sem isso, deve ajuntar, ele não poderá em consciência ratificar sua escolha. Desejaria também que recusasse firmemente conferir benefícios a pessoas já suficientemente providas de bens eclesiásticos, e que podem viver convenientemente segundo seu estado. Deveria, nesse ponto, desarmar toda intriga com soberana energia. Seria ainda necessário, a meu ver, prescrever o luxo dos prelados e determinar para todos (sem isso nada se remediaria) o número de pessoas que poderão ter a seu serviço, na medida conveniente a cada ordem: tantos camareiros, e não mais; tantos servidores, e não mais; tantos cavalos, e não mais. Será isso uma maneira de fechar a boca dos hereges.

Dever-se-ia também mostrar mais severo na colação dos benefícios, concedendo-os unicamente a pessoas que prestaram serviços à Igreja.

É dos bispos que depende principalmente a religião dos povos e a salvação das almas. Extremos cuidados, então, devem ser empregados quando se trata de nomeá-los, e no pedido de informações de diversas partes: saber se o candidato [654] alia a costumes íntegros a ciência necessária para governar a sua diocese. Se é o caso de bispos já em função, os metropolitanos e outros ainda deveriam ser obrigados a denunciar aqueles que se dedicam pouco a seu rebanho.

Será também necessário, conforme penso, proclamar, alto e bom som, que os bispos que faltam com seu dever, seja por falta de residência, seja por grande número de criados, seja por suas despesas supérfluas em matéria de móveis, alimento, etc., sejam fulminados de suspensão ou substituídos temporariamente por vigários apostólicos. E de tempos em tempos seria necessário, quando indicado, tomar uma atitude que sirva de exemplo. Uma lição desse tipo obrigaria todos os prelados negligentes a orientarem o seu procedimento.

Desejaria igualmente que o futuro papa concedesse com dificuldade certos favores que enfraquecem a disciplina: por exemplo, para religiosas, a permissão de sair de sua clausura, quando solicitam essa permissão unicamente pelo desejo de ver as curiosidades do mundo. Ponho no mesmo plano a facilidade de permitir aos religiosos a secularização. Esse tipo de favor acarreta mil inconvenientes.

Desejaria sobretudo que o papa reconduzisse todas as ordens religiosas, sem exceção, à sua primeira observância, ao menos nos pontos principais.

Mas não quero abusar mais da paciência dos senhores. Nós não podemos fazer mais do que uma coisa: rezar ao Senhor que nos conceda um Pastor que seja repleto do espírito de Deus, e que possa realizar, para a glória de Jesus Cristo, as reformas cujo quadro esbocei.'

Afonso perdeu sua tinta. O papa mundano, egoísta e fraco que será eleito [Pio VI], em 15 de fevereiro, no 265° escrutínio desse conclave politizado, será quase que a antítese desse retrato." **[+RM, 653-655]**.

97. 1775, Vittorie de' Martiri (51).

Vittorie de' Martiri, ovvero le vite dei più celebri Martiri della Chiesa. Opera dell'[...] divisa in due parti. In Bassano, 1777, a spese Remondini di Venezia. AGHR, S. Alf. X 33. [In fine erano gli opuscoli]: *Del Sagrificio di Gesù Cristo* (cfr. n. 98). *Stimoli ai religiosi* (cfr. n. 99). *Avvertimenti ai Giovani studenti ed applicati allo stato ecclesiastico* (cfr. OT, III 885-886). *Risposta ad un giovane che domanda consiglio circa lo stato di vita che deve eleggere* (cfr. OT, V 447-450). *Stimoli ad una religiosa* (cfr. n. 100). *Avvertimenti necessari ad ogni persona* (cfr. n. 101). *Avvertimenti ad una doncella che sta in dubbio dello stato che ha da eleggere. Esortazione alle comunità religiose di frequentar l'orazione davanti al SS. Sacramento* (cfr. OT, IV 450-452). *Preghiera da farsi ogni giorno per ottenere la santa perseveranza. Novena de' Morti* (cfr. n. 102). *Avvertimenti a' Sacerdoti che assistono a' Condannati a morte* (cfr. n. 103).

(Vitórias dos Mártires, ou seja, as vidas dos mais célebres Mártires da Igreja. Obra do (...) dividida em duas partes. Em Bassano, 1777, às expensas de Remondini de Veneza. AGHR, S. Alf. X 33. (No final, havia os opúsculos): Sobre o Sacrifício de Jesus Cristo (cfr. n. 98). Estímulos aos religiosos (cfr. n. 99). Advertências aos jovens estudantes e dedicados ao estado eclesiástico (cfr. OT, III 885-886). Resposta a um jovem que pede conselho sobre o estado de vida que deve escolher (cfr. OT, V 447-450). Estímulos a uma religiosa (cfr. n. 100). Advertências necessárias para qualquer pessoa (cfr. n. 101). Advertências a uma moça que está em dúvida sobre o estado que deverá escolher. Exortação às comunidades religiosas de frequentar a oração diante do Santíssimo Sacramento (cfr. OT, IV 450-452). Oração a ser feita todos os dias para obter a santa perseverança. Novena dos Mortos (cfr. n. 102). Advertências aos Sacerdotes que prestam assistência aos condenados à morte (cfr. n. 103)).

Ed. OT, IV 453-646.

Est. BG, I 161-162; Tell, II 541-544; RM, 114 [123], 143 [155], 593-594 [675-676].

"A partir de sua experiência e de suas reflexões sobre as **Vitórias dos Mártires**, a Confirmação será, para Afonso teólogo, o sacramento do Espírito de força: 'força da alma', 'força no combate' espiritual, 'força de amar com um amor mais forte que a morte', 'força de tudo sofrer por Deus e de tudo enfrentar pela fé." **[RM, 123]**.

"Filho espiritual de Filipe Néri, e consequentemente, um pouco de Barônio; Afonso se nutriu, ao contrário, dos anais da grande família cristã, durante as tardes dominicais dos jerônimos. Ele lhe consagrará duas obras volumosas: a *História das heresias* (1772) e a **Histórias dos mártires** (1775)." **[RM, 155]**.

"Essa narrativa das **Vitórias dos mártires**, Afonso a começara em Arienzo. Numa carta de 3 de novembro de 1774 a Remondini, em que lhe agradece a remessa de 5 volumes da Vida dos filósofos e pede 'a obra de Fénelon contra Jansenius', ele acrescenta:

'Espero que o senhor tenha recebido minha *Tradução dos Salmos*. Aqui ela foi lida com agrado.

Para não perder na ociosidade os poucos momentos que me restam de vida, comecei uma obra de piedade intitulada **Vitórias dos mártires**, cujos relatos extraí dos autores mais famosos no assunto.'

Dia 9 de fevereiro de 1775:

'Sua amável carta me faz saber que quer, desde sua publicação, um exemplar de meu livro sobre **Os mártires**, revisto e corrigido por mim. Manifesta também nela a intenção de oferecer-nos, por sua conta, o sexto volume dos Filósofos: agradeço-lhe de todo o coração.

Quanto à obra dos **Mártires**, já estou no fim de minhas fadigas. Quando chegar ao fim, não a publicarei sem que o avise antes, pode estar certo disso, e sem enviar-lhe um exemplar.

Muitos cadernos dessa obra estão inteiramente acabados, mas para imprimi-los com o cuidado que nisso emprego, é preciso muito tempo; tanto [675] mais que nesta avançada idade de 79 anos sofro continuamente de graves e violentas enfermidades, e em particular de palpitações de coração que ameaçam minha vida a cada instante. Só posso trabalhar pouco ou mesmo nada, e em certos momentos quase entrego a alma.' Mas não. O que ele entregou foi a diocese e não a vida. E anuncia de Nocera em 8 de setembro:

'Terminei as **Vitórias dos mártires**. No primeiro volume, falo dos mártires de diversos países; o segundo é dedicado aos mártires do Japão e ajuntei-lhes diversos opúsculos que serão muito úteis às diferentes classes de pessoas...'". **[RM, 675-676]**.

98. 1775, Del Sacrificio di Gesù Cristo (54).

Del Sacrificio di Gesù Cristo, con una breve dichiarazione delle preghiere che si dicono nella Messa.

(Sobre o Sacrifício de Jesus Cristo, com uma breve declaração sobre as orações que são ditas na Missa).

Ed. Vittorie dei Martiri, n. 97, (Nápoles, 1775) 493-531; OA, IV 455-487.

Est. BG, I 162-163; Tan, IV c. 3, 18; Tell, II 545-546.

99. 1775, Stimoli a' Religiosi (38).

Stimoli a' Religiosi per avanzarsi nella perfezione del loro stato.

(Estímulos aos Religiosos para avançarem na perfeição do seu estado).

Ed. Vittorie dei Martiri, n. 97; OT, IV 444-450.

Est. BG, I 163; Tell, II 544.

Edição: *Vittorie dei martiri* (Nápoles, 1775) 532-537.

100. 1775, Stimoli ad una Religiosa (37).

Stimoli ad una Religiosa per avanzarsi nell'amore del suo Divino Sposo Gesù Cristo.

(Estímulos a uma Religiosa para avançar no amor do seu Divino Esposo Jesus Cristo).

AGHR, S. Alf. X 27.

Ed. Vittorie dei Martiri, n. 97; OT, IV 379-384.

Est. BG, I 163; Tell, II 544.

Edição: *Vittorie dei martiri* (Nápoles, 1775), apêndice.

101. 1775, Avvertimenti necessari ad ogni persona (30).

Avvertimenti necessari ad ogni persona di qualunque stato per salvarsi.

(Advertências necessárias a qualquer pessoa de qualquer estado para se salvar).

Ed. Vittorie dei Martiri, n. 97. Cfr. *Breve trattato sulla necessità della preghiera*, 1757, n. 32.

Est. BG, I 164; Tan, IV c. 18; Tell, II 544.

Edição: *Vittorie dei Martiri* (Nápoles, 1775) 560.

102. 1775, Novena dei Morti (471).

Novena de' Morti. Esercizio divoto per gli nove giorni precedenti al giorno della Commemorazione de' Morti. In suffragio delle Anime sante del Purgatorio.

(Novena dos Mortos. Exercício devoto para os nove dias que precedem o dia da Comemoração dos Mortos. Em sufrágio das santas Almas do Purgatório).

Ed. Vittorie dei Martiri, n. 97; OT, II 466-472; OA, X 353-360.

Est. BG, I 164; Tan, IV c. 18; Tell, II 545.

Edição: *Vittorie dei Martiri* (Nápoles, 1775) 583-592.

* 102. Novena das almas. BÉLGICA: 1906, Tournai, Casterman: *Mais bellas Orações de S. A.* | PORTUGAL: 1895, Porto, Chardron: *Visite.* cfr. n. 7.

[LIGÓRIO, Afonso. Novena das Almas. In: *As mais belas orações de Santo Afonso.* Coordenadas pelo Pe. Saint-Omer, Redentorista e vertidas para o vernáculo por D. Joaquim Silvério de Sousa. Petrópolis: Vozes, 1961. p. 531-535].

[LIGÓRIO, Santo Afonso Maria de. *Novena pelos mortos.* São Paulo: Amazon, 2021. Tradução: Claudiberto Fagundes].

103. 1775, Avvertimenti a' Sacerdoti che assistono a' Condannati a morte.

(Advertências aos Sacerdotes que prestam assistência aos Condenados à morte).

Ed. Vittorie dei Martiri, n. 97, (Nápoles, 1775), 576-582; OT, IX 872-874.

Est. BG, I 165; Tan, I c.10; Tell, I 109-110, II 544-545.

104. 1775, Condotta ammirabile della Divina Provvidenza (32).

Condotta ammirabile della Divina Provvidenza nel salvare l'uomo per mezzo di Gesù Cristo. Opera dell'[...] divisa in due parti, con due Opuscoli in fine: il Primo, Dell'Amore Divino; *il Secondo, de'* Consigli di confidenza e sollievo per un'Anima desolata, [e uma] Breve risposta... all' Abate Rolli. In Napoli, 1775, presso i Fratelli di Paci. [Alla Santità di Nostro Signore Papa Pio VI].

(Conduta admirável da Providência Divina ao salvar o homem por meio de Jesus Cristo. Obra do [...] dividida em duas partes, com dois opúsculos afins: o primeiro, Sobre o Amor Divino; o segundo, Sobre os Conselhos de Confiança para acalmar uma alma desolada, (e uma) Breve resposta... ao Abade Rolli. Em Nápoles, 1775, junto aos Irmãos de Paci. (Dedicada a Sua Santidade Nosso Papa Pio VI)).

AGHR, S. Alf. X 32.

Ed. OT, VIII 787-840.

Est. BG, I 165-166; Tan, IV c. 3; Tell, II 546-547; RM, 594 [676].

"'Comecei, há muito tempo, outra pequena obra muito mais trabalhada e utilíssima; tem o título: **Procedimento da Divina Providência na realização da salvação do homem por Jesus Cristo**. Esse opúsculo encerra todas as profecias, figuras, sinais e sacrifícios que anunciavam a vinda de Jesus Cristo; a primeira parte já foi impressa.

Os assuntos tratados na segunda parte são: Jesus Cristo, a conversão dos pagãos, a destruição de Jerusalém e da Judéia, a expansão da fé, a destruição das heresias, a morte funesta dos perseguidores da Igreja.

A obra abrange apenas dois pequenos volumes, mas encerra muitas coisas. O público, segundo espero, lhe dará bom acolhimento.'

A obra é dedicada ao papa Pio VI. É um 'Discurso sobre a História Universal' que nos leva para além das sendas ordinariamente trilhadas por Ligório. E, entretanto, permanecemos no coração do mistério de Cristo e da Igreja, o qual ele faz o centro da História. É uma espécie de apologética positiva: um grande afresco bíblico da Cidade de Deus. Mas não tentem buscar ali ternura para com os reformadores." **[RM, 676]**.

105. 1775, Trattatello dell'Amore Divino (208).

Trattatello aggiunto dell'Amore Divino e de' mezzi per acquistarlo.

(Pequeno tratado acrescentado Sobre o Amor Divino e os meios para adquiri-lo).

Ed. Condotta ammirabile, n. 104; OA, I 267-281.

Est. BG, I 166-167; Tell, II 547.

Edição: *Condotta ammirabile della Divina Providenza* (Nápoles, 1775) II, 107-126.

[LIGÓRIO, Afonso. *O Divino Amor*. Curvelo: Santuário de São Geraldo, 1947, 40 p.].

[LIGÓRIO, Afonso. Amor de Deus. In: *De bem com Deus* - Vontade de Deus, Conversa com Deus, Amor de Deus. Aparecida: Santuário, 2001. Tradução e adaptação: José Dutra. Coleção Escritos de Santo Afonso, vol. 1. p. 5-36].

[LIGÓRIO, Santo Afonso Maria de. O amor divino e os meios para adquiri-lo. In: *Obras Espirituais Selecionadas*. Aparecida: Santuário, 2021. Tradutor: Flávio Cavalca de Castro].

106. 1775, Consigli di solievo (135).

Consigli di solievo e confidenza per un'anima desolata. Colloquio fra Monsignor l'Autore e l'Anima che domanda consiglio. [=Colloquio spirituale fra l'autore e un'anima, esercitata da Dio con tribolazioni di spirito, che domanda consiglio].

(Conselhos de conforto e confiança para uma alma desolada. Colóquio entre o Monsenhor autor e a Alma que pede conselho. = Colóquio espiritual entre o autor e uma alma, exercitada por Deus com tribulações espirituais, que pede conselho).

Ed. Condotta ammirabile, n. 104; OT, I 503-516.

Est. BG, I 167; Tell, II 547.

Edição: *Condotta ammirabile della Divina Providenza* (Nápoles, 1775) II, 127-151.

107. 1776, Breve Risposta all'Abate Rolli (24).

Breve Risposta alla stravagante Riforma intentata dall'Abate Rolli, contraria alla pietà dovuta verso la Divina Madre.

(Breve Resposta à extravagante Reforma planejada pelo Abade Rolli, contrária à piedade devida à Divina Mãe).

Ed. Condotta ammirabile, n. 104; OA, VII 487-501.

Est. BG, I 168; Tan, IV c. 3; Tell, II 548; [+RM, 420 [474-475]].

Edição: *Condotta ammirabile della Divina Providenza* (Nápoles, 1775) I, 159-170.

"Se ele, Muratori, fosse ainda vivo, não se renderia, por acaso, às razões de Afonso? Seu sobrinho Francisco Soli, e bem mais tarde, um certo Pe. Leoluca **Rolli** julgarão dever responder em seu lugar. O que fizeram de fato foi provocar cada um deles, em 1756 e em 1775, uma *Resposta* tão comedida quanto irrefutável.

'Com as *Glórias de Maria*', escreveu Romeo de Maio, 'Afonso fazia de Nápoles o centro europeu mais importante de pensamentos e de debates espirituais. [474]

De todas as devoções a Nossa Senhora, a que teve maior expansão e que assumiu maior significado foi a relativa à Imaculada Conceição. Mais do que os escritos populares ou eruditos... ela foi difundida e expressa pelas telas de Solimena e de sua escola e, sobretudo, pelas quatorze canções de santo Afonso. Os versos de *Dulcíssima esperança, Meu belo amor, Maria* (1737) estão em todos os lábios; ao passo que os trinta versos do *És pura e tão pia, tão bela, ó Maria* (1750) são de uma beleza ligeira e contudo solene, que nos enleva num santo arrebatamento.'" **[+RM 474-475]**.

108. 1776, Dissertazioni Teologiche-Morali (19).

Dissertazioni Teologiche-Morali appartenenti alla Vita Eterna. Opera dell'Illustriss. e Reverendiss. Monsignor de Liguori. Le Dissertazioni sono sovra i seguenti Trattati: I. Sovra il Giudizio Particolare. II. Sovra il Purgatorio. III. Sovra l'Anticristo. IV. Sovra i segni della fine del mondo.

V. Sovra la Risurrezione. VI. Sovra il Giudizio Universale. VII. Sullo stato del mondo dopo il Giudizio. VIII. Sovra lo stato de' dannati. IX. Sovra lo stato de' beati. In Napoli, 1776, presso i Fratelli di Paci.

(Dissertações teológico-morais relativas à Vida Eterna. Obra do Ilustríssimo e Reverendíssimo Monsenhor de Liguori. As Dissertações são sobre os seguintes Tratados: 1. Sobre o Juízo Particular. 2. Sobre o Purgatório. 3. Sobre o Anticristo. 4. Sobre os sinais do fim do mundo. 5. Sobre a Ressurreição. 6. Sobre o Juízo Universal. 7. Sobre o estado do mundo depois do Juízo. 8. Sobre o estado dos condenados. 9. Sobre o estado dos bem-aventurados. Em Nápoles, 1776, junto aos Irmãos di Paci).

AGHR, S. Alf. X 28.

Ed. OT, VIII 1019-1076; OD, II 533-627.

Est. BG, I 169; Tan, IV c. 5; Tell, II 549-551; RM, 594-596 [676-678].

[Dissertazione VIII. Dello stato de' dannati dopo il giudizio. In: LIGÓRIO, Afonso. *Como é o inferno*. Itapevi: NEBLI, 2017. 30 p. Tradução do inglês: Schaefer, J. P. *What will Hell bel like?* Milwaukee, Wisc.: O.B.L. Victory Mission, 1983].

"Após tudo isso, irá Afonso finalmente repousar? Nada disso! Ele quer ser aquele servo do Evangelho, surpreendido pelo Mestre em pleno trabalho.

'Vivo agora retirado de minha diocese', escreve ainda a Remondini em 12 de fevereiro de 1776, 'e não posso ficar ocioso. Comecei por isso uma obra mais extensa sobre o julgamento particular, julgamento universal, purgatório, anticristo, ressurreição, sinais precursores do fim do mundo, situação dos condenados e dos bem-aventurados, situação do mundo após o último julgamento.

O trabalho é considerável, e estou todo rijo, estendido numa poltrona, obrigado, apesar de tudo, a ler uma infinidade de livros, porque a obra conterá somente teologia e Sagrada Escritura. Mas será inteirinho em língua vernácula, à exceção dos textos escriturísticos e dos Santos Padres. Tenho em mãos magníficas obras; mas sinto falta de tempo, de saúde, e aguardo a morte a cada dia...

O conjunto todo, na minha opinião, não dará mais do que dois ou três volumes in-12, porque condenso as matérias, e odeio a prolixidade. Aliás, ela aborrece a todos e não é lida por ninguém. Hoje em dia todos os leitores querem livros sucintos e substanciosos. Assim será a minha obra, conforme espero, a [676] julgar pelas **dissertações** escritas até agora, porque incluo muita matéria em pequeno número de linhas, e tudo é exposto com aquela clareza que todos, dizem-me, apreciam em meus livros.

Tenho, aliás, apenas uma finalidade: a glória de Deus e componho essa obra para o bem das almas, já que ela nada contém que não coloque diante dos olhos o fim último, a eterna felicidade ou a desgraça eterna.'

De fato, nove **Dissertações teológicas e morais sobre a vida eterna** cabem em um volume de 250 páginas. É o tratado sobre a escatologia que faltava à Dogmática de Afonso.

Esse tratado propicia um incidente significativo - hoje incompreensível - entre o autor e seu revisor eclesiástico, cônego Salvador Ruggieri. É a respeito das crianças mortas sem batismo. Teriam elas de incorrer na pena dos sentidos e na do dano, isto é, no sofrimento consciente da privação eterna de Deus? Assim se exprimia Afonso, citando santo Tomás: 'Elas não terão de suportar nenhuma das duas.' Depois, com toda a objetividade, naquele século XVIII do augustinismo triunfante, ajuntava: 'Mas santo Agostinho sustenta fortemente o contrário' e, após ele, os santos Gregório Magno, Prudente de Troyes, Isidoro, Bernardo, Alberto Magno e, entre os modernos, Lourenço Berti, o cardeal Henrique Noris, Florent Conry e muitos outros.

Do alto de seu jansenismo, o cônego Ruggieri declarou sem rodeios que a opinião de santo Tomás 'não podia passar' e que D. Ligório devia seguir santo Agostinho. Mas, a despeito da opinião corrente, que será proclamada em 1794 pelo magistério de Pio VII, Afonso recusa a correção de seu texto. Trata-se, para ele, da verdadeira face de um Deus justo e bom. Sente-se a vibração de sua indignação nesta insistência com o cônego Simioli, em 15 de julho de 1776:

'Já lhe escrevi por três vezes a respeito do pensamento de santo Tomás, que o revisor condena em meu livro e que diz não poder passar.

Não quero, repito, nem me entender com ele, nem depender dele: quero depender do arcebispo, e farei o que o arcebispo mandar.

Fui informado de que esse modo de ver de santo Tomás é ensinado publicamente em Nápoles, no Colégio de Santo Tomás; mas o senhor revisor declara-o inaceitável. Está bem! farei o que ordenar-me o arcebispo. Se tivesse sabido disso antes, talvez teria renunciado à publicação da obra de preferência a permitir que esse revisor a examinasse e atacasse santo Tomás. Os dominicanos estão pasmados. No entendimento desse pedante, 'a opinião de santo Tomás não pode passar'. Quem é que diz isso? A Igreja? Não, porque a santa Igreja venera os ensinamentos de santo Tomás. Tenha, então, a bondade de poupar-me as correções que esse revisor deseja introduzir em meu livro, porque quero depender unicamente do arcebispo.

Lamento todo o tempo que eu perdi com isso. O relatório sobre o livro já está no Palácio; espero agora o que quer fazer o arcebispo, e ver se me quer dar outro revisor, se quer deixar passar a doutrina de santo Tomás ou impedi-la de passar. Farei o que ele disser. Paciência!' [677]

Depois, em 22 de julho, Afonso atraca-se com o censor em pessoa:

'Vamos à questão das crianças. Escrevi: 'santo Agostinho sustenta fortemente o contrário'; o senhor mudou e pôs: 'Demonstra com fundamento o contrário'... Querer fazer-me dizer que santo Agostinho prova o oposto é querer levar-me a atacar santo Tomás e a dizer que a opinião de santo Tomás é evidentemente falsa; consequentemente, é querer levar-me a dizer uma mentira grosseira pois que estaria eu asseverando algo contrário ao que penso: ora, antes de dizer uma mentira, estaria pronto a perder a vida. É por isso que pedi ao Pe. Benedito Cervone me obtivesse a atenuação daquela proposição: 'demonstra-o com fundamento'. Poder-se-ia dizer: 'santo Agostinho tem por certa, considera como absolutamente fora de dúvida, etc.' Peço-lhe que não queira que eu diga uma mentira. Como posso dizer que santo Agostinho o demonstra, quando não posso chegar a persuadir-me de que santo Tomás sustente uma doutrina falsa? Eu lhe peço, eu lhe rogo de não me deixar por mais tempo nessa inquietação. Eis que já há dois meses esse dissabor pesa sobre mim. Peço-lhe, faça-me o favor de dissipá-lo.'

Cervone, censor real, consegue que não se toque no texto de Afonso. Nomeado, pouco depois, bispo de Aquila, recebe este bilhete do velho escritor: 'Vossa Senhoria passa a uma condição que não lhe permitirá mais ser o meu revisor, justamente no momento em que passo a um estado que me torna incapaz de publicar qualquer coisa'. É, aliás, nesse começo de 1777 que confia ao Pe. Francisco de Paula: 'Sinto-me mal; já não posso ler, nem escrever; sou atormentado com uma dor de cabeça contínua e tive de abandonar toda a espécie de esforço.'

Essas **Dissertações teológicas** sobre os novíssimos serão efetivamente o livro final deste infatigável escritor. Seu zelo e sua coragem inspirar-lhe-ão ainda alguns *pequenos tratados* - cerca de uma dúzia desde sua volta a Pagani - que imprime com ou entre trabalhos de mais alentado fôlego." **[RM, 676-678]**.

109. 1777, La fedeltà dei Vassalli (8).

La fedeltà de' Vassalli verso Dio gli rende fedeli anche al loro Principe. Opera dell'Illustrissimo e Reverendissimo D. Alfonso de Liguori, Vescovo. In Napoli, 1777, nella Stamperia de' Fratelli di Paci.

(A fidelidade dos vassalos a Deus os torna fiéis também ao seu Príncipe. Obra do Ilustríssimo e Reverendíssimo Dom Afonso de Liguori, Bispo. Em Nápoles, 1777, na Imprensa dos Irmãos di Paci).

AGHR, S. Alf. X 18.

Ed. OT, II 505-514.

Est. BG, I 170; Tan, IV c. 10, 43; Tell, II 552, 614; RM, 596 [678-679].

"Ainda quarenta páginas, em 1777, sobre a **Fidelidade dos súditos**. Doze anos antes da Revolução Francesa, o semicego de Nocera sente tremer tronos e altares. Vê os monarcas abalar a Igreja e a fé, e serrar dessa forma o galho em que estão assentados. Quem não teme a Deus, não teme o Estado. Lança um grito de alarme aos príncipes e dá-lhes como exemplo Constantino, são Luís, santo Estêvão, são Etelberto, Luís XIV e Carlos Emanuel da

Savóia em sua ação pela 'conversão' do Chablais. Em sua finura escolheu, como vimos, um leque aberto. E na conclusão, tomou distâncias com relação a seus heróis, enaltecendo - é possível? - a liberdade religiosa, esse 'delírio' que será condenado por Gregório XVI (*Mirari vos*, 1832) e por Pio IX (*Syllabus*, 1864):

'Não convém', escreve ele, 'usar da força para levar os súditos a abraçar a verdadeira religião. É preciso deixar esses meios aos tiranos de outrora que constrangiam os homens a crer nos ídolos. Deus não força ninguém a chegar-se a ele. Quer ser adorado por corações livres e espontâneos.' [678]

Dessa vez, o primeiro dos redentoristas não vai perder tão bela ocasião para que sua antífona seja ouvida do alto:

'Aos princípes zelosos', continua, 'não lhes faltam meios, mais convenientes e mais eficazes do que a força, para levar seus povos à verdadeira fé. Se lhes viesse a faltar todos os outros recursos, que chamem a seus Estados bons missionários: por suas santas instruções e pregações, eles alijarão os erros e trarão à luz a boa doutrina e o verdadeiro caminho da salvação. Assim agiram, e tantos outros com eles, os príncipes de que falei.

É verdade que as missões são assunto dos bispos. Mas a experiência demonstra que, para converter seus súditos, o zelo de um príncipe santo e prudente vale às vezes mais do que mil bispos e outras tantas missões e missionários.'

Faltava levar o opúsculo a seus destinatários, que não eram os leitores habituais deste 'preceptor dos pobres'. Duas coisas: editá-lo também em francês, que era então a língua das cortes europeias, e levá-lo às cabeças coroadas. Já no ano seguinte o opúsculo foi traduzido e publicado em francês, provavelmente aos cuidados do cônego Henrique Hennequin, de Liège, admirador de Afonso, que talvez teve contato com ele em Roma. Ele se encarregou de enviá-lo a todas as cortes da Europa. Por outro lado, em Roma, o cardeal Castelli deu-o de presente, tendo em vista os chefes deles, a todos os embaixadores e ministros das potências estrangeiras. Não nos resta nenhuma das respostas dadas ao autor por essas Majestades porque, diz Tannoia, 'a humildade de Afonso, conforme seu hábito, destruía todo esse gênero de correspondência.' Se ela não mudou o rumo da história, a **Fidelidade dos súditos** testemunha ao menos que o velho bispo estava imbuído de um zelo universal que nada podia entorpecer." **[RM, 678-679]**.

***** 1777, Apologia della dottrina morale.**

Ai Signori Ministri della Real Camera di S. Chiara. ["Difende la sua dottrina morale delle accuse generali e speciali mossegli contro, innanzi la Real Camera"].

(Aos Senhores Ministros da Câmara Real de Santa Clara. - "Defende a sua doutrina moral das acusações gerais e especiais movidas contra ela, diante da Câmara Real").

Ed. Lettere, III 492-507.

Est. BG, I 174; Tan. IV c. 7; Tell, II 587-594.

Edição: *Lettere*, III, 492-507.

110. 1778, Avvertimenti ai Predicatori (52).

(Advertências aos Pregadores).

Ed. OT, III 337-343.

Est. BG, I 171; Tell, II 611-612.

111. 1778, Ricordi alle Monache di Scala (73).

Ricordi diretti alle Religiose del SS. Redentore dimoranti ne' Monasteri di Sant'Agata e di Scala.

(Recordações dirigidas às Religiosas do Santíssimo Redentor que vivem nos Mosteiros de Santa Águeda e de Scala).

Ed. A. Sampers em: SH 29 (1981) 243-256.

Est. BG, I 171-172; Tan, IV c. 18; Tell, II 612-613; RM, 597 [680].

"Naquelas mesmas semanas de maio de 1778, Ligório redigia o último opúsculo por ele publicado. Seria por acaso que se trata de **Lembretes destinados às redentoristinas de S. Ágata e de Scala**?

O essencial da vida religiosa em 44 'lembretes'. Seria ainda por acaso que o mais desenvolvido desses 'lembretes', o 41°, versa sobre a atenção para com os 'pobres pecadores que vivem longe de Deus'? Não, não é casual, porque enviando, em 5 de junho, 10 exemplares a Santa Ágata, o Pai enviava junto as seguintes palavras:

'Peço-lhes que leiam este opúsculo mais vezes ao ano; ao menos, procurem todas lê-lo por ocasião do retiro particular.

Recomendo-lhes especialmente a todas que ponham em prática o número 41, à página 12; ali lhes é aconselhado rezar pelos pecadores, e sobretudo pelos infiéis e outros infortunados que vivem separados da Igreja. A religiosa que não reza pelos pecadores prova que tem pouco amor para com Jesus Cristo. As que o amam desejariam vê-lo amado pelo mundo inteiro. Recomendo-lhes, pois, os pecadores... Peçam também ao divino Mestre conceder-me uma boa morte, pois estou invadido por cruéis angústias, e tremo ao pensamento das contas que terei em breve de prestar a Jesus Cristo...

Eu as abençôo a todas e a cada uma em particular.' Para com as irmãs de Scala, Afonso guardara tanto discrição quanto afeição: ele não estava, lá em cima, com elas. Mas feito bispo, o único mosteiro que fundou foi o das redentoristinas de S. Ágata, a quem amava como filhas. Para elas, pois, a última publicação da pena que lhe cai das mãos. E no centro desse testamento: 'os pobres pecadores que vivem longe de Deus'. Toda a vida, toda a obra de Afonso, está nesta última insistência: as 'redentoristinas', os 'redentoristas', uma mesma palavra, e bem mais do que uma palavra: toda a vida do Redentor a continuar." **[RM, 680]**.

***** 1779, Theologia Moralis, 8ª ed., cfr. n. 9.**

***** 1785, Theologia Moralis, 9ª ed., cfr. n. 9.**

112. * Consacrazione a S. Teresa.**

(Consagração a Santa Teresa).

Ed. SH 23 (1975) 241-245.

Est. BG, I 173; Tell, I 141-143, 336-338, 394-395, 1022.

Edição: SH 23 (1975) 241-245.

[LIGÓRIO, Afonso. *Meditações sobre Santa Teresa de Ávila. Com novena, prática e ato de consagração.* Aparecida: Santuário, 2022. Tradução: Pe. Claudiberto Fagundes].

[LIGÓRIO, Afonso. Santa Thereza. In: *Jardim de Devoção para os bons christãos por Santo Affonso Maria de Ligorio.* Einsiedeln, 1898. Tradução: Pe. A. Luiz Moreira. p. 295-297].

113. * Pii riflessi per eccitarsi al santo amore di Dio e alla divozione di Maria.**

(Reflexões piedosas para animar-se no santo amor a Deus e na devoção a Maria).

Ed. OT, I 898-900.

Est. BG, I 173-174.

114. * Affetti al Sacro Cuore di Gesù.**

(Afetos ao Sagrado Coração de Jesus).

Ed. OEA, VI 275.

Est. BG, I 177.

Edição: *Oeuvres Ascétiques* (Tournai, 1856-1878), VI, 275.

115. * Dissertatio de Praedestinatione D. N. Jesu Christi (Dissertazione sulla Predestinazione di Gesù Cristo).**

(Dissertação sobre a Predestinação de Nosso Senhor Jesus Cristo).

Ed. W. M. Van Rossum, *Dissertatio* [...] *auctore S. Alphonso Maria de Ligorio, Ecclesiae Doctore, nunc primum edita cum versione latina, introductione et adnotationibus,* Romae 1896; OD, II 737-754.

Est. BG, I 177.

116. *** **Brani apologeti inediti.**
(Textos apologéticos inéditos).
Ed. SH. 13 (1965) 85-97.

117. *** **Due scritti inediti intorno al quietismo.**
(Dois escritos inéditos sobre o quietismo).
Ed. SH. 1 (1953) 169-197.

118. *** **L'infallibilità e la superiorità del Papa sul Concilio.**
(A infalibilidade e a superioridade do Papa sobre o Concílio).
Ed. Asprenas, 9 (1962) 483-487.

119. *** **Pratica della virtù del mese.**
(Prática da virtude do mês).
Ed. SH. 2 (1954) 122-124.

120. *** **Formula della rinnovazione dei voti.**
(Fórmula da renovação dos votos).
Ed. S. Alfonso, 19 (1948) 161-162.

121. *** **Un sermon marial inédit.**
(Um sermão mariano inédito).
Ed. Marie, 5 (1951) 104-106.

122. *** **Predica della chiamata.**
(Pregação do chamamento).
Ed. SH. 10 (1962) 42-50.
Est. Ibid., 36-42.

123. * Sermone di vestizione per le monache.**

(Sermão da vestição para as monjas).

Ed. OEA, XI 278-294.

Est. BG, I 178.

124. * Novena in onore di S. Michele.**

Novena in onore di S. Michele, ossia motivi di confidenza nella potente intercessione dell'Arcangelo S. Michele.

(Novena em honra de São Miguel, ou seja, motivos de confiança na poderosa intercessão do Ancanjo São Miguel).

Ed. OEA, VIII, 499.

Est. BG, I 178.

[LIGÓRIO, Afonso. *Novena em honra de São Miguel*: ou seja, motivos de confiança na poderosa intercessão do Arcanjo São Miguel. São Paulo: Amazon, 2021. Tradução: Pe. Claudiberto Fagundes].

125. * Discorso ai sacerdoti della necessità dell'orazione mentale.**

(Discurso aos sacerdotes sobre a necessidade da oração mental).

Ed. OA, II 209-221.

Est. BG, I 178-179.

126. * Sentimenti di Monsignore.**

(Sentimentos do Monsenhor).

Ed. SH. 9 (1961) 439-475.

127. * Documenti pastorali ed epistolari.**

(Documentos pastorais e epistolário).

Ed. SH. 12 (1964) 254-269.

128. * Codicilli testamentarii.**

(Codicilos testamentais).

Ed. S. Alfonso, 13 (1942) 163-169.

* Traduções em língua portuguesa em Compêndios (Recueils) elencados pelo Pe. M. Meulemeester (vol. 1, p. 316): ALEMANHA: Meditações para todos os Dias e Festas do anno tiradas das Obras Ascéticas de S. A. d. L. cfr. IIe Partie: Cristini. | BÉLGICA: As mais bellas Orações de S. A. cfr. IIe Partie: Saint-Omer. | BRASIL: Escola de Perfeição christã. id. | ITÁLIA Actos Christianos e Meditações. 1839, Rome, Ferretti, trad. de Manuel da Silva Serzedo, chapelain du roi. | PORTUGAL: Compendio de meditações extrahidos das obras de S. A. 1889, Lisbonne, tr. J. Guerreiro, 2e éd. | SUÍÇA: Joia da Alma Piadosa. cfr. IIe Partie: Blanpied. Jardin de devoção para os bons christianos. id. El Sacrado Corazon de Jesus. cfr. IIe Partie: Saint-Omer.

Impresso no parque gráfico da Editora Santuário